Kohlhammer

Harald Pechlaner/Madlen Schwing (Hrsg.)

Ist der Tourismus noch zukunftsfähig?

Evolution oder Revolution

Verlag W. Kohlhammer

Dieses Werk einschließlich aller seiner Teile ist urheberrechtlich geschützt. Jede Verwendung außerhalb der engen Grenzen des Urheberrechts ist ohne Zustimmung des Verlags unzulässig und strafbar. Das gilt insbesondere für Vervielfältigungen, Übersetzungen, Mikroverfilmungen und für die Einspeicherung und Verarbeitung in elektronischen Systemen.

1. Auflage 2025
Alle Rechte vorbehalten
© W. Kohlhammer GmbH, Stuttgart
Gesamtherstellung:
W. Kohlhammer GmbH, Heßbrühlstr. 69, 70565 Stuttgart
produktsicherheit@kohlhammer.de

Print:
ISBN 978-3-17-042320-6

E-Book-Formate:
pdf: ISBN 978-3-17-042321-3
epub: ISBN 978-3-17-042322-0

Für den Inhalt abgedruckter oder verlinkter Websites ist ausschließlich der jeweilige Betreiber verantwortlich. Die W. Kohlhammer GmbH hat keinen Einfluss auf die verknüpften Seiten und übernimmt hierfür keinerlei Haftung.

Inhaltsübersicht

Vorwort 11

Zur Zukunft des Tourismus in Zeiten substanzieller Veränderungen:
Eine Provokation zur Einführung 13
Harald Pechlaner, Madlen Schwing

1   Transformation und Nachhaltigkeit des Tourismus geraten unter Druck 23

1.1   Zwischen Digitalisierung und Nachhaltigkeitswende: Beiträge des Tourismus zur Großen Transformation? 25
Monika Bachinger

1.2   Macht der Klimawandel den Tourismus zum Agent of Change? 39
Robert Steiger

1.3   Neue Konstellationen für die Nachhaltigkeitstransformation im Tourismus – Anforderungen und Perspektiven 47
Daniel Zacher

1.4   Learning about sustainability through tourism:
From doubt to hope? 56
Michael Volgger

1.5   Klimawandel, Nachhaltigkeit und Transformation: Perspektiven einer Weltveränderung 62
Interview mit Dirk Glaeßer

1.6   Nachhaltigkeit im Städtetourismus? Alternativlos – es geht nicht mehr ohne! 69
Sabine Thiele

2   Grundsätzliche Überlegungen zum Tourismus 73

Inhaltsübersicht

2.1 Unser Raum-Zeit-Verständnis im Wandel:
Gedanken zur Zukunft des Tourismus 75
Christof Pforr

2.2 Was ist die Freiheit des Touristen? 79
Valentin Groebner

2.3 Alle Zeit der Welt oder permanente Rushhour?
Reflexionen zur Bedeutung der Zeit im Tourismuskontext 85
Julia E. Beelitz

2.4 Vom äußeren Reisen zur inneren Reise 94
Thomas Wienhardt

2.5 Sind Reisende auch Suchende? 100
David Ruetz

2.6 Transformative Kräfte in Regionen. Ergebnisse eines
Theorie-Praxis-Dialogs 105
Martin Schneider

2.7 Workation als transformativer Zugang zur Beziehung
von Arbeit und Urlaub 111
Felix Hiemeyer

3 **Tourismuspolitik ist Transformationspolitik** 117

3.1 Tourismuspolitik als gestaltende, regulierende und
unterstützende Kraft im Gesamtsystem 119
Monika Klinger

3.2 Transformation als Haltung: Strategische Wege des Tourismus
in Richtung Klimaneutralität 124
Heinz-Dieter Quack

3.3 Ein neues Verständnis von Kooperation als Grundlage
für erfolgreiche Transformation 129
Sven Liebert

3.4 Der Whole-of-Government-Ansatz (WoG) als Transformationstreiber für nachhaltigen Tourismus? Impulse für eine
zukunftsfähige Tourismuspolitik 134
Hannes Thees

4	Transformation Design: Ohne Kunst und Kultur hat alles keinen Wert	145
4.1	Kreativität x Mut = Veränderung. Der 8-Punkte-Plan für Transformation Design *Christian Labonte*	147
4.2	Wenn nichts mehr hilft, hilft nur noch Kunst? Zur Rolle der Kunst und Kultur in Transformationsprozessen *Theres Rohde*	154
4.3	Braucht Ingolstadt ein »Labor für konkrete Transformation«? *Interview mit Knut Weber*	159
4.4	Tourismusforschung und Kulturwissenschaft – Aspekte eines Zukunftsbündnisses *Marita Liebermann*	169
4.5	Transformationskultur als wesentliche Voraussetzung für eine erfolgreiche Transformation im Tourismus – Welche Rolle kann die Designwissenschaft dabei spielen? *Greta Erschbamer, Elisa Innerhofer*	175
5	Konkrete Transformation	183
5.1	Warum der Wohlstand von den Menschen hinter der Technik abhängt … und die Touristik ihre Bedürfnisse im Blick haben sollte *Erik Händeler*	185
5.2	Die transformative Kraft Künstlicher Intelligenz: Tun wir das Richtige? *Bastian Hiller*	195
5.3	Transformation im Tourismus und die Implikationen für DMO betrachtet am Beispiel der KölnTourismus GmbH *Jürgen Amann*	199
5.4	Lebensraumgestaltung als Teil der touristischen DNA – Klimagerechter und nachhaltiger Tourismus im Naturpark Altmühltal *Christoph Würflein*	204

6	Entrepreneurial Transformation: Die kreative Zerstörung ist notwendig!	209
6.1	Kooperationen zwischen Startups und etablierten Unternehmen als Treiber für Innovationsökosysteme am Standort *Xenia Schmahl*	211
6.2	Innovative Standortentwicklung durch Startup-Events *Jan C. Küster*	220
6.3	Transformative Disruption der Marktbedingungen als Katalysator für nachhaltige Wertsteigerung im Beteiligungsmarkt *Wolf von Holzschuher*	223
6.4	Die katalytische Funktion des touristischen Entrepreneurships als Treiber für Transformation *Sebastian Speer*	227
6.5	»Transformation ist kein Sprint, sondern braucht einen langen Atem« – Welchen Beitrag kann die Touristik leisten? *Interview mit Ralph Schiller*	240
6.6	Diskontinuierlicher Wandel im Tourismus und was es zu lernen gilt *Michael Shamiyeh*	254
7	Tourismus hat Zukunft – ohne Tourismus!	267
7.1	Tourismus – Gedanken zum Begriff und zu den Agierenden *Georg Steiner*	269
7.2	Transformation Leadership ist Female Leadership: Dieses Mal aber wirklich! *Madlen Schwing*	274
7.3	Zukunftsgestaltung fährt mit Vorstellungskraft – Wozu jedoch dienen Frankensteins Früchte? *Andreas Metzner-Szigeth*	285
7.4	Digitales Masterprogramm »Transformation und nachhaltige Lebensraumentwicklung – Tourismus neu gestalten«: Die Pioniere des Wandels *Natalie Hofstetter, Harald Pechlaner*	300

7.5	Tourismus zwischen Krisenfestigkeit und Zukunftsfähigkeit: Transformative Resilienz als Schlüssel zur Neuausrichtung in Zeiten des Wandels .... 306 *Elina Störmann*	
7.6	Tourismus und Erzählen – Zu einigen Begriffen der Erzählforschung .... 315 *Dennis Gräf*	
7.7	Tourismus? Ein Auslaufmodell! .... 327 *Jens Huwald*	
7.8	Der Tourismus ist aus den Fugen geraten – Bürgerschaftliches Engagement beschleunigt die Transformation. Skizzen eines Tagebuchs zu Protesten auf Teneriffa .... 330 *Harald Pechlaner, Jakob Hillebrand, Johanna Petermann, Florian Sauer, Martin Faethe, Katrin Stürzer, Antonio Garzón Beckmann, Lisa-Marie Schulz, Sophia Tettinger*	

Die Autorinnen und Autoren des Bandes 362

Vorwort

Dieses Buch ist als Zwischenergebnis aus einer Vielzahl von Krisen, wie der Demographie- oder Klimakrise, die teilweise zu großen Veränderungen in Wirtschaft, Gesellschaft, Politik und Wissenschaft führt, entstanden. Digitalisierung und Ökologisierung sind weitere zentrale Triebkräfte, die gesellschaftliche Konflikte hervorrufen, Gewohnheiten und Lebensweisen, aber auch Macht- und Herrschaftsverhältnisse in Frage stellen. In diesen Krisen verändert sich die Gesellschaft, beispielsweise polarisiert sie sehr stark. Was kommt, wissen wir nicht. Aber die Klimakrise und die Nachhaltigkeitsziele erfordern ein Überdenken von Fragen zu Wachstum und Wohlstand. Der Tourismus wird interessanterweise zur Projektionsfläche dieser Krisen und dieser sich verändernden Gesellschaft. Reisen und touristische Verhaltensweisen sind ein Spiegelbild von Gesellschaft, und wenn Gesellschaft teils fundamentalen Transformationsprozessen unterliegt, ist das folgerichtig auch mit dem Reisen so.

Oder vielleicht doch nicht? Breite Gesellschaftsschichten suchen Ablenkung und Zerstreuung, gerade in Krisenzeiten. Der Tourismus boomt (wieder) weltweit. Was passiert mit den Orten und Räumen, vielfach Ziel der Reise? So wie Wirtschafts- und Politiksysteme nach Resilienz, also Krisenfestigkeit und Zukunftsfähigkeit suchen, ringen Standorte, Regionen und Destinationen um ihre Zukunft, um für die Menschen und Gäste attraktiv zu bleiben.

Inwiefern verändert die sozialökologische Transformation den Tourismus, aber auch die Orte und Räume des Wirtschaftens sowie der Alltags- und Urlaubswelt? Es geht nun darum, die Zukunftsfähigkeit zu hinterfragen, es geht um Auswüchse, es geht um Fragen, was Tourismus morgen sein kann und wie die Transformation geschieht. Evolution oder Revolution? Oder beides?

Als Ergebnis einer Tagung, die am 21. und 22. September 2023 in Eichstätt und Ingolstadt zum 20-jährigen Jubiläum des Lehrstuhls Tourismus der Katholischen Universität Eichstätt-Ingolstadt mit dem Titel »Transformation ist eine Haltung! Zur Veränderung des Reisens: Perspektiven der Gestaltung von Orten und Räumen« stattgefunden hat, fasst das vorliegende Buch verschiedene Beiträge dieser Tagung zusammen, welche überdies mit einzelnen Videosequenzen hieraus veranschaulicht werden. Ferner sind weitere Beiträge eingeflossen, um ein umfassendes Bild zur Zukunftsfähigkeit des Tourismus aufzeigen zu können.

Die vorliegenden 41 Beiträge sind keine rein wissenschaftliche Auseinandersetzung, sondern geben den Diskurs zwischen Wissenschaft und Praxis wieder, weshalb sich dieses Buch als Standortbestimmung zur aktuellen Lage eignet.

Nach einem einführenden, provokanten Text zur Zukunft des Tourismus in Zeiten substanzieller Veränderungen gliedert sich das Buch in sieben Hauptkapitel. Das erste Kapitel widmet sich den aktuellen Themen im Tourismus, die sich mit der Überschrift »Transformation und Nachhaltigkeit des Tourismus geraten unter Druck« zusammenfassen lassen. »Grundsätzliche Überlegungen zum Tourismus« behandelt das zweite Kapitel, worin eine Reflexion zum Tourismus auch aus philosophischer Perspektive vorgenommen wird. Die politische Facette des Tourismus vor dem Hintergrund der Transformationsprozesse beleuchtet das dritte Kapitel mit dem Titel »Tourismuspolitik ist Transformationspolitik«, woran im Anschluss das vierte Kapitel der Kreativität gewidmet ist. »Transformation Design: Ohne Kunst und Kultur hat alles keinen Wert« beschreibt den Tourismus im Kontext von Design, Kunst und Kultur. Im fünften Kapitel erfolgt die Behandlung der »Konkreten Transformation«, es geht um Mensch und Maschine, um Künstliche Intelligenz. Darauf folgt mit »Entrepreneurial Transformation: Die kreative Zerstörung ist notwendig!« im sechsten Kapitel die primär betriebswirtschaftliche Sicht auf die Transformation von Standorten, Tourismus sowie Touristik, abschließend dann geht das siebte Kapitel provokant auf die Aussage »Tourismus hat Zukunft – ohne Tourismus!« ein, indem interessante Denkanstöße für die weitere Entwicklung und Zukunftsfähigkeit des Tourismus vorgestellt werden.

Wir danken allen Autorinnen und Autoren, die durch ihre Beiträge in Form von kurzen Artikeln oder durch Interviews dieses Buch erst ermöglicht haben, sowie allen Teilnehmerinnen und Teilnehmern der Tagung im September 2023, die aktiv mit Keynotes oder in Panel-Diskussionen zu deren Erfolg beigetragen haben. Gerne stehen die Autorinnen und Autoren bei Fragen zu ihren Beiträgen und zur weiteren Diskussion den Leserinnen und Lesern per E-Mail zur Verfügung.

Ein besonderer Dank gilt Katrin Wycik, welche die Tagung mit Unterstützung durch Alexandra Kaiser gefilmt hat und anschließend das Videomaterial überarbeitet, geschnitten und dauerhaft auf YouTube zur Verfügung gestellt hat.

Die gesamte Playlist mit allen 14 YouTube-Videos der Tagung kann mit nachfolgendem Link oder QR-Code aufgerufen werden. Außerdem finden sich im weiteren Verlauf an den entsprechenden Stellen im Buch regelmäßig separate Verlinkungen auf die einzelnen Videos der YouTube-Playlist.

Prof. Dr. Harald Pechlaner
Dr. Madlen Schwing

Link zur Tagung

https://www.youtube.com/playlist?list=PLlNFgG-5rD-wUYOZtlZj31Qq-YrbDSZbH

Zur Zukunft des Tourismus in Zeiten substanzieller Veränderungen: Eine Provokation zur Einführung[1]

Harald Pechlaner, Madlen Schwing

Die vielen Krisen, insbesondere aber Politik-, Wirtschafts-, Gesundheits-, Migrations- und Demographiekrisen, und die vielschichtige Diskussion zur Klimakrise sind Triebkräfte für zum Teil tiefgreifende Transformationen in Wirtschaft, Gesellschaft sowie Politik und bringen auch die Tourismussysteme in einen Krisenmodus. Ökologische Herausforderungen, ökonomische Zwänge, gesellschaftliche Werteverschiebungen und politische Instabilitäten hängen zusammen und erhöhen die Komplexität der Prozesse des Wandels. Technologische Entwicklungen beschleunigen die Lebenszyklen und zwingen eher zu disruptiven denn inkrementellen Innovationen, Klimawandel und planetare Grenzen erfordern Schnelligkeit und eine konsequente Ausrichtung der Transformationen auf Nachhaltigkeit. In dieser Phase des Übergangs steht die Resilienz der Systeme auf dem Spiel. Unsicherheit und kaum überblickbare Risiken erfordern Krisenfestigkeit und Defensivkräfte zur Verteidigung des Erreichten sowie der Standards, an die man sich gewöhnt hat. Zugleich lassen die Dynamiken der Veränderungen erkennen, dass die notwendigen Ziele der Nachhaltigkeit sich nur mit einer vorwärtsgewandten Resilienz und Zukunftsfähigkeit erreichen lassen, die alte Muster konsequent in Frage stellen, Offensivkräfte ermöglichen und neben Effizienz auch Suffizienz und Konsistenz als mögliche Strategien zulassen. Ökologische Notwendigkeiten erfordern einen kulturellen Wandel: Nachhaltigkeit bedeutet die Durchsetzung von Lebensstilen, die eine Trennung von ökonomischem Wachstum und gesellschaftlichem Wohlstand erlauben, und die eine spezifische Sicht auf die Frage der verfügbaren Ressourcen für nachkommende Generationen werfen. Soziale Innovationen, also alltagstaugli-

---

[1] Der vorliegende Text ist eine erweiterte Version des folgenden Artikels: Pechlaner, Harald; Schwing, Madlen (2024): Zur Zukunft des Tourismus in Zeiten großer Veränderungen. In: Tourismus Wissen – quarterly: Wissenschaftliches Magazin für touristisches Know-how 36, S. 22–24.

che Entwicklungen aus der Mitte der Gesellschaft heraus, sind zentraler Teil dieses kulturellen Wandels. Diese gesellschaftliche Arbeit ermöglicht die Akzeptanz von Nachhaltigkeit im lokalen Raum, was wiederum die Widerstandsfähigkeit verstärkt. Kurzum: es geht um krisenfeste, vorausschauende Lebens- und Wirtschaftsweisen, sowie die Kompetenzen, daraus konkrete Lösungen zu entwickeln. Die Kunst liegt darin, aus dem Unbehagen mit dem krisenbedingten Wandel ein Transformationsnarrativ zu entwickeln, das Zukünfte und zukunftsfähige Ideen vorstellbar macht und dabei die Notwendigkeit schnellen Handelns betont.

Zurück zum Tourismus: Beispiellos ist die Erfolgsgeschichte des Tourismus auf globaler Ebene in den vergangenen Jahrzehnten: Knapp eine Milliarde an Ankünften in 2022, aber bereits 1,5 Milliarden in 2019, mit Tourismuseinnahmen in Höhe von 1,481 Mrd. Dollar eine der wichtigsten ökonomischen Industrien weltweit, ungefähr 100 Millionen Beschäftigte machen den Tourismus zu einem der wichtigsten Arbeitgeber, und Europa ist in einer besonderen Situation, weil in etwa die Hälfte der weltweiten Tourismusströme aus europäischen Ländern kommt, und in etwa die Hälfte der Ankünfte auf Europa entfällt. Schätzungen der Welttourismusorganisation gehen 2030 von 1,8 Milliarden internationalen Reisen aus, noch größere Wachstumsraten betreffen vor allem den Inlandstourismus, und dies vor allem in der asiatischen Region. Womit sich auch die Definition von Tourismus aufgrund der weltweiten gesellschaftlichen und wirtschaftlichen Entwicklungen ändern wird. Der Tourismus ist für ca. 8 Prozent der weltweiten CO_2-Emissionen verantwortlich. Unabhängig von den unterschiedlichen Szenarien ist der Tourismus in den nächsten Jahrzehnten ein enormer Wachstumssektor und gewissermaßen Garant für wirtschaftliche Prosperität, jedoch mit entsprechenden Schwierigkeiten bei der Eindämmung tourismusbezogener bzw. verkehrsbedingter CO_2-Emissionen, und somit bei der Umsetzung von Dekarbonisierung und Klimaneutralität als konkrete Zielgröße.

Die Gesundheitskrise im Zusammenhang mit der Covid-19-Pandemie hat den globalen Tourismus aufgrund des beinah völligen Zusammenbrechens internationaler, grenzüberschreitender Mobilität zum Erliegen gebracht. Erst Schritt für Schritt scheint es dem Tourismus-System zu gelingen, an die ökonomischen Erfolge der Vor-Corona-Zeit anzuknüpfen. Es ist ein unbändiges Streben nach einem Zurück zum Höhepunkt wirtschaftlichen Wachstums, wie es 2019 der Fall war, erkennbar. Das ist jedoch kein Fortschrittsnarrativ, wie es nicht nur der Tourismus bis 2019 gekannt hat, sondern eine eigentlich rückwärtsgewandte, vergangenheitsorientierte Sehnsucht nach Berechenbarkeit. Die Vergangenheit wird wichtiger, weil die Zukunft skeptischer gesehen wird. Mit dem unbedingten Streben nach dem Vor-Corona-Niveau nimmt sich der Sektor selbst die Zukunftserwartung, weil die gewünschte Berechenbarkeit nicht die Spielräume der unberechenbaren Wirkungen der verschiedenen Krisen zu nützen imstande ist.

Ist der Weg zurück zu Vor-Corona-Niveaus möglicherweise auch deshalb versperrt, weil sich die Messgrößen für Erfolg und Wertigkeit gerade grundlegend ändern? Könnte dies für den Tourismus bedeuten, dass das Streben nach vorpandemischen Nächtigungs- und Ankunftszahlen einen irreführenden Weg hin zur angestrebten Robustheit, Krisenfestigkeit und Zukunftsfähigkeit darstellt?

Was bedeutet dies für die Zukunftsfähigkeit der Tourismussysteme, deren Fragilität und Vulnerabilität in einer Zeit der Polykrisen sehr deutlich erkennbar wird? Die Gesundheitskrise rund um die globale Pandemie Covid-19 hat erkennen lassen, dass die touristischen Akteure mitten in der Krise in der deshalb notwendigen Interaktion mit Politik nicht als System agieren, sondern im besten der Fälle als Teilsysteme mit unterschiedlichen Schwerpunkten und Interessen. Wenig abgestimmte und innerhalb des Tourismussystems kaum koordinierte Krisenmanagements führen daher nach der Krise zu differenzierten Wahrnehmungen über die Qualität der Rettungsmaßnahmen. Es wurde augenscheinlich, dass es dem Tourismussystem noch nie wirklich gelungen war, der Tourismuspolitik die Verwobenheit sowie Vernetztheit des Tourismus und seiner einzelnen Wertschöpfungs-Bausteine und ihrer jeweiligen Bedeutung zu vermitteln, ebenso wie das damit einhergehende (finanzielle) Risiko für die einzelnen Teile dieses Netzwerkes im Falle einer globalen Krise. War der Politik die Bedeutung und Vulnerabilität des Tourismus klar und wusste man überhaupt, wie sich das Tourismussystem zusammensetzt? Aber auch: Welche Anstrengungen von Seiten des Tourismussystems wurden in den Jahren zuvor unternommen, um die Bedeutung, aber auch die Vulnerabilität des Tourismussystems zu verdeutlichen? Es fehlt das Denken in Systemzusammenhängen, denn jedes Teilsystem agiert autonom, was auch die Macht gegenüber politischen Akteuren reduziert. Destinationen, Verkehrsträger, Reiseveranstalter und -mittler sowie die touristischen Unternehmen im Bereich Beherbergung und Gastronomie arbeiten zwar zusammen, wenn sie müssen, haben aber kein ausgeprägtes Denken in Systemzusammenhängen eingeübt, das Tourismus und Reisen vom Gast, aber auch von der Gesellschaft her denkt. Tourismuswirtschaft versteht sich eben als Wirtschaft und kaum als Spiegelbild der Gesellschaft. Dass Tourismuspolitik auch und vielleicht vor allem Gesellschaftspolitik und nicht ausschließlich Wirtschaftspolitik ist, ist eine Erkenntnis, die erst langsam um sich greift. Die Debatte zum sogenannten »Overtourism« und der eher defensive, halbherzige Umgang damit von Seiten des Tourismussystems zeigt dies eindrucksvoll. Denn Overtourism ist vor allem ein diffuses Unzufriedenheitsgefühl breiter Bevölkerungskreise rund um die Frage nach der Art des Tourismus und seiner Entwicklungsgeschwindigkeit. Findet Besucherlenkung und -steuerung heute vor allem dort statt, wo ein Zuviel an Tourismus die Erlebnisqualität radikal in Frage stellt, könnte das weitere globale Tourismuswachstum diese Lenkungsstrategien für größere Räume notwendig machen. So gesehen ist Overtourism eine Art Unfreiheit aufgrund von Abhängigkeiten vom Tourismus. Damit bahnt sich ein normativ ausgeformter, »korrekter« Tourismus den Weg in die Destinationen, der es sich zum Ziel macht, die Freiheit der Besucher an die Freiheit der Einwohner zu koppeln, womit man Lebensqualität zum Maßstab einer Tourismusentwicklung machen kann. Das befeuert aber auch die gesellschaftlich angelegte Kritik an weniger korrekten Angeboten, wenn veränderte Konsummuster das Nachdenken über Nachhaltigkeit notwendig machen. Das beinahe Ignorieren von Klimaveränderungen im Event-orientierten Wintertourismus lässt erahnen, dass Geschäftspolitiken und -modelle vielfach darauf ausgerichtet sind, das Angebot so lange am

Laufen zu halten, bis es nicht mehr geht. Und auch nach der Pandemie konzentriert sich das Denken und Handeln vor allem darauf, quantitative Maßstäbe des Wachstums an vorpandemischen Messgrößen auszurichten. Der Jubel ist groß, wenn eine Destination oder ein Reiseunternehmen verkünden kann, dass man das Vor-Corona-Niveau wieder erreicht hat. Das reduzierte Denken in Nächtigungen und Ankünften verschließt den Blick auf das große Ganze und die umfassende Verantwortung des weltweiten Tourismus für die zentralen Fragen rund um die planetaren Grenzen.

Globale Umweltveränderungen erfordern zwangsläufig eine zentrale Verantwortung des Tourismussystems. Die dramatische Reduktion von Biodiversität und die zunehmend sichtbar werdenden Folgen des Klimawandels lassen erkennen, dass Tourismus sich ändern muss, will er denn zukunftsfähig sein. Veränderungen bei der Landnutzung oder intensive Landwirtschaft sowie Konsum von Wildtieren beschleunigen demnach global gesehen den Verlust der biologischen Vielfalt sowie den Klimawandel und können obendrein Pandemien verursachen (IPBES, 2020). Für den Klimabereich erfordert dies ein weitreichendes Mess- und Monitoring-System für Betriebe und Destinationen, um die Emissionen exakt und transparent bestimmen zu können. Die Nicht-Berücksichtigung der Emissionen durch Flugverkehr lässt erkennen, dass Fragen der (Mit-)Verantwortung noch ungeklärt sind. Und bezüglich der Pandemien stellt sich die grundlegende Frage, ob man zukünftig Pandemien bei ihrem Auftreten bekämpfen will oder transformative Wege der Vermeidung findet. Längst geht es darum, den Tourismus einzubetten in die Grundgedanken zu »Global and Planetary Health«.

Es stellt sich also zunehmend die Frage, ob der Tourismus als System überhaupt ein »Agent of Change« sein kann. Ist es genug, sich als wirtschaftlicher Akteur des Tourismus darauf zu konzentrieren, die Zerstreuung und Ablenkung breiter Gesellschaften von Alltagsproblemen und Krisen zu ermöglichen, wenngleich gesellschaftspolitisch dies sogar eine wichtige Funktion sein kann? Offensichtlich hilft der Tourismus breiten Gesellschaftsschichten beim Verdrängen, verdrängt aber auch selbst die Verantwortung im Gestalten der gesellschaftlichen Transformationen.

Könnte es sein, dass das Tourismussystem vordergründig auf inkrementelle Anpassung an wirtschaftliche und gesellschaftliche Veränderungen ausgerichtet ist und nicht auf substanzielle Innovationen und Transformationen des Systems selbst? Könnte es sein, dass das Tourismussystem keine substanziellen Beiträge zu den mehr als sichtbaren sozialökologischen Transformationen liefert und kaum zur Lösung von zentralen Zukunftsfragen beiträgt?

»It is necessary to change human development patterns, behaviors, and activities to respect nature« (COP 13, Cancun, 2016). Bei einem näheren Blick auf Fragen der Nachhaltigkeit erkennt man, dass Angebote des Tourismus zunehmend zu gesellschaftlichen Streitthemen werden, auch wenn ein nachhaltiges Angebot bei der Buchung für die Mehrheit der Urlauber weiterhin nicht entscheidend ist und betriebliche Investitionen in Nachhaltigkeit nur zögerlich umgesetzt werden. Es gibt praktisch keine System-geleitete Antwort des Tourismus auf die großen Fragen, sondern vielfach sind es partikularistisch ausgerichtete Interessensräume, welche die öffentliche Debatte beherrschen. Zunehmend wird erkennbar, dass die sogenannten SDGs (Sustainable Development Goals), die 17 Nachhaltigkeitsziele der Vereinten Nationen, eine Vielzahl von Konflikten hervorrufen, vor allem gesellschaftliche Konflikte um die Frage, wie man denn wirtschaftliche und gesellschaftliche Ungleichheiten mit Klimaschutz und wichtigen Fragen der Ökologisierung versöhnen kann. Nachhaltigkeit ist eine Art »Streit um die Lebensführung« (Neckel, 2020), ausgerichtet an der Beantwortung wichtiger Fragen zur Bewältigung der aktuellen und zukünftigen Herausforderungen. Zusätzlich hat die Gesundheitskrise Covid-19 beträchtliche gesellschaftliche Bruchlinien hinterlassen, an denen entlang – auch durch eine Verlagerung eines Teils der gesellschaftlichen Debatten in die sogenannten sozialen Medien – die Empathie ab- und die Destruktivität zunimmt, und »moderne Empfindlichkeit und die Grenzen des Zumutbaren« bestimmend werden (Flaßpöhler, 2021).

Das Tourismussystem kümmert sich um Menschen auf Reisen und im Urlaub, es geht um Dienstleistungen, die wiederum nur durch Begegnung und Beziehung zustande kommen. Es ist eine zentrale Größe gesellschaftlichen Miteinanders, dass man Begegnungsräume einrichtet und lebendig macht. Dies hat der Tourismus schon immer getan. Das macht ihn auch ungemein wichtig. Aber das Tourismussystem ist kein Treiber für die Entwicklung neuer Formen von gesellschaftlichem Miteinander. Er liefert gewiss Beiträge zu aktuellen Entwicklungen, auch weil man Veränderungen mit feiner Sensorik zu erkennen weiß. Aber ist dies auch zukunftsorientiert genug, um Lebensstile und -welten vorzuschlagen, die auf eine Zukunft einzahlen, welche die aktuellen großen Transformationen absorbieren kann?

Das Unvorstellbare vorstellbar machen: Tourismus als transformative Kraft in turbulenten Zeiten

Es ist der Tourismus, der – unter der Voraussetzung, dass er sich stärker als System versteht – den Streit um die zukünftige Lebensführung aktiv führen sollte, um verantwortungsvoll in die Zukunft zu blicken, und um damit vielen Menschen einen guten Grund zu liefern, warum man in diesem System arbeiten möchte. Die Sinnfrage, die sich viele vor allem junge Menschen im Zusammenhang mit ihren Vorstellungen zu Arbeit stellen, hat auch mit den Antworten zur zukünftigen Lebensführung zu tun, die Unternehmen und Institutionen geben müssen, um attraktive Arbeitgeber sein zu können. Die Attraktivität einer Branche hat auch damit zu tun, wie man mit Veränderung umgeht und ob es gelingt, die großen globalen Fragen um Gerechtigkeit oder Verantwortung auch auf nationaler und regionaler Ebene sinnstiftend – also mit Wertschätzung und Respekt – z. B. bei der Ausgestaltung der Arbeitsbeziehungen zu garantieren. Dann gelingt auch die gesellschaftliche Besserstellung und Aufwertung der vielen Berufe im Tourismus.

Die Perspektiven in der Gestaltung von Orten und Räumen liegen in einem transformativen Verständnis der Rolle des Tourismus. Es geht darum, die Menschen für Zukunftsfragen zu begeistern und ihnen in der Destination oder am Standort entsprechende Vorschläge für Lebensstile zu machen. Diese sollen die Konflikte nicht verbergen, sondern sie geradezu thematisieren, aber auch versöhnliche Beispiele liefern, wie Nachhaltigkeit gelingen kann, indem man den Gästen signalisiert, dass es ohne ihr verantwortliches Handeln nicht geht, und indem die Einwohner ihre Vorstellungen von lebensweltlicher Zukunft erklären und zeigen. Es geht dann auch darum, den Gästen die Botschaft mitzugeben, dass man mehr macht als das Notwendige, und dass man dabei die schwierigen Themen nicht ausspart. Es geht nicht nur darum, dass Tourismusakteure die Situation im Umgang mit Menschenrechten in Destinationen erklären, sondern ebenso darum, die Frage nach einem nachhaltigen Tourismussystem auch mit unterschiedlichen Bewertungsmaßstäben zwischen globalem Süden und Norden oder mit der Menschenrechtsfrage und einem verantwortlichen Handeln im Tourismussystem zu verknüpfen. Transformativ bedeutet dabei auch, das notwendige Handlungswissen zu generieren mit dem Ziel, Lösungen zu thematisieren, sowie Umsetzungsschritte einzuleiten und dabei die Gäste nicht aus der Mitverantwortung zu entlassen.

Transformatives Handeln im Tourismus ist darauf ausgerichtet, die notwendige Innovation im Wirtschaftssystem mit der sozialen Innovation in Verbindung zu bringen, bürgerschaftliches Engagement als Bereicherung für die erfolgreiche Verbindung von Urlaubs- und Lebenswelten zu verstehen und eine Transformationskultur zu ermöglichen, die das große Ziel nicht aus den Augen verliert, jedoch Experimentieren zulässt, Scheitern erlaubt und konsequentes Lernen ermöglicht.

»Das Unmögliche möglich machen« (Metzner-Szigeth, 2025) bedeutet, Vorstellungskraft zu entwickeln für Möglichkeitsräume, die noch nicht bestehen. Erfolgreich die Diskussion zur zukünftigen Entwicklung führen bedeutet, Bilder von alternativen Zukünften in einer Gemeinschaft zu entwickeln und sich auf jene Wahrnehmungen zu einigen, deren weitere Entwicklung für sinnvoll erachtet wird und für welche man die notwendigen Handlungskompetenzen bereitstellen kann.

Tourismus braucht wieder mehr ein Selbstverständnis von »enabling and facilitating for and with each other« – die Schaffung von Urlaubs- und Lebenswelten, welche Begegnung ermöglichen und transformative Kräfte freisetzen. Wertschätzung im Entrepreneurship ist das eine, Wertschätzung und Mehrwert für Gesellschaft das andere. Es geht um das Entwickeln transformativer Fähigkeiten im Sinne von zukunftsgestaltenden Prozessen des Lernens für Gäste und Anbieter, unter besonderer Berücksichtigung von Gesellschaft vor Ort. Es bleibt die Frage zu klären, ob eine detaillierte Analyse von aktuellen Krisen und deren möglichen Wirkungen ausreichend ist, um ein transformatives Lernen zu ermöglichen. Sinnstrukturen neu ausrichten bedeutet auch, über das entsprechende Mindset zu verfügen, um eine Auseinandersetzung mit den eigenen Wert- und Sinnfundamenten zu ermöglichen (Graupe/Bäuerle, 2022). Die Kombination von mentalen Möglichkeitsräumen und aktuellen Krisen führt zu Erkenntnissen über Paradigmen, die ins Wanken kommen. Transformation ist stets mit Paradigmenwechsel verbunden. Sich daraus entwickelnde Vorstellungen zu Zukünften schaffen zugleich erste Transitionspfade, die es zu experimentieren und zu pilotieren gilt. Transformatives Destinationsmanagement entspricht dem Verständnis von »Pilotdestinationen«, die das Experimentieren um neue Lebensführungen zu ihrem zentralen Auftrag machen.

Ein zukunftsorientiertes Tourismussystem ermöglicht nicht nur transformative Kräfte, also jene Kräfte, die Transformation wollen, sondern versteht sich vor allem als Form von Zukunftsgestaltung in einer sich rapide verändernden Welt. Ein professioneller Umgang mit Verdrängen und Verunmöglichen gehört genauso dazu wie ein Aushalten von fehlgeschlagenen Experimenten, beides muss ein Lernen ermöglichen. Transformationskompetenz bedeutet dabei, ein hohes Maß an Reflexion gegenüber dem Tourismussystem zu entwickeln, die Potentiale von Beiträgen für die gesellschaftliche Transformation in den Blick zu nehmen und im Speziellen die konkreten Handlungsschritte zu entwickeln.

Zusammenfassung

1. Tourismus braucht ein ausgeprägteres Denken in Systemzusammenhängen – angebots- und nachfrageseitig. Die Veränderung des fragmentierten Silo-Denkens in der Tourismuspolitik ist dabei notwendig.
2. Anstelle mentaler Reduktion auf Ankünfte und Nächtigungen sollte ein vorbildhafter Einsatz von Messinstrumentarien und Monitoring für Klima und Nachhaltigkeit treten.
3. »Overtourism« ist ein gesellschaftliches Warnsignal, sich als Tourismus-System mit einer ernst gemeinten Nachhaltigkeitsagenda auseinanderzusetzen.
4. Tourismuspolitik ist Umwelt-, Wirtschafts- und Gesellschaftspolitik. Es geht also darum, mittels geeigneter Politiken und Ausbildungssysteme positiven Einfluss auf Umweltveränderungen zu nehmen, Abstand zu nehmen von einer zu stark wirtschaftlichen Sicht auf Tourismus und Tourismus als Spiegelbild von Gesellschaft zu verstehen.
5. Die Einsicht und Überzeugung, dass es Gesellschaften sind, die durch die Änderung ihrer Muster und Verhaltensweisen Transformation hin zu Klimaneutralität und Nachhaltigkeit zum Erfolg bringen können, ist eine Voraussetzung dafür, dass Tourismus zu einem »Agent of Change« werden kann.
6. Tourismus entwickelt ein grundlegendes Selbstverständnis dafür, dass man zwar weiterhin als »Spaß-Industrie« für Ablenkung und Zerstreuung sorgen kann und soll, dass jedoch Ernsthaftigkeit erforderlich ist, wenn es darum geht, (Mit-)Verantwortung für die sozialökologische Transformation zu übernehmen.
7. Tourismus versteht sich im Rahmen aktueller gesellschaftlicher Entwicklungen als »Begegnungs-Industrie«, schafft Begegnungsorte, Gemeinschaftsgefühl und damit jenes Gesellschaftskapital, das soziale Innovationen als notwendige Treiber für die Transformation auslöst.
8. Tourismus ist jene Kraft, die zum Streit um die Lebensführung der Zukunft mit konkreten Identitätsangeboten zur Zukunft des Lebens und Wirtschaftens beitragen kann. Es geht darum, die Menschen bei ihren Reiseentscheidungen und beim Reisen selbst für Zukunftsfragen in turbulenten Zeiten zu begeistern.

9. Tourismus leistet einen Beitrag zu neuen Sinnstrukturen, weil es gelingt, das traditionelle Narrativ des Schaffens von wirtschaftlichem Wohlstand hin zu einem Narrativ zu entwickeln, das Orientierung für moderne Gesellschaften ermöglicht, indem es verdeutlicht, dass
   a. Tourismus jenes Phänomen ist, das Lebenswelten ermöglicht, die zentrale Begegnungsräume in turbulenten Zeiten anbieten.
   b. Tourismus durch sinnstiftende Erlebnisse und Erfahrungen jenen Tiefgang vermittelt, um die »Reise der Transformation« besser zu bewältigen.
   c. Tourismus bei entsprechender Nachhaltigkeitsagenda und »climate action« zur biologischen Vielfalt beiträgt und damit auch die Gefahr von Pandemien eingrenzt.
   d. Tourismus Sehnsüchte bedient und daher besser als andere Branchen imstande ist, Imaginationen, Vorstellungen und Atmosphären zu Zukünften zu entwickeln. Es geht im Tourismus weniger um den konkreten Ort, sondern um die erzählte Vorstellung. »Nicht nach physischen Orten sehnt man sich, sondern nach den Stimmungen, die sie auszulösen versprechen« (Scheppe, 2012).
   e. Tourismus soziale und nicht nur wirtschaftliche Innovationen liefert, um Urlaubs- und Lebenswelten in Einklang zu bringen.
   f. Tourismus als »Zukunftsgestalter« eine transformative Kraft in Regionen sowie an Standorten und Destinationen werden kann. Prozessmanagement wird wichtiger als Produkt- und Marketing-Management.

Zur Rolle von Hochschulen und Universitäten: Perspektiven für Forschung, Lehre und Transfer

Tourismus ist ein integratives Element von Wirtschaft, Gesellschaft und Politik, aber auch von Kirche und Religion sowie Wissenschaft. Das Reisen ist bei genauer Betrachtung ein Seismograph für Entwicklungen in Wirtschaft und Gesellschaft. Raum und Zeit verschwimmen bei größeren Transformationen: Das Gefühl für einen Ort ist genauso wichtig wie das Gefühl für die Welt; das Interesse und das Gewinnen von Einsichten in die wirkliche Welt verschwimmt mit der Sehnsucht nach einer idealisierten Welt.

Es ist aktuell eine der zentralen Herausforderungen für das Bildungssystem, interdisziplinäres und transformatives Denken und Handeln zu fördern, sowie Forschung, Lehre und Transfer stärker zusammen zu denken. Tourismus eignet sich grundsätzlich dafür, weil sich viele wissenschaftliche Disziplinen und Fächer damit beschäftigen. Die Zusammenführung dieser unterschiedlichen Zugänge ermöglicht Interdisziplinarität. Das ist wichtig, jedoch nicht ausreichend. Der Blick auf Transformation und Nachhaltigkeit und die entsprechenden Zusammenhänge sowie Schnittstellen gehen über die angestrebte Interdisziplinarität hinaus und zwingen Wissenschaft, aus der beobachtenden Rolle heraus und stärker in eine handelnden Rolle zu kommen. Wissenschaft und Gesellschaft stellen sich ihrer

Verantwortung und gestalten die Orte, wo Wissenschaft stattfindet, gemeinsam. Diese Ausrichtung auf Transdisziplinarität ist notwendig, sofern man auch zukünftig eine Tourismuswissenschaft an Hochschulen und Universitäten entwickeln will. Für das Tourismussystem – und dazu gehört auch die Bildung – ist dies Voraussetzung dafür, ein glaubwürdiger »Agent of Change« im globalen Transformationsgefüge zu werden. Transformation ist eben eine Haltung!

Literatur

COP 13 (2016): Cancun Declaration on Mainstreaming the Conservation and Sustainable Use of Biodiversity for Well-being. Cancun, Mexico.

Flaßpöhler, Svenja (2021): Sensibel: über moderne Empfindlichkeit und die Grenzen des Zumutbaren. Klett-Cotta.

Graupe, Silja; Bäuerle, Lukas (2022): Bildung in fragilen Zeiten: Die Spirale transformativen Lernens (No. 70). Working Paper Serie.

IPBES (2020): IPBES-Workshop-Bericht zu Biodiversität und Pandemien. Hg. v. Intergovernmental Platform on Biodiversity and Ecosystem Services (IPBES). Online verfügbar unter https://www.de-ipbes.de/de/IPBES-Workshop-Bericht-zu-Biodiversitat-und-Pandemien-2075.html, zuletzt geprüft am 11.08.2024.

Metzner-Szigeth, Andreas (2025): Zukunftsgestaltung fährt mit Vorstellungskraft – Wozu jedoch dienen Frankensteins Früchte? In: Harald Pechlaner/Madlen Schwing (Hg.): Ist der Tourismus noch zukunftsfähig? Evolution oder Revolution. Stuttgart: Kohlhammer.

Neckel, Sighard (2020): Der Streit um die Lebensführung. Nachhaltigkeit als sozialer Konflikt. Hamburger Edition, Heft 6.

Scheppe, Wolfgang (2012): Reisen als Lebensentwurf. Vom Reisenden der Zukunft und der Kunst, Notwendigkeit in Freiheit zu verwandeln. In: Thomas Steinfeld (Hg.): Die Zukunft des Reisens. Frankfurt am Main: Fischer S. 22–41.

1 Transformation und Nachhaltigkeit des Tourismus geraten unter Druck

1.1 Zwischen Digitalisierung und Nachhaltigkeitswende: Beiträge des Tourismus zur Großen Transformation?

Monika Bachinger

1.1.1	Einleitung...	25
1.1.2	Nachhaltigkeit ist eine kulturelle Herausforderung................	26
1.1.3	Die Große Transformation hat Züge eines »wicked problem«	27
1.1.4	Digitalisierung ist (k)ein Hoffnungsträger.........................	29
1.1.5	Reallabore lassen über Gelingensbedingungen der Transformation lernen	30
1.1.6	Beiträge des Tourismus zur Großen Transformation?..............	32
1.1.7	Fazit	34

1.1.1 Einleitung

Die Weltgemeinschaft steht vor großen Herausforderungen: Das Weltklima verändert sich in einer nie dagewesenen Geschwindigkeit. Das Artensterben und damit die Verluste der Biodiversität haben eine kritische Grenze erreicht. Ebenso die Belastung des Planeten mit chemischen Erzeugnissen und die Verschmutzung der Meere mit Plastikmüll. Wichtige Ressourcen wie Frischwasser und fruchtbarer Boden werden knapp. Seit Jahren rückt der »Earth Overshoot Day«, der Tag an dem die natürlichen Ressourcen, die die Erde innerhalb eines Jahres zur Verfügung stellen kann, aufgebraucht sind, einige Tage vor. 1971 lag er noch auf dem 25. Dezember, 2023 auf dem 2. August. Die Konsum- und Produktionsweise des 20. Jahrhunderts hat uns an die planetaren Grenzen der Existenz gebracht. Der Tourismus hat daran mitgewirkt.

Digitale Technologien könnten dazu beitragen, den Ressourcenverbrauch zu mindern und zu einer Dekarbonisierung sowie Dematerialisierung von Wirtschaft und Gesellschaft beitragen. Jedoch zeigt die Realität, dass die fortschreitende Digitalisierung nicht zwangsläufig zum Erreichen von Nachhaltigkeitszielen beiträgt. Ganz im Gegenteil steigen die Energiebedarfe und zusätzlicher Konsum wird motiviert. Digitalisierung wird dazu genutzt, althergebrachte Muster von ökonomischem Wachstum zu unterstützen. Was es braucht, ist ein kultureller, wertebezogener Diskurs. Die technologische Wende müsste mit einer Lebensstilwende begleitet werden. Dies betrifft gerade auch den Tourismus.

Der nachstehende Aufsatz reißt beispielhaft an, welche Herausforderungen die Große Transformation begleiten. Dabei werden die Nachhaltigkeitstransformation und die digitale Transformation als miteinander verwoben betrachtet. Im Mittelpunkt stehen Fragen nach einem kulturellen Wertediskurs. Im Folgenden wird, ausgehend von einer begrifflichen Fassung von Nachhaltigkeit, Transformation und Digitalisierung gezeigt, warum gängige Produktions- und Konsummuster nur schwer verändert werden können. Reallabore werden als Instrument eingeführt, das dazu beitragen könnte, alternative Lebensstile erfahrbar zu machen und kollektive Handlungsnormen entstehen zu lassen. Anhand eines Reallabors wird aufgezeigt, wie Reallabore aufgebaut sind und welche Nachhaltigkeitsbeiträge sie auch im Tourismus imstande wären zu leisten. Der Beitrag schließt mit Gedanken, welche Rolle der Tourismus in der Großen Transformation einnehmen könnte.

1.1.2 Nachhaltigkeit ist eine kulturelle Herausforderung

Im Allgemeinen wird Nachhaltigkeit oder nachhaltige Entwicklung definiert als »Entwicklung, die die Bedürfnisse der Gegenwart befriedigt, ohne zu riskieren, dass künftige Generationen ihre Bedürfnisse nicht befriedigen können« (Hauff 1987, 46). Inhaltlich wird dieses Begriffsverständnis häufig über den Dreiklang aus der sozialen, ökologischen und wirtschaftlichen Dimension von Nachhaltigkeit konkretisiert (Pufé 2017). Angesichts der Endlichkeit von Ressourcen sowie der Folgen des Klimawandels rücken jedoch ökologische Zielsetzungen in den Vordergrund. Als normativer Kompass für die Nachhaltigkeitswende gilt heute der Dreiklang aus der Erhaltung der natürlichen Lebensgrundlagen, aus politischer und wirtschaftlicher Teilhabe von Menschen sowie aus dem Schutz von Eigenart und Vielfalt als Ressource für die Transformation. Normatives Ziel der Nachhaltigkeitswende ist dabei ausdrücklich der Schutz der menschlichen Würde (WBGU 2019).

Es geht es um einen neuen »Gesellschaftsvertrag«, im Rahmen dessen wirtschaftliche und gesellschaftliche Systeme so umgebaut sind, dass sie die Tragfähigkeitsgrenzen der Ökosysteme nicht überschreiten (WBGU 2011). Neben technologischen, politischen und wirtschaftlichen Veränderungen scheinen für den Erfolg von nachhaltiger Entwicklung kulturelle Gesichtspunkte entscheidend. Notwendig ist ein Wertediskurs. Inhalt des Diskurses könnte ein neues Verständnis von gutem

Leben sein: Gesellschaftlicher Wohlstand erscheint nur zu einem Teil von materiellen Faktoren beeinflusst. Wohlstand inkludiert vielmehr Dinge, die nicht immer oder die von allen finanziell erwerbbar sind. Darunter Gesundheit, soziale Kontakte und Umweltqualität. Ein gutes Leben fußt insofern nur teilweise auf ökonomischem Wohlstand, vielmehr auch auf nicht-kommerziellen bzw. immateriellen Werten (OECD 2020).

In den Mittelpunkt rücken postmaterielle, suffizientere Lebensstile (Fischer & Grießhammer 2013). Sie sind davon gekennzeichnet, dass Menschen das richtige Maß an Konsum finden. Gemeint ist Konsum, der die individuellen Bedürfnisse deckt, aber nicht darüber hinaus geht. Suffizienz fordert die Konzentration auf das Wesentliche und die Bereitschaft, Güter und Leistungen vermehrt in einem regionalen Kontext nachzufragen. Ob die damit verbundene Reduktion von Konsum als Verzicht empfunden wird, ist unterschiedlich. Die möglicherweise eintretende Entschleunigung und Entkommerzialisierung kann als mehrwertig empfunden werden, also Nutzenebenen adressieren, die konventioneller Konsum nicht in der Lage ist herzustellen (Brischke, 2014, Homburg 2020).

Die Umstellung von Konsumgewohnheiten ist allerdings nicht einfach. Eine Veränderung von Verhalten erscheint besonders wahrscheinlich, wenn soziale Identitäten entsprechende kollektive Normen und Wirksamkeitsüberzeugungen unterstützen (Fritsche 2018). D. h. umweltschutzbezogenes Handeln ist dann wahrscheinlich, wenn Menschen sich als Mitglied eines entsprechend handelnden Kollektivs empfinden. Kollektive können soziale Gruppen sein (z. B. Freundeskreis), aber auch Städte oder Bewegungen (z. B. Fridays for Future). Auch temporäre Kollektive wie Reallabore könnten eine Rolle spielen. Inwieweit Gruppennormen und Wirksamkeitsüberzeugungen entstehen, hängt davon ab, ob gemeinsame Handlungen und die Diskussion über gemeinsame Handlungen stattfinden. Das Narrativ, dass Gruppen durchaus wirksam Umweltschutz betreiben können, ist wesentlich (Fritsche 2018, Baasch 2018).

1.1.3 Die Große Transformation hat Züge eines »wicked problem«

Grundsätzlich kann Transformation verstanden werden als ein fundamentaler Wandel, der mit sprunghaften Veränderungen in Wirtschaft, Gesellschaft und Politik verbunden ist (Vogel & O'Brien 2022). Als »Große Transformation« wird der aktuelle Wandel deshalb beschrieben, weil er mehrere Themenfelder umfasst. Dies sind die Energiewende, die urbane Wende und die Wende in Bezug auf Landnutzungssysteme (WBGU, 2011). Schneidewind (2019) skizziert sieben Wendebereiche, zu denen die Wohlstands- und Konsumwende, die Mobilitätswende, die Ressourcenwende und die industrielle Wende zählen. Zudem beinhaltet der Wandel parallel mehrere Veränderungsprozesse. Hierzu gehört neben der Nachhaltigkeitstransformation auch die digitale Transformation (WBGU, 2019). Drittens erfasst die Große Transformation nicht nur Systeme oder Kollektive, sondern ebenfalls Individuen. Sie erfordert die Bereitschaft, »beyond established and entrenched boundaries and limits« zu gehen (Vogel & O'Brien 2022, 654) – auch in Hinblick auf das eigene Selbstverständnis als Menschen (ebenda).

Historisch gesehen sind große Veränderungen nichts Neues. Bereits Polanyi (1944) prägte den Begriff der Großen Transformation in Bezug auf den Übergang von agrarisch geprägten Gesellschaften zur Industrialisierung. Ein weiteres Beispiel ist die neolithische Transformation im Übergang von den nomadisierenden Menschen der Steinzeit zum Ackerbau (Stengel 2017). Der Unterschied zu unserer heutigen Situation ist, dass die Zeiträume der Veränderung kürzer werden. Für den einzelnen Menschen stellten sich Transformationen früher als langsame, inkrementelle Veränderungen dar. Die heutige Transformation hingegen steht unter zeitlichem Druck, denn die Einhaltung des 2-Grad-Ziels erfordert schnelles Handeln (WBGU 2011).

Der zweite Unterschied zu den vorauslaufenden Transformationen ist ihr Ziel. Während die vorauslaufenden Transformationen ergebnisoffen waren, d. h. im Vorfeld nicht feststand, welche Formen des gesellschaftlichen Zusammenlebens entstehen würden, ist zumindest das normative Ziel der aktuellen Transformation weitestgehend definiert. Der WBGU (2011) versteht die Große Transformation dementsprechend als »umfassende[n] Wandel, der einen Umbau der nationalen Ökonomien und der Weltwirtschaft innerhalb [...] [der planetaren] Leitplanken vorsieht« (417). Das normative Ziel der Transformation ist die Einhaltung der planetaren Grenzen. Notwendig ist einerseits die Entkopplung des Bruttosozialprodukts vom Ressourcenverbrauch (Öko-Effizienz) und andererseits die Trennung von gesellschaftlichem Wohlstand von ökonomischem Wachstum (Behrens & Keil 2019, WBGU 2011).

Gerade vor dem Hintergrund der Reichweite, Komplexität und Geschwindigkeit der Großen Transformation ist ihr Ergebnis nicht vorhersehbar. Vielmehr ist sie durch Such- und Lernprozesse gekennzeichnet, deren Ausgang ungewiss ist: »An open question is whether humans can respond [...] effectively, before tipping points are reached, planetary boundaries are further exceeded, collective traumas increase, and future opportunities are foreclosed« (Vogel & O'Bien 2022, 653). Die Nachhaltigkeitstransformation trägt damit die Züge eines »wicked problem«. Sie hat einen Multi-Thema- und Multi-Ebenen-Charakter. Viele Themen und zahlreiche Akteure unterschiedlicher gesellschaftlicher Ebenen sind miteinander verknüpft und wirken aufeinander ein – nicht immer sind die Wirkmechanismen vollständig bekannt (Irwine 2019).

Dies bedeutet, dass wir als Gesellschaft derzeit parallel auf mehreren Ebenen lernen (müssen) (Schneidewind 2019), denn es fehlt in vielen Bereichen präzises Zielwissen. Beispielsweise gibt es unterschiedliche Einschätzungen, welche Rolle Individualverkehr im Verkehrsmix der Zukunft spielen kann. Gleichzeitig fehlt Systemwissen, d. h. Wissen z. B. zu welchen Reaktionen eine Anhebung des CO_2-Preises oder eine Verknappung von Parkraum in Innenstädten führen würde (Schneidewind 2019). Nicht zuletzt ist unbekannt, wie Transformation insgesamt gesteuert werden kann (Parodi et al. 2018). Es existiert zu wenig Transformationswissen im Sinne von Erfahrungen, wie sich z. B. kulturell geprägte Verhaltensmuster zielgerichtet verändern lassen. Die Umsetzung der Nachhaltigkeitswende ist insgesamt von einem Staatsversagen und Marktversagen charakterisiert. Zudem fehlt eine durchsetzungsfähige, transnationale »Global Governance« (WBGU 2011).

1.1.4 Digitalisierung ist (k)ein Hoffnungsträger

Im Allgemeinen wird davon ausgegangen, dass digitale Technologien (social, mobile, analytics, cloud, inernet of things) bei der Entkopplung der Gesellschaft vom Ressourcenverbrauch helfen können (ElMassah & Mohieldin 2020, Gregori & Holzmann 2020). Digitalisierung wird dabei als Prozess verstanden, indem Individuen, Organisationen, aber auch Länder digitale Technologien übernehmen, verbunden mit dem dadurch hervorgerufenen sozialen bzw. sozialökonomischen Wandel (Oh et at. 2022, Dabrowska et al. 2022). Allerdings ist bislang noch offen, ob dieser Wandel vorwiegend positive oder negative Effekte haben wird: »Revolutions are often double-sided, with positive and negative outcomes. Some effects are evident from the beginning while others are not fully understood until many decades later« (Ranghino 2019, 2).

Auf der positiven Seite von Digitalisierung stehen Beiträge zur Dekarbonisierung und Dematerialisierung sowie soziale Mehrwerte (George et al. 2019, Renn et al. 2021). So erlauben digitale Prozesse, dann zu produzieren, wenn genügend Energie aus erneuerbaren Quellen zur Verfügung steht (Renn et al. 2021). Nachhaltige Praktiken können weite Streuung finden (»scalability«): Mithilfe einer Mobilitäts-App kann nachgerechnet werden, welche CO_2-Emissionen das eigene Mobilitätsverhalten hat, zudem können klimaschonendere Alternativen abgerufen werden (Gregori & Holzmann 2020). Darüber hinaus könnte Konsum entmaterialisiert werden (Homburg 2020). Ein Beispiel hierfür ist die digitale Fashion-Brand »Dress X«, die digitale Kleidung für soziale Medien vermarket (Fucci & Ranghino 2021). Aber auch positive soziale Effekte, insbesondere in der Flexibilisierung von Arbeit, können festgehalten werden (Beier et al. 2020). Produkte könnten zudem noch stärker individualisiert werden und besonderen Wert für Kunden erhalten (Homburg 2020).

Auf der negativen Seite von Digitalisierung stehen einerseits Rebound-Effekte (Homburg 2020, Renn et al. 2021). So muss digitales Verkehrsmanagement nicht unbedingt Nachhaltigkeitsziele unterstützen. Im Gegenteil kann Verkehrsfluss-Management dazu führen, dass immer mehr Fahrzeuge den Weg in die Innenstädte suchen, weil trotz vieler Fahrzeuge Mobilität immer noch möglich ist. Die einfache Zugänglichkeit von Gütern und Dienstleistungen über Internetplattformen kann außerdem zusätzlichen Konsum fördern (Fucci & Ranghino 2021). Ein Beispiel ist das Streaming von Filmen. Bereits heute verbraucht Video-Streaming rund 82 Prozent des Datenvolumens im Internet (Sühlmann-Faul 2019). Ferner können smarte Geräte zusätzlichen Konsum durch automatische Nachbestellungen generieren (Homburg 2020).

Andererseits ist Digitalisierung kritisch zu bewerten, wenn es um Inklusion, Demokratie, Gewährleistung von Datensicherheit und Datensouveränität sowie Privatsphäre geht (Höfner & Zimmermann 2021). So liegt die Macht auf Basis digitaler Daten in der Hand einiger weniger Konzerne (Renn et al. 2021). Es werden Effekte von Digitalisierung auf die Entstehung von politischen Anschauungen und Meinungen beklagt (Filterblasen, Echokammern in sozialen Netzwerken) (Hilbert 2020, Frick et al. 2021). Spracherkennung durch Künstliche Intelligenz kann diskriminieren, z. B. wenn bestimmte Dialekte nicht erkannt werden (Höfner & Zimmermann 2021, Brenner & Hartl 2021). Intelligente Anwendungen könnten zahlreiche Arbeitsplätze, gerade auch solche im Bereich der Wissensarbeit (z. B. Journalisten, Fachbuchautoren etc.) überflüssig machen (Ghobakhloo 2020). Damit sind zahlreiche ethische Fragestellungen verbunden: »Risks are loss of privacy, political polarization, psychological manipulation, addictive use, social anxiety, and distraction, misinformation, mass narcissism« (Hilbert 2020, 193).

Derzeit überwiegen die Gründe zur Kritik, denn »die Digitalisierung von Wirtschaft und Alltag [orientiert sich] bislang nur marginal an Nachhaltigkeitsaspekten [...], die digitalen Ressourcen [...] werden... [...] bisher überwiegend für konventionelles Wachstum [...] eingesetzt« (WBGU 2019, 4). Was auch hier unerlässlich ist, ist ein kultureller Diskurs darüber, wie digitale Technologie gestaltet sein sollte und wo sie zum Einsatz kommt (Guandalini 2022). Beiträge zur Nachhaltigkeitstransformation entstehen dann, wenn digitale Geräte (z. B. Handys) modular aufgebaut, reparierbar und recycelbar sind und wenn Kundinnen und Kunden sie lange nutzen (Renn et al. 2021). Gemeinwohlorientierung und Open-Source-Prinzipien spielen ebenfalls eine Rolle (Höfner & Zimmermann 2021). Am ausschlaggebendsten erscheint jedoch die Suffizienz, und zwar die digitale Suffizienz, wozu die Datensuffizienz (nur notwendigen Datenverkehr erzeugen) und die Nutzungssuffizienz (z. B. Geräte lange nutzen) gehören (Lange et al. 2019).

Denkwürdig ist in diesem Zusammenhang, dass die Forschung das Zusammen- oder Entgegenwirken von Digitalisierung und Nachhaltigkeit kaum auf dem Schirm hat: »digital sustainability is not a frequently used term in academic research« (Guandalini 2022, 461). Auch der WBGU identifiziert eine »eklatante Forschungslücke« (2019, 4).

1.1.5 Reallabore lassen über Gelingensbedingungen der Transformation lernen

Das Problem der Großen Transformation ist ihre Komplexität. Bei der Lösung dieser Art von Problemen hat es sich als hilfreich erwiesen, die abstrakten Problemstellungen in konkrete, zeitlich und räumlich verortete Problemstellungen herunterzubrechen. Es geht um die Rückbindung von Nachhaltigkeit in lokale Kontexte (ElMassah & Mohieldin 2020). So würde man z. B. nicht über Mobilität im Abstrakten, sondern über Mobilität von Tagesgästen in der Nationalparkregion Schwarzwald im Sommer sprechen. Der Vorteil davon ist, dass sich Betroffene leichter identifizieren und zum Mitmachen bewegen lassen sowie dass sich Wirkungszusammenhänge und Anforderungen von Lösungen konkreter fassen lassen (Gaziulusoy & Ryan 2017, Irwin 2019). Auch Digitalisierung kann hierzu einen Beitrag leisten, indem digitale Technologien einen hohen Grad an Information, Mitsprache und Verantwortungsübernahme auf lokaler Ebene erlauben (»virtual decentralization«) (ElMassah & Mohieldin 2020).

Dieses Herunterbrechen in alltagsweltliche Problemstellungen kann in Reallaboren organisiert werden (Wanner & Stelzer 2019). Das sind gesellschaftliche Kontexte, in denen Forschende Interventionen bzw. Experimente durchführen, um gemeinsam mit Betroffenen über soziale Dynamiken von Veränderungen zu lernen (Scheidewind et al. 2018). Man versucht in Reallaboren gemeinsam mit Vertreterinnen der Politik, der Wirtschaft und der Zivilgesellschaft zu erkunden, wie soziale Gruppen, aber auch Individuen reagieren, wenn Impulse für Verhaltensänderung gegeben werden, also z.B. selbstfahrende Transportfahrzeuge so für die Nahversorgung im Stadtraum eingesetzt werden, dass das Verkehrsaufkommen reduziert wird (Heilbronn Bundesgartenschau) (MWK BW 2024). Reallabore stellen Innovations-Ökosysteme dar, in denen transdisziplinär Wissen für die Lösungen von Nachhaltigkeitsproblemen geschaffen wird (Anduschus et al. 2023). Wichtig dabei ist: Viele Reallabor-Typen sind örtlich eingebettet. D.h. sie beziehen sich auf konkrete räumliche Kontexte. Besonders Städte werden als Experimentierwerkstätten für Nachhaltigkeit beschrieben (Borkmann et al. 2022).

Um die Potenziale von Reallaboren zu verstehen, lohnt es sich, beispielhaft ein Reallabor zu betrachten. Im Folgenden ist das das Reallabor Wissensdialog Nordschwarzwald, im Spezifischen das Teilprojekt des waldbasierten Gesundheitstourismus beschrieben (Bachinger & Rhodius 2023). In diesem Teilprojekt stand die Re-Definition der Mensch-Natur-Beziehung im Mittelpunkt. Es bestand die Frage, welche Beiträge Waldbesuche zum Wohlbefinden von Menschen leisten und wie im Umkehrschluss Menschen zu einer achtsamen Wahrnehmung der Mensch-Wald-Beziehung gelangen können (Bachinger & Rau 2019, Rau & Bachinger 2020). Das transdisziplinäre Projekt umfasste die Phasen Co-Design, Co-Produktion, Co-Evaluation und Co-Dissemination (Rhodius et al. 2016). Wesentliche Gestaltungselemente in diesen Phasen waren eine Wissensmesse (Co-Design), das Design-Thinking und das regionale Diskursformat Wino-vor-Ort-Dialoge (Co-Produktion) sowie das reflektierende Zusammenführen von Lernergebnisse in einer Abschlussveranstaltung (Co-Evaluation und Co-Dissemination) (Bachinger & Rhodius 2023, Rhodius et al. 2020).

In der Gesamtbewertung des Beispielfalls zeigt sich, dass die Interventionen des Reallabors bzw. des Teilprojektes durchaus transformatives Potenzial aufwiesen. Dabei sind konkrete transformative Wirkungen vor Ort von generellen Erkenntnissen über die Governance von Transformationsprozessen zu unterscheiden. Das Teilprojekt konnte vor allem Beiträge zur konkreten Transformation vor Ort leisten. Diese entstanden besonders durch das Design-Thinking und die daraus entstandenen neuartigen (touristischen) Angebote an der Schnittstelle zwischen Wald, Erholung und Achtsamkeit (Rau & Bachinger, 2020). Dennoch konnten auch verallgemeinerbare Erkenntnisse über die Gestaltung von Transformationsprozessen gewonnen werden. Diese speisen sich insbesondere aus der Auswertung der Wissensmesse und der Vor-Ort-Dialoge. Besonders Letztere zeigen die Bedeutung von niederschwelligen, leicht erreichbaren Beteiligungsformaten für die Sicherung von Teilhabe und Partizipation. Die Wissensmesse wiederum machte deutlich, dass transdisziplinäres Arbeiten eine hohe Themen- und Methodenoffenheit bei Forschenden voraussetzt, d. h. bekannte Forschungsdesigns und -themen im Co-Design mit Praxispartnerinnen aufgegeben oder re-definiert werden müssen (Bachinger & Rhodius 2023, Rhodius et al. 2020).

Man könnte einwenden, dass Reallabore sehr kleine Ansätze sind, die kaum etwas verändern können. Das Potenzial von Reallaboren steckt jedoch nicht in der Größe, sondern in der Fähigkeit, unter dem Radar des allgemein Akzeptierten Ungewöhnliches, Neues und Bahnbrechendes auszuprobieren (Loorbach 2010). Reallabore können somit eine Häufigkeitsverdichtung erzeugen: eine Anhäufung guter Beispiele von alternativen Lebensstilen und alternativen Produktions- und Konsumgewohnheiten, die in ihrer Summe das herrschende System herausfordert (WBGU 2011). Zudem können Reallabore zeigen, dass Veränderung von Konsumverhalten funktionieren kann. Sie unterstützen das gesellschaftliche Lernen – nicht nur bezogen auf Fähigkeiten, sondern auch bezogen auf die eigenen Haltungen, d. h. auf individuelle und gruppenbezogene Normen. So entsteht auf lange Frist ein Narrativ der Machbarkeit der Transformation (Schneidewind 2019). Sie lassen bei den Teilnehmenden zudem Selbstwirksamkeit und die Überzeugung wachsen, dass jeder Einzelne Veränderung mitgestalten kann (Fritsche 2018).

1.1.6 Beiträge des Tourismus zur Großen Transformation?

Der Tourismus ist von allen Wendebereichen betroffen, beispielsweise von der Ernährungswende, der Energiewende, der Ressourcenwende und von der Konsumwende. Ein Umdenken in Bezug auf Reisen weg von einer konsumtiven Reisehaltung (mehrmals Fernziele im Jahr) hin zu suffizienteren Reiseformen wäre daher sehr wichtig. Rund der Hälfte der Reisenden ist die soziale (51 Prozent) und ökologische (42 Prozent) Nachhaltigkeit auf Reisen ein Anliegen. Die Minderheit setzt sie aber tatsächlich um: Nachhaltige Unterkünfte oder Veranstalter werden nur in 6-8 Prozent der Urlaubsreisen bewusst gewählt, für nur 4-8 Prozent der Reiseentscheidungen war Nachhaltigkeit ein ausschlaggebendes Argument (Schmücker et al. 2019). Noch bedenklicher ist, dass nur knapp ein Fünftel der Befragten angibt, eine klare Vorstellung von »nachhaltigem Tourismus« zu haben (Günther et al. 2014).

Zwar wird in der Branche intensiv über Nachhaltigkeit gesprochen, dennoch kommt der Diskurs noch zu wenig »in der Fläche« an. Nur rund 49 Prozent der erreichten Tourismusorganisationen gab in einer Umfrage an, sich mit dem Thema bereits auseinandergesetzt zu haben (BTE 2017). Viel zu häufig folgt der Tourismus noch dem Primat der »wirtschaftlichen Nachhaltigkeit«. Dies zeigt sich bei den zahlreichen Fällen von Menschenrechtsverletzungen durch Tourismus (z. B. Recht auf Wasser oder Privatsphäre) ebenso wie beim weiterhin zunehmenden Flächenverbrauch von touristischen Anlagen (z. B. Skipisten) (Baumgartner 2017, Wipf et al. 2005). Nachhaltigkeit im Tourismus ist somit häufig keine »harte« Nachhaltigkeit, sondern wirtschaftliche Gewinne werden mit sozialen und ökologischen Verlusten aufgerechnet. Dennoch trägt der Tourismus ebenso Verantwortung für die Einhaltung der planetaren Grenzen.

Aber wie kann Tourismus zur Nachhaltigkeitstransformation beitragen? Erforderlich sind sicherlich größere Anstrengungen im Bereich der Effizienz und der Konsistenz. D. h. auch im Tourismus sollte es um die Einsparung von Ressourcen und um die Nutzung von erneuerbaren Ressourcen gehen. Hier ergeben sich besondere Chancen an der Schnittstelle zwischen Digitalisierung und Nachhaltigkeit: So könnten Betten tagsüber beiseite fahren, um Platz zu sparen. Klimaanlagen könnten von Bewegungsmeldern gesteuert werden, um Energie zu sparen (The Yotel, New York). Integrierte Wetterstationen könnten das Heizverhalten an die Witterung anpassen. Beim Duschen könnten digitale Geräte darüber informieren, wenn überdurchschnittlich viel Wasser oder Energie verbraucht wird (Colaco et al. 2019). Viele Hotels haben sich schon auf diesen Weg begeben.

Besondere Qualitäten könnte der Tourismus jedoch auf der kulturellen Seite der Nachhaltigkeitstransformation entfalten. So könnten neue Formen des Tourismus, in denen die Grenze zwischen dauerhaftem und temporärem Wohnen und Arbeiten verschwimmen (z. B. Co-Workation) dazu beitragen, dass Menschen tiefer in die Zielorte ihrer Reise eintauchen. Auf diese Weise könnte Ortsverbundenheit (sense of place) entstehen. Ortsverbundenheit wird wiederum als einer (von mehreren) Prädiktoren für nachhaltiges Handeln verstanden werden (Ramkissoon et al. 2013). Diese Verbindung zwischen Ort und Besuchenden aktiv zu gestalten, könnte stärker Aufgabe von touristischen Akteuren werden.

Touristische Kommunikation könnte und müsste zudem noch stärker das Narrativ der Machbarkeit von nachhaltigem Tourismus prägen. Für individuelle Verhaltensänderungen ist entscheidend, in ein förderliches Setting an kollektiven Normen und Wirksamkeitsüberzeugungen eingebunden zu sein. Gelänge es, eine Gruppe von nachhaltig Reisenden wachsen zu lassen, die positive, umweltbezogene Normen aufweist und mit ihrem Handeln zeigt, dass nachhaltiges Reisen mehrwertig und machbar ist, könnten sie beispielgebend für andere sein und zur Nachahmung anregen. Notwendig ist jedoch eine Veränderung der touristischen Kommunikation: Nicht die Fernreise darf als kollektive Norm oder kollektives Desideratum dastehen, sondern suffiziente Reiseformen. Manche Destinationen tragen dazu in Bezug auf den Deutschlandtourismus schon bei.

Tourismus könnte zudem Beiträge zum Wertediskurs über die Grenzen der Digitalisierung leisten. Er könnte den Wert technologiearmer Settings unterstreichen: Touristische Erlebnisse sind höchst immateriell und individuell, d. h. sie benötigen nicht zwangsläufig hohen materiellen oder digitalen Input. Zentral ist die Beziehungsqualität zwischen Reisendem, den Mitreisenden und den Gastgebenden sowie zu sich selbst oder zur Natur. Vieles hinsichtlich der Erlebnisqualität hängt daran, wie sich Menschen auf den Moment einlassen können oder wie stark sie sich ins Erleben involvieren lassen. Ein Ermöglicher für erfülltes Reisen kann somit die achtsame Haltung sein. Achtsamkeit wird jedoch auch als Ressource für nachhaltiges Handeln diskutiert. Reisen könnten somit einen Raum aufspannen, achtsames Erleben zu praktizieren, um es im besten Fall als Ressource für Nachhaltigkeitshandeln in den Alltag mitzunehmen.

Wie dieses Ineinanderwirken von freizeitbezogenem Reisen und Alltag funktionieren könnten, ist jedoch zu wenig verstanden. Wünschenswert wären vor diesem Hintergrund touristisch geprägte Reallabore. Diese sind jedoch noch selten. Ein Grund dafür könnte sein, dass Reallabore als örtlich verankerte Projekte mit häufig mehrjährigem Zeithorizont das räumlich und zeitlich unstete Phänomen des Tourismus nicht gut greifen können. Der Einbezug von Gästen in ihrer Freizeit erscheint zudem schwierig. Dennoch wären Reallabore im Tourismus wichtig, weil sie erlauben würden, Menschen außerhalb des Alltags zu erreichen, in einer Situation in der unter Umständen interessante Lernchancen zur Verfügung stehen.

1.1.7 Fazit

Das Erreichen der planetaren Belastbarkeitsgrenzen erfordert Veränderungen der aktuellen Produktions- und Konsummuster. Vonnöten ist ein wirtschaftlicher und gesellschaftlicher Rahmen, der die natürlichen Lebensgrundlagen schützt, Menschen Teilhabe ermöglicht und Vielfalt und Eigenart als Ressource für Transformation wertschätzt. Digitale und intelligente Technologien könnten den Nachhaltigkeitswandel unterstützen, müssen dies jedoch nicht zwangsläufig. Es bestehen Risiken für Rebound-Effekte, für Demokratiedefizite und für Diskriminierung. Wichtig wären suffizientere Lebensstile und damit verbunden ein Diskurs zur Frage, was gutes Leben ist. Dies betrifft auch den suffizienten Umgang mit digitalen Technologien.

Veränderungen sind jedoch nicht leicht. Es stehen Pfadabhängigkeiten und Beharrungskräfte entgegen. Reallabore können als Instrumente verstanden werden, die es erlauben zu verstehen, wie Veränderungen motiviert und durchgehalten werden können. Dabei könnten Reallabore auch diejenigen Kollektive darstellen, in denen suffiziente Lebensstile als Gruppennorm entstehen und über gemeinsames Handeln Wirksamkeitsüberzeugung erwächst. Reallabore tragen so zu Erkenntnissen für sowohl konkrete, transformative Veränderungen als auch zu generellen Voraussetzungen von Transformationsprozessen bei.

Auf Reisen treten Menschen aus ihrem Alltag heraus. Das könnte besondere Lernchancen für die Nachhaltigkeitstransformation aufweisen. Nachhaltige Communities könnten über den Diskurs und das gemeinsame Handeln suffizientere Reisestile als neue Normalität etablieren. Digitale Anwendungen könnten über nachhaltiges Reisen informieren und suffizientes Verhalten vor Ort motivieren. Neue Urlaubsformen könnten Ortsbindungen und damit Achtsamkeit gegenüber Mensch und Natur fördern. Leider gibt es noch zu wenige touristisch geprägte

Reallabore. Sie wären jedoch wichtig, um Randbedingungen für den Transfer von in der Freizeit erworbenen Transformationskompetenzen in den Alltag besser zu verstehen.

Link zur Tagung

https://youtu.be/LyKoy2PIUAM

Literatur

Anduschus, P., Bienzeisler, B. & Prochazka, V. (2023). Innovationsmethode Reallabor. Eine Typologie. Fraunhofer IAO, DOI: https://doi.org/10.24406/publica-1113 (Abgerufen am 18.10.2024).

Baasch, S. (2018). Transformation in der Umweltpsychologie. Zwischen Akzeptanzbeschaffung, Empowerment und Forschungsgegenstand, Umweltpsychologie, 22/1, S. 160–166.

Bachinger, M. & Rau, H. (2019). Forest-Based Health Tourism as a Tool for Promoting Sustainability: A Stakeholder-Based Analysis of Supply-Side Factors in Tourism Product Development. In: Schmidpeter, R., Capaldi, N., Idowu, S. O., Lotter, A. (Hrsg.): International Dimensions of Sustainable Management. Latest Perspectives from Corporate Governance, Responsible Finance and CSR, Springer: Berlin, S. 87–104.

Baumgartner, C. (2017). Menschenrechte im Tourismus. In: Lund-Durlacher, D., Fifka, M., Reiser, D. (Hrsg.): CSR und Tourismus. Management-Reihe Corporate Social Responsibility. Springer Gabler: Berlin, Heidelberg, https://doi.org/10.1007/978-3-662-53748-0_3 (Abgerufen am 18.10.2024).

Behrens, M. & Keil, A. (2019). Wuppertal – städtische Transformation auf der Maßstabsebene des Quartiers. In: Niermann, O., Schnur, O., & Drilling, M. (Hrsg.): Ökonomie im Quartier. Von der sozialräumlichen Intervention zur Postwachstumsgesellschaft. Wiesbaden: Springer, S. 191–215.

Beier, G., Ullrich, A., Niehoff, S., Reißig, M. & Habich, M. (2020). Industry 4.0: How it is defined from a sociotechnical perspective and how much sustainability it includes – A literature review, Journal of Cleaner Production, 259, 120856, DOI: https://doi.org/10.1016/j.jclepro.2020.120856 (Abgerufen am 18.10.2024).

Borkmann, V., Dienes, K., & Vrhovac, B. (2022). Reallabore in der Elasticity. Fraunhofer IAO, DOI: https://doi.org/10.24406/publica-423 (Abgerufen am 18.10.2024).

Brenner, B. & Hartl, B. (2021). The perceived relationship between digitalization and ecological, economic, and social sustainability, Journal of Cleaner Production, 315, 128128, DOI: https://doi.org/10.1016/j.jclepro.2021.128128 (Abgerufen am 18.10.2024).

Brischke, L. (2014). Was verstehen wir unter Suffizienz? Thesenpapier im Rahmen des Projektes »Strategien und Instrumente für eine technische, systemische und kulturelle Transformation zur nachhaltigen Begrenzung des Energiebedarfs im Konsumfeld Bauen / Wohnen«, Berlin, Institut für Energie und Umweltforschung Heidelberg GmbH, online unter https://www.ifeu.de/publikation/was-verstehen-wir-unter-suffizienz/ (Abgerufen am 25.3.2024).

BTE (2017). Status-Quo Nachhaltigkeit im Deutschlandtourismus. Kurzbefragung von Destinationsmanagementorganisationen, Berlin, online unter https://www.bte-tourismus.de/2017/11/06/nachhaltigkeit-im-deutschlandtourismus/ (Abgerufen am 25.3.2024)

Colaco, I., Brischke, L. & Pohl, J. (2019). Smartes Wohnen. In: Höfern, A. & Frick, V. (Hrsg.): Was Bits und Bäume verbindet, Ökom-Verlag: München, S. 28–31.

Dąbrowska, J., Almpanopoulou, A., Brem, A., Chesbrough, H., Cucino, V., Di Minin, A., Giones, F., Hakala, H., Marullo, C., Mention, A.-L., Mortara, L., Nørskov, S., Nylund, P. A., Oddo, C. M., Radziwon, A. & Ritala, P. (2022). Digital transformation, for better or worse: a critical multi-level research agenda, R&D Management, 52, S. 930–954, DOI: https://doi.org/10.1111/radm.12531 (Abgerufen am 18.10.2024).

ElMassah, S. & Mohieldin, M. (2020). Digital transformation and localizing the Sustainable Development Goals (SDGs), Ecological Economics, 169, 106490, DOI: https://doi.org/10.1016/j.ecolecon.2019.106490 (Abgerufen am 18.10.2024).

Fischer, C. & Grießhammer, R. (2013). Mehr als nur weniger Suffizienz: Begriff, Begründung und Potenziale, Working-Paper des ÖKO-Instituts, Freiburg, Darmstadt und Berlin, Öko-Institut e. V., online unter https://www.oeko.de/oekodoc/1836/2013-505-de.pdf (Abgerufen am 25.3.2024).

Frick, V., Homburg, A., Röderer, K & Hofmann, M. (2021). Psychologie der digitalen Umwelt. Digitalisierung, Umweltschutz und Umweltgestaltung. Einführung in ein Schwerpunktthema Umweltpsychologie, Zeitschrift Umweltpsychologie, 25/1, S. 4–18.

Fritsche, I. (2018). Die Psychologie der Großen Transformation muss (auch) eine Psychologie kollektiven Handelns sein, Umweltpsychologie, 22/1, S. 139–149.

Fucci, G. & Ranghino, F. (2021). Digitalization and the Environment. Not only good News, Ambienta, 1, S. 1–7.

Gaziulusoy, I. & Ryan, C. (2017). Roles of design in sustainability transitions projects: A case study of Visions and Pathways 2040 project from Australia. Journal of Cleaner Production, 162, S. 1297–1307, DOI: https://doi.org/10.1016/j.jclepro.2017.06.122 (Abgerufen am 18.10.2024).

George, G., Merrill, R. & Schillebeeckx, S. (2021). Digital Sustainability and Entrepreneurship. How Digital Innovations Are Helping Tackle Climate Change and Sustainable Development. Entrepreneurship Theory and Practice, 45/5, S. 999–1027, DOI: https://doi.org/10.1177/1042258719899425 (Abgerufen am 18.10.2024).

Ghobakhloo, M. (2020). Industry 4.0, digitization, and opportunities for sustainability, Journal of Cleaner Production, 252, 119869, DOI: https://doi.org/10.1016/j.jclepro.2019.119869 (Abgerufen am 18.10.2024).

Gregori, P. & Holzmann, P. (2020). Digital sustainable entrepreneurship. A business model perspective on embedding digital technologies for social and environmental value creation, Journal of Cleaner Production, 272, 122817, DOI: https://doi.org/10.1016/j.jclepro.2020.122817 (Abgerufen am 18.10.2024).

Guandalini, I. (2022). Sustainability through digital transformation. A systematic literature review for research guidance, Journal of Business Research, 148, S. 456–471, DOI: https://doi.org/10.1016/j.jbusres.2022.05.003 (Abgerufen am 18.10.2024).

Günther, W., Grimm, B., Koch, A., Lohmann, M. & Schmücker, D. (2014). Abschlussbericht zu dem Forschungsvorhaben: Nachfrage für Nachhaltigen Tourismus im Rahmen der Reiseanalyse, BMUB, online unter https://www.bmuv.de/fileadmin/Daten_BMU/Download_PDF/Tourismus_Sport/nachhaltiger_tourismus_nachfrage_bericht_bf.pdf (Abgerufen am 25.3.24).

Hauff, V. (1987). Unsere gemeinsame Zukunft: der Brundtland-Bericht der Weltkommission für Umwelt und Entwicklung, 1. Auflage. Eggenkamp, Greven.

Hilbert, M. (2022). Digital technology and social change: the digital transformation of society from a historical perspective, Dialogues in Clinical Neuroscience, 22/2, S. 189–194, DOI: 10.31887/DCNS.2020.22.2/mhilbert (Abgerufen am 18.10.2024).

Höfner, A. & Zimmermann, H. (2021). Bits & Bäume. Die Bewegung für Digitalisierung und Nachhaltigkeit. Ein Praxisbericht, Umweltpsychologie, 25/1, S. 172–184.

Homburg, A. (2020). Digitalisierung und Konsum. Erkundung positiver und negativer Potentiale für nachhaltiges Konsumverhalten. In: von Hauff, A. & Reller, A. R. (Hrsg.): Nachhaltige Digitalisierung – eine noch zu bewältigende Zukunftsaufgabe. Wiesbaden: Hessische Landeszentrale für politische Bildung Hessen, Reihe »Forum hlz«. S. 81–97

Irwin, T. (2019). The emerging transition design approach. Cuaderno, 73, S. 149–181, DOI: https://doi.org/10.18682/cdc.vi73 (Abgerufen am 18.10.2024).

Journal of Cleaner Production, 259, 120856, DOI: https://doi.org/10.1016/j.jclepro.2020.120856 (Abgerufen am 18.10.2024).

Journal of Cleaner Production, 272, 122817, DOI: https://doi.org/10.1016/j.jclepro.2020.122817 (Abgerufen am 18.10.2024).

Lange, S., Santarius, T. & Zahrnt, A. (2019). Von der Effizienz zur Digitalen Suffizienz. In: Höfern, A. & Frick, V. (Hrsg.): Was Bits und Bäume verbindet, Ökom-Verlag: München, S. 112–114.

Loorbach, D. (2010): Transition Management for Sustainable Development: A Prescriptive, Complexity-Based Governance Framework. Governance: An International Journal of Policy, Administration, and Institutions, 23/1, S. 161–183.

MWK BW (Ministerium für Wissenschaft, Forschung und Kunst Baden-Württemberg) (2024). Baden-Württemberg fördert Reallabore, online unter https://mwk.baden-wuerttemberg.de/de/forschung/forschungspolitik/wissenschaft-fuer-nachhaltigkeit/reallabore/ (Abgerufen am 25.3.2024).

OECD (2020). How's Life? 2020: Measuring Well-being, OECD Publishing, Paris, online unter https://www.oecd-ilibrary.org/sites/9870c393-en/index.html?itemId=/content/publication/9870c393-en (Abgerufen am 25.3.2024).

Oh, K., Kho, H., Choi, Y. & Lee, S. (2022). Determinants for Sucessful Digital Transformation, Sustainability, 14, 1215. https://doi.org/10.3390/su14031215 (Abgerufen am 18.10.2024).

Parodi, O., Waitz, D., Bachinger, M., Kuhn, R., Meyer-Soylu, S., Alcántara, S., & Rhodius, R. (2018). Insights into and Recommendations from Three Real-World Laboratories. An Experience-Based Comparison. GAIA, 27(S1), S. 52–59.

Polanyi, K. (1944/2001). The great transformation: the political and economic origins of our time, Beacon Press, Boston, MA.

Pufé, I. (2017). Nachhaltigkeit, 3. Auflage, UVK Verlag: Konstanz und München.

Ramkissoon, H., Smith, L. & Weiler, B. (2013). Relationships between place attachment, place satisfaction and pro-environmental behaviour in an Australian national park, Journal of Sustainable Tourism, 21/3, S. 434–457, DOI: 10.1080/09669582.2012.708042 (Abgerufen am 18.10.2024).

Ranghino, F. (2019). Industry 4.0 and environmental sustainability. Good or bad news? Ambienta, 1, S. 1–7.

Rau, H. & Bachinger, M. (2020): Waldbasierter Gesundheitstourismus. Touristische Angebote auf Basis gesunder Walderlebnisse entwickeln. In: Rhodius, R., Bachinger, M. & Koch, B. (Hrsg): Wildnis, Wald, Mensch. Forschungsbeiträge zur Entwicklung einer Nationalparkregion am Beispiel des Schwarzwalds, Ökom Verlag: München, S. 35–56.

Renn, O., Beier, G. & Schweizer, P. (2021). The opportunities and risks of digitalisation for sustainable development: a systemic perspective, GAIA – Ecological Perspectives for Science and Society, 30/1, 23–28(6), DOI: https://doi.org/10.14512/gaia.30.1.6 (Abgerufen am 18.10.2024).

Rhodius R., Bachinger, M. (2023). Reallabore und ihr Transformationsanspruch. Eine Reflexion der Wirkungsebenen von Reallaboren am Beispiel des Wissensdialogs Nordschwarzwald (WiNo). In: Blank, J., Bergmüller, C., Sälzle, S. (Hrsg.): Transformationsanspruch in Forschung und Bildung. Konzepte, Projekte, empirische Perspektiven, Waxmann: Münster, S. 219–232.

Rhodius, R., Bachinger, M., Ensinger, K. & Koch, B. (2020): Lessons Learned des Wissensdialogs Nordschwarzwald. In: Rhodius, R., Bachinger, M. & Koch, B. (Hrsg.): Wildnis, Wald, Mensch. Forschungsbeiträge zur Entwicklung einer Nationalparkregion am Beispiel des Schwarzwalds, Ökom Verlag: München, S. 207–244.

Rhodius, R., Bachinger, M., Pregernig, M. & Koch, B. (2016): Co-design und Co-production im Reallabor Wissensdialog Nordschwarzwald, GAIA 25/2, S. 131–132

Schmücker, D., Sonntag, U., & Günther, W. (2019). Nachhaltige Urlaubsreisen: Bewusstseins- und Nachfrageentwicklung: Grundlagenstudie auf Basis von Daten der Reiseanalyse 2019 (FKZ UM18165020; S. 81). BMU, online unter https://www.bmu.de/fileadmin/Daten_BMU/Pools/Forschungsdatenbank/fkz_um18_16_502_nachhaltigkeit_reiseanalyse_2019_bf.pdf (Abgerufen am 24.3.2024).

Schneidewind, U. (2019). Die Große Transformation. Eine Einführung in die Kunst gesellschaftlichen Wandels, Fischer: Frankfurt am Main.

Schneidewind, U., Augenstein, K., Stelzer, F., & Wanner, M. (2018). Structure matters: Real-world laboratories as a new type of large-scale research infrastructure. A framework inspired by Giddens' structuration theory. GAIA - Ecological Perspectives for Science and Society, 27(S1), S. 12–17

Stengel, O. (2017). Zeitalter und Revolutionen. In: Stengel, O., van Looy, A., Wallaschkowski, S. (Hrsg.): Digitalzeitalter - Digitalgesellschaft. Springer VS: Wiesbaden. https://doi.org/10.1007/978-3-658-16509-3_2 (Abgerufen am 18.10.2024).

Sühlmann-Faul, F. (2019): Streaming heizt unserem Planeten ein. In: Höfern, A. & Frick, V. (Hrsg.): Was Bits und Bäume verbindet, Ökom-Verlag: München, S. 32–33.

Vogel, C. & O'Brien, K. (2022). Getting to the Heart of Transformation, Sustainability Science, 17, S. 653–659, DOI: https://doi.org/10.1007/s11625-021-01016-8 (Abgerufen am 18.10.2024).

Wanner, M. und Stelzer, F. (2019): Reallabore - Perspektiven für ein Forschungsformat im Aufwind, Arbeitspaper des Wuppertal Instituts, online unter https://epub.wupperinst.org/frontdoor/index/index/docId/7360 (Abgerufen am 18.10.2024).

WBGU (Wissenschaftlicher Beirat der Bundesregierung - Globale Umweltveränderungen) (2019). Unsere gemeinsame digitale Zukunft. Berlin, WBGU, online unter https://www.wbgu.de/fileadmin/user_upload/wbgu/publikationen/hauptgutachten/hg2019/pdf/wbgu_hg2019.pdf (Abgerufen am 25.3.2024).

WBGU (Wissenschaftlicher Beirat der Bundesregierung - Globale Umweltveränderungen) (2011). Gesellschaftsvertrag für eine Große Transformation, Berlin, WBGU, online unter https://www.wbgu.de/fileadmin/user_upload/wbgu/publikationen/hauptgutachten/hg2011/pdf/wbgu_jg2011.pdf (Abgerufen am 25.3.2024).

Wipf, S., Rixen, C., Fischer, M., Schmid, B. & Stoeckli, V. (2005). Effects of ski piste preparation on alpine vegetation. Journal of Applied Ecology, 42, S. 306–316. DOI: https://doi.org/10.1111/j.1365-2664.2005.01011.x (Abgerufen am 18.10.2024).

1.2 Macht der Klimawandel den Tourismus zum Agent of Change?

Robert Steiger

1.2.1	Einleitung	39
1.2.2	Auswirkungen des Klimawandels auf den Tourismus und Anpassungsmaßnahmen	40
1.2.3	Tourismus, Treibhausgasemissionen und Emissionsreduktion	41
1.2.4	Tourismus als Agent of Change im Klimawandel	42
1.2.5	Fazit	44

1.2.1 Einleitung

Tourismus ist eine Branche, die besonders von natürlichen Ressourcen abhängig ist. Diese sind ein wichtiger Bestandteil der Attraktivität einer Destination und bestimmen das Produktportfolio maßgeblich. Dies reicht von klimatischen Bedingungen für z. B. Badetourismus oder Skitourismus und dadurch Qualität des Produkts und Länge der Saison über eine möglichst intakte Umwelt im Naturtourismus bis hin zu den Kosten, die für die Bereitstellung des Angebots anfallen (z. B. Heizen und Kühlen der Hotelzimmer, Schutz der Infra- und Suprastruktur vor Naturgefahren, etc.) (Scott et al., 2012).

Der Klimawandel verändert nun einen Teil der natürlichen Rahmenbedingungen, in denen der Tourismus agiert und funktioniert. Zum einen finden Veränderungen in Destinationen statt, in denen z. B. Schnee seltener wird und damit schneebasierte Tourismusarten vor Herausforderungen stellt, da sich Gletscher zurückziehen und die Waldgrenze nach oben wandert, was das Landschaftsbild nachhaltig verändert. Zum anderen verstärkt der Meeresspiegelanstieg die Erosion der Küsten bedroht damit Badestrände oder sogar touristische Infra- und Suprastruktur. Gleichzeitig ergeben sich aber durch diese Veränderungen auch neue Chancen und Potenziale

(z. B. Saisonverlängerung, Belebung der Nebensaison), die es zu identifizieren und zu nutzen gilt (Pröbstl-Haider et al., 2021a; Steiger et al., 2023).

Der Klimawandel und dessen potenzielle Folgen fordern allerdings ebenfalls ein entschiedenes Handeln der Weltgemeinschaft in Bezug auf die Reduktion der Treibhausgasemissionen. Steigende Energiepreise aufgrund der zu erwartenden zunehmenden Internalisierung bisher externalisierter Umweltkosten, denkbare Beschränkungen und/oder Verteuerung beim Flugverkehr und nicht zuletzt die Bewertung touristischer Produkte und Destinationen durch einen klimawandelsensibler werdenden Kunden repräsentieren ebenfalls eine Veränderung der Rahmenbedingungen für den Tourismus (Pröbstl-Haider et al., 2021b).

Die Tourismusbranche mit all ihren Akteuren ist gefordert, sich diesen verändernden Rahmenbedingungen zu stellen und sowohl Anpassungsmaßnahmen zur Reduktion potenzieller Auswirkungen auf das Produkt und die Destination als auch Emissionsreduktionsmaßnahmen zu entwickeln, damit das Geschäftsmodell, aber auch die Lebensgrundlage vieler ländlicher Tourismusregionen mit wenigen wirtschaftlichen Alternativen auch in Zukunft Bestand haben können. Das Ziel dieses Beitrags ist, die Rolle und Verantwortung des Tourismus in diesen Prozessen zu beleuchten und zu diskutieren, auf welche Art und Weise der Tourismus zu einem »Agent of Change« werden kann.

1.2.2 Auswirkungen des Klimawandels auf den Tourismus und Anpassungsmaßnahmen

Grundsätzlich können die mit Klimawandel verbundenen Auswirkungen für Destinationen als multiple Risiken bezeichnet werden (Nguyen et al., 2016), die stark vom Destinationstyp, den relevanten natürlichen Ressourcen und der Anpassungsfähigkeit des entsprechenden Tourismussystems abhängen. So ist beispielsweise die zunehmende Hitzebelastung in Küstenregionen (Moreno & Becken, 2009; Rutty et al., 2020) und Städten (Scott et al., 2016) eine in der Forschung intensiv untersuchte Herausforderung (Steiger et al., 2023). Der ansteigende Meeresspiegel bedroht zahlreiche Küstenresorts oder auch UNESCO-Welterbestätten. Für die Karibik schätzten Spencer et al. (2022) einen Verlust an Strandfläche von 53–59 Prozent, an Hotelzimmern 30–39 Prozent und damit verbundene Einnahmeverluste auf 38–47 Prozent bis Ende des Jahrhunderts in einem moderaten bzw. hohen Emissionsszenario. Eine Analyse von 340 UNESCO-Welterbestätten zeigt, dass bis Ende des Jahrhunderts 51–55 Prozent dieser Stätten von einer jährlichen zumindest teilweise Überflutung betroffen wären (Kopp et al., 2017). Bei möglichen Anpassungsmaßnahmen, wie z. B. Deichen, ist zu berücksichtigen, inwieweit diese von Touristen wahrgenommen und wie diese bewertet werden. So zeigte sich, dass in einer Untersuchung in Norddeutschland sich Deiche negativ auf Zimmerpreise auswirkten (Hamilton, 2007).

Im Bergtourismus steht der schneebasierte Tourismus, allen voran der Skitourismus, im Scheinwerferlicht der Debatte (Steiger et al., 2022). In einer globalen

Zusammenschau bestehender Studien zeigte sich eine Verkürzung der Saison um 15–22 Prozent bis Mitte des Jahrhunderts (je nach Emissionsszenario), bis Ende des Jahrhunderts ein Rückgang von 20–42 Prozent (Tourism Panel on Climate Change, 2023). Trotz dieser rückläufigen Saisonlängen ist mit einem steigenden Beschneiungsaufwand von 34–37 Prozent in den 2030ern, 96–127 Prozent in den 2050ern und 115–158 Prozent in den 2080ern zu rechnen. Damit verbunden ist auch eine kritische öffentliche Haltung zum Thema technische Beschneiung, die häufig als nicht nachhaltige Lösung und Fehlanpassung bezeichnet wird. Jedoch zeigten Scott et al. (2024), das eine derartige Bewertung sehr orts- und kontextspezifisch ist. So sichert beispielsweise die Beschneiung in der kanadischen Provinz Québec rund sechs Millionen Besuche in den Skigebieten. Die mit der Beschneiung verbundenen CO_2-Emissionen entsprechen denen von 65 Fluggästen auf der Strecke von Québec in Skidestinationen in Westkanada (Knowles et al., 2023). Für den US-amerikanischen Skitourismusmarkt wurden die in den letzten 20 Jahren durch Klimawandel verursachten Kosten (durch potenziell entgangene Nachfrage und steigender Beschneiungskosten) auf 252 Mio. US-Dollar jährlich geschätzt. Dies könnte sich auf jährliche Kosten von 657–1352 Mio. US-Dollar in den 2050ern erhöhen (Scott and Steiger, 2024). Auch die Eignung von Wintersportorten für die Austragung von Events, wie z. B. den Olympischen Winterspielen verschlechtert sich mit fortschreitendem Klimawandel zunehmend (Scott et al., 2019) und erfordert Anpassungen bei den Kriterien zur Auswahl von künftigen Austragungsorten.

1.2.3 Tourismus, Treibhausgasemissionen und Emissionsreduktion

Der Tourismus trägt in etwa 8 Prozent zu den globalen Treibhausgasemissionen bei (Lenzen et al., 2018). Zwischen 2010 und 2019 wuchsen die touristischen Emissionen um 2,5 Prozent pro Jahr, also deutlich stärker als die globalen Emissionen (+1,3 Prozent) (WTTC, 2023). Rund 75 Prozent dieser Emissionen sind mit touristischer Mobilität verbunden (UNWTO/UNEP/WMO, 2008). Dies verwundert nicht, da Tourismus gemäß seiner Definition (z. B. Kaspar, 1991) zwangsläufig mit Raumüberwindung verbunden ist. Mobilität ist also eine Grundvoraussetzung, damit touristische Angebote konsumiert werden können. Wichtige Treiber hierbei sind die zurückgelegte Distanz, die Aufenthaltsdauer sowie das gewählte Verkehrsmittel.

Die zurückgelegte Distanz hat zwischen 1995 und 2019 jährlich um durchschnittlich 3,9 Prozent zugenommen, während die Reisen um »nur« 2,8 Prozent zugenommen haben. Dies bedeutet, dass die durchschnittliche Reise im Jahr 2019 mehr Distanz überwindet als im Jahr 1995. Gleichzeitig nimmt die durchschnittliche Aufenthaltsdauer ab, global um rund 15 Prozent zwischen 1995 und 2015 (Gössling et al., 2018). In Österreich lag die Aufenthaltsdauer in den 1980er Jahren bei rund 6 Tagen, 2018 nur noch bei 3,6 Tagen (Steiger et al., 2021). Um die Zahl der Nächtigungen bei sinkender Aufenthaltsdauer stabil zu halten, ist eine Steigerung der Ankünfte und damit auch der zurückgelegten Kilometer des erhöhten Gästevolumens nötig. Die Wahl des Verkehrsmittels bestimmt dabei maßgeblich die damit verbundenen CO_2-Emissionen. Der Anteil des Flugzeugs als Transportmittel im Tourismus ist global von 34 Prozent im Jahr 2000 auf 47 Prozent im Jahr 2019 gestiegen (UNWTO, 2021). Der Anteil des Flugzeugs an den touristischen Transportemissionen beträgt 75 Prozent (Tourism Panel on Climate Change, 2023).

Die CO_2-Intensität des Tourismus ist überdurchschnittlich mit rund 1 US$ pro 1 kg emittiertem CO_2 (globaler Durchschnitt aller Branchen: 0,75 kg CO_2), ebenfalls höher als in der Fertigung (0,8 kg CO_2) oder der Baubranche (0,7 kg CO_2) (Tourism Panel on Climate Change, 2023). Die Effizienzsteigerungen im Tourismus liegen bei rund 2 Prozent pro Jahr, was bedeutet, dass Wachstumsraten bei den touristischen Ankünften von mehr als 2 Prozent immer auch eine Zunahme von Emissionen bedeutet. Dieser Wert wurde vor der Pandemie in fast jedem Jahr übertroffen (UNWTO, 2021).

Die erwarteten jährlichen Nachfrage-Wachstumsraten von 3 Prozent im Flugverkehr und 5 Prozent in den restlichen Tourismusbranchen (WTTC-UNEP-UNFCCC, 2021) zeigen, dass die notwendigen Ziele zur Erreichung der Pariser Klimaziele (-50 Prozent bis 2030, Netto Null bis 2050) nicht mit bisherigen Effizienzsteigerungen zu schaffen sind (Gössling et al., 2023). Klimafreundlichere Kraftstoffe können dazu beitragen, die Auswirkungen des Luftverkehrs auf das Klima zu mindern, aber die Skalierbarkeit der Herstellung wird derzeit als eingeschränkt bewertet (Tourism Panel on Climate Change, 2023). Die derzeitig noch schlechte Verfügbarkeit von alternativen klimafreundlicheren Antrieben (und Kraftstoffen) im Flugverkehr in Kombination mit der Lebensdauer der bestehenden globalen Flugzeugflotte lässt vermuten, dass Effizienzsteigerung und neue Technologien nicht in der Lage sein werden, die Emissionen auf null zu senken. Unter der Annahme, dass alternative Antriebe im großen Stil ab 2035 auf Kurzstreckenflügen eingesetzt werden können, im Jahr 2045 auf Mittelstrecken und auf Langstrecken im Jahr 2055, würde die Emissionen im Flugverkehr nicht vor 2080 auf null sinken können (Tourism Panel on Climate Change, 2023).

1.2.4 Tourismus als Agent of Change im Klimawandel

Die dargestellten sich ändernden Rahmenbedingungen fordern den Tourismus, sowohl im Bereich der Klimawandelanpassung als auch beim Klimaschutz eine aktivere Rolle einzunehmen (▶ Dar. 1-1). Bei der Anpassung an den Klimawandel ist zunehmend mehr Flexibilität der Anbieterseite gefragt. Zunächst ist es erforderlich, das Klimarisiko der Destination und ebenso sich bietende Chancen zu identifizieren. In diesem Zuge ist auch das bestehende Geschäftsmodell und Produktportfolio einem Robustheitscheck zu unterziehen. Die sich daraus ergebenden Handlungsfelder und Schlussfolgerungen können von Destination zu Destination sehr unterschiedlich sein. Während beispielsweise noch schneesichere Destinationen möglicherweise sogar mit einer höheren Wettbewerbsfähigkeit aufgrund eines gestiegenen USPs und dadurch erhöhter Nachfrage rechnen können, sind Destinationen mit sinkender Wettbewerbsfähigkeit gefordert, die notwendige Transformation aktiv zu gestalten.

Alle Destinationen sind gefordert eine Vision zu entwickeln, wie der Tourismus in 30 Jahren aussehen kann, basierend auf dem lokalen Klimarisiko und den sich abzeichnenden gesellschaftlichen und touristischen Trends. Es ist nicht nur die Frage, wie (und wie lange) man das Bestehende noch absichern kann, sondern welches Ziel man erreichen möchte und wie man das bestehende Geschäftsmodell auf diesem Weg bestmöglich unterstützen kann.

Mögliche und notwendige Anpassungsmaßnahmen können technischer Natur sein, aber schließen auch die Entwicklung neuer Produkte sowie eine Veränderung der Produktpalette und Positionierung mit ein. Bei all diesen Maßnahmen ist darauf zu achten, dass dies nicht zu Fehlanpassung führt, d. h. eine Erhöhung der Treibhausgasemissionen und/oder eine Erhöhung der Vulnerabilität der Destination.

Tourismus hat grundsätzlich das Potenzial zu einem Agent of Change zu werden, da die Angebotsseite darauf angewiesen ist, den nötigen Wandel einzuleiten, um langfristig bestehen und Wohlstand in der Region sichern zu können. Es liegt also im ureigensten Interesse der Branche, sich in dieser Hinsicht verstärkt zu engagieren. Gleichzeitig bietet der Tourismus aber auch die Möglichkeit, gemeinsam mit den Gästen einen Beitrag zu leisten. Während des Urlaubs haben Gäste Zeit, innezuhalten und ihr eigenes Verhalten zu hinterfragen. Bei Gästen, welche die Natur genießen, bietet sich die Möglichkeit, anhand von sichtbaren Veränderungen in der Natur für das Thema zu sensibilisieren. Im Urlaub hat man potenziell auch die Zeit (manche Gäste auch das Bedürfnis) Neues auszuprobieren. Dieses »Neue« kann auch im Bereich von Verhaltensänderungen liegen, die einen Beitrag zum Klimaschutz leisten.

Gleichzeitig zeigen zahlreiche Belege in der wissenschaftlichen Literatur aber auch, dass die Bereitschaft der Touristen eher gering ist, sich in der schönsten Zeit des Jahres schwerwiegende Gedanken machen oder auf etwas verzichten zu müssen (Dolnicar et al., 2017; Demeter et al., 2023). Allerdings bietet der Tourismus mit storytelling, gamification oder auch nudging die Möglichkeit auf Gäste einzuwirken. Neue Erfahrungen im Urlaub (z. B. klimafreundlichere Ernährung, Mobilitätsverhalten) können ein Stück weit dazu beitragen, dass manche der neuen Erfahrungen auf den Alltag übertragen werden. Somit könnte der Tourismus einen weiteren aktiven Beitrag zur Klimaanpassung und zum Klimaschutz leisten.

Die derzeit immer noch schlechte Verfügbarkeit von belastbaren Informationen zur Klimabilanz von Produkten und Dienstleistungen erschwert die nötige Transformation beim Gästeverhalten. Erhebliche Informationsdefizite wurden vor allem im Bereich der An- und Abreisemöglichkeiten festgestellt (Pröbstl-Haider et al., 2021b). Eine zunehmende Anzahl von Destinationen versucht, diesen Informationsdefiziten entgegenzuwirken, sowohl mit Informationen für die Gäste als auch mit Sensibilisierung der Gastgeber (z. B. Tirol Werbung, 2024). Wichtige Grundvoraussetzung ist allerdings, dass die Verkehrsinfrastruktur auch eine komfortable Anreise mit öffentlichen Verkehrsmitteln erlaubt. In Europa bietet hier das wachsende Schienennetz der Hochgeschwindigkeitszüge Potenzial. Auch die lange Zeit vernachlässigten Nachtzugverbindungen erleben eine kleine Renaissance. So haben die Österreichischen Bundesbahnen einen Teil des Nachtzugangebot der Deutschen Bahn im Jahr 2016 übernommen (Der Standard, 2016) und seither wie auch einige weitere Verkehrsunternehmen in Europa weiter ausgebaut (Euronews, 2023).

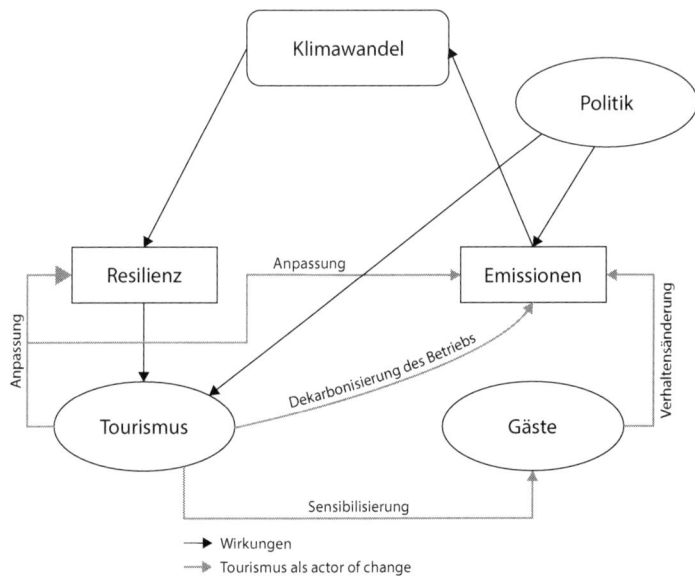

Dar. 1-1: Tourismus als Agent of Change

1.2.5 Fazit

Kann der Tourismus zu einem Agent of Change im Klimawandel werden? Die Ausführungen in diesem Beitrag zeigen: Grundsätzlich ja, aber die Anstrengungen müssen diesbezüglich noch deutlich verstärkt werden (Tourism Panel on Climate Change, 2023). Auch wenn der Tourismus im ständigen Wandel begriffen ist, neue Produkte geschaffen und Destinationen repositioniert werden, so repräsentiert der Klimawandel für viele Destinationen einen vermutlich tiefgreifenden Wandel, der über leichte Adaptierungen der Produkte hinausgehen dürfte. Es bedarf vielleicht eines neuen Pioniergeistes wie vor Beginn der Boomphase des Tourismus in Europa in den 1950er/1960er Jahren. Wenn bestehende Geschäftsmodelle grundlegend in Frage gestellt werden, bietet sich die Chance, dass die Zukunft neu gedacht werden kann. Was heute als utopisch und nicht umsetzbar erscheint, hat sich vielleicht morgen schon als neue Geschäftsidee etabliert. Die Erfolgsgeschichte des alpinen Wintertourismus hat im 20. Jahrhundert so ähnlich begonnen: Ein paar zu Beginn als »Spinner« verschriene Pioniere sind ins Risiko gegangen und haben versucht, ihre Vision umzusetzen. Manchen von ihnen hat der Erfolg recht gegeben und diese Täler gehören heute zu den touristisch erfolgreichsten in den Alpen. Anderen war der Erfolg nicht gegönnt und die Vision blieb nur ein Traum. Entscheidend ist, dass der Tourismus in der Lage ist, sich selbst zu hinterfragen, um sich neu denken zu können. Damit ist der Weg frei für Innovationen und die Vision, dass Tourismus ein wahrer Agent of Change sein kann.

Literatur

Demeter, C., Fechner, D., Dolnicar, S., 2023. Progress in field experimentation for environmentally sustainable tourism – A knowledge map and research agenda. Tourism Management 94, 104633. 10.1016/j.tourman.2022.104633.

Der Standard, 2016. ÖBB übernehmen Nachtzugverbindungen der Deutschen Bahn. https://www.derstandard.at/story/2000045527066/oebb-uebernehmen-nachtzugsverbindungen-der-deutschen-bahn (Abgerufen am 18.10.2024).

Dolnicar, S., Knezevic Cvelbar, L., Grün, B., 2017. A Sharing-Based Approach to Enticing Tourists to Behave More Environmentally Friendly. Journal of Travel Research 58 (2), 241–252. 10.1177/0047287517746013.

Euronews, 2023. Dream travel: How Europe's sleeper train network is set to expand. https://www.euronews.com/travel/2023/03/09/dream-travel-how-europes-sleeper-train-network-is-set-to-expand (Abgerufen am 18.10.2024).

Gössling, S., Balas, M., Mayer, M., Sun, Y.-Y., 2023. A review of tourism and climate change mitigation: The scales, scopes, stakeholders and strategies of carbon management. Tourism Management 95, 104681. 10.1016/j.tourman.2022.104681.

Gössling, S., Scott, D., Hall, C. M., 2018. Global trends in length of stay: implications for destination management and climate change. Journal of Sustainable Tourism, 1–15. 10.1080/09669582.2018.1529771.

Hamilton, J. M., 2007. Coastal landscape and the hedonic price of accommodation. Ecological Economics 62 (3), 594–602. 10.1016/j.ecolecon.2006.08.001.

Kaspar, C., 1991. Die Tourismuslehre im Grundriß. Haupt, Bern.

Knowles, N., Scott, D., Steiger, R., 2023. Sustainability of snowmaking as climate change (mal)adaptation: an assessment of water, energy, and emissions in Canada's ski industry. Current Issues in Tourism, 1–18. 10.1080/13683500.2023.2214358.

Kopp, R. E., DeConto, R. M., Bader, D. A., Hay, C. C., Horton, R. M., Kulp, S., Oppenheimer, M., Pollard, D., Strauss, B. H., 2017. Evolving Understanding of Antarctic Ice-Sheet Physics and Ambiguity in Probabilistic Sea-Level Projections. Earth's Future 5 (12), 1217–1233. 10.1002/2017EF000663.

Lenzen, M., Sun, Y.-Y., Faturay, F., Ting, Y.-P., Geschke, A., Malik, A., 2018. The carbon footprint of global tourism. Nature Climate Change 8 (6), 522–528. 10.1038/s41558-018-0141-x.

Moreno, A., Becken, S., 2009. A climate change vulnerability assessment methodology for coastal tourism. Journal of Sustainable Tourism 17 (4), 473–488.

Nguyen, T. T., Bonetti, J., Rogers, K., Woodroffe, C. D., 2016. Indicator-based assessment of climate-change impacts on coasts: A review of concepts, methodological approaches and vulnerability indices. Ocean & Coastal Management 123, 18–43. 10.1016/j.ocecoaman.2015.11.022.

Pröbstl-Haider, U., Lund-Durlacher, D., Olefs, M., Prettenthaler, F. (Hrsg.), 2021a. Tourismus und Klimawandel. Österreichischer Special Report Tourismus und Klimawandel (SR19). Springer, Wiesbaden.

Pröbstl-Haider, U., Mostegl, N., Damm, A., Prettenthaler, F., Lund-Durlacher, D., Gühnemann, A., Steiger, R., Olefs, M., Formayer, H., Hödl, C., Neger, C., 2021b. Ableitung von Handlungsoptionen, in: Pröbstl-Haider, U., Lund-Durlacher, D., Olefs, M., Prettenthaler, F.

(Hrsg.), Tourismus und Klimawandel. Österreichischer Special Report Tourismus und Klimawandel (SR19). Springer, Wiesbaden, 225–251.

Rutty, M., Scott, D., Matthews, L., Burrowes, R., Trotman, A., Mahon, R., Charles, A., 2020. An Inter-Comparison of the Holiday Climate Index (HCI:Beach) and the Tourism Climate Index (TCI) to Explain Canadian Tourism Arrivals to the Caribbean. Atmosphere 11 (4), 412. 10.3390/atmos11040412.

Scott, D., Hall, C. M., Gössling, S., 2012. Tourism and climate change. Impacts, adaptation & mitigation, Routledge, London, New York.

Scott, D., Knowles, N., Steiger, R., 2024. Is snowmaking climate change maladaptation? Journal of Sustainable Tourism 32 (2), 282–303. 10.1080/09669582.2022.2137729.

Scott, D., Rutty, M., Amelung, B., Tang, M., 2016. An Inter-Comparison of the Holiday Climate Index (HCI) and the Tourism Climate Index (TCI) in Europe. Atmosphere 7 (6). 10.3390/atmos7060080.

Scott, D., Steiger, R., 2024. How climate change is damaging the US ski industry. Current Issues in Tourism, 1–17. 10.1080/13683500.2024.2314700.

Scott, D., Steiger, R., Rutty, M., Fang, Y., 2019. The changing geography of the Winter Olympic and Paralympic Games in a warmer world. Current Issues in Tourism 22 (11), 1301–1311. 10.1080/13683500.2018.1436161.

Spencer, N., Strobl, E., Campbell, A., 2022. Sea level rise under climate change: Implications for beach tourism in the Caribbean. Ocean & Coastal Management 225, 106207. 10.1016/j.ocecoaman.2022.106207.

Steiger, R., Demiroglu, O. C., Pons, M., Salim, E., 2023. Climate and carbon risk of tourism in Europe. Journal of Sustainable Tourism, 1–31. 10.1080/09669582.2022.2163653.

Steiger, R., Knowles, N., Pöll, K., Rutty, M., 2022. Impacts of climate change on mountain tourism: a review. Journal of Sustainable Tourism, 1–34. 10.1080/09669582.2022.2112204.

Steiger, R., Pröbstl-Haider, U., Prettenthaler, F., 2021. Outdooraktivitäten und damit zusammenhängende Einrichtungen im Winter, in: Pröbstl-Haider, U., Lund-Durlacher, D., Olefs, M., Prettenthaler, F. (Hrsg.), Tourismus und Klimawandel. Österreichischer Special Report Tourismus und Klimawandel (SR19). Springer, Wiesbaden, 109–122.

Tirol Werbung, 2024. Mobil auf allen Wegen. https://www.tirolwerbung.at/tiroler-tourismus/mobilitaet-und-tourismus (Abgerufen am 18.10.2024).

Tourism Panel on Climate Change, 2023. Tourism and Climate Change Stocktake 2023. https://tpcc.info/ (Abgerufen am 18.10.2024).

UNWTO, 2021. International Tourism Highlights, 2020 Edition. World Tourism Organization (UNWTO), Madrid, Spain.

UNWTO/UNEP/WMO, 2008. Climate change and tourism – responding to global challenges. WMO, Madrid.

WTTC, 2023. The Environmental impact of Global Tourism. https://researchhub.wttc.org/product/the-environmental-impact-of-global-tourism-2023 (Abgerufen am 18.10.2024).

WTTC-UNEP-UNFCCC, 2021. A net zero roadmap for travel & tourism. https://wttc.org/Portals/0/Documents/Reports/2021/WTTC_Net_Zero_Roadmap.pdf=AOvVaw0r8ZndIwydHVx9OzFrBiZr&opi=89978449 (Abgerufen am 18.10.2024).

1.3 Neue Konstellationen für die Nachhaltigkeitstransformation im Tourismus – Anforderungen und Perspektiven

Daniel Zacher

1.3.1	Einleitung – Tourismus als Inspiration für gesellschaftliche Veränderungsprozesse	47
1.3.2	Das transformative Potenzial des Tourismus und seine Herausforderungen	48
1.3.3	Ansatzpunkte für die Gestaltung der Nachhaltigkeitstransformation im Tourismus	50
1.3.4	Instrumente zur Erprobung von Nachhaltigkeitstransformation	52

1.3.1 Einleitung – Tourismus als Inspiration für gesellschaftliche Veränderungsprozesse

Aktuelle Formen des Reisens werden regelmäßig für ihre geringe Nachhaltigkeit kritisiert (Peeters et al. 2024). Trotz dieses Befundes ist die Beharrlichkeit, mit der Menschen reisen, bemerkenswert (Tourismusbarometer 2023). Und auch wenn Debatten wie zum Thema »Flugscham« ein wachsendes gesellschaftliches Bewusstsein für mehr ökologische Nachhaltigkeit nahelegen, erreichen die Buchungszahlen für Flugreisen fast wieder das Niveau vor der Corona-Pandemie (Reiseanalyse 2023). Die Symptome dieser Entwicklung sind bekannt: Übernutzte Attraktionspunkte und stark frequentierte touristische Hotspots hatten nur eine kurze Pause, und trotz digitaler Lenkungsinstrumente gestaltet es sich schwierig, Touristenströme so zu steuern, dass es nicht zu Überlastungserscheinungen kommt (Schmücker et al. 2023). Diese vorläufige Bilanz illustriert somit die Herausforderung, dass nicht nachhaltige Reiseformen weiterhin die Norm bilden und sich in allgemeine nicht nachhaltige Konsum- und Verhaltensmuster einfügen (Blühdorn et al. 2020).

Entgegen dieser etwas ernüchternden Bilanz zeigt die Literatur aber durchaus Rollenbilder nachhaltiger Reisemuster auf. So argumentieren Passafaro et al. 2015 aus einer psychologischen Perspektive und beschreiben Persönlichkeitsmerkmale von bewusst nachhaltig Reisenden, welche die Auswirkungen ihres Reiseverhaltens konsequent hinterfragen und ihr Reiseverhalten entsprechend anpassen. Dass solche Verhaltensmuster aber eher Pioniercharakter haben und bislang nicht von breiten Gesellschaften praktiziert werden, zeigt beispielsweise die »Attitude-Behaviour-Gap«, also ein Phänomen, bei dem zwar durchaus eine positive Einstellung gegenüber konkreten Nachhaltigkeitshandeln herrscht, dieses jedoch beispielsweise aufgrund fehlender Zahlungsbereitschaft eines Mehrpreises nicht praktiziert wird (vgl. Nickerson et al. 2016).

Ohne den Reisenden selbst hier ihre Verantwortung absprechen zu wollen, ist es auch an der Angebotsseite des Tourismus, eigenverantwortliche Schritte in Richtung mehr Nachhaltigkeit zu unternehmen. Gute Beispiele auf Betriebs- oder Destinationsebene zeigen auf, dass dies auch möglich ist, wie auf sanfte Mobilität ausgerichtete Kooperationsnetzwerke (z. B. Alpine Pearls) oder Hotelgruppen (z. B. Explorer Hotels) mit ihren jeweiligen Nachhaltigkeitsansätzen.

Eine breite Skalierung solcher Beispiele hat allerdings noch nicht stattgefunden. Die Nachhaltigkeitsagenda ist zwar in den Entscheidungszentralen der Tourismuswirtschaft angekommen (Reinhold et al. 2023), auch eine gemeinsame Verantwortungsübernahme zu mehr Nachhaltigkeit wurde wissenschaftlich beschrieben (Petersik et al. 2017). Dennoch handelt es sich bei Initiativen für weniger Ressourcenverbrauch oder bessere soziale Standards häufig nur um Insellösungen (Herrero et al. 2022). Es fehlen systemische Ansätze, die Konzepte, Angebote und Praktiken aufeinander abstimmen und zusammenführen, um integrierte und eingebettete Nachhaltigkeitslösungen gezielt zu etablieren (Liburd et al. 2022). Das Potenzial ist also da, aber die aktuellen Konstellationen sind nicht hinreichend darauf ausgerichtet, dieses auszuschöpfen, eine Skalierung von Wissen und Praktiken zu erzielen und ihrer Verantwortung gerecht zu werden. Ziel dieses Beitrages ist es aufzuzeigen, welche Konstellationen und Mechanismen vielversprechend sind, um substanzielle Impulse für eine Nachhaltigkeitstransformation im Deutschlandtourismus zu setzen.

1.3.2 Das transformative Potenzial des Tourismus und seine Herausforderungen

Tourismus ist nur ein Wirtschafts- und Gesellschaftsbereich von vielen, im dem der Diskurs um die gesellschaftlichen Möglichkeiten und Grenzen eines Wandels zu mehr Nachhaltigkeit geführt wird. Ansätze für die Nachhaltigkeitstransformation adressieren ganz grundsätzlich die Hebelwirkungen eines gesellschaftlichen Wandels wie beispielsweise **nachhaltige Lebensstile oder nachhaltigen Konsum** als zentrale Felder der Transformationsforschung (Brunner 2019). Hier wird gerne auf informierte und mündige Konsumenten verwiesen, die ihr Wissen reflektieren und individuelle nachhaltige Kaufentscheidungen treffen. Gleichzeitig sind umweltbewusste und nachhaltigkeitsorientierte soziale Gruppen häufig diejenigen, die einen vergleichsweise ressourcenintensiven Lebensstil pflegen (Kleinhückelkotten et al. 2016). Entsprechend sind für die Beschreibung von Nachhaltigkeitstransformationen im Tourismus transdisziplinäre Forschungsansätze in komplexen, sektorübergreifenden Systemen notwendig. Diese spiegeln beispielsweise das Reiseverhalten mit dem Konsumverhalten im Alltag oder beziehen sich auf technologische Innovationen (z. B. Dekarbonisierung von Verkehr) und deren Auswirkung auf touristische Aktivitäten.

Gleichzeitig gibt es aber auch eine Reihe von Ansatzpunkten, die die Besonderheit des Tourismus als gesellschaftliches Phänomen unterstreichen. In vielen Studien wurde aufgezeigt, dass Reisen eine transformative Kraft auf den Reisenden ausüben kann, beispielsweise in Bezug auf Charaktereigenschaften wie Toleranz und Weltoffenheit (z. B. Brown 2009; Soulard et al. 2021). Konzeptionelle Beiträge weisen darauf hin, dass Alltagseinstellungen und -verhalten durch Reiseerlebnisse beeinflusst werden können, und Untersuchungen beschäftigen sich damit, in welchen Situationen diese Erlebnisse stattfinden oder welche Ansatzpunkte touristische Leistungserbringer haben, um diese gezielt zu fördern (z. B. Amaro et al. 2023; Godovykh 2024; Nandasena et al. 2022). Die Auswirkung dieser Erlebnisse auf konkrete Nachhaltigkeitstransformationen wird allerdings bislang wenig behandelt.

Der Tourismus weist eine besondere Kompetenz auf, neue Trends und Lebensstile zu praktizieren (Dias et al. 2023; Shaw & Williams 2013). Besonders deutlich wird dies beispielsweise im Einzug des ökonomischen Trends der Sharing Economy in die touristischen Angebote (Niezgoda & Kowalska 2020), der sich massiv auf das Nachfrageverhalten ausgewirkt hat. Gleichzeitig wurde gerade auch hier deutlich, dass touristische Angebote wenig nachhaltige Prozesse ausgelöst haben, wie die touristische Vermietung von Innenstädten und die Verdrängung der Wohnbevölkerung zeigen. Ein zusätzlicher Hebel für Nachhaltigkeitslernen ist ebenfalls differenziert zu betrachten. Touristen werden auf ihrer Reise mit einer Vielzahl an Informationen konfrontiert, die aktive und passive Lernprozesse auslösen. Während es auf der Reise vereinzelt zu Hinweisen für nachhaltiges Verhalten kommt (z. B. dem Aufruf zum sparsamen Handtuchgebrauch in Hotels), ist der weit überwiegende Anteil von kommunizierten Informationen auf wenig nachhaltige Praktiken und Lebensstile ausgerichtet (z. B. Werbung für Luxus-Artikel in Reise-Zeitschriften) (Gössling 2018). Zudem versucht die Tourismusindustrie (z. B. Airlines, Kreuzfahrtunterhemen) häufig, durch die aktive Kommunikation der eigenen Nachhaltigkeitsbemühungen, aktuelle Konsum- und Verhaltensmuster zu bestärken.

Festzuhalten bleibt, dass bisherige Informations- und Inszenierungspraktiken des Tourismus wenig darauf ausgerichtet sind, persönliche Konsum- und Verhaltensmuster grundsätzlich zu hinterfragen und substanzielle Beiträge zu mehr Nachhaltigkeit vorzuschlagen. Vielfach entsteht eher der Eindruck, dass gesellschaftliche Trends und Veränderungsprozesse dafür genutzt werden, in großen Teilen eine Fortsetzung des Bisherigen der Tourismusindustrie fortzuschreiben.

Bei all diesen Punkten gilt dennoch weiterhin, dass das Reisen eine einzigartige Möglichkeit bietet, sich mit gesellschaftlichen Themen und Fragestellungen auseinanderzusetzen, sich bewusst oder unbewusst den Spiegel des eigenen Verhaltens vorzuhalten und konkrete Inspirationen und ein Angebot für die Veränderung der persönlichen Verhaltensweisen im Alltag zu bekommen (Seeler et al. 2021).

1.3.3 Ansatzpunkte für die Gestaltung der Nachhaltigkeitstransformation im Tourismus

Um das Potenzial des Tourismus für eine aktive Gestaltung der Nachhaltigkeitstransformation besser nutzen zu können, werden nachfolgend Ansatzpunkte vorgestellt, die auf verschiedenen Ebenen des Tourismussystems wirksam werden können. Sie beziehen sich auf die Netzwerkebene der touristischen Produktentwicklung, das Feld der Geschäftsmodellinnovationen, die Schaffung von Experimentier- und Freiräumen für nachhaltige Reisestile sowie das Empowerment der Reisenden.

Neue Mechanismen und Netzwerke in der Produkt- und Angebotsentwicklung

Touristische Produkt- und Angebotsnetzwerke sind häufig regional ausgerichtet und erfolgreiche Tourismusdestinationen entfalten ihr Potenzial in der langfristigen Ausrichtung durch ein gezieltes Kooperationsmanagement und die Förderung attraktiver touristischer Dienstleistungen, die sich gut in das Portfolio regional ausgerichteter Angebote auf Destinationsebene integrieren lassen. Erfolgreiche Destinationsmanagements weisen dabei spezifische Kriterien einer resilienten Entwicklung auf, indem sie durch die genaue Kenntnis der Vorort-Situation über notwendiges Systemwissen verfügen, mit einer Tourismusstrategie wertvolles Zielwissen konkretisieren und in bestimmten Punkten leistungsfähige Umsetzungsprozesse für eine resiliente Entwicklung etablieren (Zacher 2022). Doch auch wenn destinationsübergreifende Wissens- und Produktnetzwerke inzwischen häufig praktiziert werden, bleiben dabei doch zentrale Elemente der gesamttouristischen Dienstleistungskette außer Acht. Besonders hervorzugeben sind hier mobilitätsbezogene Auswirkungen von An- und Abreise, die zum Teil den größten Teil des CO_2-Ausstoßes der Gesamtreise ausmachen (Scuttari et al. 2016). Ebenfalls bemerkenswert ist eine unzureichende Betrachtung der Nachhaltigkeit in den komplexen Lieferketten der touristischen Produkte (Tham et al. 2015). Gerade der zweite Punkt stellt aufgrund des geringen Organisationsgrades von touristischen Wertschöpfungsnetzwerken mit einer Vielzahl eigenständiger Dienstleister eine besondere Herausforderung dar. Nachhaltigkeitszertifikate können hier zwar eine wichtige Signalfunktion und ein Anreizsystem darstellen, doch sind diese heute weder flächendeckend noch konsequent implementiert. Zudem stellen sie in der Praxis meist nur eine Momentaufnahme dar, die sich aus der Eigenmotivation der DMOs ergibt, ohne dass sich hier eine verbindliche und systematische Steuerung in Richtung mehr Nachhaltigkeit auf Destinationsebene abbilden würde (Grapentin & Ayikoru 2019). Notwendig wäre aber eine Entstehung von Produktions- und Angebotsnetzwerken, die sich im Sinne eines systemischen Ansatzes möglichst umfassend in einer gemeinsamen Anstrengung auf nachhaltige Geschäftspraktiken ausrichten (Jakulin 2017).

Geschäftsmodellinnovationen für echte Nachhaltigkeit

Die Veränderung touristischer Angebotsstrukturen wurde gerade vor dem Hintergrund der Corona-Pandemie ausführlich diskutiert (Huang & Wang 2023), und auch wenn viele Tourismusbetriebe ihre unternehmerische Existenz nur knapp sichern konnten, wurde im Gesamten eine erstaunliche Resilienz und Anpassungsfähigkeit zu Tage gebracht. Die anfänglichen Hoffnungen, dass sich aus dieser Extremsituation auch Geschäftsmodellinnovationen in Richtung mehr Nachhaltigkeit entwickeln, lässt sich aus heutiger Sicht kaum als erfüllt ansehen (Aschauer & Egger 2023; Traskevich & Fontanari 2023). Dieser kollektiven Kraftanstrengung eines »bouncing back« müsste also nun eine Anstrengung in Richtung eines »bouncing forward« folgen. Da hierfür in vielen Fällen keine unmittelbare unternehmerische Notwendigkeit besteht, sind neue Ansätze in Kooperation von Destinationsmanagement, Unternehmen und der Politik zu entwickeln. Diese sollten geprägt sein von einem hohen kreativen Freiraum unter Einbindung diverser Stakeholderkonstellationen, damit der Tourismus nicht nur auf bewährte, sektorübergreifende Strategien der Nachhaltigkeitstransformation (z. B. Steigerung der Energieeffizienz) setzt, sondern auch auf eigenständige und branchenspezifische Ansätze, die das Potenzial touristischer Erlebnisse für gesellschaftliche Transformationsprozesse nutzen.

Freiräume für das Co-Design nachhaltiger Reisestile

Um die Potenziale des Tourismus für gesellschaftliche Nachhaltigkeitstransformation ganz grundsätzlich zu adressieren, ist ein konsequentes Entwickeln und Erproben nachhaltiger Reiseformen in Experimentierräumen notwendig (Bachinger & Rhodius 2023; Thees et al. 2020). Hierfür bedarf es Anstrengungen, modellhafte Destinationsräume zu schaffen, die ein Stück weit frei vom Wettbewerbsdruck nachhaltige Prozesse und Verhaltensmuster innerhalb einer Reise erproben. Ein Kernmerkmal dieser Experimentierräume sollte die Ideengenerierung in Multi-Stakeholder-Konstellationen unter expliziter Einbindung der Touristen sein. Wichtig ist hier zudem die interdisziplinäre Zusammenarbeit von Forschenden aus vielfältigen Fachbereichen, beispielsweise der Betriebswirtschaftslehre, der Geographie oder der Nachhaltigkeitsforschung.

Empowerment von Reisenden als Mitersteller nachhaltiger Konsummuster

Ein letzter hier dargestellter Ansatzpunkt ist die Auseinandersetzung mit der Frage, wie Reisende zur aktiven Mitgestaltung der Nachhaltigkeitstransformation befähigt werden können. Diskussionen um besonders erfahrene Reisende, die stets auch ihr eignes Wirken im Destinationsraum reflektieren, arbeiten heraus, dass es eine Gruppe an pionierhaften Reisenden geben könnte, die von sich heraus eine überdurchschnittliche Offenheit gegenüber neuartigen Reiseformen und -erlebnissen aufweist (Mkono 2016; Pechlaner & Zacher 2019). Doch wie lässt sich die Mehrheit der Reisenden die Reiseformen praktizieren, die gemeinhin als wenig nachhaltig gelten, in Projekte der Nachhaltigkeitstransformation integrieren? Gerade diese Menschen gilt es für die Nachhaltigkeitstransformation zu gewinnen, um hier realitätsnahe Konzepte entwickeln zu können. Hierbei ist auch eine enge Zusammenarbeit mit großen Reiseveranstaltern und Online-Plattformen notwendig, die als Experten dafür gelten, attraktive Reiseangebote für eine Vielzahl an Menschen zu erzeugen.

Die Nachhaltigkeitstransformation im Tourismus sollte stets an der Schnittstelle mehrerer Systemebenen adressiert werden (Ahlers & Butzer-Strothmann 2024), wodurch naheliegt, dass die dargestellten Ansatzpunkte aufeinander aufbauen müssen. Nachfolgend werden Instrumente vorgestellt, die dezidiert für eine Mehr-Ebenen-Ansprache geeignet sind.

1.3.4 Instrumente zur Erprobung von Nachhaltigkeitstransformation

Um ausgehend von den dargestellten Ansatzpunkten Wege für die Nachhaltigkeitstransformation im Tourismus zu erproben, sind spezifische Instrumente notwendig, die darüber hinausgehen, was bislang in zeitlich befristeten Projekten im Kontext nachhaltiger Tourismusentwicklung stattfand.

Ein erstes Instrument ist eine Rekonfiguration bisheriger Förderinstrumentarien für touristische Entwicklungsprojekte mit Nachhaltigkeitsfokus. Diese sollten stärker als bisher auf systemübergreifende Projekte ausgerichtet sein und mehr als bisher die Zusammenarbeit zwischen privatwirtschaftlichen und öffentlichen Akteuren innerhalb und außerhalb des Tourismus fördern. Außerdem sollten innerhalb dieser Förderkulissen flexible Vergabekriterien entwickelt werden, die sich besonders eng an den Zielen nachhaltiger Entwicklung ausrichten. Als vielversprechend erachtet werden hier zudem flexiblere Logiken des Projektmanagements, bei denen es Freiräume für gute Projektideen gibt, die erst während des Projektverlaufs entstehen. Dafür könnte ein Teil bewilligter Projektmittel reserviert werden und beispielsweise ein wettbewerbsorientierter Transformationsfonds eingerichtet werden, der Projektideen mit besonderem Potenzial zur Nachhaltigkeitstransformation honoriert.

Ein weiteres Instrument ist die deutliche Stärkung der Rolle von Experimenten für nachhaltige Tourismusentwicklung. Um substanziell neue Wege für die Nachhaltigkeitstransformation zu erproben, sind touristische Angebotselemente zu schaffen, die das Risiko eingehen zu scheitern, dabei aber wertvolle Erfahrungen in der Zusammenarbeit ungewöhnlicher Stakeholderkonstellationen befördern oder exemplarisch Reiseerlebnisse aufzeigen, die weit entfernt sind von bekannten und üblichen Formen des Reisens. Ein wichtiger methodischer Zugang ist die Beforschung von kleinräumigen, bewussten Initiativen zur Nachhaltigkeitstransformation, beispielsweise durch den Reallabor-Ansatz (Bachinger & Rhodius 2023). Hier wird im Kleinen praktiziert, was auf gesellschaftlicher Ebene wirken soll. Auch wenn Reallabore im Tourismus mit Bedacht eingesetzt und ihre Beiträge nicht überschätzt werden sollten (Koens et al. 2024), ist eine Kultur des kreativen Ausprobierens und voneinander Lernens zumindest eine lohnenswerte Ergänzung zur massenhaften Reproduktion gleichförmiger Nachhaltigkeitsstrategien auf Ebene touristischer Angebotsgruppen.

Ähnlich dem Reallaboransatz auf räumlicher Ebene wird auf der strukturellen Ebene des Tourismussystems eine branchenübergreifende Allianz an namhaften Stakeholdern im Tourismussystem auf nationaler Ebene angeregt, bei der Destinationsmanagements, große Reiseveranstalter, touristische Mobilitätsdienstleister und nicht zuletzt die Reisenden selbst ihre ganz spezifische Sicht auf den Tourismus und ihre jeweilige Expertise einbringen, um gemeinsam die Hürden auf dem Weg zu echter Nachhaltigkeitstransformation zu identifizieren und Lösungsansätze zu erarbeiten. Solche »Innovationscommunities« sollten in zeitlich begrenzten Experimentierräumen die Nischen der Nachhaltigkeit in der Tourismusentwicklung ausleuchten und vor dem Hintergrund ihrer guten politischen Vernetztheit ihre Energie einsetzen, um eine Skalierung der Ergebnisse in den Mainstream des Tourismus voranzubringen.

Literatur

Ahlers, F., & Butzer-Strothmann, K. (2024). Die Verantwortung aller systemischen Akteure für Nachhaltigkeit als Integrationsobjekt. In Butzer-Strothmann, K., & Ahlers, F. (Hrsg.) *Kommunales Nachhaltigkeitsmanagement: Ein integrativer Ansatz mit Fokus Wirtschaft am Beispiel der Stadt Hannover* (pp. 15–25). Berlin, Heidelberg: Springer.

Amaro, D., Caldeira, A.M., & Seabra, C. (2023). Transformative experiences in tourism: A conceptual and critical analysis integrating consumer and managerial perspectives. *Tourism and Hospitality Research*.

Aschauer, W., & Egger, R. (2023). Transformations in tourism following COVID-19? A longitudinal study on the perceptions of tourists. *Journal of Tourism Futures*.

Bachinger, M., & Rhodius, R. (2023). Transition Design im Rahmen eines Reallabor-Projektes. Erfahrungen aus dem Reallabor »Wissensdialog Nordschwarzwald ». In Erschbamer, G., Pechlaner, H., Olbrich, N., Steffen, D., Lerch, S., & de Rachewiltz, M. (Hrsg.) *Destination Design: Neue Ansätze und Perspektiven aus der Designforschung für die Entwicklung von Regionen und Destinationen* (pp. 73–91). Wiesbaden: Springer Fachmedien Wiesbaden.

Blühdorn, I., Butzlaff, F., Deflorian, M., Hausknost, D., & Mock, M. (2020). *Nachhaltige Nicht-Nachhaltigkeit: warum die ökologische Transformation der Gesellschaft nicht stattfindet.* transcript Verlag.

Brown, L. (2009). The transformative power of the international sojourn: An ethnographic study of the international student experience. *Annals of tourism research*, 36(3), 502–521.

Brunner, K. M. (2019). Nachhaltiger Konsum und die Dynamik der Nachfrage. Von individualistischen zu systemischen Transformationskonzepten. In Luks (Hrsg.) *Chancen und Grenzen der Nachhaltigkeitstransformation: Ökonomische und soziologische Perspektiven* (pp. 167–184). Wiesbaden: Springer Fachmedien Wiesbaden.

Dias, Á., Silva, G. M., Patuleia, M., & González-Rodríguez, M. R. (2023). Developing sustainable business models: Local knowledge acquisition and tourism lifestyle entrepreneurship. *Journal of Sustainable Tourism*, 31(4), 931–950.

Jakulin, T. J. (2017). Systems approach to tourism: A methodology for defining complex tourism system. *Organizacija*, 50(3), 208–215.

Godovykh, M. (2024). Transformative experiences in tourism: where, when, with whom, and how does tourists' transformation occur?. *Frontiers in Sustainable Tourism*, 3, 1377844.

Gössling, S. (2018). Tourism, tourist learning and sustainability: An exploratory discussion of complexities, problems and opportunities. *Journal of Sustainable Tourism*, 26(2), 292–306.

Grapentin, S., & Ayikoru, M. (2019). Destination assessment and certification: Challenges and opportunities. *Sustainability*, 11(13), 3691.

Herrero, C. C., Laso, J., Cristóbal, J., Fullana-i-Palmer, P., Albertí, J., Fullana, M., ... & Aldaco, R. (2022). Tourism under a life cycle thinking approach: A review of perspectives and new challenges for the tourism sector in the last decades. *Science of the Total Environment*, 845, 157261.

Huang, S., & Wang, X. (2023). COVID-19 two years on: A review of COVID-19-related empirical research in major tourism and hospitality journals. *International Journal of Contemporary Hospitality Management*, 35(2), 743–764.

Kleinhückelkotten, S., Neitzke, H., & Moser, S. (2016). Repräsentative Erhebung von Pro-Kopf-Verbräuchen natürlicher Ressourcen in Deutschland (nach Bevölkerungsgruppen). [online unter] https://boris.unibe.ch/85892/1/texte_39_2016_repraesentative_erhebung_von_pro-kopf-verbraeuchen_natuerlicher_ressourcen.pdf aufgerufen am 03.04.2024.

Koens, K., Stompff, G., Vervloed, J., Gerritsma, R., & Horgan, D. (2024). How deep is your lab? Understanding the possibilities and limitations of living labs in tourism. *Journal of Destination Marketing & Management*, 32, 100893.

Liburd, J., Duedahl, E., & Heape, C. (2022). Co-designing tourism for sustainable development. *Journal of Sustainable Tourism*, 30(10), 2298–2317

Mkono, M. (2016). The reflexive tourist. *Annals of Tourism Research*, 57, 206–219.

Nickerson, N. P., Jorgenson, J., & Boley, B. B. (2016). Are sustainable tourists a higher spending market?. *Tourism Management*, 54, 170–177.

Niezgoda, A., & Kowalska, K. (2020). Sharing economy and lifestyle changes, as exemplified by the tourism market. *Sustainability*, 12(13), 5351.

Nandasena, R., Morrison, A. M., & Coca-Stefaniak, J. A. (2022). Transformational tourism–a systematic literature review and research agenda. *Journal of Tourism Futures*, 8(3), 282–297.

Passafaro, P., Cini, F., Boi, L., D'Angelo, M., Heering, M. S., Luchetti, L., ... & Triolo, M. (2015). The »sustainable tourist«: Values, attitudes, and personality traits. *Tourism and hospitality research*, 15(4), 225–239.

Pechlaner, H., & Zacher, D. (2019). Resilientes Reisen als neues Paradigma? Perspektiven einer Reise zwischen dem Selbst und der Welt. *Zeitschrift für Tourismuswissenschaft*, 11(3), 451–464.

Peeters, P., Çakmak, E., & Guiver, J. (2024). Current issues in tourism: Mitigating climate change in sustainable tourism research. *Tourism Management*.

Petersik, L., Pechlaner, H., & Zacher, D. (2017). Destination Network Responsibility (DNR) als Grundlage für regionale Resilienz: Zur Zukunftsfähigkeit von Destinationen. In Lund-Durlacher, D., Fifka, M. S., & Reiser, D. (Hrsg.) *CSR und Tourismus: Handlungs- und branchenspezifische Felder* (pp. 315–332). Wiesbaden: Springer Fachmedien Wiesbaden.

Reinhold, S., Beritelli, P., & Laesser, C. (2023). The 2022 consensus on advances in destination management. *Journal of Destination Marketing & Management*, 29, 100797.

Reiseanalyse (2023). Erste Ergebnisse [online unter] http://reiseanalyse.de/wp-content/uploads/2023/04/RA2023_Praesentation-EE.pdf aufgerufen am 01.04.2024.

Schmücker, D., Reif, J., Horster, E., Engelhardt, D., Höftmann, N., Naschert, L., & Radlmayr, C. (2023). The INPReS Intervention Escalation Framework for Avoiding Overcrowding in Tourism Destinations. *Tourism and Hospitality*, 4(2), 282–292.

Scuttari, A., Volgger, M., & Pechlaner, H. (2016). Transition management towards sustainable mobility in Alpine destinations: Realities and realpolitik in Italy's South Tyrol region. *Journal of Sustainable Tourism*, 24(3), 463–483

Seeler, S., Zacher, D., Pechlaner, H., & Thees, H. (2021). Tourists as reflexive agents of change: Proposing a conceptual framework towards sustainable consumption. *Scandinavian Journal of Hospitality and Tourism*, 21(5), 567–585.

Shaw, G., & Williams, A. M. (2013). From lifestyle consumption to lifestyle production: Changing patterns of tourism entrepreneurship. In Thomas, R (Hrsg.). *Small firms in tourism* (pp. 99–113). Routledge.

Soulard, J., McGehee, N. G., Stern, M. J., & Lamoureux, K. M. (2021). Transformative tourism: Tourists' drawings, symbols, and narratives of change. *Annals of Tourism Research*, 87, 103141.

Tham, A., Ogulin, R., Selen, W., & Sharma, B. (2015). From tourism supply chains to tourism value ecology. *Journal of New Business Ideas and Trends*, 13(1), 47–65.

Thees, H., Pechlaner, H., Olbrich, N., & Schuhbert, A. (2020). The Living Lab as a tool to promote residents' participation in destination governance. *Sustainability*, 12(3), 1120.

Tourismusbarometer (2023). [online unter] https://www.g-sd.de/adhoc/OSV_Tourismusbarometer-2023.pdf aufgerufen am 01.04.2024.

Traskevich, A., & Fontanari, M. (2023). Tourism potentials in post-COVID19: The concept of destination resilience for advanced sustainable management in tourism. *Tourism Planning & Development*, 20(1), 12–36.

Zacher, D. (2022). Community Resilience als Strategie in der Destinationsentwicklung. In *Resilienz als Strategie in Region, Destination und Unternehmen: Eine raumbezogene Perspektive* (pp. 243–278). Wiesbaden: Springer Fachmedien Wiesbaden.

1.4 Learning about sustainability through tourism: From doubt to hope?

Michael Volgger

> **Abstract**
>
> Der Beitrag geht der Frage nach, ob und wie Tourismus eine Transformation hin zu mehr Nachhaltigkeit unterstützen kann. Dieser Gedankengang mag anfangs überraschen, da das Phänomen des Tourismus durchaus eine quantifizierbare Mitverantwortung für aktuelle ökologische und soziale Herausforderungen trägt. Eine Reihe von Forschungen im Bereich Konsumentenverhalten hat überzeugend nachgewiesen, dass das Touristenverhalten durch das Setzen von vorsichtig kalibrierten Anreizen nachhaltiger gestaltet werden kann. Dieser Beitrag geht aber darüber hinaus. Er diskutiert in ambitionierter Art, ob durch Tourismus eine bleibende und sich auf das Alltagsleben erstreckende Transformation des Verhaltens der Reisenden erreicht werden kann. Dies ist genährt durch die Hoffnung, dass die Offenheit des touristischen Erlebens eine Gelegenheit darstellt, um neue, nachhaltigere Konsumweisen auszuprobieren. Der Beitrag argumentiert aber auch, dass ein solcher Schritt wohl durch einen Paradigmenwechsel in der Tourismusethik begleitet werden müsste, welcher ganz im Sinne der Tourismuspioniere das touristische Reisen von einem ›Moment des Genusses‹ zu einer ›Gelegenheit zum Lernen‹ umdefiniert.

> From little things big things grow. (Paul Kelly and Kev Carmody, 1991/1993; iconic Australian song supporting land rights for Indigenous Australians)

Several indications point to a recent acceleration of climate change. One that is particularly worrying is the unprecedented jump in average global ocean temperatures after April 2023, which is markedly different to a more gradual increase the years before (Sen Gupta et al., 2024). Concerningly, this sudden surge might indicate that we have hit a critical threshold, a so-called ›tipping point‹ (Schellnhuber, 2024). It is another stark reminder that there is an urgent need to transform our methods of consumption and production. Unfortunately, experience shows that human societies find it difficult to act on change processes that are slowly but surely creeping in, such as human-made climate change. By reaching tipping points, change becomes more sudden and visible – which is likely to result in abruptly increased levels of perceived urgency. Let's try to avoid moments of panic which are an inevitable consequence of waiting until it is too late, and rather start pulling some leavers now, combining small steps (»every individual consumer and citizen can do their part«) with more immediately impactful steps (typically driven by government regulation).

While it may qualify as a »small step«, I would like to reflect on a particular question: Can tourism somehow support the transformation towards sustainability? To some readers, this might be a surprising question. I suspect, the opinion prevails that tourism is part of the *problem*, rather than the *solution*, when it comes to sustainability and particularly climate change. Undoubtedly, there is some substance to this opinion. Tourism depends on transportation; and transportation, in particular aviation, is energy intensive and a major greenhouse gas emitter. Calculations suggest that overall, tourism is responsible for 8 percent of all global greenhouse gas emissions with transportation being responsible for approximately half of those (Lenzen et al., 2018). Spa centres, swimming pools and showering in hotels account for an extensive water footprint, estimated at 300 l per night per tourist (United Nations Environment Programme and World Tourism Organization, 2012). Furthermore, food choices tourists make when eating out and food waste generated in restaurants and hotels have substantial climate implications (Wang et al., 2021) – and the list does not stop here.

Tourism is closely associated with hedonic consumption (Gnoth, 1997). Hedonic consumption denotes consumption driven by the sensory, fun and emotive aspects of experiences (Hirschman & Holbrook, 1982), and thus is essentially pleasure-seeking. We travel because we want to have fun. Fun is all too easily at odds with restraint and moderation required in responsible consumption. Existing research has shown extensively that convincing people to consume more sustainably while on holiday is harder compared to when people consume at home. This is mainly because tourists feel their holiday trip is a rare exceptional moment they want to enjoy without the constraints of everyday life, including the restrictions that sustainable consumption implies (Juvan & Dolnicar, 2014).

The listed examples and the overall hedonic consumption mood of tourists seem to exacerbate the sustainability challenge. However, I wish to continue with a more hopeful tone and focus on the opportunities. Tourism can be mentally and physically refreshing; and it can be a more feasible, and more sustainable, economic activity in rural and peripheral areas relative to alternatives. Going beyond these well-recognised benefits, I am interested in reflecting on how tourism can teach us about sustainable consumption. As stated above, there is strong evidence that restraints in the everyday behaviour tend to become relaxed while on holiday and intervening on tourism behaviour directly to make it more sustainable is not easy. However, there is plenty of reliable evidence that demonstrates making tourist behaviour more sustainable *is* possible, and successful interventions *can* be designed. But I wonder whether we should be more ambitious. Could we try to change tourism behaviour in a manner so that sustainability gains *stick,* and that the associated behaviour is even maintained during everyday life? In an opinion piece published in »The New Yorker«, which attracted much attention, the philosopher Callard (2023) argues that any attempt of achieving more profound personal transformation via tourism is futile: »Travel is a boomerang. It drops you right where you started.«

Less pessimistically, I would side with Douthat's (2023) response to Callard: admittedly, »travel can degenerate into a process where the self changes location but remains closed to deeper kinds of change ... That's the worst-case scenario ... but not something inevitable or universal.« In fact, I would be inclined to consider the atmosphere of exceptionality that surrounds tourism (Hennig, 1999) as an *opportunity* – an opportunity to exploit the openness of customers to sample novel things and trial new behaviour. Rather than when trapped in the everyday monotony of one's own home, it is a more likely scenario that, for example, a tourist tries an unfamiliar vegetarian dish in a restaurant where it has been skillfully crafted and nicely arranged. If this sort of experimentation contributes to people eating less meat at home, then something positive has been achieved (considering that over-consuming meat has problematic consequences for global biodiversity and greenhouse gas emissions; Poore & Nemecek, 2018).

Allow me to push the ambition further: I wonder whether we could step up the game by entertaining a more radical paradigm change and shift the core of tourism from »a moment to indulge« to »an opportunity to learn«; that is, reframing tourism as a »learning experience« instead of promoting and conceiving it as an experience for the sake of it. This means backtracking a little from the prevailing »hedonism is fine« attitude, and instead moving towards acknowledging that the traveller has a responsibility to the place visited (which perhaps exceeds the responsibility of the local). This responsibility is not alleviated by paying for the trip. The payment is for services, not for a licence to indulge without limits. »Travel turns us into the worst version of ourselves«, complains Callard (2023). But we can do better. It is not a case of over-moralising if both hosting and sending societies expect tourists to consume responsibly and show respect for people and places.

This slight change in emphasis might seem more radical than it is. While education is rarely the sole and primary objective for tourism endeavours, we know for a fact that there is a substantial proportion of tourists who are influenced in their tourism decision-making by motives around personal development and learning (Pearce & Lee, 2005). Additionally, education figured as the most prominent purpose in a predecessor of today's tourism phenomenon: the 17th and 18th century Grand Tours young European nobles used to embark on. The more tourism developed into a mass phenomenon in the 19th and 20th centuries, the more the educational aspect appears to have been relegated in prominence. And this is despite Thomas Cook and other mass tourism pioneers championing travel as a social movement aimed at education and betterment, and linking their initiative to value sets circling around temperance (Hall, 2024; Mundt, 2014; Newmeyer, 2008). As the development of tourism, and its underpinning motivations may not have panned out as originally intended, it appears worthwhile re-considering some of the normative ideas about good and bad tourism, to amplify its transformative potential.

The most common anthropological and sociological tourism theory suggests that the main function of tourism is to allow us experiencing an alternative to the everyday (Hennig, 1999). This proposition is certainly not at odds with the ambition of including elements of learning and self-development, and of combining cognition and imagination in the act of tourism. Rituals, the theoretical role model for tourism in the context of this approach, are also unique fusions of diverse elements functionally geared towards attaining transformation in participants.

I do not wish this to come across as another (hypocritical) attempt at over-moralising, or as trying to spread an aura of false moral righteousness. Freedom and the possibility to leave the day-to-day obligations behind are constituting components of tourism. However, freedom is never absolute, and continuing to have big carbon footprints without some sort of societal justification seems to be an increasingly difficult proposition. Economists might argue that the market, or better, price, will balance the situation the more the carbon footprint is internalised into the economic equation (through appropriate regulation). But this will come literally at the detriment of participation in tourism and make access to tourism experiences even more dependent on how financially well-off somebody is.

I suggest a superior alternative entails re-instilling at least a light-touch moral responsibility in tourists, without pairing this with elitist undercurrents, and thereby maintaining, and possibly expanding, access to tourism for everyone (Hall, 2024). If we re-imagine tourism as a learning platform, then ideally everybody should have an opportunity to take part in this learning. Undeniably, it is a challenge to pair an idea of responsible tourism with a prospect of expansion rather than with limitation. The solution to the conundrum lies in *how* we travel: if tourists become more responsible and compensate the planetary investment that travel entails with obtaining broader achievements (that is, they travel with a purpose) then having more and more people travelling is not a contradiction anymore. As I have argued previously (Volgger, 2019), a possible starting point can be the writings from the 19th century on the art of travel (»ars apodemica«) which focused on how to behave, observe and interact while travelling (see e. g., Posselt, 1795). Reflections on dos and don'ts, how long to stay, how often to travel, responsibilities as a traveller, and so on, could be a practical starting point helping us to rediscover the »prudentia peregrinandi« (Conring & von Brockdorff, 1663).

Of course, tourism providers need to support tourists and provide them with actual opportunities to achieve these lofty goals, and to pair moments of enjoyment with features of self-growth. Pechlaner et al. (2024) recently launched an idea of »destination conscience«. For me this translates into a call for the tourism industry to get serious on sustainability and resist an over-reliance on exceptional communication skills, which are widespread among people working in this sector. The problem here is that a mere communication emphasis risks to end up in packaging half-baked attempts to deal with the sustainability challenge as ultimate action. Instead, what the supply side requires is transparency paired with creative and transformative product development.

I concede the above is more likely to remain an elusive, dream-like fantasy of a tourism scholar on a writing retreat. As a first tangible step, I hope as tourism researchers we can expand our sustainable consumer behaviour research to explore the opportunities of tourism becoming a transformation agent, that is tourism becoming »practical education« as per Thomas Cook's pioneering ambition (Newmeyer, 2008). Researching how tourist behaviour can be altered to be more sustainable is the current focus, and is important. But by considering how such tourism-related behaviour change can become habitual and affect consumption in the home, once tourists have returned, I would hope that the small steps we are making can become slightly more impactful.

Literatur

Callard, A. (2023). The case against travel. The New Yorker, 24 June 2023.
Conring, H., & von Brockdorff, D. (1663). *Disquisitio politica de prudentia peregrinandi.* Mullerus.
Douthat, R. (2023). The case for tourism. The New York Times, 30 July 2023.
Gnoth, J. (1997). Motivation and expectation formation. Annals of Tourism Research, 24(2), 283–304.
Hall, M. C. (2024). An interview with Michael Hall. Tourism Horizon, 25 January 2024. https://tourismshorizon938.substack.com/p/an-interview-with-michael-hall (Abgerufen am 21.10.2024).
Hennig, C. (1999). *Reiselust.* Suhrkamp.
Hirschman, E. C., & Holbrook, M. B. (1982). Hedonic consumption: emerging concepts, methods and propositions. *Journal of Marketing, 46*(3), 92–101.
Juvan, E., & Dolnicar, S. (2014). The attitude–behaviour gap in sustainable tourism. *Annals of Tourism Research, 48,* 76–95.
Lenzen, M., Sun, Y. Y., Faturay, F., Ting, Y. P., Geschke, A., & Malik, A. (2018). The carbon footprint of global tourism. *Nature Climate Change, 8*(6), 522–528.
Mundt, J. (2014). *Thomas Cook: Pionier des Tourismus.* UVK.
Newmeyer, T. S. (2008). ›Moral renovation and intellectual exaltation‹: Thomas Cook's tourism as practical education. *Journal of Tourism and Cultural Change, 6*(1), 1–16.
Pearce, P. L., & Lee, U. I. (2005). Developing the travel career approach to tourist motivation. *Journal of Travel Research, 43*(3), 226–237.
Pechlaner, H., Olbrich, N., & Isetti, G. (Eds.) (2024). *Destination conscience.* Emerald.
Poore, J. & Nemecek, T. (2018). Reducing food's environmental impacts through producers and consumers. *Science, 360,* 987–992.
Posselt, F. (1795). *Apodemik oder Die Kunst zu reisen: Ein systematischer Versuch zum Gebrauch junger Reisenden aus den gebildeten Ständen überhaupt und angehender Gelehrten und Künstler insbesondere.* Leipzig: in der Breitkopfischen Buchhandlung.
Schellnhuber, H. J. (2024). Werden auch über das Zwei-Grad-Ziel hinausschießen. Der Standard, 14 February 2024. https://www.derstandard.at/story/3000000204635/klimaforscher-

schellnhuber-werden-auch-ueber-das-zwei-grad-ziel-hinausschiessen (Abgerufen am 21.10.2024).

Sen Gupta, A., Smith, K., England, M., Holbrook, N., Wernberg, T., & Li, Z. (2024). The heat is on: what we know about why ocean temperatures keep smashing records. The Conversation, 11 April 2024. https://theconversation.com/the-heat-is-on-what-we-know-about-why-ocean-temperatures-keep-smashing-records-226115 (Abgerufen am 21.10.2024).

United Nations Environment Programme and World Tourism Organization (2012). Tourism in the green economy: Background report. Madrid: United National World Tourism Organisation. https://doi.org/10.18111/9789284414529 (Abgerufen am 21.10.2024).

Volgger, M. (2019). »The end of tourism through localhood and overtourism? An exploration of current destination governance challenges«. In Pechlaner, H., Innerhofer, E., & Erschbamer, G. (Eds), *Overtourism: Tourism management and solutions* (pp. 206–219). Routledge.

Wang, L. E., Filimonau, V., & Li, Y. (2021). Exploring the patterns of food waste generation by tourists in a popular destination. *Journal of Cleaner Production, 279*, 123890.

1.5 Klimawandel, Nachhaltigkeit und Transformation: Perspektiven einer Weltveränderung

Interview mit Dirk Glaeßer

> Reden wir einmal kurz über Zukunftsfähigkeit, was heißt das für Sie im Tourismus? Welche Änderungen im Tourismus sind erforderlich, um zukunftsfähig zu bleiben und/oder zu werden?

Zunächst möchte ich dazu anregen, darüber nachzudenken, ob der Begriff Tourismus in der Zukunft genau das gleiche beschreibt, was wir heute unter dem Begriff Tourismus verstehen. Oder umgekehrt: Ist der Tourismus ein Begriff, den wir in 20 oder 30 Jahren noch verwenden werden?

> Dazu hatten wir schon in Eichstätt gesprochen, bei der Tagung zur Zukunft des Tourismus vor der Pandemie im Sommer 2019, und es gab dabei die Idee, über »Sustainable Governance« nachzudenken. Würden Sie das dann immer noch so sehen?

Bevor ich diese provokative Frage so stelle, möchte ich zwei, drei Gedanken voranstellen, die ich so vielleicht noch nicht gesagt habe, und dann auf die zweite Frage eingehen. Am Anfang haben wir den Tourismus mit seinen positiven Facetten beschrieben, wozu er beiträgt: zur Erholung, zur Horizonterweiterung. Heute verwenden wir ihn sehr oft, um einen Wirtschaftszweig zu beschreiben. Aber die Facetten, die wir ursprünglich damit verbunden haben – wie etwa Erholung –, die treten eigentlich immer mehr zurück. Die meisten Menschen kommen weniger erholt aus dem Urlaub zurück als früher, auch wenn das empirisch nicht so einfach zu belegen ist. Aber wir wissen allein schon von den vielen Kurzurlauben, die stattfinden, dass sie in der Regel dieses Ziel nicht so erfüllen, wie es ursprünglich auch im Bundesurlaubsgesetz festgeschrieben war. Dort stand, dass der Urlaub zusammenhängend genommen werden soll, damit er eine Erholungsfunktion hat. Ob das gut oder schlecht ist, wollen wir jetzt nicht diskutieren, aber es beschreibt die Herausforderung, dass man das Konzept überdenken muss, wenn man in die Zukunft schaut. Ein Phänomen, das wir sicherlich im Zusammenhang mit Nachhaltigkeit betrachten müssen, ist, dass dieses Merkmal »man ist nicht mehr an seinem gewohnten Aufenthaltsort«, das wir mit der Definition von Tourismus verbinden, dazu führen wird, dass wir mobiler werden. Aber diese Mobilität wird auch von anderen Elementen genährt. Das können schon sehr frühe Bildungsanstrengungen sein: Das Bestreben, sich interkulturell viel breiter und vielfältiger aufzustellen in den Erfahrungen, die wir schon in jungen Jahren machen, auch über die Ausbildung hinaus, und das dann mitzunehmen in das Berufsleben und in das Familienleben. Ich kann mir durchaus vorstellen, dass es in Zukunft stärkere internationale familiäre Verflechtungen geben wird, die dann zu diesem Austausch führen und ein Muster von globaler Mobilität nicht nur als Erholung oder Freizeit, sondern als ein ganz anderes sinnstiftendes Element erfordern. Inwieweit erfordert dies eine andere Nachhaltigkeitsdiskussion? Wir müssen sehen, inwieweit das, was wir heute als negative Konsequenz der diskretionären Aktivität sehen, vielleicht zunehmend als Notwendigkeit gesehen wird. Unsere aktuelle Diskussion ist stark von einer Wahrnehmung des Tourismus als klassische Wirtschaftsaktivität geprägt. Deshalb ist es sinnvoll, zunächst einmal darüber nachzudenken, was dieser Tourismus in Zukunft wohl sein wird, denn bis dato verwenden wir diesen Begriff fast unverändert. Mein Plädoyer wäre, sich allmählich von diesem Begriff zu distanzieren und zu einer Neudefinition zu kommen, die besser widerspiegelt, was wir heute sehr häufig beobachten können, Elemente, die wir dann in Zukunft als dominierende Lebensstile erleben werden. Dazu noch eine Anmerkung: Wir diskutieren heute oft über Overtourism und schreiben das Problem allein dem Tourismus zu. Aber eigentlich sind die Faktoren, die dazu führen, dass wir in den Städten »crowded spaces« haben, durch Freizeit getrieben und nicht durch das, was wir mit der klassischen Tourismusdefinition beschreiben wollen. Und das zeigt schon, dass hier eine bessere Beschreibung dieses sozialen Phänomens, dieser Entwicklung menschlicher Bedürfnisse und Verhaltensweisen notwendig ist.

> Sie haben vorhin gesagt, dass touristische Aktivitäten jenseits angestammter Aufenthaltsorte stattfinden. Gewissermaßen war das immer ein Stück weit auch unsere Ausgangslage, den Tourismus zu definieren. Es geht nun eher um eine neue Form von Lebensstil, der ganz wesentlich von Mobilität geprägt ist, aber von einer neuen Form von Mobilität. Ich habe jetzt für mich notiert: Eine Weltgesellschaft ist ganz anders mobil. Sind wir auf dem Weg zu einer Weltgesellschaft, zu einer globalen Gesellschaft, und haben deswegen ganz andere Bedürfnisse mobil zu sein, weil wir unsere »friends and relatives« eben auf der ganzen Welt haben und nicht mehr nur in unserem regionalen Einzugsbereich?

Ich glaube, das beschreibt es ganz gut. Ich denke, Weltgesellschaft könnte ein guter Arbeitsbegriff sein. Ich sage Arbeitsbegriff, weil ich gerade darüber nachdenke, was Gesellschaft in der Definition bedeutet. Wenn das ein Oberbegriff für Welt und Gesellschaft ist, mit all den Herausforderungen, die wir zusätzlich betrachten müssen, dann denke ich, dass wir das im Moment nicht als Tourismus fokussieren, dass »globale« Familien, »globale« kulturelle Herausforderungen und Religionen in der Familie diskutiert und akzeptiert werden. Wenn man in die Geschichte zurückblickt, gibt es wohl keine Zeit in der Geschichte, in der es eine so räumlich und kulturell differenzierte Gesellschaft gegeben hat. Das bedeutet auch, dass wir zusätzliche soziokulturelle Dimensionen der Nachhaltigkeit erleben werden, die wir uns heute noch gar nicht vorstellen können.

> Ich habe in der Pandemie ein Zeitungsinterview gegeben und etwas gesagt, was auch der leitende Gedanke für dieses Interview ist: »Tourismus gibt uns ein Gefühl für die Welt«. Wie wollen wir die Idee der Vereinten Nationen zur Nachhaltigkeit zu einem weltumspannenden Gefühl oder zu einer weltumspannenden Kultur entwickeln? Wie wollen wir das leben, wenn wir noch nicht einmal ein Gefühl für die Welt haben? Ich habe das natürlich vor dem Hintergrund des Zusammenbruchs der Mobilitätsketten gesagt, weil uns allen klar wurde, was es bedeutet, wenn wir gar nicht mehr aus unserem Dorf herauskommen. Könnte die Frage, bezogen auf das vorher Gesagte zur Weltgesellschaft, folgendermaßen heißen: »Wie bekommt eine Weltgesellschaft ein Gefühl für die Welt?«. Und die Antwort darauf ist eine Vision von Tourismus, der aber kein Tourismus mehr ist.

Darf ich etwas korrigieren, bevor wir sagen »... der kein Tourismus mehr ist«? Ich würde es positiv formulieren: »... der eine Weiterentwicklung des engen Tourismusdenkens darstellt, das eher aus einer historischen Perspektive kommt«. Ich kenne heute niemanden mehr, der so abgrenzend diskutiert, wie das vor 30 oder 40 Jahren üblich war. Dass man gesagt hat: »Ich bin Tourismus, du bist Freizeit«. Das war eine akademische Diskussion nach dem Motto: »Du redest mir jetzt nicht in die Suppe«. Das sehe ich heute nicht mehr. Ich glaube, das ist Positivismus. Eine Weiterentwicklung des Konzepts. Könnten Sie die Frage wiederholen?

> Wie bekommt eine Weltgesellschaft ein Gefühl für die Welt? Ich meine, dass es nur mit Tourismus gelingen kann, in breiten Gesellschaften ein Gefühl für die Welt zu entwickeln, um die Idee der »Sustainable Development Goals« (SDG) begreifen zu können.

Ich bin jetzt wieder sehr direkt, vielleicht auch etwas überspitzt, denn die Versuchung des Menschen, sich von kurzlebigen Eindrücken verführen zu lassen, ist doch groß. Zum Beispiel bei den Essgewohnheiten, wenn wir uns bewusst schlecht ernähren, nur weil das Essen besonders appetitlich ist. Wir lassen uns zu etwas verführen, obwohl wir wissen, dass dies zu Übergewicht und erheblichen Problemen führt, oder wir lassen uns von Tabak oder anderen Dingen verführen. Das gilt auch für die Art und Weise, wie wir uns informieren, zum Beispiel durch TikTok. Warum lassen wir uns so sehr von wenig sinnstiftenden Aktivitäten verführen und was bedeutet das für diejenigen, die das beobachten, die für Entwicklung verantwortlich sind? Wenn wir den Menschen als Säugetier betrachten, hat er eine relativ lange Phase der Kindererziehung, in der er von Eltern, Großeltern, Verwandten und der Gemeinschaft unterstützt und angeleitet wird. Vergleicht man das mit anderen Säugetieren, so entlassen diese ihre Kinder viel früher in die Selbständigkeit, stoßen sie geradezu ab. Sie sind in der Lage, sich sinnvoll zu entwickeln. Der Mensch, die Jugend von heute, ist jedoch enormen Herausforderungen ausgesetzt, wie wir sie in unserer Entwicklung noch nie erlebt haben. Wenn man diesen Versuchungen täglich ausgesetzt ist, hat man nicht mehr die Kraft, sich lange mit einem Buch zu beschäftigen, da ist ein Kinofilm schon zu lang. Alles, was wir sehen, ist immer kürzeren Reizen ausgesetzt. Events müssen kurzweiliger werden, Vorlesungen an der Uni müssen kurzweiliger werden. Alles, was mit einer abwägenden, vertiefenden Auseinandersetzung mit anderen Positionen zu tun hat, wird als Last und nicht mehr als Lust empfunden. Ich möchte die Gegenfrage stellen: Müssen wir diesen Tourismus und diese Weltgesellschaft, die wir irgendwie beobachten können, sinnvoll gestalten? Müssen wir vielleicht in Bereichen, die nicht Tourismus sind, anleiten? Eine wichtige Diskussion betrifft die Ausbildung: Bilden wir heute so aus, dass die Menschen sinnvoll mit dem riesigen Informationsangebot umgehen und es sinnvoll nutzen können?

Wir tun es bisher jedenfalls noch zu wenig.

Ich denke an den Beitrag über die Hirnforschung, den Sie mir damals empfohlen haben. Wie der Autor sehr gut empirisch nachweisen konnte, verändern sich heute in der Ausbildungsphase des Gehirns die kognitiven Fähigkeiten durch die digitale Revolution und insbesondere durch die sozialen Medien grundlegend.

Frank Schirrmacher war das.

Ich sehe diese Diskussion im Zusammenhang: Die Bedeutung von Bildung. Ich habe vorhin den Vergleich von Mensch und z. B. einem Rehkitz gemacht. Oder andere Säugetiere, die eine viel kürzere Zeit haben, um dann selbständig zu werden, im Vergleich zu uns. Werden wir dieser Verantwortung gerecht? Als Ausbilder, als Erwachsene, als diejenigen, die anleiten?

Ihre Aussage war zusammenfassend: Weltgesellschaft lernen ist schwierig, weil alles so kurzfristig angelegt und diese »Global Society Literacy« eine Herausforderung ist.

Das liegt auch daran, dass wir das zum ersten Mal machen, ohne aus Erfahrung zu wissen, wie dieses Experiment ausgeht. Aber das Interessante ist, dass wir im Vergleich zu unserer Evolutionsgeschichte nicht die Möglichkeit haben, das über mehrere Generationen hinweg auszuprobieren. Wir probieren innerhalb einer Generation mehrere dieser revolutionären Veränderungen gleichzeitig aus. Es ist nicht so, dass Ihre Kinder noch einmal mit Social Media experimentieren können.

Nein, dann ist es zu spät. Wenn man an die neolithische Revolution denkt, wie lange die Menschen Zeit hatten, zu experimentieren: Wenn einer sich geirrt hat, dann hat er sich geirrt. Dann haben sich andere in der Evolution durchgesetzt. Heute lastet viel mehr Verantwortung auf unseren Schultern, damit es in dieser kurzen Zeit in die richtige Richtung geht. Nachhaltigkeit bedeutet auch, sich bewusst zu machen, dass die Geschwindigkeit des Wandels, sowohl in technischer als auch in sozialer Hinsicht, noch nie so hoch war wie heute. Das heißt, dass die Notwendigkeit des Nachdenkens extrem wichtig ist, dass die Rolle der Akademiker, der Vordenker sehr wichtig ist, um nachzudenken und trotz dieser Schnelllebigkeit Überlegungen anzustellen, für die der normale Bürger, aber auch der Politiker gar nicht mehr die Zeit hat. Ohne bevormunden zu wollen.

> Was wir entworfen haben, ist eigentlich eine weiterentwickelte Form dessen, was wir heute als Tourismus bezeichnen. Wir haben das Thema der Mobilität besprochen, des Verschwimmens von »Tourism and Leisure« oder Tourismus und Freizeit. Das ist das eine. Wir haben diese Weltgesellschaft, also das Globale diskutiert, denn wenn die Vereinten Nationen dieses Framework »Measuring Sustainable Tourism« bringen, dann ist das ja nichts anderes als etwas für eine Weltgesellschaft. Wie bekommt eine Weltgesellschaft nicht nur ein Gefühl für eine Welt, sondern am Ende auch für eine nachhaltige Welt? Darauf muss oder kann das, was wir heute als Tourismus bezeichnen, den Versuch wagen, eine Antwort zu geben.

Ich würde den Vergleich zu den SDGs ziehen. Die SDGs sind für mich einer der wichtigsten Prozesse, der heute dazu geführt hat, dass sich wirklich ein Großteil der Welt mit Nachhaltigkeit in allen drei Dimensionen, in allen gesellschaftlichen Bereichen, auf allen unterschiedlichen Ebenen evidenzbasiert auseinandersetzt und sie vorantreibt. Das war wichtig, aber Nachhaltigkeit ist eng verbunden mit der Resilienz oder Widerstandsfähigkeit, die unsere Gesellschaften brauchen. Die Pandemie – ihr Ausbruch, die Unterbrechung der Mobilitätsketten, der Stillstand – hat uns auch vor Augen geführt, wie wichtig diese Zusammenhänge sind. Wir wissen das von den Biologen und Evolutionstheoretikern. Resilienz war immer in allen Bereichen, die das Leben beschreiben, relevant und hat dazu geführt, dass diese Spezies, dieses Ding aus einem Prozess von Herausforderungen gestärkt hervorgegangen ist. Das heißt, mit Reserven ist man eigentlich gut aufgestellt, aber viele wollen diese Reserven optimieren. Reserven zu haben bedeutet nicht, dass es ein schlechter Umgang mit Ressourcen ist, denn wenn man es evolutionsgeschichtlich betrachtet, sind Reserven absolut notwendig. Deshalb ist nachhaltiges Denken sehr oft eine Investition in die Resilienz unserer Gesellschaften, die Sinn und Zufriedenheit stiftet. Es gibt viele Gesellschaften, die sehr nachhaltig waren. Ich hatte gerade ein Gespräch mit indigenen Gemeinschaften, wo dieses Denken eigentlich selbstverständlich ist. Die denken eher wie Elinor Ostrom, die denken in resilienten Systemen. Erinnern Sie sich an »Governing the Commens«? Das ist ein sehr anregendes Buch. Es zeigt, dass auch Resilienz immer im Kontext

1.5 Klimawandel, Nachhaltigkeit und Transformation: Perspektiven einer Weltveränderung

gesehen werden muss. Das können wir, wenn wir sachkundig diskutieren und uns nicht zu Sklaven unserer eigenen Definitionen machen. So sehr wir vergleichen wollen, dürfen wir nie vergessen, dass sich der Kontext ständig ändert, zeitlich und räumlich. Das ist für die Nachhaltigkeitsdebatte sehr wichtig: Alles, was hier beobachtet und analysiert wird, muss im Kontext reflektiert werden.

> Sie haben angedeutet, dass Overtourism eigentlich nichts mit klassischem Tourismus, sondern etwas mit »Crowded Spaces in Urban Areas« zu tun hat. Können Sie noch kurz Ihren Zugang zu Overtourism erläutern?

Ich würde nicht sagen, dass Overtourism nichts mit Tourismus zu tun hat, aber sehr oft werden die Ursachen für Overtourism dem Tourismus zugeschrieben. Das ist nicht in allen Fällen richtig, da spielen verschiedene Faktoren eine Rolle. Es gibt viele Beispiele: etwa die vielen Menschen aus der gleichen Region, aus dem Umland der Region, die am Wochenende, an bestimmten Feiertagen das Stadtzentrum, bestimmte Plätze oder Attraktionen besuchen und mit den Touristen, die auch da sind, eine »Menschenmenge« bilden. Was wir beobachten ist, dass sich viele Menschen zur gleichen Zeit an einem bestimmten Ort aufhalten, was erwünscht oder unerwünscht sein kann. Aber daraus den Umkehrschluss zu ziehen, dass der Umgang mit Touristen falsch ist, ist nicht sofort richtig und auch nicht zielführend. Es hilft nicht, das eigentliche Problem zu lösen. Denn dann muss man sich wieder fragen: Was wollten wir eigentlich? Wollten wir diese Destination wirtschaftlich positionieren, wollten wir sie kulturell positionieren? Wenn das der Fall ist, dann war der Tourismus sicherlich effektiver als die Leute, die sich ihr eigenes Lunchpaket mitgebracht haben, in die Innenstadt gefahren sind, dort herumgelaufen sind, mit dem Auto in Gegenden geparkt haben, die sie kennen und wo sie vielleicht unter der Woche arbeiten. Die Touristen, die vielleicht außerhalb der Stadt die vorgeschriebenen Verkehrswege benutzt haben und auf öffentliche Verkehrsmittel umgestiegen sind, werden jetzt gleichzeitig wahrgenommen. Was ich mit dieser Geschichte sagen will, ist, dass voreilige Schlüsse nicht hilfreich sind. Ein grundsätzlich gutes Verständnis mit Evidenz – insbesondere die Anwendung neuer Methoden – ist absolut hilfreich, um ein Problem richtig zu beschreiben. Ich glaube, dass die richtige Problembeschreibung das eigentliche Problem ist und sehr oft zu falschen Diskussionen führt. Zum Beispiel habe ich gestern in einem Newsletter gelesen, dass die Abschaffung der Meldepflicht in Beherbergungsbetrieben im Tourismus zu einer Verschlechterung der Datenlage führt. Da wird immer noch sehr traditionell gedacht. Obwohl es sich um einen elektronischen Newsletter handelt, ist man nicht auf die Idee gekommen, über Alternativen nachzudenken, mit denen man das viel besser erfassen kann als mit Meldebögen. Wir wissen seit mehr als zehn Jahren, dass man das gut über mobile Daten erfassen kann, etwa über Kreditkarten. Aber wir sind einfach stecken geblieben und was fehlt, ist die sinnvolle Integration der neuen Möglichkeiten. Nicht von heute auf morgen, sondern schrittweise und kontinuierlich. Sie haben mich nach Overtourism gefragt und ich habe Ihnen jetzt mit vielen zusätzlichen Überlegungen geantwortet. Was ich zur ursprünglichen Frage noch sagen möchte: Das eigentliche Problemverständnis wird sehr oft nur sehr oberflächlich beschrieben, obwohl wir heute die Techniken haben, es viel genauer und effizienter zu analysieren. Das gilt für die Diskussion um Overtourism genauso wie für viele andere Themen, die wir derzeit in der Gesellschaft sehr heftig diskutieren. Eine gute reflektierte dritte oder vierte Meinung, die zur Willensbildung beiträgt. Dann kommen wir wieder zu dem, was wir in Eichstätt schon reflektiert haben: die Funktion der Medien, die ich auch in diesem Bereich noch einmal hervorheben möchte. Gut informierte, unabhängige Journalisten, die im Diskurs zur Meinungsbildung beitragen und zum Nachdenken anregen. Es kann nicht oft genug betont werden, wie wichtig es ist, dass wir eine gute Medienlandschaft haben, die sich an der Diskussion beteiligt. Ich glaube, Overtourism war ein Weckruf für viele, die Tourismus bisher nur als Wirtschaftszweig gesehen haben und der Schaffung von Evidenz noch keine Bedeutung beigemessen haben. Ich habe aber die Stimmen im Tourismus vermisst, die auf die verschiedenen Erscheinungsformen der Menschen bei den Versammlungen und Protesten hingewiesen haben und das genau untersucht haben. Die haben eigentlich keine Aufmerksamkeit bekommen.

Ein tolles Gespräch. Noch einmal vielen Dank für die Gedanken, diese sind immer weit voraus.

Das Gespräch wurde geführt von Harald Pechlaner.

Link zur Tagung

https://youtu.be/2jCV6RQsSF4

1.6 Nachhaltigkeit im Städtetourismus? Alternativlos – es geht nicht mehr ohne!

Sabine Thiele

1.6.1 Die RTG als DMO für Regensburg

Die Regensburg Tourismus GmbH (RTG) ist die Destinationsmanagementorganisation (DMO) der Stadt Regensburg und ein 100 %iges Unternehmen der Stadt. Gegründet im Jahr 2005 hat sie im Laufe der Jahre verschiedene Schwerpunkte im Destinationsmanagement durchlaufen – von der Nachfolge einer Amtsstruktur über einen Marketingschwerpunkt bis zu einer zukunftsfähigen Destinationsentwicklerin mit einem starken Nachhaltigkeitsfokus, orientiert am Gemeinwohl.

Mit 50 Mitarbeitenden ist sie vor allem tätig in den Bereichen MICE- und Freizeittourismus (geschäftliches Reisen und privates Reisen). Die RTG betreibt eine Tourist Information am Rathausplatz, die Historischen Säle der Stadt und die kleine Stadthalle marinaforum im Stadtosten. Einer der Hauptaufgaben der DMO, das Marketing, ist für Regensburg als UNESCO-Welterbestadt national und international ausgerichtet.

Die RTG als DMO ist bekannt für ein ganzheitliches Qualitäts- und Nachhaltigkeitsmanagement, sie kann als Unternehmen diverse Management- und Nachhaltigkeitszertifikate vorweisen und hat als erste DMO in Deutschland für 2019 eine Gemeinwohlbilanzierung vorgelegt, die zweite folgte für die Jahre 2020/2021.[2] Auf die Frage, warum sich eine kommunale GmbH dem umfassenden Thema Nachhaltigkeit bzw. nachhaltiges Wirtschaften verschreibt, gibt es eine Antwort mit verschiedenen Facetten.

---

2 www.regensburg-tourismus.gmbh (Abgerufen am 21.11.2024).

1.6.2 Die DMO als Teil der Kommunalwirtschaft

Zum einen versteht sich die RTG als Teil der Wirtschaft der Stadt bzw. des Landes (Bayern, Deutschland, Europa, der Welt). Sie richtet sich in ihrer Geschäftstätigkeit – genauso wie alle Wirtschaftsorganisationen – an den aktuellen Gegebenheiten aus und erfüllt die geforderten Rechtslagen, betrachtet Megatrends und weltweite Entwicklungen. Dabei sind die 17 Sustainable Development Goals (SDGs) bzw. die Agenda 2030 sicher die wichtigen Guidelines unserer Zeit und spätestens durch die Unterzeichnung der SDGs durch Deutschland ist klar, dass sich die Wirtschaft (auch die Tourismuswirtschaft) zu einer nachhaltigen Transformation verpflichten muss. Jede Organisation, jede Institution und jeder Betrieb muss an den Zielen mitwirken, wenn Transformation gelingen soll. Gerade auch ein kommunales Unternehmen kann hier eine Vorbildfunktion einnehmen und aufzeigen, dass sich das Arbeiten im Kleinen und mit öffentlichen Mitteln auf die großen Themen unserer Zeit ausrichtet.

Diese Verpflichtung zur Nachhaltigkeit wird – zumindest bei den großen Unternehmen in Europa – durch die CSR-Berichtspflicht unterstützt. Diese erweitert sich ab 2024 durch die neue CSRD/ESRS und durch das Lieferkettengesetz (LkSG). Der Nachweis für Nachhaltigkeit im wirtschaftlichen Tun ist damit keine freiwillige Leistung mehr, der Nachweis ist zukünftig Teil des Jahresabschlusses, Teil der Bilanz – ebenso wie die finanzielle Bilanz. Was also für die »große« Wirtschaft gilt, gilt ebenso für die kleinteilige Tourismuswirtschaft in einer Destination.

1.6.3 Die DMO als Zukunftsgestalter und Lösungsanbieter für die lokale Tourismuswirtschaft

In einer wirtschaftlich starken Stadt wie Regensburg sind die touristischen Betriebe auch immer Partner der lokalen Wirtschaftsunternehmen. D. h., wenn in den großen Unternehmen vor Ort über CSR-Berichtspflicht bzw. CSRD mit ESRS, die EU-Taxonomie und das Lieferkettengesetz (LkSG) gesprochen wird, sollte die DMO und sollten auch die touristischen Betriebe auf Augenhöhe mit ihren potentiellen Kunden wissen, worum es geht, vor allem im Messe- und MICE-Geschäft oder mit Anbietern für nachhaltiges Reisen in eine Destination. Die Nachhaltigkeitsoffensive für den Regensburger Tourismus soll den touristischen Anbietern helfen, diese Augenhöhe herzustellen. Um z. B. in einer Lieferantenabfrage der großen Unternehmen zu bestehen, muss sich eine Organisation (ein Hotel, ein Gastronomiebetrieb, eine Kultureinrichtung etc.) selbst einschätzen können.

Die Regensburg Tourismus GmbH als DMO arbeitet seit Jahren qualitätsorientiert und nachhaltig und kann verschiedene Zertifizierungen nachweisen. Das hat ihr als Dienstleistungsunternehmen (z. B. für die Vermietung von Sälen und Räumen) schon vielfach geholfen, etwa im Rahmen von Lieferantenabfragen von großen örtlichen Unternehmen wie BMW, Vitesco oder Krones.

Mit der »Nachhaltigkeitsoffensive für den Regensburger Tourismus« werden die Partnerbetriebe dahingehend unterstützt, sich auf den Weg zu machen, sich selbst bezüglich des Themas »Nachhaltigkeit« besser kennenzulernen und – wenn gewünscht – eine externe Zertifizierung anzustreben, um langfristig noch erfolgreicher am Markt bestehen zu können.

Ein weiteres Ziel der Offensive ist es einerseits, echte nachhaltige Angebote für Regensburg buchbar zu machen. So z. B. den CO_2-Fußabdruck für das Reisen nach Regensburg zu verringern und Reisen mit gutem Gewissen attraktiv zu machen. Andererseits soll die Attraktivität eines touristischen Arbeitsgebers gestärkt werden. Nachweislich ist ein Unternehmen, welches in Nachhaltigkeit und Sinnhaftigkeit investiert, deutlich anziehender für junge Fachkräfte.

Während zukunftsorientierte Betriebe (Kettenhotels, Anbieter im Messe- und MICE-Segment, Carrier, Caterer oder große Veranstalter etc.) diese Notwendigkeit sofort mitdenken und umsetzen können, tun sich kleine private Anbieter schwerer. Hier setzt dann eine regionale Wirtschaftsförderung an. Vor allem deshalb wurde in Regensburg 2020 für die kleinen und mittleren Betriebe die »Nachhaltigkeitsoffensive für den Regensburger Tourismus« auf den Weg gebracht.

1.6.4 Beteiligung der lokalen Tourismuswirtschaft

Der Einstieg in die Nachhaltigkeitsoffensive ist leicht und für einen Betrieb in drei Kategorien möglich:

1. Listung auf www.regensburg-nachhaltig.de
   Das bedeutet: Der Betrieb wählt einen leichten Einstieg aus, z. B. mit einem sehr einfachen Kriterium in Sachen Nachhaltigkeit, und lässt sich damit auf der Webseite listen. Nach und nach kann der Betrieb weitere Kriterien erfüllen und sich verbessern.
2. Als Partner bei der Zertifizierung »nachhaltiges Reiseziel« mit dem TourCert-Zertifikat (TourCert ist als globales Zertifikat in vielen touristischen Destinationen ein bekanntes Siegel).
   Das bedeutet: Der Betrieb macht einen Nachhaltigkeitscheck mit TourCert oder weist eine andere, gültige Zertifizierung nach und verpflichtet sich damit zur Nachhaltigkeit im Betrieb. Die beiden Nachhaltigkeitsmanagerinnen der RTG helfen dem Betrieb bei der Zertifizierung. Der Betrieb wird im touristischen Marketing besonders hervorgehoben, z. B. bei den Studienreisen/FAM-Trips von DZT und HHoG.
3. Als Partnerbetrieb »Reisen für Alle«
   Das bedeutet: Mit Hilfe der Inklusionsbeauftragten der RTG setzt der Betrieb die Anforderungen von »Reisen für Alle« im Betrieb um.

Die Teilnahme an der Nachhaltigkeitsoffensive ist für alle Regensburger Betriebe kostenfrei, die Kosten trägt die Stadt Regensburg über die Kapitaleinlage der RTG.

Die Nachhaltigkeitsoffensive für den Regensburger Tourismus ist ferner Teil des Green Deal Regensburg. Bei dieser Förderung für die touristischen Betriebe geht es um die Qualifikation der Betriebe für eine nachhaltige Zukunft in Bezug auf den Klimawandel, auf die Gewinnung von jungen Mitarbeitenden als Fachkräfte, auf neue Kunden, denen Nachhaltigkeit wichtig ist und in Bezug auf die CO_2-Neutralität der Destination.

1.6.5 Ausblick

Bis dato wird der Tourismus oft als Teil des Problems im Rahmen des Klimawandels gesehen, da das Reisen Mobilität auslöst und damit Emissionen verursacht. Regensburg will zeigen, dass der Tourismus an Lösungen mitarbeitet und sich zukunftsfähig aufstellt.

Zwischenzeitlich hat sich eine Vielzahl von Destinationen im Raum DACH auf den Weg zu einer nachhaltigen Entwicklung gemacht. Auch die Nationale Tourismusstrategie für den Deutschlandtourismus will Nachhaltigkeit in den Fokus stellen. Für die einzelnen Destinationen besteht inzwischen die Möglichkeit, sich dem jeweiligen Bundesland anzuschließen, so fußt z. B. der Nachhaltigkeitsansatz im bayerischen Tourismus[3] auf dem umfassenden Ansatz der Gemeinwohlökonomie.

Auch auf Deutschlandebene präsentiert die Deutsche Zentrale für Tourismus beispielsweise in ihrer »feel good«-Kampagne Deutschland als nachhaltiges Reiseziel. Dort ist nur dabei, wer eines der Nachhaltigkeitszertifikate nachweisen kann. Wer sich zukunftsorientiert aufstellt, stellt sich dieser Transformation.

Ich bin überzeugt davon, dass nachhaltiges Wirtschaften für alle Unternehmen sehr bald Normalität sein wird, da wird sich die Tourismuswirtschaft anschließen. Die kommunale Wirtschaftsförderung kann helfen, die kleinen und mittleren Betriebe bei der Transformation zu unterstützen.

Link zur Tagung

https://youtu.be/J8BPXZvyy7s

---

3 https://tourismus.bayern/unsere-themen/nachhaltige-destinationsentwicklung/ (Abgerufen am 21.11.2024).

2 Grundsätzliche Überlegungen zum Tourismus

2.1 Unser Raum-Zeit-Verständnis im Wandel: Gedanken zur Zukunft des Tourismus

Christof Pforr

Zunächst einmal möchte ich das Thema ›Raum-Zeit-Verständnis und Tourismus‹ aus einer persönlichen Perspektive betrachten, wobei ich mich besonders auf die Themen ›Reisezeit‹ und ›Erreichbarkeit von Destinationen‹ konzentriere. Mein Wohnort ist Perth, die Hauptstadt Westaustraliens. Um von dort nach Eichstätt und Ingolstadt in Bayern zu gelangen, also an die Orte, an denen die Tagung zur Zukunft des Tourismus stattfand, war nicht nur Mobilität, sondern auch Zeit für die lange Anreise erforderlich. Obwohl sich die Reisezeit in den letzten Jahrzehnten aufgrund technologischer Innovationen stetig reduziert hat und größere Distanzen immer schneller überwunden werden, dauerte meine Flugreise immer noch 19 Stunden. Historisch gesehen ist dieser Zeitaufwand allerdings gering, denn in den 1930er Jahren hätte ein Flug von Perth nach London beispielsweise noch zwei Wochen gedauert. Heutzutage gibt es dagegen sogar einen Direktflug von Perth nach Frankfurt, der die Flugzeit auf 17 Stunden verkürzt hat.

Durch eine dynamische Entwicklung der Mobilität aufgrund beschleunigter Transport- und auch Kommunikationsprozesse hat sich unser Verständnis von Raum und Zeit grundlegend verändert, was wiederum unsere Wahrnehmung ferntouristischer Destinationen wie Australien nachhaltig beeinflusst hat. Die Welt scheint näher zusammenzurücken und Distanzen scheinen sich aufgrund schnellerer Mobilität und damit besserer Erreichbarkeit zu verringern.

Für viele Urlauber ist die schnelle Erreichbarkeit einer Destination ein entscheidender Faktor bei der Wahl ihres Reiseziels, das macht sie auch zu einem entscheidender Tourismustreiber. Mobilität ist aber nicht nur ein zentrales Element des Tourismus, sondern ein Grundbedürfnis unseres modernen Lebensstils und zentrales Element einer globalisierten Gesellschaft. Diese Lebensführung wird allerdings, insbesondere im Hinblick auf Themen wie Nachhaltigkeit und Klimawandel, zunehmend in Frage gestellt. Immer schnellere Abläufe, auch in der Mobilität, gehen mit einem gesteigerten Verbrauch fossiler Brennstoffe einher, der zu steigenden

Treibhausgas-Emissionen und so letztendlich auch zur globalen Erwärmung beiträgt. Der Klimawandel verdeutlicht nicht nur die Konsequenzen einer zunehmenden Kompression von Raum und Zeit (Harvey, 1989), sondern erhöht zugleich auch den Transformationsdruck hin zur Klimaneutralität.

Um die globale Erwärmung gemäß des Paris-Abkommen auf deutlich unter 2 und möglichst sogar 1,5 Grad zu begrenzen, müssen Emissionen sektorübergreifend – und das schließt natürlich auch den Tourismus ein – schnell und deutlich gesenkt werden. Aber wie lassen sich (ferntouristische) Destinationen zukünftig nachhaltig und tatsächlich klimaneutral erreichen? Im Vergleich mit europäischen Distanzen müssen selbst Reisen innerhalb Australiens als ›ferntouristisch‹ angesehen werden: Ein Flug von Perth, an der Westküste des Kontinents gelegen, nach Sydney im Osten des Landes dauert beispielsweise 5 Stunden, mit dem Auto benötigt man über 35 Stunden und mit dem Zug sind es sogar 3 Tage.

Eine zentrale Herausforderung zukünftiger Tourismusentwicklung ist die Suche nach Alternativen zu emissionsintensiven Flugreisen. Tourismus (Mobilität) wird sich im Zuge von Transformationsprozessen, die sich Klimaneutralität zum Ziel gesetzt haben, grundlegend verändern müssen. Glaubt man allerdings einschlägigen Prognosen, wird der Luftverkehr bis 2050 weiterhin stark wachsen und die Zielsetzung des klimaneutralen Reisens somit eine Illusion bleiben (Gössling et al., 2021).

Um einen wichtigen Beitrag zum Klimaschutz leisten zu können muss die Luftverkehrsindustrie Emissionen reduzieren, um nachhaltiger zu werden. Dies könnte durch die Nutzung nachhaltigerer Treibstoffe und auch durch die Einführung neuer Antriebssysteme wie zum Beispiel elektrischer Antriebe oder Wasserstoff-Brennstoffzellen geschehen. Die Realisierung solcher Alternativen wird jedoch noch Jahrzehnte in Anspruch nehmen.

Zusätzlich zu solchen technologischen Innovationen ist aber auch eine Reduzierung des Flugverkehrs erforderlich, um die festgelegten Klimaziele erreichen zu können. Hier können durchaus schon Fortschritte verzeichnet werden, denn ein wachsendes Umweltbewusstsein in der Bevölkerung manifestiert sich nicht nur darin, dass sich immer mehr Touristen mit der CO_2-Bilanz ihrer Urlaubsreisen auseinandersetzen, sondern auch Veränderungen im Reiseverhalten, beispielsweise eine freiwillige Einschränkung bei Flugreisen, können verzeichnet werden. Insbesondere junge Menschen werden durch Aktionsgruppen wie der von Greta Thunberg ins Leben gerufenen ›Fridays for Future‹ oder der Flugscham-Bewegung ›Flygskam‹ dazu ermutigt, verantwortungsbewusster und nachhaltiger zu handeln, was auch den möglichen Verzicht auf Flugreisen beinhaltet. Solch ein Ansatz gelebter Suffizienz greift dabei auf Krippendorfs (1986) Vision des ›neuen Urlaubers‹ oder auch Poons (1993) Idee des ›neuen Touristen‹ auf, bei denen touristische Konsumentscheidungen eng mit verantwortungsbewusstem Verhalten verbunden sind. Klimaschutz erfordert somit eine umfassende und koordinierte Anstrengung aller Beteiligten Effizienz mit Suffizienz zu vereinen, um so die gesteckten Klimaziele zu erreichen. Die Politik muss dabei klare Vorgaben machen, wie Emissionen reduziert werden sollen.

Damit Maßnahmen zu Minderungen von Treibhausgasemissionen tatsächlich auch greifen, sind effektive, grenzüberschreitende Regelungen erforderlich. Erfahrungen im Zusammenhang mit auf der Umwelt- und Entwicklungskonferenz der Vereinten Nationen 1992 eingegangenen Verpflichtungen zeigen allerdings, wie schwierig es ist, internationale Regelungen national umzusetzen. Obwohl sich schon vor mehr als 30 Jahren in Rio de Janeiro Regierungen, Industrievertreter und NGOs zur Nachhaltigkeit als Leitprinzip zukünftiger Entwicklung bekannt haben, fällt die Bilanz generell eher enttäuschend aus. Der anfängliche Optimismus ist weitgehend Ernüchterung gewichen, denn vorherrschende Entwicklungsideologien scheinen sich weiter verfestigt zu haben, die auch die Herangehensweise an soziale und ökologische Problemstellungen beeinflusst haben.

Es scheint, dass sich das Thema ›Klimawandel‹ und die ›Net-Zero‹-Zielsetzung bis zum Jahr 2050 in diesem komplexen politischen Umfeld verfangen haben, was einen erfolgreichen Klimaschutz erschwert. Vor dem Hintergrund dieser Herausforderungen, denen sich auch der Tourismus stellen muss, ist es umso wichtiger, alte Verhaltensmuster zu überwinden. In den vergangenen Jahrzehnten ist das Reisen für immer mehr Menschen zu einem Grundbedürfnis und die Tourismus-Mobilität somit zum Symbol persönlicher Freiheit geworden, was zunächst durchaus positiv und als eine soziale Errungenschaft bewertet werden kann. Allerdings sollte der damit verbundene Massencharakter des Tourismus aufgrund seiner wirtschaftlichen Bedeutung nicht nur akzeptiert oder sogar angepriesen, sondern im Hinblick auf seine ökologischen und sozialen Auswirkungen auch kritisch hinterfragt werden. Diese Erkenntnis hat auch in einer Post-COVID-19-Realität grundsätzlich noch Bestand, auch wenn die wirtschaftlichen Folgen der Pandemie ein radikales Umdenken der bisherigen Produktions- und Konsummuster im Tourismus hin zu einer nachhaltigeren Entwicklung unmöglich erscheinen lassen und eine ›the more, the better‹-Haltung in vielen Destinationen eine Renaissance zu erleben scheint.

Es ist unumstößlich, dass zunehmend auch immer sichtbarer werdende Risiken und Auswirkungen eines beschleunigten Klimawandels die Tourismusbranche weltweit vor erhebliche Herausforderungen stellen und transformative Veränderungen unvermeidbar machen werden. Inkrementelle Veränderungen aber auch grundlegende Umgestaltungen werden in Zukunft die Tourismusbranche prägen. Um sicherzustellen, dass der Tourismussektor auch in Zukunft einen positiven gesellschaftlichen Beitrag leistet, muss nicht nur ein besseres Verständnis für die komplexe Wechselbeziehung zwischen Tourismus und Klimawandel entwickelt werden, sondern auch neu bewertet werden, wie Destinationen auf die Herausforderungen veränderter Klimabedingungen reagieren. Ein Paradigmenwechsel, der auf einer klimakompatiblen und gesellschaftlich akzeptierten evidenzbasierten Politikgestaltung beruht, ist unvermeidbar. Ein daraus resultierendes transformatives Destinationsmanagement beruht auf einem holistischen Ansatz, der den Tourismus nicht nur als Motor für Wirtschaftswachstum und Beschäftigung betrachtet, sondern auch soziale, kulturelle und ökologische Ziele erfolgreich integriert. Solch ein Transformationsprozess erfordert eine enge Zusammenarbeit zwischen politischen, gesellschaftlichen und wirtschaftlichen Akteuren, um zu verdeutlichen, dass der Klimawandel ernst genommen wird. Auf diese Weise kann das Tourismus-System einen glaubwürdigen Beitrag zu einer zukunftsorientierten und nachhaltigen Entwicklung leisten.

Was bedeuten diese Erkenntnisse nun für meine persönliche Situation? Wie viele andere Destinationen weltweit ist auch Australien stark vom Klimawandel betroffen. Seine Auswirkungen sind nicht mehr zu übersehen, seien es ungewöhnlich lange und starke Hitzewellen, die zu großflächigen Buschbränden führen, oder extreme Überschwemmungen. Ich bin mir durchaus bewusst, dass eine Flugreise von Westaustralien nach Bayern eine beträchtliche Menge an Treibhausgasemissionen verursacht und somit zur globalen Erwärmung und dem Klimawandel beiträgt. Da im Moment noch keine emissionsärmeren Alternativen zur Verfügung stehen, wäre eine mögliche Option für mich, zukünftig auf eine solche Reise zu verzichten und virtuell an Tagungen teilzunehmen. Ich könnte auch über ein Carbon Offsetting Programm meinen Anteil an Emissionen zukünftiger Flugreisen kompensieren. Egal für welche Strategie ich mich entscheiden werde, es wird in Zukunft für jeden von uns immer wichtiger werden, einen aktiven Beitrag zum Klimaschutz zu leisten. Konkret kann das heißen, mögliche Flugreisen sorgsam auf Notwendigkeit zu überprüfen oder unterschiedliche Aktivitäten am Zielort zu verknüpfen, um die Aufenthaltsdauer insgesamt zu verlängern und damit effizienter zu Reisen. Durch eine kritische Reflexion unserer Entscheidungen und die Berücksichtigung nachhaltiger Alternativen kann somit ein positiver Beitrag zum Klimaschutz geleistet und der persönliche CO_2-Fußabdruck reduziert werden.

Link zur Tagung

https://youtu.be/YjDDi901IdQ

Literatur

Gössling, S. and Humpe, A. 2024. Net-zero aviation: transition barriers and radical climate policy design implications. *The Science of the Total Environment*, https://doi.org/10.1016/j.scitotenv.2023.169107 (Abgerufen am 30.10.2024).

Gössling, S., Humpe, A., Fichert, F. and Creutzig, F. 2021. COVID-19 and pathways to low-carbon air transport until 2050. *Environmental Research Letters*, 16, https://doi.org/10.1088/1748-9326/abe90b (Abgerufen am 30.10.2024).

Harvey D. 1989. *The condition of postmodernity. An enquiry into the origins of cultural change.* Oxford: Blackwell.

Krippendorf, J. 1986. The New Tourists – Turning Point for Leisure and Travel. *Tourism Management*, June.

Poon, A. 1993. *Tourism, Technology and Competitive Strategies.* CABI: Wallingford.

2.2 Was ist die Freiheit des Touristen?[4]

Valentin Groebner

Freiheit ist eines von den großen Worten, es kommt sozusagen immer mit eingebauten Ausrufezeichen daher, in Großbuchstaben und sehr gerne mit einem Pronomen in der ersten Person Singular oder Plural: Meine Freiheit! Unsere Freiheit! Deswegen ist die Freiheit seit gut 70 Jahren die emphatische Selbstbeschreibung jenes Teils der Welt, der sich als die »freie Welt« bezeichnet, von Radio Free Europe bis zum Sender Freies Berlin und der Freien Universität Berlin. Die Freiheit, schreiben Carolin Amlinger und Oliver Nachtwey 2022 in ihrem Buch »Gekränkte Freiheit«, sei die leitende Imago der Moderne überhaupt. Mit ihr entwerfe »die moderne Gesellschaft ein Bild von sich selbst«. Und die sind natürlich wir.

Die Freiheit zum Reisen braucht allerdings auch im 21. Jahrhundert ein Dokument, das vor reichlich fünfhundert Jahren eingeführt worden: Am Ende des 15. Jahrhunderts erklärten Frankreich, Mailand, Venedig und dann immer mehr Territorien den »passeporte« zuerst für Boten, Soldaten und Pilger und dann für alle Reisenden für obligatorisch. Das moderne Wort Pass ist davon abgeleitet – wörtlich heißt es: Geh durch die Tür. Reisefreiheit ist also erst einmal ein Stück Pergament oder Papier mit dem Namen des oder der Reisenden darauf, einem Siegel, einem Stempel und der Unterschrift des Beamten, die sagt, dass dieses Papier echt ist – und während Diplomaten und Spione es umsonst kriegen, mussten alle anderen dafür Gebühren bezahlen, denn dafür waren die Kontrollen auch da.

Mit der Staatsbürgerschaft hatten diese Pässe aber nichts zu tun, sie wurden von lokalen Behörden ausgestellt: Bis weit ins 19. Jahrhundert waren Reisende deshalb sehr häufig mit Identitätsbescheinigungen fremder Länder unterwegs. Reiseführer empfehlen etwa Briten, die zur »Grand Tour« nach Europa, Italien oder in den

---

4 Eine überarbeitete und erweiterte Version dieses Texts erscheint als: »Überall hässliche Touristen: Über Distanzierungsbedürfnis« in Joseph Imorde, Michael Multhammer und Hans Rudolf Velten (Hg.): Das Populäre der Anderen. Figuren, Praktiken, Bewertungen, Paderborn: Brill | Fink 2024.

Orient reisen, sich ihre Pässe in Frankreich ausstellen zu lassen, denn dort seien die Gebühren viel niedriger. Damit ist auch schon der Begriff gefallen, von dem der Tourist und der Tourismus abgeleitet ist: die Grand Tour des 17. und 18. Jahrhunderts, bei der junge Männer aus den Oberschichten aus England, Deutschland, Frankreich nach Süden fahren, um fremde Sprachen zu lernen und die richtigen Leute an den richtigen Orten kennenzulernen. Das wurde als selbstverständlicher Teil der Ausbildung aller jungen Männer angesehen, deren Familien sich das leisten konnten. Es war gut für die spätere Karriere, kostete aber erstens Geld – ziemlich viel Geld – und zweitens Zeit.

Arme Leute reisten, um anderswo zu arbeiten; massenhafte Arbeitsmigration war seit 400 Jahren in Europa der Normalfall. Nur Reiche verreisten zum Vergnügen. Der Tourismus, wie wir ihn kennen, ist so alt wie die Dampfmaschine und die Fotografie. Deswegen neigt er auch zu Wiederholungsschleifen: Die 5,5 Millionen Touristen, die jährlich Luzern besuchen – wo ich wohne –, besichtigen dort genau dasselbe wie Mark Twain und James Fennimore Cooper vor 150 Jahren. Eine große Veränderung freilich gibt es ab den 1860er Jahren: der gesetzliche Zwang zum Pass wird abgeschafft – binnen dreißig Jahren konnte man in ganz Europa (mit Ausnahme Russlands) ohne Ausweise reisen. Ein Plakat für den Orientexpress von 1882 warb damit, dass man von London bis Istanbul kein einziges Mal umsteigen musste und keinen Reisepass benötigte. Spätere Autoren werden das als »goldenes Zeitalter der Reisefreiheit« bezeichnen. Es galt aber nur für diejenigen, die Erste Klasse unterwegs waren. Alle anderen Reisenden mussten Arbeitsbescheinigungen, Gesellenbücher und vor allem Geld oder Nachweis von Barmitteln vorzeigen, um nicht wegen Vagabondage verhaftet und misshandelt zu werden.

Der Fremdenverkehr war aber auch am Ende des 19. Jahrhunderts eine volatile Branche. Cholera- und Typhus-Epidemien hatten auch schon damals drastische Einbrüche zur Folge – samt zeitweise geschlossenen Grenzen und wilden Gerüchten. Bei Ausbruch des Deutsch-Französischen Kriegs 1871 kam der Tourismus in die Schweiz, zusammen mit Italien der Geburtsort des Tourismus, fast vollständig zum Erliegen. Dasselbe geschah europaweit im Spätsommer 1914 – der Ausbruch des Ersten Weltkriegs zog dem Fremdenverkehr gründlich »den Stecker«. In darauf ausgerichteten Orten wie Luzern, Genf oder Interlaken wurden massenhaft Hotels geschlossen, sehr viele für immer.

Der Tourismus ist, anders gesagt, ein sehr langes 19. Jahrhundert – damals hieß er in der Schweiz die »Fremdenindustrie«, und das ist ein gutes Wort dafür. Tourismus ist die Industrie, die von sich behauptet, dass sie das Gegenteil von Industrie sei. Sie beruht auf massenhaft produzierten standardisierten Produkten und Dienstleistungen, die ihren jeweiligen Benutzern die Illusion vermitteln, dass sie nur für ihre individuellen Bedürfnisse zugeschnitten seien. Tourismus braucht gleichzeitig möglichst kostengünstige Putzkräfte, Kellner, Küchenmädchen, Chauffeure. Tourismus in der uns vertrauten Form beruht deswegen auf der Abschöpfung der Differenz zwischen Leuten, die Geld und viel Zeit haben, den Kunden, und denen, die bereit sind, für niedrige Gehälter in der Saison sehr lange Arbeitszeiten auf sich zu nehmen. Im 19. Jahrhundert waren das in der Schweiz die Italiener und die Schwaben, heute sind es fleißige Arbeitskräfte aus Südosteuropa, ohne die kein großes Hotel in Österreich, Bayern, Südtirol und der Schweiz länger als 24 Stunden funktionieren könnte.

Tourismus braucht aber seit dem 19. Jahrhundert noch etwas Drittes, um zu funktionieren: das ästhetische Erlebnis, die Sehenswürdigkeit, das den Fremdenverkehrsort erst zum extrem attraktiven Besuchsziel macht. Das können Berge als Embleme vermeintlich unberührter Natur sein; historische Überreste von früher – Altstädte, Tempel, Kirchen, egal – oder der Strand als Versprechen auf Verjüngung und körperliche Intensität. Alle diese Attraktionen haben gemeinsam, dass sie erst durch den beschleunigten technischen Wandel der Industrialisierung attraktiv und verlockend wurden. Vor dem 19. Jahrhundert gingen Menschen nur zur Arbeit an den Strand oder ins Hochgebirge, beide galten als gefährliche, hässliche und ungesunde Orte. Die technische Beschleunigung ist nie das Gegenteil von historischer Sehenswürdigkeit und vermeintlich unberührter Natur, sondern hat beides erst erzeugt; als Sonderraum und verlockender Überrest eines fiktiven »Früher«.

Wenn Du dorthin fährst, so dass touristische Versprechen, wirst Du magisch verwandelt und verbessert werden, in eine kultivierte, gesündere und vervollständigte Person. Die Fremdenindustrie des 19. Jahrhunderts hat die älteren Begriffe von Wallfahrt und Kur in ein neues Versprechen verschmolzen. Tourismus ist Wallfahren zum Ort der Erlösung aus den selbst erzeugten Beschädigungen und Zwängen und eine Art von privater Allmachtsfantasie – denn wir können uns ja eben nicht selbst verwandeln, sonst hätten wir das zuhause und im Büro schon gemacht.

Tourismus beruht also darauf, Leuten mit viel Zeit und Geld Dienstleistungen zu verkaufen, die von Leuten mit möglichst niedrigen Löhnen erbracht werden, und das alles an einem Ort mit attraktiver Natur und öffentlichem Raum, für den, praktischerweise, der touristische Anbieter nichts bezahlen muss, denn die Alpen, das Mittelmeer und die mittelalterlichen Altstädte, die die Leute anziehen, gibt es gratis. Wenn eines dieser öffentlichen Güter plötzlich nicht mehr kostenlos zu haben ist, macht das etwas mit dem Geschäftsmodell. Den Schnee für den Winterurlaub musste man in den letzten 50 Jahren zunehmend künstlich herstellen, und plötzlich sieht die Bilanz der Liftbetriebe anders aus; dasselbe gilt für den Sand des modernen Sehnsuchtsort schlechthin, den Sandstrand.

Die Freiheit des Touristen besteht schließlich aus der Vorstellung, sie exklusiv für sich allein zu haben. In der Rolle des Touristen ist der imaginierte eigene privilegierte Sonderstatus fest einprogrammiert: auch das ein direktes Erbe aus dem 19. Jahrhundert. Wer damals Urlaub machte, gehörte dadurch automatisch zu einer privilegierten Minderheit – der allergrößte Teil der arbeitenden Bevölkerung konnte sich das nicht leisten, auch kleine Angestellte nicht. Sommerfrische war etwas für bessere Leute, von der Mittelschicht aufwärts, und dementsprechend trafen die – und nur die – sich in den Urlaubsorten.

In den Tourismus ist seither eine insgesamt eher gespenstische soziale Utopie eingeschrieben, nämlich der einer geschlossenen, ästhetisch befriedigenden Welt, die nur Angehörigen der eigenen sozialen Klasse zugänglich ist und in der alle armen Leute verschwunden sind – oder zumindest unsichtbar. Alle wichtigen Touristenorte des 19. Jahrhunderts publizierten in ihrem wöchentlichen oder monatlichen »Fremdenblatt«, welche prominenten Gäste in welchem schicken Hotel abgestiegen waren – eine Mischung aus Eigenwerbung für den Ort und »social media« des 19. und frühen 20. Jahrhunderts. Die Luzerner Hoteliers organisierten in denselben Jahrzehnten eine Privatpolizei in Zivil, die dafür sorgte, dass die noblen Besucherinnen und Besucher bei ihren Spaziergängen auf der extra dafür gebauten schicken Promenade am See dort nur den richtigen Leuten begegneten – alle unpassenden Passanten wurden, notfalls mit physischer Gewalt, entfernt.

Unpassend waren aber nicht nur Leute mit unpassender sozialer Herkunft oder eigenen Geschäftsmodellen, sondern auch andere Bürger und Großbürger mit Geld, aber mit der falschen religiösen Zugehörigkeit. Ab den 1890er Jahren begannen Destinationen damit zu werben, dass bei ihnen jüdische Gäste nicht willkommen seien – das gab es auch in den Vereinigten Staaten, aber am weitesten verbreitet war es in Deutschland und Österreich, von Borkum an der Nordsee und Zinnowitz auf Usedom bis nach Kitzbühel, und in den 1920er Jahren intensivierte sich das. Zahlreiche Orte ließen Ansichtskarten drucken, auf denen sich der Ort stolz als »judenfrei« bezeichnete – auch eine Interpretation, was die Freiheit des Tourismus in diesem speziellen Fall bedeutete.

Die nationalsozialistische Propaganda hatte nach faschistischem Vorbild aus Italien ab 1934 »Ferien für alle« zum Slogan gemacht; »Urlaub als seelischer Erneuerungsprozess für alle« und »Wiederherstellung der Nervenkraft«, verkündete Hitler, sei nationale Pflicht. Ab 1935 konnten jüdische Deutsche an keinem Badeort an der Ost- und Nordsee mehr Zimmer buchen. 1937 vermittelten die deutschen Reisebüros die Rekordzahl von mehr als 10 Millionen Reisen; aber nicht an jüdische Gäste, das hatte das Reichsinnenministerium im selben Jahr offiziell verboten.

In Kitzbühel, Zinnowitz und an zahlreichen anderen Orten wird an diesen Aspekt der eigenen Tradition – sonst ein Lieblingswort der Fremdenverkehrsbranche – nicht gerne erinnert. Wenn man persönliche Reiseberichte, Briefe und Tagebücher aus den Ferien der vermeintlich guten alten Zeit vor dem Ersten Weltkrieg liest, bekommt man aber ohnehin rasch den Eindruck, dass die Touristen von damals nicht glücklicher waren. Die Freiheit des Touristen besteht offensichtlich auch darin, sich zu beklagen.

Auch im 21. Jahrhundert stören sich Touristen an anderen Touristen mit falscher Zugehörigkeit und anderen Spielregeln – viele Schweizerinnen und Schweizer regen sich über die unübersehbar und sehr selbstbewusst andersartigen orthodoxen Juden, Familien aus den arabischen Golfstaaten und die wohlhabenden Inderinnen und Inder in den Schweizer Bergen auf, die dort auf die Durchsetzung ihrer eigenen Regeln und Speisegebote bestehen. Wer in Italien oder in den Tropen Urlaub macht, wird dort sehr schnell ähnliche Anekdoten über Russen, Briten und Deutsche hören. »Nobody«, lässt der Regisseur David Finch in seinem neuen Film »Killer« seinen Protagonisten sagen, »wants to talk with a German tourist.« Er ist als Auftragsmörder in Paris, und deswegen verkleidet er sich auch konsequent und unübersehbar als Deutscher.

2.2 Was ist die Freiheit des Touristen?

Die Freiheit des Touristen besteht darin, dass die richtigen anderen Touristen einen umgeben; beim Alternativtourismus, der sich so gerne als das Gegenteil des üblichen Fremdenverkehrs darstellt, ist das noch viel deutlicher spürbar. Die Freiheit des Touristen ist deswegen die Freiheit zum Konsum. Denn nichts anderes ist Tourismus, wenn man die üblichen Klischees von der Begegnung mit dem Fremden und der persönlichen Erfüllung einmal weglässt: Tourismus ist Konsum in Reinform. Deswegen sind – Bekenntnisse zur Klimaverträglichkeit hin oder her – die Touristen von weit weg am verlockendsten: Die geben nämlich am meisten Geld aus. Der oberste Tourismusdirektor der Schweiz hat das im Mai 2023 auf einer Pressekonferenz nüchtern vorgerechnet. Overtourismus gäbe es in der Schweiz nicht, sagte er, man habe sich vom Corona-Schock exzellent erholt, es bräuchte noch mehr Gäste aus Übersee, weil die mehr Geld ausgeben, mit 18 Prozent Übernachtungen schüfen sie 30 Prozent vom Umsatz. Und im Rest der Welt ist das genauso.

Das wirklich Authentische im Urlaub ist also nicht das Urlaubsziel, sondern die anderen Touristen – denn im Urlaub lande ich in meinem eigenen sozialen Milieu. Im Namen der Freiheit begebe ich mich an meinen Platz in der sozialen Hierarchie. Die Freiheit des Touristen ist auch nicht dasselbe wie die Freiheit der Touristin – die männliche Form des Titels ist Absicht. Reisen ist historisch gesehen Männern vorbehalten, und zwar wohlhabenden. Allein reisende Frauen waren sehr viel restriktiveren Regeln unterworfen; und sie sind es bis heute.

Der Begriff für Freiheit im römischen Recht, »libertas«, bedeutete schlicht politische und ökonomische Potenz; die Macht, andere zu kommandieren (und zu versklaven.) Georg Kreisler und Barbara Peters haben das Prinzip in einem Lied von 1987 schön gereimt auf der Kabarettistenbühne auf den Punkt gebracht: »Meine Freiheit, yes, deine Freiheit, ne / Meine Freiheit ist schon ein paar hundert Jahre alt / Deine Freiheit kommt vielleicht schon bald«.

Deswegen sind Freiheit und Klagen auch so eng verkoppelt: Jeder Gewinn an Bewegungsfreiheit von vorher Benachteiligten wird von den zuvor dominanten Gruppen als Freiheitsverlust empfunden und dementsprechend laut beklagt. Dann beklagt man den Verlust genau jener Vergangenheit, an deren Details man sich nicht erinnern will.

Heute fahren in Europa mehr als eine halbe Million zusätzliche Campingmobile und Wohnwagen herum als 2019. Wenn etwas unerwartetes Neues auftaucht, wie das Virus, machen wir genau dasselbe wie unsere Eltern in den 1960er Jahren. Das zum kollektiven Lernprozess in Sachen Klimawandel und Urlaub. Ist das die Freiheit? Kann man so sehen.

Aber Freiheit ist die Freiheit, etwas unterlassen zu können: Sonst ist sie keine. Freiheit, wenn der Begriff überhaupt etwas heißt, ist das Abstreifen von Ängsten – vor Bestrafung, Schuld, Verlust und vor allem davor, etwas zu versäumen. Denn Freiheit ist auch, dass einem etwas egal ist. Wer dauernd von der eigenen Freiheit redet, kann sie offenbar nicht realisieren. Denn wer frei ist, muss nicht. Und wer frei ist, hat Zeit.

Link zur Tagung

https://youtu.be/bwjtZQEBv1s

Literatur

Carolin Amlinger und Oliver Nachtwey, Gekränkte Freiheit, Berlin: suhrkamp 2022
Hannah Freed-Thall, »Beach Effect«, in: George Papam u. a.: The Beach Machine, Brussels/Athen: Kyklada 2022, S. 67–74.
Valentin Groebner, Ferienmüde. Als das Reisen nicht mehr geholfen hat, Konstanz/Göttingen: konstanz university press 2020.
Valentin Groebner, Retroland. Geschichtstourismus und die Sehnsucht nach dem Authentischen, Frankfurt/M.: S. Fischer, 2018.
Robert Groß, Die Beschleunigung der Berge: eine Umweltgeschichte des Wintertourismus in Vorarlberg/Österreich (1920–2010), Köln: Böhlau 2018.
James Hamilton-Paterson, »The End of Travel«, in: Granta 94 (2006), S. 16–21.
Selma Mahlknecht, Berg & Breakfast. Ein Panorama der touristischen Sehnsüchte und Ernüchterungen, Bozen: Raetia Verlag 2021.
Ilja Leonard Pfeijffer, Grand Hotel Europa, München: Piper 2018.
Julia Timpe, Nazi-Organized Recreation and Entertainment in the Third Reich, London: Berghahn 2017.

2.3 Alle Zeit der Welt oder permanente Rushhour? Reflexionen zur Bedeutung der Zeit im Tourismuskontext

Julia E. Beelitz

2.3.1	Zeit in der Philosophie	86
2.3.2	Zeiterleben im Tourismus	87
2.3.3	Untersuchung und philosophische Reflexion des Werts der Zeit im Tourismuskontext	88
2.3.4	Zeit in der Transformation des Tourismus	92

Fragen zum Themenkreis Transformation sind angesichts aktueller wie drohender Krisen in aller Munde. Dies gilt besonders, wenn auch bei weitem nicht ausschließlich, für den Tourismus, da dieser Veränderungen bekanntermaßen zeitgleich sowohl verursacht als auch von ihnen beeinflusst wird. Entsprechend eindringlich wird nach Konzepten gesucht, die einen Umgang mit sich wandelnden Rahmenbedingungen (u. a. Klimawandel, gesellschaftlicher Umbruch, politische Konflikte) erlauben. Zur Beantwortung sind dabei alle Disziplinen aufgefordert, so auch die Philosophie, die sich typischerweise mit den sogenannten ersten Fragen, also den Ursprüngen, Voraussetzungen und grundsätzlichen Annahmen von Sachverhalten beschäftigt (vgl. König 2013). Als Voraussetzung der Teilhabe am Tourismus wird schon seit langem eine Dualität von Verfügbarkeiten erfasst: Menschen benötigen frei verfügbares Geld sowie frei verfügbare Zeit, um touristisch aktiv sein zu können. Der Schwerpunkt des vorliegenden Beitrags soll auf Letzterem liegen: Es soll darum gehen, die Bedeutung der Zeit im Tourismuskontext zu erfassen, um zu eruieren, ob sie etwaige Hebel zur Transformation bereithält. Denn schließlich ist Zeit »auf jeden Fall eine fundamentale Dimension in der wir leben« (Sieroka 2016).

2.3.1 Zeit in der Philosophie

Das Thema Zeit bewegt die Menschen seit jeher und wurde daher bereits von frühen Philosophen, u. a. Platon und Aristoteles, reflektiert. Im Zeitverlauf waren bei der Ergründung der Zeit verschiedenste philosophische Teildisziplinen involviert (z. B. die Metaphysik, die Wissenschafts- und politische Philosophie sowie die Moralphilosophie), so dass der Forschungsstand überaus umfang- und facettenreich ausfällt. Gleichsam ist das Thema aber auch nicht »ausdiskutiert«, gerade da neue Erkenntnisse in den Naturwissenschaften (z. B. Quantenphysik) getroffene Ableitungen und vermeintliche Gesetzmäßigkeiten in Frage stellen. Die Widmung der Zeit bleibt demnach u. a. bedeutsam, da Veränderungen von Überzeugungen weitreichende Folgen nach sich ziehen, so z. B. im Nachhaltigkeitsdiskurs. Denn wer etwa an die Existenz der Zukunft nicht glaubt, weil er annimmt, dass sie nur Möglichkeiten enthält und damit ungewisser Erwartung entspricht (vgl. Pfister 2016), hat eine spezifische, wahrscheinlich eher unkritische Einstellung gegenüber Fragen der Verantwortung.

Die philosophische Auseinandersetzung mit der Zeit kann grob in drei Themenbereiche unterteilt werden, wobei im eigentlichen Diskurs teils übergreifend gearbeitet wird. Erstens erfolgt eine Widmung des **Charakters der Zeit**, bei der u. a. der fundamentalen Frage nachgegangen wird, ob diese objektiv existiert (so z. B. Newton) oder ob sie nur vom Menschen subjektiv geschaffen, also erdacht wurde, um Vorgänge erklären zu können (so z. B. Leibniz). Zweitens werden die **Strukturen der Zeit** untersucht, so z. B. mögliche Ordnungsprinzipien. Unterschieden wird in diesem Forschungsbereich typischerweise zwischen der physikalischen und der psychologischen Zeit. Folgt man dem ersten Modell, so geht man von der Existenz eines für jedes Lebewesen gültigen Zeitkontinuums aus: Ein Moment folgt für Person A ebenso auf den nächsten wie für Person B (i. e. Annahme eines Zeitstrahls). Die Zeit lässt sich in diesem Modell in unendlich viele Zeitintervalle einteilen und exakt bestimmen (so z. B. Aristoteles). Sie entspricht analog dem, was die Uhr als Zeitmesser anzeigt. Beim Konzept der psychologisch-erlebnisbezogenen Zeit steht dagegen das Bewusstsein des Menschen im Vordergrund. Es wird anerkannt, dass die Zeit mit der Abfolge von Vergangenheit, Gegenwart, Zukunft zwar einen gemeinhin akzeptierten Ablauf besitzt. Gleichzeitig erfasst man jedoch, dass diese Zeitbereiche primär in den Vorstellungen der Menschen (i. e. als Illusion) existieren (so z. B. Augustinus). Zeiterfahrung ist dieser Auffassung nach vor allem ein Mittel, mit dem sich der Mensch selbst bzw. vergangene oder zukünftige Ereignisse (z. B. »Epoche des Biedermeier«, »Anthropozän«, »25. Legislaturperiode des Deutschen Bundestages«) verortet. Drittens beschäftigt sich vor allem die neuzeitliche Philosophie mit der **Bedeutung der Zeit** für den Menschen (so z. B. Heidegger und Kierkegaard), die auch im vorliegenden Beitrag im Zentrum stehen soll. In den Fokus wird in diesem Kontext z. B. das Zeiterlebnis genommen, bei dem sich zeigt, dass ein ganzes Spektrum von Wahrnehmungen existiert, die untereinander Verbindungen eingehen, wie in Darstellung Dar. 2-1 illustriert. So sind Langeweile (Zeitleere) / Kurzweil (Zeitfülle) sowie Stress (Zeitmangel) / Muße (Zeitreichtum) einerseits klare Antonympaare. Andererseits korrespondieren sie aber auch: Kurzweil kombiniert mit Muße ergibt die Erfahrung eines »Flow«, die Zusammensetzung aus Muße und Langeweile kann als »Müßiggang« erfasst werden (vgl. Luckner o. J.).

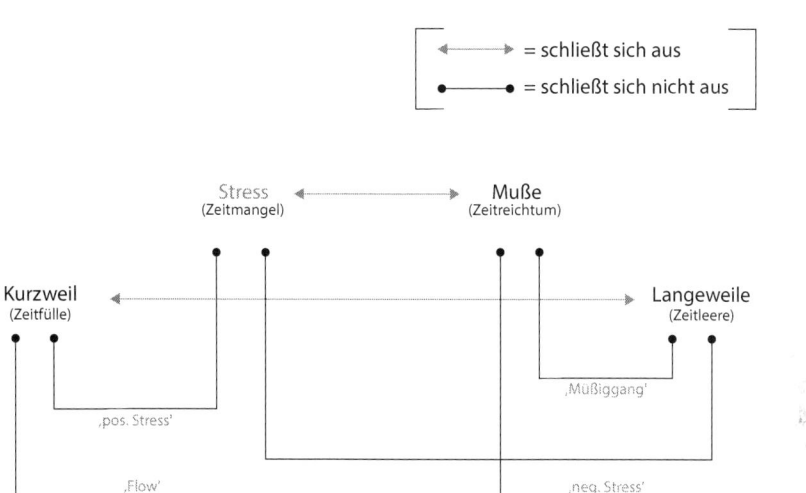

Dar. 2-1: Zur Bedeutung der Zeit (Luckner (o. J.):36)

2.3.2 Zeiterleben im Tourismus

In der Liste der Urlaubsmotive sind solche mit Zeitbezug generell ausgeprägt vertreten: »Abstand zum Alltag gewinnen«, »Zeit füreinander haben« und »Frei sein / Zeit haben« gehören zu den wichtigsten Gründen für eine Freizeitreise (vgl. Bayern Tourismus 2023). Tourismus wird demnach mit der Freiheit von festen Zeitstrukturen, Zeitautonomie und Flexibilität hinsichtlich des Einsatzes der eigenen Zeit assoziiert. Es wird als Genuss verstanden, die Seele baumeln und den Tag ohne lästige Termine bzw. Verpflichtungen verstreichen zu lassen. Es kommt zu einem emotionalen, sich ggf. auch körperlich manifestierenden Empfinden von **Entlastung** (vgl. Beelitz & Pfister 2023).

Gleichzeitig kann Tourismus – wie wohl jeder nachvollziehen kann – auch Zeitstress und damit eine **Belastung** für Körper und Geist bedeuten. Dies kommt z. B. zum Tragen, wenn im Reisekontext Termine pressieren, z. B. gesetzte Abfahrts- oder Abflugzeiten oder wenn es in Prozessen des touristischen Erlebens zu Verzögerungen kommt (z. B. Verspätungen des gewählten Verkehrsmittels). Gleichermaßen kann Langeweile (z. B. auf langen Fahrten/Flügen) ebenso wie ein verspürter Erlebnisdruck, also das Gefühl, in der Zeit vor Ort nahezu bürokratisch alle »touristischen KPIs« erreichen (und dieses »Abhaken« z. B. durch ein Selfie dokumentieren), Zeit also optimal allokieren zu müssen, zu einem Empfinden von Zeitstress führen.

Das allerdings wird im Tourismusmarketing grundsätzlich ausgeblendet. Stattdessen werden die Genussfacetten touristisch genutzter Zeit in den Vordergrund gestellt. Wie ein Überblick zu den Slogans ausgewählter touristischer Marken aus dem Bereich Destinationen, Reisevertrieb und Verkehrsträger seit den 70er Jahren bis in dieses Jahrzehnt zeigt (vgl. Weiss 2021), wird Zeit im Tourismus vor allem zum Leistungsversprechen. Insbesondere die Ideen »bei uns hast Du Zeit« (z. B. Werfenweng 2009: »Alle Zeit der Welt«), »wir nehmen uns Zeit für Dich« (z. B. Türkei 1994: »Willkommen bei Freunden!«) und »durch uns erlebst Du Zeit anders/besser« (z. B. Neckermann 1985: »Für die kostbarsten Wochen des Jahres«) sind hier handlungsleitend. Der touristischen Zeit wird damit in der Zusammenschau ein besonderer Wert zugesprochen – eine Annahme, die es zu überprüfen gilt. Zeit im Tourismuskontext soll demnach im Folgenden charakterisiert werden, wobei die in verschiedenen Disziplinzusammenhängen gewonnenen Erkenntnisse – typisch tourismuswissenschaftlich – um philosophische Interpretationen angereichert werden.

2.3.3 Untersuchung und philosophische Reflexion des Werts der Zeit im Tourismuskontext

Für die Zeit im Tourismuskontext ist es erstens charakterbildend, dass sie einmalig ist

Wie schon z. B. durch Leipers Modell (1979) der geographischen Elemente des Tourismus deutlich wird, existiert ein Zeitstrahl des touristischen Erlebens, denn die Räume des Tourismus werden stets in einer gleichbleibenden Abfolge durchlaufen, wie auch Darstellung 2 zeigt: Jede Reise beginnt in der »tourist generating region«, durchläuft dann eine oder mehrere »tourist destinations«, um schließlich wieder in der »tourist generating region« zu enden. Daraus lässt sich ableiten, dass der Zeitlauf im Tourismus beständig ist. Wie bereits von Heraklit abgeleitet, gilt »Panta rhei«, alles bewegt sich, nichts bleibt.

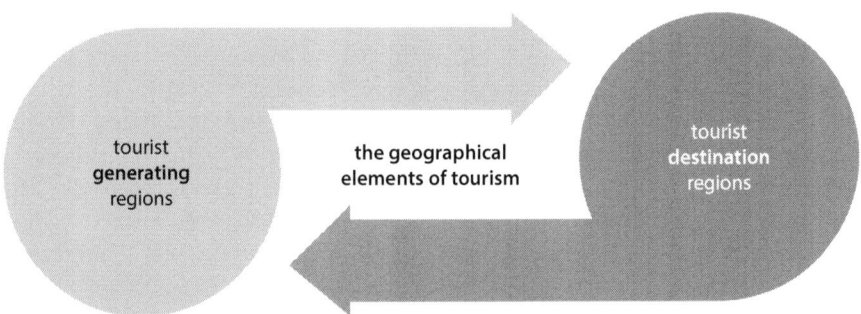

Dar. 2-2: Geographische Elemente des Tourismus nach Leiper (Beelitz & Pfister (2023):71)

Für das Erlebnis von Zeit im Tourismuskontext kann vor diesem Hintergrund geschlussfolgert werden, dass es stets unwiederbringlich und unwiderruflich ist, woraus sich ein besonderer Wert des Moments ergibt. Denn die Zeit verstreicht kontinuierlich und kann nicht zurückgenommen werden, da eine Zeitumkehr absurd bzw. nicht denkbar ist (vgl. Luediger 2019). Dies wäre allein jedoch noch kein Charakteristikum der touristischen Zeit, denn jeder Lebensmoment ist, sofern man dem Konzept des Zeitkontinuums zuspricht, eine nur einmalige Erlebnisgelegenheit und dadurch wertvoll. Besonders wird der Moment im Tourismuskontext dagegen dadurch, dass man nur eine Chance hat, ihn in genau diesem zeitlich-räumlichen Setting zu erfahren: Durch die einmalige Verknüpfung des Moments mit einem Ort kommt ihm eine besondere Bedeutung zu. Auch in der Tourismuspraxis findet dies bereits im touristischen Qualitäts- und Dienstleistungsmanagement Niederschlag (Stichwort z. B. »moment of truth«).

Zeit im Tourismuskontext ist zweitens typischerweise durch Wandel erlebbar

Bereits Platon erfasste die Zeit als bewegtes Bild der Ewigkeit. Was Zeit also ausmacht, ist der Wandel: Sie manifestiert sich in bzw. aus der Spanne zwischen zwei Ereignissen bzw. durch die Abfolge von Veränderungen (vgl. Schultz 2017). Wenn dagegen keine Änderung vorliegt bzw. diese durch den Menschen wahrgenommen werden kann, entsteht zumindest der Eindruck, dass die Zeit nicht verstreicht. Dieses Phänomen ist auch im Tourismuskontext geläufig. So kann sich die Gegenwart zeitlich stark ausdehnen, wenn man z. B. in einer Warteschlange im Freizeitpark auf die ersehnte Achterbahnfahrt warten muss, oder auch stark stauchen, wenn man z. B. im Rahmen einer sportlichen Freizeitaktivität in einen Flow-Moment gerät – im Nachhinein einer abwechslungsreichen Bergtour oder nach einer fordernden Session auf dem Surfboard wundert man sich, »wo die Zeit hin ist«. Anregung und Aktivität als erlebbare Veränderungen wirken demnach als Zeitverkürzer, die den Moment (»Nunc stans« nach Platon, das stehende, zeitlose Jetzt) mit Wert aufladen.

Entscheidend ist in diesem Zusammenhang allerdings der persönliche Erfahrungs- und Erwartungshorizont. Denn wie bereits Augustinus betont, spielt bei der Zeitwahrnehmung das menschliche Bewusstsein eine ausnehmende Rolle, ja wird sogar als der »Ort« erfasst, in welchem diese (sozusagen als Illusion, s. o.) existiert. Dies gilt, da die Gegenwart kaum fassbar ist, denn jeder Augenblick war bereits Zukunft und wird unverzüglich Vergangenheit. Der Moment wird demnach primär durch Erinnerungen an bereits Erlebtes und Annahmen bzgl. des Kommenden wahrgenommen, er wird gefühlt bzw. gedacht statt tatsächlich gelebt (vgl. Groneberg 2017).[5] Wie auch Husserl darlegt, besteht Zeit nicht nur in einer Aneinander-

---

5 NB: Vor diesem Hintergrund praktizieren viele Menschen heute Meditationen und Achtsamkeitsübungen, um stärker im Jetzt zu leben, den Moment zu genießen und zu schätzen.

reihung von Momenten, sondern im Sinn-Zusammenhang, der sich für den Menschen aus diesen ergibt. Wie bei einem Musikstück, dem man lauscht, hört man zwar im Moment einzelne Töne, doch der Musikgenuss entsteht im Geist des Hörenden erst dadurch, dass er die vergangene Melodie noch im Kopf hat und die folgende Musik vorausahnt (vgl. Niebler 2022). Für den Wert der Zeit im Tourismuskontext kann daraus abgeleitet werden, dass die Wahrnehmung ihrer Qualität von subjektiven Facetten geprägt ist: Ob der Moment des touristischen Erlebnisses als anregend oder langweilig, als entspannend oder stressig, als bereichernd oder als Zeitverschwendung, kurz: als Veränderung im obigen, positiven Sinne wahrgenommen wird, ist davon abhängig, welche (touristischen) Erlebnisse das Individuum in der Vergangenheit bereits verbuchen konnte und wie diese bewertet wurden bzw. welche Ansprüche vor diesem Hintergrund entstanden sind. Um im Bild der obig genutzten Beispiele zu bleiben: Geht man dieselbe Bergtour zum zwanzigsten Mal oder ist man bei der letzten Trainingsstunde auf dem Surfboard fast von einem Hai gefressen worden, ist der Neuigkeitswert der Eindrücke (i. e. Elemente der Veränderung) bzw. ihr Genusswert, seien sie von außen betrachtet auch überaus abwechslungsreich bzw. erstrebenswert, potenziell eher gering.

Zeit im Tourismuskontext ist charakteristisch endlich und knapp

Touristische Zeit ist – sofern wir nicht über Geschäftsreisen sprechen – Teilmenge des Zeitsegments Freizeit. Dieses ergibt sich wiederum als Restgröße, wenn man von der Gesamtzeit, die dem Individuum zur Verfügung steht, die Arbeitszeit sowie die Obligatzeit, also jene Zeit, die für die Erledigung grundsätzlich erforderlicher Aufgaben wie Schlaf, persönliche Hygiene, soziale Pflichten und notwendige Haushaltstätigkeiten anfällt, abzieht (vgl. Prahl 2002). Der potenziellen Zeit für touristische Zwecke ist vor diesem Hintergrund selbst dann ein Ende gesetzt, wenn Personen z. B. aufgrund Rentenstands oder Arbeitslosigkeit keiner Arbeit (mehr) nachgehen.

Diese Endlichkeit der Zeit im Tourismuskontext kann gedanklich u. a. an die Auffassungen Kierkegaards angeschlossen werden. Dieser erfasst es als ausdrückliche Tugend des Menschen, dass er zwischen der Endlichkeit seines Seins, die in seinem vergänglichen Körper zum Ausdruck kommt, und Elementen der Unendlichkeit, z. B. dem Konzept der überzeitlichen Seele und der überdauernden Natur, eine Synthese bilden kann. Gerade das Bewusstsein über den sicherlich eintretenden Tod, also das eigene Ende, prägt gemäß Kierkegaard das menschliche Dasein (vgl. Niemayer 2016). Führt man dies weiter, könnte gesagt werden, dass der Endlichkeit ein sinnstiftendes Potential für den Menschen innewohnt, was sich auf den Betrachtungsschwerpunkt des vorliegenden Beitrags wie folgt übertragen lässt: Dass man keine unendliche Freizeit hat und dass nach jeder Reise eine Rückkehr in den Alltag mit seinen Routinen erfolgt, lädt die Zeit im Tourismuskontext mit Wert auf. Dies gilt erstens, weil für den Menschen hierdurch eine

Zeitstruktur entsteht, in welcher er sich orientieren kann,[6] zweitens, weil aus der Endlichkeit ein Anreiz zur Aktivität entsteht,[7] und drittens, da in der temporären Gegenwelt des Tourismus bewusst das gesucht/ausgelebt/aufgeladen werden kann, was im Alltag gefühlt fehlt (vgl. Beelitz & Pfister 2023).[8]

Allerdings geht die Endlichkeit der Freizeit (bzw. der Zeit im Tourismuskontext) auch mit einer negativ konnotierten Wahrnehmung von Knappheit einher. Befragungen geben aus, dass viele Menschen Zeitdefizite verspüren. Dies zeigt sich z. B. daran, dass die beiden am häufigsten genannten Neujahrsvorsätze »mehr Zeit für Familie/Freunde [nehmen]« und »mehr Zeit für mich [haben]« sind (vgl. BAT 2022_3). Interessant ist das vor allem vor dem Hintergrund der faktisch verfügbaren Freizeit: Gemäß eines internationalen Vergleichs der OECD macht die Freizeit in Deutschland fast 27,5 Prozent der Tageszeit eines durchschnittlichen Bürgers aus – in Mexiko liegt dieser Wert zum Vergleich bei 15,8 Prozent (vgl. OECD 2009). Die psychologische Zeit weicht also von der physikalischen Zeit ab, was häufig mit einer Verschmelzung der Zeitsegmente Arbeits- und Freizeit erklärt wird. Tatsächlich zeigen Studien, dass im Zeitverlauf zunehmende Anteile der Freizeit für Arbeitszwecke genutzt werden: Gemäß des »Freizeit-Monitors« arbeitet in Deutschland fast jeder vierte Berufstätige regelmäßig daheim weiter – vor Corona zeigte nur jeder achte Arbeitnehmer ein solches, die Zeitsegmente »Arbeit« und »Freizeit« verbindendes Verhalten (vgl. BAT 2022_1). Selbige Studie zeigt weiter auf, dass mittlerweile jeder vierte Deutsche in seiner Freizeit einem Nebenjob nachgeht, wobei dieses Verhalten erwartungsgemäß am häufigsten bei jungen Erwachsenen (vgl. Studierende) beobachtet werden kann, die intensivsten Zuwächse jedoch bei Personen mittleren Alters erfasst werden können (vgl. BAT 2022_2).

Um dieses Phänomen zu bewerten, kann u. a. auf die Gedanken Heideggers zurückgegriffen werden, der den Menschen als besonders auf seine Zukunft bezogen begreift: Sinn und Zweck unseres Tuns entstehen aus dessen Konsequenzen für die Zukunft, vor dem Hintergrund des »sorgenden Bewusstseins« (vgl. Philosophie Magazin o. J.). Man könnte also annehmen, dass Freizeit verstärkt für Arbeitszwecke verwendet wird, da die Menschen Freizeitaktivitäten gegenüber Arbeit ein geringeres Potential zurechnen, positive Wirkungen auf ihre individuelle Zukunft zu entfalten. Dies wird davon gestützt, dass als Gründe für die Aufnahme eines Nebenjobs u. a. die Preisentwicklung und der Wunsch nach Einkünften für die Vorsorge genannt werden. Weitere Gründe sind allerdings auch Neugierde und Langeweile (vgl. BAT 2022_2), was den Schluss nahelegt, dass für einen nicht unerheblichen Teil der Befragten Arbeit Werte erzeugen kann, die eigentlich mit Freizeit und spezifisch dem Tourismus verbunden werden (i. e. Ablenkung, Bildung, Anregung).

---

6 NB: Umgekehrt konnte z. B. gezeigt werden, dass wer immer nur »Freizeit« hat, z. B. weil er erwerbslos (geworden) ist, oftmals Probleme bei der Strukturierung seiner Zeit verspürt (vgl. Köller 2006).
7 NB: So sind Besucher z. B. oftmals gewillter einen Ort zu erkunden als Einheimische.
8 NB: Reisen bieten die Option, sich außerhalb alltäglicher Zwänge zu bewegen, z. B. was das Rollenverhalten oder den Kleidungsstil betrifft.

2.3.4 Zeit in der Transformation des Tourismus

Aus den vorangegangenen, sicherlich nicht vollständigen Reflexionen zur Charakteristik der Zeit im Tourismuskontext konnten an verschiedenen Stellen Indizien abgeleitet werden, welche die Hypothese stützen, dass ihr ein besonderer Wert zugesprochen werden kann. Dies ist nach Auffassung der Verfasserin des vorliegenden Beitrags für die Transformation des Tourismus grundsätzlich positiv zu interpretieren, denn typischerweise sind Menschen bzgl. solcher Aspekte des Lebens, die sie als besonders wertvoll erleben, eher bereit, Anstrengungen, Kosten oder Veränderungen auf sich zu nehmen, als für Dinge, die ihnen nicht wichtig sind. Einen quasi empirischen Beleg hierfür kann man in den Reaktionen der Tourismusnachfrage in Zeiten der pandemiegeschuldeten Reisebeschränkungen finden: Als kaum Optionen für Auslandsreisen und Aufenthalte mit Übernachtungen bestanden, sind Binnentourismus und Tagesaufenthalte dominante Praxis geworden (vgl. UNWTO 2023). Getrieben vom starken Bedürfnis nach Reiseaktivität hat man sich lieber im Verhalten angepasst, statt zu verzichten (wenn auch nur temporär, siehe Tourismusboom seit 2022 und Phänomene wie »revenge tourism«, vgl. Dillon & Zovko 2023). Im Hinblick auf den allseits diskutierten Wandel des Tourismus darf also gehofft werden, dass die Nachfrage notwendige Veränderungen auch zukünftig »mitmachen« wird.

Allerdings haben die vorangegangenen Ausführungen auch gezeigt, dass von einer Globalbewertung nach dem Motto »tourism time = quality time« Abstand genommen werden sollte. Gerade vor dem Hintergrund der Subjektivität der Zeitwahrnehmung kann Zeit im Tourismuskontext für das Individuum auch nur genauso wertvoll oder sogar weniger wertvoll sein als solche Zeit, die in anderen Zeitsegmenten verbracht wird. Ob also der potenzielle besondere Wert touristischer Zeit ausreichend ist, um einen selbstwirksamen Hebel der Transformation darzustellen, bleibt offen.

Dies gilt umso mehr, da die Erfahrungen und Erwartungen, von denen die Zeitwahrnehmung – wie gezeigt werden konnte – abhängt, aktiv von den professionellen Akteuren des touristischen Marktes beeinflusst werden (siehe: Tourismusslogans). Da ein radikaler Wandel des Tourismus auch von ihnen fundamentale Adaptionen fordern würde, drängt sich die Frage auf, ob für die Ausgestaltung neuer Ziele eine konzertierte Abstimmung aller Akteure und den Umbau aller erforderlichen Strukturen im Angesicht pressierender Krisen genug »Zeit bleibt« (i. e. Knappheit der Zeit nach dem physikalischen Prinzip).

Literatur

BAT (2022)[1]: Nach der Arbeit ist Feierabend – oder nicht? [online]: https://www.stiftungfuer-zukunftsfragen.de/nach-der-arbeit-ist-feierabend-oder-nicht/ (Abgerufen am 4.11.2024).

BAT (2022)[2]: Jeder vierte Deutsche arbeitet in seiner Freizeit [online]: https://www.stiftung-fuerzukunftsfragen.de/jeder-vierte-deutsche-arbeitet-in-seiner-freizeit/ (Abgerufen am 4.11.2024).

BAT (2022)₃: Ausblick 2023: Mehr Zeit, mehr Optimismus, mehr Nachhaltigkeit [online]: https://www.stiftungfuerzukunftsfragen.de/ausblick-2023-breite-mehrheit-nimmt-sich-mehr-gelassenheit-und-optimismus-vor/ (Abgerufen am 4.11.2024).

Bayern Tourismus Marketing GmbH (2023): Bayerninteressierte [online]: https://tourismus.bayern/bayerninteressierte-ergebnisse-der-reiseanalyse/ (Abgerufen am 4.11.2024).

Beelitz, J. & Pfister, J. (2023): Tourismusphilosophie. München: UVK.

Dillon, J. & Zovko, M.-E. (2023): Introduction: Mass Tourism, Overtourism, and Post-Pandemic Revenge Tourism: The Need for a Philosophical Approach to Tourism as a Global Cultural Phenomenon Today. In: Dillon & Zovko (Hrsg.): Tourism and Culture in Philosophical Perspective. Cham: Springer Nature Switzerland AG, S. 3–20.

Groneberg, M. (2017): Die Zeit. [online]: https://www.philosophie.ch/2017-02-04-groneberg (Abgerufen am 4.11.2024).

Köller, R. (2006): Ruhestand – mehr Zeit für Lebensqualität? Die Bedeutung von Erwerbstätigkeit und Zeiterfahrungen im Lebenslauf für die individuelle Gestaltung des Ruhestandes. Dissertation. Universität Bremen.

König, S. (2013): Grundwissen Philosophie: Eine systematische Einführung. CreateSpace Independent Publishing Platform.

Luckner, A. (o.J.): Zeit und Existenz aus Sicht der Philosophie [online]: https://www.uni-hannover.de/fileadmin/luh/content/alumni/unimagazin/2012_zeit/netz10_luckner.pdf (Abgerufen am 4.11.2024).

Luediger, o.V. (2019): Wie die Zeit gemacht wird. Ein Versuch über die Zeit (II). [online]: https://www.philosophie.ch/2019-06-12-luediger (Abgerufen am 4.11.2024).

Niebler, T. (2022): Zeit, Zeitgefühl, Zeitsinn – Philosophie der Zeitlichkeit [online]: https://www.die-inkognito-philosophin.de/blog/zeit-philosophie (Abgerufen am 4.11.2024).

Niemeyer, M. (2016): Martin Heidegger: Sein und Zeit [online]: https://www.getabstract.com/de/zusammenfassung/sein-und-zeit/5730 (Abgerufen am 4.11.2024).

OECD (2009): Die Deutschen haben viel Freizeit und sehen vergleichsweise wenig fern [online]: https://www.oecd.org/berlin/presse/diedeutschenhabenvielfreizeitundsehenvergleichsweisewenigfern.htm (Abgerufen am 4.11.2024).

Pfister, o.V. (2016): Was ist Zeit, was ist Zukunft? [online]: https://www.philosophie.ch/2016-12-22-pfister (Abgerufen am 4.11.2024).

Philosophie Magazin (o.J.): Begriffslexikon: Zeit [online]: https://www.philomag.de/lexikon/zeit (Abgerufen am 4.11.2024).

Prahl, H.W. (2002): Soziologie der Freizeit. Paderborn: UTB Schöningh.

Schmitz, H. (2009): Kurze Einführung in die Neue Phänomenologie. Freiburg: Karl Alber.

Schultz, o.V. (2017): Die Zeit als Änderung [online]: https://www.philosophie.ch/2017-01-15-schultz (Abgerufen am 4.11.2024).

Sieroka, N. (2016): Was Zeit (nicht) ist und wie wir sie erleben [online]: https://www.philosophie.ch/2016-12-28-sieroka (Abgerufen am 4.11.2024).

Sieroka, N. (2018): Philosophie der Zeit: Grundlagen und Perspektiven. München: C.H. Beck.

Stückler, M. (o.J.): Metzler Lexikon Philosophie: Zeit [online]: https://www.spektrum.de/lexikon/philosophie/zeit/2262 (Abgerufen am 4.11.2024).

UNWTO (2023): Impact Assessment of the COVID-19 Outbreak on International Tourism [online]: https://www.unwto.org/impact-assessment-of-the-covid-19-outbreak-on-international-tourism (Abgerufen am 4.11.2024).

Weiss, D. (2021): Historische Slogans und Claims von Touristikmarken [online]: https://neuroflash.com/de/blog/slogans-claims-von-touristikmarken/ (Abgerufen am 4.11.2024).

2.4 Vom äußeren Reisen zur inneren Reise

Thomas Wienhardt

2.4.1	»Aufmerksamkeitsdiebstahl«?	94
2.4.2	Unter Druck	95
2.4.3	Um was geht es eigentlich?	96
2.4.4	Vielfältige Zugangswege zum Wesentlichen	96
2.4.5	Orte als Startpunkte – Tourismus alternativ	98
2.4.6	Transformationsräume	99

Zwei Mönche lasen, dass es am Ende der Welt einen Ort gibt, an dem die Erde dem Himmel ganz nah ist. Sie gingen auf die Reise, fanden den Ort, gingen durch die Tür – und fanden sich am Ende in ihrer Klosterzelle wieder.[9]

2.4.1 »Aufmerksamkeitsdiebstahl«?

Solche Geschichten findet man schon bei den Wüstenvätern. Man müsse nicht weit reisen, um dem Himmel ganz nah zu kommen. Es geht sogar in der Klosterzelle. Gleichzeitig ist der Mensch oft nicht zufrieden, mit dem was er hat. Oft strebt er nach dem ganz anderen. In der Moderne hat sich der Tourismus in ungeahnter Weise entwickelt. Es ist letztlich nur eine Frage finanzieller Möglichkeiten, der »Ferne« näher zu kommen. Das zieht viele Fragen nach sich, so z. B. nach der Umweltverträglichkeit des Reisens oder auch wie sich ein Massentourismus mit einer lokalen Kultur in Einklang bringen lässt – nicht umsonst kommt es hier immer wieder zu Problemanzeigen. Was sind die richtigen Werte im Umgang mit

---

[9] Vgl. https://www.emmaus.de/paternoster/paternoster2_1997/2_1997_20.pdf, abgerufen am 20.2.2024.

dem Reisen? Nach was streben die Menschen, wenn sie das Erlebnis suchen und welche Rolle spielt dabei die Suche nach Sinn oder einem erfüllten Leben? Selbstverständlich benötigt der Mensch Auszeiten und Erholung. Aber macht Urlaub zufriedener? Gibt es nicht das Phänomen, dass Menschen schon bald nach ihrem Urlaub den nächsten ersehnen? Manche sprechen sogar von einer »Ablenkungsindustrie« und beziehen das auf den Tourismus, aber auch auf die Gaming-Welt und andere Formen aus dem Feld der Unterhaltung. Was macht das mit den Menschen, welches Bewusstsein, welche Haltungen entwickeln sich hier, welche neuen Formen der Entfremdung treten hier zutage, wenn unsere Aufmerksamkeit ständig mit neuen Reizen abgelenkt wird? Nicht umsonst warnt der französische Soziologe Gérald Bronner vor einer »Kognitiven Apokalypse«[10] und weist darauf hin, dass sogar Gründer großer digitaler Unternehmen ihre Kinder vor »Aufmerksamkeitsdiebstahl«[11] durch zu viel Bildschirmzeit schützen. Es muss doch um das Leben gehen, aber geht es stattdessen nicht oft um »Randangelegenheiten«? Muss der moderne Mensch nicht wie die Mönche lernen, dass der Himmel gar nicht so weit weg ist? Dass es eher eine »innere Reise« braucht, die natürlich auch Zeit in Anspruch nimmt, um diesen zu entdecken? Das Reisen an sich ist dann nicht genug, das verbleibt im Äußeren. Es geht dann deutlich über Erlebnisse hinaus, braucht echte Erfahrungen, echte Begegnungen mit mir, mit anderen. Das gelingt nicht einfach so – es braucht Raum und Zeit, damit der Mensch auf eine innere Reise gehen kann.

2.4.2 Unter Druck

Auf der anderen Seite gibt es viele, die sich alltäglich Optimierungs-Anforderungen ausgesetzt sehen. So benennt z. B. die Familienstudie »Eltern unter Druck« verschiedene Anforderungen, denen die Eltern ausgesetzt sind: ihre Kinder mit möglichst guter Bildung auszustatten, sie möglichst gut zu erziehen, trotzdem den Anforderungen in der Arbeitswelt inkl. Mobilität und Flexibilität zu genügen und die Sorge, finanziell gegenüber anderen zu verlieren. Gleichzeitig erleben wir eine starke Kommerzialisierung gepaart mit der Bedeutung materieller Ausstattung und Werbung auf allen medialen Kanälen. Menschen wollen mithalten können, auch ästhetisch, z. B. durch Kleidung, oder mit digitaler Ausstattung, was zudem sichtbar werden soll. Gesellschaft ist stark durch das Materielle und die Haltungen darum herum geprägt. Viele tun sich schwer, mit diesen Tendenzen selbstbewusst umzugehen oder sogar dagegenzuhalten, kommen stattdessen unter Druck.[12]

---

10 Bronner, Gérald (2021): Kognitive Apokalypse. Eine Pathologie der digitalen Gesellschaft. München, Beck.
11 Vgl. ebd., S. 254.
12 Vgl. Henry-Huthmacher, Christine (2008): Eltern unter Druck. Zusammenfassung der wichtigsten Ergebnisse der Studie. https://www.kas.de/documents/252038/253252/080227_henry.pdf/3a88605f-ba73-57f7-7cf0-2b61b37a2759, abgerufen am 30.3.2024.

2.4.3 Um was geht es eigentlich?

Christliche Spiritualität verfügt über sogenanntes »Weisheitswissen«[13], das auf der Erfahrung gründet, dass es viel mehr als nur Zweckorientierung, Erlebnisse, Selbstoptimierung, Ausrichtung an gesellschaftlichen Anforderungen, Besitz, Macht, Ansehen oder vergleichbares braucht, um Mensch sein zu können. Es macht den Menschen nicht lebendiger, Erlebnisse aneinanderzureihen, vieles zu besitzen oder sich immer weiter zu optimieren. Vielmehr braucht es echte Erfahrungsräume, die Türen zu Sinn und Orientierung eröffnen, das Leben ausrichten, helfen, mit Brüchen im Leben sowie mit den eigenen Begrenzungen umzugehen, damit das Transzendente wieder durchscheinen kann, um dem Himmel wie in der Eingangserzählung nahe zu kommen. Das Christentum hält hier Türen bereit.[14] Auf den ersten Blick scheinen aber die Erlebnisse reizvoller zu sein, weil sie emotional sehr einnehmen oder einfach spannend sind. Das Stürmische hat seinen berechtigten Reiz, dagegen sind es die Räume der Stille, die tiefgreifendere Lebensräume eröffnen helfen. Auch Mönche lernen erst mit der Zeit, dieser Tiefendimension näher zu kommen. Es braucht also Räume und Zeit, um den Menschen in seinem Streben nach Zufriedenheit, Erfüllung oder Glücklichsein wirklich leiten zu können bzw. dass Menschen dazu einen Weg finden – was wiederum deutlich macht, dass dies wesentlich ein innerer Prozess ist. Für die Mystiker »zeigt« sich hier eine neue Dimension, die sie auf dem Weg der Kontemplation erfahren und sich durchaus mit ihrem normalen Leben verbindet bzw. dieses bereichert.[15]

2.4.4 Vielfältige Zugangswege zum Wesentlichen

Christliche Spiritualität will solche Räume eröffnen. Das wird sehr deutlich, wenn wir das Pilgern in den Blick nehmen. Das Pilgern ist schon an sich ein Aufmachen, das zunächst einmal ein äußerliches Aufbrechen bedeutet, aber, angeregt durch den Rahmen, in dem sich der Pilger bewegt, wesentlich ein innerer Prozess. Auf dem Jakobsweg kann man sehr lange unterwegs sein, lokale Wallfahrerwege sind dagegen in kurzer Zeit zu bewältigen. Aber es geht traditionell immer um das gleiche Anliegen: Ein äußerlicher Weg wird zu einem inneren Wandlungsprozess.

In der christlichen Spiritualität finden sich über das Pilgern hinaus noch vielfältige Formen, die sich über 2000 Jahre hinweg ausgebildet haben, um den Menschen dem Himmel näher zu bringen und in ihm einen inneren Transformations-/Wandlungsprozess anzustoßen, der ihn mit sich und anderen Dimensionen

---

13 Vgl. Rotzetter, Anton (2000): Spirituelle Lebenskultur für das dritte Jahrtausend. Herder, Freiburg, S. 13.
14 Vgl. auch Joas, Hans (2022): Warum Kirche?. Selbstoptimierung oder Glaubensgemeinchaft. Herder, Freiburg, S. 46, 105-106, 117-142.
15 Vgl. Wendel, Saskia (2004): Christliche Mystik. Eine Einführung. Topos, Kevelaer, S. 21–22, 118.

im Leben neu in Kontakt bringt. Zu nennen sind z. B. die asketisch-geistlichen Lebensweisen der Wüstenväter oder auch die Ausprägungen, die sich aus den unterschiedlichen Bewegungen herausgebildet haben, wozu nicht nur die Ordenstraditionen gehören, wie z. B. die benediktinische, franziskanische, dominikanische oder auch die ignatianische Spiritualität. Man könnte auch auf die Trappisten, die Karmeliten, die geistliche Gemeinschaft des Charles de Foucauld und viele mehr verweisen. Dies hat sich im Laufe der Zeit in unterschiedlichste praktische Formen hinein übersetzt, die viele Ausfaltungen oder Ergänzungen erfahren haben (z. B. Ruhegebet, Stundengebet, die Lectio Divina, Exerzitien, kontemplative Formen, usw.). An dieser Stelle kann nicht auf die Masse der Formen eingegangen werden. Daher nur ein paar Beispiele:

- »Nur wer ganz ›bei sich‹ ist, kann auch bei Gott sein.«[16] Daher lebt die benediktinische Tradition stark aus dem »ora et labora« und der damit verbundenen Tagzeitenliturgie, die den Tag im Wechsel von Gebet und Arbeit in einen stets gleichbleibenden Rhythmus bringt, um so genügend Zeit für Unterbrechung und Sammlung zu ermöglichen. Der Mönch wird so in eine tiefe Gelassenheit und ein Vertrauen auf Gott hineingeführt. Ein Lebensideal, das sich mit den weiteren Regeln des Benedikt verknüpft, die bis heute auch in Führungskreisen aktuell sind.[17]
- Bei den Exerzitien, die auf Ignatius von Loyola zurückgehen, handelt sich um »Übungen«: »Während es beim Sport und bei körperlichen Übungen um Wiedererlangung oder Erhaltung der Gesundheit geht, haben die geistlichen Übungen einen anderen Zweck, nämlich, das eigene Leben zu ordnen bzw. neu auszurichten. Dazu ist es hilfreich, sich Zeiten der Stille zu nehmen inmitten des Alltags oder auch in der Abgeschiedenheit eines Klosters oder Exerzitienhauses. [...] Wenn wir dann allmählich bei uns selbst ankommen, kann Überraschendes zutage treten«[18]. Der ganze Mensch und das, was ihn innerlich bewegt, kommt dabei in den Blick. In den Exerzitien werden Teilnehmende im Regelfall begleitet. So können Wahrnehmungen besser unterschieden werden. Klassische Exerzitien sind geprägt von Schweigen, Gebetszeiten und Gesprächen mit einem Begleiter. Es haben sich vielfältige Formen entwickelt. Erwähnt werden können hier z. B. Wander- bzw. Bergexerzitien, die sich großen Zulaufs erfreuen. Weitere Formen sind u. a. kontemplative Exerzitien, Straßen-, Online- oder Film-Exerzitien, bei denen sich ein alternativer Rahmen mit den Grundansätzen klassischer Exerzitien verbindet.[19]
- Das Ruhegebet geht auf Johannes Cassian (360–435) zurück, bezieht sich ursprünglich auf das Neue Testament und baut auf Erfahrungen der frühchristli-

---

16 https://www.benediktiner.de/die-benediktiner/moench-sein-heisst/, abgerufen am 1.4.2024.
17 Vgl. Rotzetter, S. 54, 61.
18 https://www.jesuiten.org/wie-wir-arbeiten/exerzitien, abgerufen am 30.3.2024.
19 Vgl. https://www.jesuiten.org/wie-wir-arbeiten/exerzitien, abgerufen am 30.3.2024.

chen Mönche auf. Gerade angesichts von Reizüberflutung und Unruhe unserer Zeit ist es ein Weg zu innerer Ruhe. Es handelt sich dabei um eine Gebetsform, die nach Einübung immer und überall stattfinden kann. Mit einer Haltung des Vertrauens, der Ausrichtung auf die Transzendenz. Selbstverständlich braucht auch das Ruhegebet Übung. Am Ende steht ein kurzes Gebetswort, das auch im Alltag wiederholt wird (was eine Nähe zur Tradition der »Stoßgebete« hat) und so zu einem Gebet des Herzens wird, das Vertrauen und Zuversicht stärkt.[20]

- In Taizé hat sich mit der dort ansässigen Gemeinschaft (Communauté von Taizé) eine neuere Form (der Beginn liegt erst in der Mitte des 20. Jahrhunderts) herausgebildet, die sich über die Kontinente hinweg verbreitet hat. Auch das ist ein Raum, um zum Lebenskern vorzudringen. Typisches Kennzeichen sind die kurzen Lieder in verschiedenen Sprachen, die mehrfach wiederholt werden, und eine Zeit der Stille. Es fügen sich wenige, kurze Textelemente (Bibeltext, Psalm) ein. Taizé selbst lebt davon, dass gerade junge Menschen aus unterschiedlichsten Ländern dort zusammenkommen (im Sommer viele Tausende), eine Woche in der Gemeinschaft leben, an den Gebetszeiten teilnehmen und in einen Austausch gehen.[21]

2.4.5 Orte als Startpunkte – Tourismus alternativ

Damit sind die klösterlichen und kirchlichen Orte eng verbunden, die den Menschen die Tür zum Himmel offenhalten wollten. Es geht darum, den Menschen in Bewegung zu bringen, neue Erfahrungsräume für ihn zu eröffnen, um ihm ein gutes, wertorientiertes Leben auf einem größeren Horizont zu ermöglichen. Auf diese Weise können sich Tourismus und Spiritualität sinnvoll verknüpfen. Die Orte, in diesem Fall die Klöster und Kirchen, die eng mit den vielfältigen geistlichen Traditionen verbunden sind, werden dann zum Beginn eines inneren Weges. Durch entsprechende Begleitformate, wie es Klöster oder die Diözesen anbieten, kann die innere Reise professionell, qualitativ und auf 2000-jähriger Erfahrung aufbauend angeleitet werden. Dies gilt es, touristisch neu zu greifen, um damit alternative Formen des Reisens zu eröffnen. Hier verstecken sich große alte Traditionen und damit in Formen gegossene Erfahrungen von Menschen. Das ist zu entdecken, ein großer Schatz, der mit kurzen Reisen nur im Ansatz betreten werden kann und den man nicht einfach durch die Aneinanderreihung von Erlebnissen erfassen kann. Dies hat das Potenzial, Menschen in ihrem Leben zu stabilisieren, neu zu orientieren, die Vertrauensbasis zu stärken, weil sie aus einer Quelle heraus leben.

Damit kann Reisen intensiver, nachhaltiger und sinnvoller werden. Intensiver, weil es um Erfahrungen geht. Nachhaltiger wird das Reisen, da es mehr um den

---

20 Vgl. Dykhoff, Peter (2017): Das Ruhegebet einüben. Herder, Freiburg, S. 17, 110–131.
21 Vgl. https://www.taize.fr/de_article6600.html, https://www.taize.fr/de_article1126.html, abgerufen am 30.3.2024.

inneren als um den äußeren Weg geht, und sinnvoller, weil damit existentielle Fragen aufgeworfen werden und für diese Raum ist.

2.4.6 Transformationsräume

Bringen wir an dieser Stelle Spiritualität und Tourismus zusammen, so mag das nicht nur ein Transformationsraum für den Tourismus bedeuten, sondern auch für die Kirche. Zu Kirche gehört schon immer auch das Pilgern. Aber Kirche ist kein Tourismusveranstalter. Andererseits finden sich hier vielfältige Orte und Formate, die Menschen schon heute nutzen. Das Zeitfenster des Urlaubs kann dazu genutzt werden, um mehr und mehr mit Lebensfragen in Verbindung zu kommen. Damit wird die Art und Weise des Lebens neu ausgerichtet.

Insgesamt öffnen sich durch diese Herangehensweise an das Leben und die Gesellschaft andere Formen der Erkenntnis und der Fundierung für unser Leben. Mystik und Wandlung gehören zusammen, inneres Reisen verändert, auch äußeres – ein Transformationsraum öffnet sich, sowohl für den Einzelnen als auch für die Gemeinschaft.

Link zur Tagung

https://youtu.be/YjDDi901IdQ

2.5 Sind Reisende auch Suchende?

David Ruetz

Im Jahr 1807 schrieb der Goethe-Zeitgenosse Ugo Foscolo an einen Freund: »Wie gerne wird doch über das Reisen gepredigt [...]. Statt vieler Predigten [...] wünschte ich mir, jemand schriebe endlich ein wirklich nützliches Büchlein darüber, wie man mit Gewinn und Nutzen reist« (Brilli 1997, S. 7). Solch ein Wunsch scheint statthaft gewesen zu sein in einer Zeit, als Reisen noch als eine Kunst galt – im doppelten Sinn. Das Ergebnis vieler Reisen hat bedeutende Kunstwerke aller Gattungen hervorgebracht. Hinzu kommt, dass effizient zu reisen eine Kunst an sich war, und an Anleitungen dafür mangelte es. Ganz anders bei im Zeitalter von nach industriellen Gesichtspunkten »produzierten« Urlaubserlebnissen. Sinniert man also über die Zukunft des Reisens, gelangt man zur These, dass solch eine Zukunft nicht existiere, da sie womöglich nicht die lineare Fortschreibung oder Verlängerung der Gegenwart sein könne oder gar dürfe (Moeck 2020, in: Kapeller 2022, S. 197). Dem steht die gedankliche Alternative entgegen, von einer »Vielzahl an möglichen [...] Zukünften« (Elena Artiles Leyes, in: Kapeller 2022, ebda.) zu sprechen. Der Autor dieses Beitrags will jedoch einen anderen Weg beschreiben und postuliert, dass aus der retrospektiven Betrachtung durch die Augen (vielmehr noch: durch die Worte) reisender Dichterinnen und Dichtern sich zumindest der Versuch eines Nachweises erbringen lässt, dass man als Reisender[22] von seinem Reiseziel ein Bild habe, welches sich zunächst konstituiert aus Vorstellung, Erleben und Erinnern – wobei es mitunter gelingen kann, »nach der Rückkehr Vorstellung und Erlebnis ex post miteinander zu versöhnen« (Maurer 2021, S. 37).

Die Literaturwissenschaft kann den Blick auf die Versöhnung von Vorstellung und Erlebtem schärfen. Im Lebenswerk des Dichters Gottfried Benn (1886–1956) findet sich – bezogen auf dessen Haltung beim Reisen – eine durchaus bemerkens-

---

[22] Im vorliegenden Text wird der Gebrauch der männlichen Form ausschließlich aus Gründen der besseren Lesbarkeit verwendet. Weibliche und anderweitige Geschlechteridentitäten sind dabei ausdrücklich eingeschlossen.

werte Klammer zwischen seinem ersten jemals veröffentlichten Text (›Gefilde der Unseligen‹, 1910) und einem seiner letzten Gedichte (›Reisen‹, 1951 – kurz vor seinem Tod erschienen). Die frühe Textpassage, »Und alles will [...] aufsteigen und [...] treiben, / und nichts will in sich selber bleiben«, die geradezu ein Aufruf zu Mobilität ist, hat fast ein halbes Jahrhundert später eine antithetische Entgegnung erfahren: »... vergeblich das Fahren! / Spät erst erfahren Sie sich: / bleiben und stille bewahren / das sich umgrenzende Ich« (in: Benn 1994). Zum äußeren und inneren Unterwegssein merkt der Literaturkritiker Harald Hartung an, dass Benn »mit seinem Freund Oelze große Autoreisen durch Frankreich gemacht [hat] – zum Beweis dafür, dass auch die Dichter Widersprüche lieben und an ihren inneren Fahrten nicht immer Genüge finden« (vgl. Ruetz 2019, S. 112). Betrachtet man ›innere Fahrten‹ unter dem Gesichtspunkt der vielfältigen Möglichkeiten des Metaverse, bleibt festzuhalten, dass trotz aller immersiven Technologien das Reisen immer eine physische Komponente haben wird und muss. Weggehen, um sich und andere, um anderes zu finden, funktioniert nicht virtuell. Dies zeigt der Blick des Lyrikers auf die Welt, in der er unterwegs ist und deren Eindrücke er literarisch kondensiert verarbeitet. Oft eine Mischung aus Nähe und Distanz, wirken Gedichttexte reisender Literaten nicht selten kritisch, jedoch nicht ohne Hoffnung. In seinen ›Römischen Elegien‹ adressiert Goethe diesen Gegensatz in seiner direkten Anrede an die stummen Zeugen architektonischer Vergangenheit: »Saget, Steine, mir an, o sprecht, ihr hohen Paläste! / Straßen, redet ein Wort! Genius, regst du dich nicht?« (in: Goethe 1977). Rainer Malkowskis Vignetten über die touristischen Sehenswürdigkeiten Roms von 1983 beschreiben mit subtiler Tourismuskritik – wenn auch weniger radikal als Enzensbergers inflationär zitiertes »Der Tourist zerstört das, was er sucht, indem er es findet« aus den 50er Jahren – das Rastlose beim Abarbeiten einer Besuchsliste, ohne sich auf die Jahrtausende wirklich einzulassen, die dem jeweiligen Kulturdenkmal ihren Stempel aufgeprägt haben. Hier heißt es lapidar über eine Postkarte in ›Ansicht vom Colosseum‹ (aus der Sammlung ›Zu Gast‹): »Dieses besudelte Oval, / die Blutschüssel – / aufgenommen als zweckfreie Plastik. / Darüber ein Morgenhimmel, / blau / und rein. / Unschuldige Grüße / an Waltraud und Winston. / Postkarten der tödlichen / Gedankenlosigkeit / in alle Welt« (in: Malkowksi 2009).

Vierzig Jahre nach dem Erscheinen dieses Gedichtes werden heutzutage vom Kolosseum wohl mehrheitlich digitale Selfies statt Postkarten verschickt. Peter Sloterdijk hat darauf hingewiesen, dass »die private Dokumentation von Reisen zu einem immensen Markt angewachsen« sei, und folgert, dass »was auf der Seite der literarischen Kultur verloren gegangen sein mag, durch Gewinne auf Seiten der Bildkultur reichlich aufgefangen worden [sei]«. Diese »Mobilmachung der Bilder als ein Nebenaspekt von Massentourismus« (Sloterdijk 2008) harrt noch der vollständigen Erforschung. Es gibt indessen Untersuchungen darüber, welche sogenannten ›Hotspots‹ in Städten mit den meisten Bildern im Internet vertreten sind. Nachdem sich die Tourismus-Werber eine Weile damit beschäftigt haben, ob ihre Destination denn wirklich ›instagrammable‹ sei, schlägt das Pendel vielerorts in eine entgegengesetzte Richtung um, und man bewirbt nun die Peripherie der Großstädte als spannende, unentdeckte Gebiete, um unter anderem des Overtourism Herr zu werden. Alles in allem bewahrheitet sich mehr als hundert Jahre nach einer Reise von Stefan Zweig durch Paris, was dieser einigermaßen konsterniert feststellte, nachdem er einen der gerade in Mode gekommenen Sightseeing-Busse bestiegen hatte: »Jene aber, die so gereist werden [sic!], fahren nur an vielem Neuen vorbei und nicht ins Neue hinein, alles Sonderbare und Persönliche eines Landes muß ihnen notwendig entgehen, solange sie geführt werden und nicht der wahre Gott der Wanderer, der Zufall, ihre Schritte führt« (vgl. Zweig 2009). Womit wir beim Phänomen der Serendipität im Zusammenhang beim Reisen wären, dessen Begriff schon 1754 Horace Walpole geprägt hatte (siehe dazu Lindner 2012). Schon immer scheinen es die nicht geplanten Ereignisse und Begegnungen gewesen zu sein, die das Erlebnis des Reisenden zur Erfahrung machten. Dieser Diskurs wird im Übrigen heute bei der Diskussion um ›New Luxury‹ intensiv geführt (vgl. Aeberhard 2020, hier u. a. auch die Hinweise zur Demokratisierung bei Luxus und Reisen innerhalb der letzten Jahrzehnte).

Der Autor dieses Beitrags hängt der These an, dass der Übergang vom antiken und mittelalterlichen Proto-Tourismus zur Moderne im Jahr 1336 durch Francesco Petrarcas Besteigung des Mont Ventoux markiert wird (Hachtmann 2007, S. 86), während im 19. und 20. Jahrhundert die ursprünglich individuellen Reisemotivationen von Kur, Bildungsreise, Sommerfrische, Wallfahrt oder Zerstreuung (vgl. u. a. Brilli 1997) ganz allgemein zu ›Urlaub‹ verschmolzen: Aus dem dynamischen althochdeutschen ›risan‹ (sich erheben, sich aufmachen, aufsteigen) wurde einigermaßen banal mittelhochdeutsch ›urloup‹ (die Erlaubnis, sich vom angestammten Ort zu entfernen). Die vielfältigen Phänomene von Massen-Mobilität und daraus folgender »Produktion« von Urlaub (man denke nur an den Prototyp des NS-Erholungsbads Prora in der Binzer Bucht auf Rügen) unter industriellen Gesichtspunkten führten und führen zu einer »Wohlfühlindustrie mit stark infantilen Zügen – [und einem] deshalb gegen die Wirklichkeit empfindlich[en] [Tourismus]« (Groebner 2020, S. 129). Hierzu soll noch einmal Sloterdijk gehört werden, der sagt, dass »der Tourist, der ohne bestimmten Zweck verreist, sich in eine zweite, spielerische, eine Entlastungsrealität begibt, die ihn vom Ernst des Alltags befreit« (Sloterdijk, a. a. O.). Findet sich das in der zeitgenössischen Reiseterminologie nicht auch wieder? Der ›Tourist‹ belegt die Liegen auf Kreuzfahrtschiffen und an Stränden mit Handtüchern, während den ›Reisenden‹ ein Hauch von Bildung, eine höhere Absicht und der Duft von Intellekt beim Unterwegssein umweht. Dass der ökologische Fußabdruck des Individualreisenden auf den Galapagos-Inseln mit persönlichem Reiseleiter, Arzt und Luxusschiff größer ist als der einer pauschalreisenden Durchschnittsfamilie auf Mallorca in den Sommerferien, muss nicht erst durch Zahlen belegt werden. Ob hier das Philosophische im Diktum vom Orhan Pamuk weiterhilft, ist allerdings fraglich: »Beim Reisen geht es nicht um Entfernungen, sondern es geht um die Begegnung mit etwas anderem« (vgl. Steinfeld 2012, S. 217).

Der vorliegende Beitrag plädiert dafür, sich davon zu verabschieden, ›den Touristen‹ mit bildungsbürgerlichem Duktus erziehen zu wollen. Soll er doch sein

Selfie von der Rialto-Brücke aus machen und bei dessen Verbreitung in den sozialen Medien glücklich werden über die Anzahl affirmierender Reaktionen. Vielmehr könnte aber bereits die Ausbildung künftiger Touristiker ergänzende Module beinhalten, die sich beispielsweise dem Ausloten der immer mehr verschwimmenden Grenzen zwischen den ›klassischen‹ Reisemotivationen Geschäftsreise, Urlaub oder ›VFR‹, also ›visiting friends and relatives‹ widmen. Ein anderes Modul könnte die wissenschaftssoziologische Beschäftigung mit Serendipität im Zusammenhang mit Reisen sein. Schließlich – angesichts von Herausforderungen und geopolitischen Krisenherden – wäre ja auch zu hoffen, dass Reisende künftig dort wieder Brücken bauen können, wo Regierende sie abgebrochen haben. Reisende Lyriker haben oft genau solchen Brücken Denkmäler gesetzt, die oft Jahrhunderte überdauerten.

Im besten aller Fälle gilt für Reisende, was immer schon galt und was auch für einen künftigen Weltraumtouristen gelten wird: Reisende sind Suchende, nicht zuletzt nach Licht und Erhellung. Auch Captain James Cook war suchend unterwegs, als er im März 1770 Stewart Island an der Südspitze Neuseelands entdeckte und dazu in seinem Logbucheintrag mit einem Hinweis auf Licht vermerkte: »There were several white Patches [on the Island], on which the Sun's rays reflected very strongly, which I take to be a Kind of Marble«. Spätere geologische Gutachten widerlegten zwar Cooks Marmor-These; was der Kapitän aber nicht wissen konnte, war, dass die Maori diesem Eiland schon vor alters den Namen ›Rakiura‹ gegeben hatten, was so viel bedeutet wie ›leuchtende Himmel‹. Noch heute kann man, auf der Suche nach Licht, von Stewart Island aus das seltene Phänomen der ›aurora australis‹ beobachten. Dem suchend-reisenden Captain Cook hätte das sicherlich gefallen.

Link zur Tagung

https://youtu.be/J8BPXZvyy7s

Literatur

Aeberhard, M.: Hotel industry – Monastery Disentis. Reduce to the Max. In: Luxury Tourism. Market Trends, Changing Paradigms, and Best Practices. Ruetz, D. / Conrady, R. / Aeberhard, M. (Hrsg.), Wiesbaden 2020, S. 289 ff.
Benn, G. (1994): Gedichte in der Fassung der Erstdrucke. Hillebrand, B. (Hrsg.), Frankfurt/M. 1994.
Brilli, A. (1997): Als das Reisen eine Kunst war. Vom Beginn des modernen Tourismus: Die Grand Tour. 4. Aufl., Berlin 1997.
Goethe, J. W. v. (1977): Sämtliche Werke. Beutler, E. (Hrsg.), München 1977.

Groebner, V. (2020): Ferienmüde. Als das Reisen nicht mehr geholfen hat. 4. Aufl., Konstanz 2020.
Hachtmann, R. (2007): Tourismusgeschichte. Göttingen 2007.
Kapeller, M. (2022): Lovely Planet. Mit dem Herzen Reisen und die Welt bewahren. Wien 2022.
Lindner, R. (2012): Serendipity und andere Merkwürdigkeiten. In: vokus 22/2012, Heft 1.
Malkowski, R. (2009): Die Gedichte. Mit einem Nachwort von Nico Bleutge. Göttingen 2009.
Maurer, G. (2021): Heimreisen. Goethe, Italien und die Suche der Deutschen nach sich selbst. Hamburg 2021.
Pamuk, O. (2012): Das Glück der Mühsal. Ein Gespräch mit Orhan Pamuk. In: Die Zukunft des Reisens. Steinfeld, T. (Hrsg.), Frankfurt/M. 2012, S. 216.
Ruetz, D. (2019): Die Welt im Licht der Poesie. Dichter und Dichterinnen auf Reisen. Gedichte zusammengestellt von Harald Hartung. Berlin, 2019 (Edition ITB).
Sloterdijk, P. (2008): Tractatus philosophico-touristicus. Beitrag zum ITB-Kongress am 7. März 2008. Transkribiertes, unveröffentlichtes Vortragsmanuskript im Besitz d. Autors.
Zweig, S. (2009): Auf Reisen. Feuilletons und Berichte. Frankfurt/M. 2009.

2.6 Transformative Kräfte in Regionen. Ergebnisse eines Theorie-Praxis-Dialogs

Martin Schneider

2.6.1	Ziel: Die »Große Transformation« als ethische Aufgabe............	105
2.6.2	Desiderat: Erforschung von Transformationsprozessen in ländlichen Regionen...	106
2.6.3	Projekt: Transformative Kräfte in ländlichen Regionen Bayerns	106
2.6.4	Rahmen: Leitsätze zur Stärkung von transformativen Kräften in der Region..	107
2.6.5	Bildung: Transformationskompetenzen fördern	108
2.6.6	Ausblick: Transformation studieren	109

2.6.1 Ziel: Die »Große Transformation« als ethische Aufgabe

Wir leben in einer Zeit beschleunigter Veränderungsprozesse und tiefer sozialer, ökonomischer und ökologischer Umbrüche. Infolge der damit verbundenen Polykrisen stellen sich grundsätzliche, strukturelle Dynamiken betreffende Fragen. Das Hauptgutachten des Wissenschaftlichen Beirats der Bundesregierung Globale Umweltveränderungen aus dem Jahre 2011 spricht – einen Begriff des Ökonomen Karl Polany (2013 [1944]) aufgreifend – von der »Großen Transformation« (WBGU 2011; vgl. Schneidewind 2019). Die Pointe der Verwendungsweise des Terminus ist, dass er nicht nur deskriptiv für die Beschreibung von Veränderungen benutzt wird, sondern präskriptiv für die Notwendigkeit eines tiefgreifenden Wandels unseres Lebens- und Wirtschaftsstils. Dieser, so die WBGU-Forderung, müsse »innerhalb der planetarischen Leitplanken verlaufen und innerhalb eines engen Zeitfensters mit großer Priorität vorangetrieben werden« (WBGU 2011:66). Die Große Transformation ist demnach »im Kern als eine ethische Aufgabe zu begreifen«

(DBK 2021:21). Sie ist »moralisch ebenso geboten wie die Abschaffung der Sklaverei und die Ächtung der Kinderarbeit« (WBGU 2011:2).

Auf der anderen Seite geht das WBGU-Gutachten von 2011 davon aus, dass »Große Transformationen [...] keine linearen Prozesse oder Ergebnisse intentionalen Handelns mächtiger Akteure [sind], sondern Folge von ineinandergreifenden Dynamiken, die sich auf unterschiedlichen Zeitskalen abspielen, aber sich zu einer Richtung des Wandels verdichten (z. B. im Umbruch von Agrargesellschaften zu Industriegesellschaften [...])« (ebd.:90; vgl. Schneider 2022). In diesem Zusammenhang setzt das WBGU-Gutachten auf »Change Agents«, also auf »Pioniere des Wandels« (vgl. ebd.:256–280), die durch lokales, gemeinschaftliches Handeln nachhaltige Lebensstile einüben. Damit verbunden ist die Hoffnung, dass die transformativen Praktiken mit der Zeit breitere gesellschaftliche Felder durchdringen.

2.6.2 Desiderat: Erforschung von Transformationsprozessen in ländlichen Regionen

Das fünf Jahre später veröffentlichte WBGU-Gutachten »Der Umzug der Menschheit: Die transformative Kraft der Städte« (2016) hebt die Rolle der Kommunen für den transformativen Übergang hervor (vgl. Nanz et al. 2021; Wirth/Levin-Keitel 2020:104). Allerdings werden darin (und in anderen Studien) transformative Strategien ausschließlich anhand von Großstädten diskutiert. Ländliche Regionen erhalten bisher nicht die notwendige Aufmerksamkeit, obwohl die Mehrheit der Bevölkerung dort lebt.[23] Dies zu ändern ist schon deshalb notwendig, weil gerade vom ländlichen Raum erwartet wird, vielfältige Transformationsleistungen zu erbringen.

2.6.3 Projekt: Transformative Kräfte in ländlichen Regionen Bayerns

Eine Arbeitsgruppe des Wissenschaftlichen Kuratoriums der Bayerischen Akademie Ländlicher Raum hat im Frühjahr 2023 diese Diagnose zum Anlass genommen, ein Projekt zur Zukunftsgestaltung im ländlichen Raum durchzuführen, das von einem transdisziplinären Quintett aus drei Wissenschaftler:innen und zwei Praktiker:

---

23 Dies ist auch der Ausganspunkt des von der Volkswagenstiftung geförderten Projekts »Small municipalities, big impact. Municipal maintenance depots as pioneers of sustainability«. Das Projekt wird durch die interdisziplinäre Zusammenarbeit von vier Forschern an der Katholischen Universität Eichstätt-Ingolstadt konzipiert und realisiert, und zwar aus den Disziplinen Sozial- und Organisationspsychologie (Prof. Dr. Elisabeth Kals), Europäische Ethnologie (Prof. Dr. Angela Treiber), Kunstpädagogik (Akad. Orin Petia Knebel) und Journalistik (Prof. Dr. Liane Rothenberger). Kooperationspartner sind die Kleinstadt Eichstätt und der umliegende Landkreis mit drei kommunalen Bauhöfen als beispielhafte »Change Agents«.

innen verantwortet wird.[24] Der transdisziplinäre Charakter prägt auch den Ansatz. Ziel war es, einen Theorie-Praxis-Dialog mit regionalen und kommunalen Zukunftsgestalter:innen in die Wege zu leiten, um die Vielfalt an transformativem Wissen und Lösungsansätzen zusammenzutragen. Eine erste Recherche machte deutlich, dass sich im ländlichen Raum bereits viele Akteure aus der Kommunalpolitik, Bürger:innen aus dem Unternehmertum sowie der Zivilgesellschaft engagieren, um aktiv und nachhaltig den Wandel zu gestalten. Sie alle beweisen mit unterschiedlichsten Projekten, dass neue Wege möglich sind, um die sozialen, politischen, ökonomischen und ökologischen Herausforderungen zu bewältigen.

In einem ersten Schritt wurden im Juni 2023 knapp 25 Transformateure zu folgenden Fragen interviewt:

- Was motiviert regionale Zukunftsgestalter:innen? Welche Rolle spielen Wertorientierungen etc.?
- Auf welche Widerstände und Hemmnisse trafen die transformativen Initiativen?
- Welche Konsequenzen können für die unterschiedlichen Governance-Ebenen gezogen werden?
- Wie kann die Verwaltung unterstützend wirken?
- Welchen Coaching- bzw. Unterstützungsbedarf gibt es?

Anschließend wurden die Ergebnisse in einem nach vier Transformationsdimensionen gegliederten Arbeitspapier zusammengefasst:

- Transformations-Kultur
- Transformations-Kompetenz
- Transformations-Struktur
- Transformations-Governance

2.6.4 Rahmen: Leitsätze zur Stärkung von transformativen Kräften in der Region

Die Zwischenergebnisse wurden im Oktober 2023 in einem Workshop mit regionalen transformativen Kräften diskutiert und um weitere Impulse bereichert. Im

---

24 Vertreter:innen aus der Praxis sind Beatrix Drago und Wolfgang Ewald. Beatrix Drago ist Leiterin des Sachgebiets Dorferneuerung und Integrierte Ländliche Entwicklung beim Bereich Zentrale Aufgaben am Amt für Ländliche Entwicklung Oberbayern. Wolfgang Ewald war bis 2019 Leiter des Referats Ländliche Entwicklung im Bayerischen Landwirtschaftsministerium. Von wissenschaftlicher Seite sind Martin Schneider, Mario Tvrtković und Michael Weigl Mitglieder der Projektgruppe. Martin Schneider ist Professor für Moraltheologie und Sozialethik an der Katholischen Universität Eichstätt-Ingolstadt (School of Transformation and Sustainability), Mario Tvrtković ist Professor für Städtebau und Entwerfen an der Hochschule Coburg, Michael Weigl ist akademischer Beamter am Lehrstuhl für Politikwissenschaft an der Universität Passau.

Nachgang wurden zentrale Ergebnisse des Theorie-Praxis-Dialogs in folgenden vier Leitsätzen zusammengefasst:

1. **Kultur der Verbindlichkeit:** Damit Bürgerinnen und Bürger ihre Heimat eigenverantwortlich und zukunftsfest gestalten können, gilt es seitens der Politik einen ethischen Grundkonsens über verbindliche Maßstäbe und Zielperspektiven für eine nachhaltige Entwicklung herzustellen. Dieser soll klar definieren, was auf der Basis der aktuellen wissenschaftlichen Erkenntnisse nicht ständig verhandelt werden muss, z. B. Restbudget an Treibhausgas-Emissionen, Dringlichkeit der Biodiversitätskrise, biophysikalische planetare Grenzen, Rechte der zukünftigen Generationen etc. Innerhalb dieses verbindlichen Rahmens können dann Diskussionen über die besten Wege stattfinden. Der normative Rahmen selbst sollte aber nicht ständig relativiert werden.
2. **Kultur der Teilhabe und Befähigung:** Die sozialen, politischen, ökonomischen und ökologischen Transformationen werden nur dann unterstützt, wenn die Menschen sich dazu bekennen und eigene Antworten auf die großen Fragen finden können. Dazu brauchen sie Gestaltungsspielräume. Die gesetzlichen Rahmenbedingungen zur Transformation müssen geeignet sein, Freiräume zur eigenen Gestaltung im Sinne eines nachhaltigen Wandels zu befördern.
3. **Kultur der Experimente:** Transformatives Handeln benötigt eine Kultur des Ermöglichens, die Freiheiten lässt, Experimente erlaubt und Fehler verzeiht. Regulierungen sollen subsidiär dort ansetzen, wo Lenkung erforderlich ist, um den Wandel zu ermöglichen.
4. **Kultur der Vernetzung:** In regionalen und kommunalen Netzwerken und Transformationsplattformen können verschiedene Akteure zusammenkommen, um Ideen auszutauschen, Ressourcen zu bündeln und im Rahmen ihrer Möglichkeiten engagierte Bürgerinnen und Bürger aktiv bei ihren Vorhaben zu unterstützen. Die Strukturpolitik für den ländlichen Raum ist gefordert, geeignete Institutionen, wie beispielsweise die ländliche Entwicklung mit ihrer einzigartigen Querschnittskompetenz, zu stärken und zu fördern. Bereits bestehende Netzwerke müssen besser verzahnt und koordiniert werden. Eine langfristige Ausstattung mit ausreichend personalen und finanziellen Ressourcen ist von entscheidender Bedeutung.

2.6.5 Bildung: Transformationskompetenzen fördern

Die das Ethos und die Einstellungen von Akteuren betreffenden Leitsätze legen nahe, einen Schwerpunkt auf die Förderung von Transformationskompetenzen bzw. einer »Transformative Literacy« (Singer-Brodowsky/Schneidewind 2014) zu legen. Es gilt Bildungsformate zu schaffen, mit denen (zukünftige) Entscheidungsträgerinnen und Entscheidungsträger aus der Privatwirtschaft, der (Lokal-)Politik, der öffentlichen Verwaltung und aus Non-Profit-Organisationen dazu befähigt werden, in beruflichen, zivilgesellschaftlichen und politischen Bereichen notwendige Transformationsprozesse voranzubringen und begleiten zu können (vgl. Wirth et al. 2022). Immer wieder wurde nämlich von den Transformateuren zum Ausdruck gebracht, dass kommunales Verwaltungshandeln meist stark von Verwaltungsroutinen, einer Präferenz für risikoarmes Handeln und knappen Ressourcen bestimmt ist und sich hier nur selten Räume für transformatives Handeln eröffnen. Um kommunale Transformationspotenziale zu realisieren, ist es deshalb notwendig, neben transformativen Strukturen auch eine Transformationskultur zu schaffen, die sich wiederum in den Kompetenzen des Führungspersonals und der Mitarbeitenden widerspiegelt. Beschäftigte in Kommunen erkennen oft nicht ihre Gestaltungsrolle und führen Veränderungen auf strukturpolitische Rahmenbedingungen oder gesellschaftliche Entwicklungen zurück. Gezielte Angebote des Coachings sowie der Fort- und Weiterbildungen können dagegen transformatives Handeln fördern, indem sie Verständnisse der Selbstwirksamkeit ebenso stärken wie die Bereitschaft zu Veränderung und Verantwortungsübernahme. Verwaltungen benötigen nicht nur einen präzisen Handlungsrahmen, sie müssen auch das Selbstverständnis ausbilden, Innovatoren und aktiv Handelnde der Transformation zu sein.

2.6.6 Ausblick: Transformation studieren

Im Hinblick auf das Studium setzt genau hier das neu entwickelte Bachelorprogramm »Transformation – Nachhaltigkeit – Ethik« der School of Transformation and Sustainability an der Katholischen Universität Eichstätt-Ingolstadt an.[25] Der Studiengang fokussiert angesichts tiefgreifender sozialökologischer Umbrüche die Entwicklung von Transformationskompetenzen sowie die Identifikation von gesellschaftlich wünschenswerten Leitbildern für die Zukunft. Studierende sollen dazu befähigt werden, Menschen und Gruppen darin zu begleiten, persönliche, gesellschaftliche und kirchliche Transformationsprozesse zu initiieren. Herausgebildet werden diese Fähigkeiten durch erfahrungsorientierte Praktika und Praxisprojekte, partizipative und innovative Lehr- und Lernmethoden, einen zugrundeliegenden transdisziplinären Aufbau sowie ein breit angelegtes Coaching-Angebot. Zum einen lernen die Studierenden, wissenschaftlich fundiert gesellschaftlichen Wandel zu analysieren und zu verstehen. Zum anderen werden sie darin unterstützt, eine kritisch-reflektierte Urteilsbildung einzuüben und Kompetenzen für eine nachhaltige Gestaltung von transformativen Prozessen zu erwerben und Lösungsansätze co-kreativ zu erarbeiten. Dabei gilt es auch zu lernen, dass Transformationen keine linearen Prozesse oder Ergebnisse intentionalen Handelns mächtiger Akteure sind, sondern Folge von ineinandergreifenden Dynamiken, die sich auf unterschiedlichen Zeitskalen abspielen, aber sich zu einer Richtung des Wandels verdichten.

---

25 Vgl. https://www.ku.de/studienangebot/transformation-ba (Abgerufen am 6.11.2024).

Literatur

DBK (2021): Vom Wert der Vielfalt – Biodiversität als Bewährungsprobe der Schöpfungsverantwortung. Ein Expertentext der Arbeitsgruppe für ökologische Fragen der Kommission für gesellschaftliche und soziale Fragen der Deutschen Bischofskonferenz, hrsg. vom Sekretariat der Deutschen Bischofskonferenz. (Arbeitshilfen; 323). Bonn.

Nanz, P.; Borggräfe, J.; Hassel, A. et al. (2021): Eine moderne Verwaltung ist Voraussetzung für Deutschlands Zukunftsfähigkeit und Demokratie – Acht Handlungsfelder für die nächste Bundesregierung, online unter https://zenodo.org/record/5560895#.Ye0-xfgxlPY (Abgerufen am 6.8.2024).

Polanyi, K. (2013 [1944]). The Great Transformation. Politische und ökonomische Ursprünge von Gesellschaften und Wirtschaftssystemen. 10. Auflage. Berlin: Suhrkamp.

Schneider, Martin (2022): Zwischen Evolution und Revolution. Auf dem Weg zu einem responsiven Verständnis von Transformation. In: Kirschner, Martin; Stauffer, Isabelle; Fritz, Alexis (Hrsg.): Transformationen in Zeiten religiöser und gesellschaftlicher Umbrüche: Dieselbe Welt und doch alles anders. (Transformation transdisziplinär. Schriften des KU Zentrums Religion, Kirche, Gesellschaft im Wandel; 1). Baden-Baden: Nomos, S. 53–68.

Schneidewind, U. (2019): Die Große Transformation. Eine Einführung in die Kunst gesellschaftlichen Wandels. 4. Auflage, Frankfurt a. M.: Fischer.

Singer-Brodowski, M.; Schneidewind, U. (2014): Transformative Literacy: gesellschaftliche Veränderungsprozesse verstehen und gestalten. In: Krisen- und Transformationsszenarios: Frühkindpädagogik, Resilienz & Weltaktionsprogramm (Bildung für nachhaltige Entwicklung: Jahrbuch 2014). Wien: Forum Umweltbildung, S. 131–140.

WBGU – Wissenschaftlicher Beirat der Bundesregierung Globale Umweltveränderungen (2016): Der Umzug der Menschheit: Die transformative Kraft der Städte. Berlin.

WBGU – Wissenschaftlicher Beirat der Bundesregierung Globale Umweltveränderungen (2011): Welt im Wandel. Gesellschaftsvertrag für eine Große Transformation (Hauptgutachten), Berlin.

Wirth, T. von; Höhl, J.; Rehm, A.; Brandt, J. (2022): Transformation gestalten. Warum die Dekade des Handelns neues Lernen erfordert. In: GAIA 31/2, S. 115–117.

Wirth, T. von; Levin-Keitel, M. (2020). Lokale Nachhaltigkeitsexperimente als raumwirksame Interventionen: Theoretische Grundlagen und Handlungskonzepte. In: GAIA 29/2, S. 98–105.

2.7 Workation als transformativer Zugang zur Beziehung von Arbeit und Urlaub

Felix Hiemeyer

2.7.1	Einleitung..	111
2.7.2	Arbeit und Urlaub von der Frühmoderne bis heute................	111
2.7.3	Moderne Arbeit in der Krise und Transformation zur Postmoderne	113
2.7.4	Ein transformativer Forschungszugang für Workation.............	114

2.7.1 Einleitung

Wie konnten Arbeit und Urlaub zu »Workation« miteinander verschmelzen? Der Begriff, sinngemäß übersetzbar mit »gleichzeitig Arbeiten und Urlaub machen«, leistet schließlich eine erstaunliche Transformation, indem diese beiden zeitlich und räumlich streng distinkten Sphären miteinander verflochten werden, wie es in der Moderne nicht denkbar gewesen wäre. Der Artikel wird dazu mit einer knappen Darstellung der Entwicklung des Verhältnisses von Arbeit und Urlaub von der Frühmoderne bis heute zunächst versuchen, offenzulegen, wie sich diese komplizierte Beziehung »genealogisch« (Lüdemann 2011:55) gewandelt hat. Daran anschließend wird für Workation als jüngste Zuspitzung eine heterogene und Abstand wahrende Forschungsperspektive vorgeschlagen.

2.7.2 Arbeit und Urlaub von der Frühmoderne bis heute

Zum Einstieg dieser Auseinandersetzung wird der Begriff Workation wieder in seine einzelnen Glieder zerlegt, nämlich »Arbeit« und »Urlaub«. Anhand der Entwicklung von deren wechselseitiger Beziehung werden tiefergehende, gesellschaftliche Umwälzungsprozesse beleuchtet, indem insbesondere Widersprüche herausgearbeitet werden (Lüdemann 2011:11), wie sie letztlich auch beim Begriff Workation augenscheinlich sind. Werden die Einzelteile zunächst nach ihrer Herkunft in einem etymologischen Wörterbuch befragt, lässt sich der Begriff Arbeit auf das slawische »rabota« (Kluge & Seebold 1989:38) aus dem mittelalterlichen 8. Jahrhundert zurückführen, dass neben »Mühsal« (ebd.) auch für »Sklaverei, Knechtschaft« (ebd.) steht. Abgemildert drückt die Wortwurzel auch die personifizierte Form »Diener, Gehilfe« (ebd.) aus. Im gleichen Wörterbuch steht das mittelhochdeutsche »urloup« ursprünglich für die »Erlaubnis, sich zu entfernen« (Kluge & Seebold 1989:753). In der frühen Neuzeit ist die Bedeutung des Begriffs Urlaub auf die »zeitweilige Freistellung vom Dienst oder von der Arbeit« näher an das kontemporäre Verständnis herangerückt. Dennoch zeigt sich klar, dass im frühmodernen Verständnis der Urlaubsbegriff nur in einseitiger Abhängigkeit zum Arbeitsbegriff existiert: Ohne Arbeit kein Urlaub.

Zum Ende des 18. Jahrhunderts entwickelt sich mit der »Grand Tour« (Blomert 2012:43 f.) des aufgeklärten Adels und seiner Lust an der Antike eine Art der Reise, die einerseits der (Aus-)Bildung dient und somit der späteren Tätigkeit zweckdienlich sein soll, andererseits dem heutigen Verständnis einer Reise zu Vergnügungszwecken vergleichsweise nahekommt. Auch Adam Smith schien nach einer Tour durch Frankreich (Winter & Rommel 1999:24) inspiriert, denn er hat daran anschließend sein ökonomisches Standardwerk »Wohlstand der Nationen« (Smith 2020) verfasst, indem er auch das Konzept des Wirtschaftswachstums durch Arbeitsteilung darlegt (Winter & Rommel 1999:44). Deren Umsichgreifen trägt im 19. Jahrhundert zu einer industriellen Revolution bei, bei der es zur inneren Aufspaltung des arbeitenden Subjekts (Marx 2018:54), aber auch einer temporalen Trennung von Arbeit und Freizeit kommt: Die kapitalistische Produktionsweise durchdringt schrittweise alle Lebensbereiche, transformiert »alle Lebenszeit« (Marx & Engels 2007:552) der ArbeiterInnen in Arbeitszeit und verwandelt »die ganze Gesellschaft in eine Fabrik« (Marx 2018:53). Das arbeitende Subjekt verkauft seine Arbeitszeit als Ware zur Produktion von wiederum Waren. Im Gegenzug erhält es den Arbeitslohn, um damit in der Freizeit von anderen ArbeiterInnen produzierte Waren zu kaufen, zu konsumieren und die eigene Arbeitskraft zu erhalten. Der englische Baptist Thomas Cook hat, dieser Produktions- und Konsumlogik folgend, den Urlaub als Ware entwickelt: In der Pauschalreise werden verschiedene Dienstleistungen, beispielsweise Transport, Unterkunft und Verpflegung, standardisiert der Masse angeboten (br.de 2018) und – räumlich und temporal abgegrenzt – konsumiert.

Diese Entwicklung von Arbeit und Urlaub von der Frühmoderne bis zur Hochphase der industriellen Revolution rückt Max Weber zu Beginn des 20. Jahrhunderts in einen religiösen Untersuchungskontext: Er zeigt auf, wie der Protestantismus Martin Luthers das Ausführen von mühseligen Tätigkeiten zu einer göttlich vorgesehenen und somit spirituell aufgewerteten Arbeit neu auslegt (Maurer 1994:74 ff.). Diese Transformation erfolgt, indem jedem Subjekt ein »Beruf« als »Ruf Gottes« (ebd.). zugeordnet wird und damit eine höchst relationale Beziehung zwischen Individuum und Arbeit geschaffen wird. Dies steigert sich im Calvinismus als besonders asketische Form des Protestantismus mit der Prädestinationslehre weiter (Maurer 1994:78 f.): Indem das Seelenheil nur Auserwählten zugänglich gemacht wird, wird die Arbeit zum Glaubensbeweis und diszipliniert die Lebensführung. Diese »Rationalisierung« des Lebens verlangt einerseits Gewinnmaximierung, andererseits Sparsamkeit (Maurer 1994:82). Urlaub steht dem entgegen, denn nur die Arbeit ist »Sinnzentrum der Menschen/Gesellschaft« (ebd.).

Eine Fortführung dieser Gemengelage aus gesellschaftlichem Zwang zur Warenproduktion und Konsumption sowie verinnerlichtem, religiösem Arbeitseifer würde die Folgerung zulassen, dass die Arbeit schließlich die Freizeit, und damit den Urlaub, bis heute vollständig verdrängt hätte. Doch, wie kontemporäre Phänomene wie Workation zeigen, scheint das Gegenteil der Fall zu sein: Der Urlaub ist auf dem Vormarsch, geht neue Konfigurationen ein und lässt sich mit der Arbeit gar auf eine vermeintlich gleichberechtigte Liaison ein: Wie war diese Wendung möglich?

2.7.3 Moderne Arbeit in der Krise und Transformation zur Postmoderne

Zunächst begünstigt – wenn auch nicht ausschließlich – der Rationalismus die Schrecken des Totalitarismus, die in der ersten Hälfte des 20. Jahrhunderte wüten. Ein auf die Spitze getriebener Universalismus verschlingt darin das Individuum zugunsten der Gemeinschaft. Die Arbeit des Einzelnen wird Werkzeug einer »Banalität des Bösen« (Arendt 2017:150 f.), bei der Menschen Verbrechen gegen die Menschlichkeit begehen und dabei nach eigenem Verständnis lediglich Anweisungen eines Vorgesetzten folgen (ebd.). Nach 1945 entfalten sich in Westeuropa die arbeitsreichen, von Wiederaufbau und Aufholjagd geprägten »trente glorieuses« mit außergewöhnlichen Wachstumsraten (Piketty 2020:135 ff.), in Westdeutschland als Wirtschaftswunder bekannt. In einer immer noch gegen das Individuum gerichteten, fordistischen Massengesellschaft fallen nun Massenproduktion und Massenkonsum zusammen (Reckwitz 2022:100). Hochangepasste und funktionale Angestellte und FacharbeiterInnen sind in ein streng formalisiertes Arbeitssystem eingebunden (Reckwitz 2022:202). Dementsprechend wird der Urlaub des Arbeit-»Nehmers« als Jahresurlaub standardisiert und normalisiert: Die Pauschalreise wird als »Massentourismus« ein für die Breite zugängliches Produkt mit dem Ziel der Erholung (Reckwitz 2022:321). Masse ist dabei positiv konnotiert und wird, einer »Logik des Allgemeinen« (Reckwitz 2022:277) folgend, als Teil eines »normalen« Lebensstandards verstanden. In den 1970ern – bis heute – gerät diese, retroperspektiv häufig idealisierte, jedoch auch kurzlebige Ökonomie und damit ihr Verhältnis von Arbeit und Urlaub in eine doppelte Krise: Zum einen führt eine Sättigung zu einem anhaltenden Nachfragerückgang nach rational-notwendigen, daher funktionalistischen und materiellen Gütern (Reckwitz 2020:148 f.). Zum anderen münden mangelnde technische und gesellschaftliche Innovationen zu einer Stagnation auf Angebotsseite (Reckwitz 2020:153 f.).

Was Arbeit und was Urlaub ist, wird daher in einem »polarisierten Postindustrialismus« (Reckwitz 2020:158) neu verhandelt. In diesem Produktionsmodus expandiert einerseits eine »service class« (Reckwitz 2020:161), bei der Niedrigqualifizierte einfache Dienstleistungen gegen niedrige Entlohnung in prekären Verhältnissen ausführen (ebd.). Andererseits wächst und etabliert eine »creative economy« (Reckwitz 2022:186): Hochqualifizierte, einkommensstarke WissensarbeiterInnen sollen – getrieben zu permanenter Innovation – die Sättigungs- und Produktivitätskrise überwinden. Damit wandelt sich auch der Güterbegriff grundlegend, der nun nicht mehr auf die Funktionalität, sondern auf »kulturelle Qualitäten« ausgerichtet ist (Reckwitz 2022:112 f.). Neben materialisierten Gütern werden vermehrt auch immaterielle Güter angeboten (Reckwitz 2022:120). Selbstverständlich hat dies Auswirkungen auf unser Verständnis von Urlaub: Die nun als Ereignis kuratierte Urlaubsreise entkoppelt sich vom ursprünglichen, unmittelbaren Zweck, nämlich der Erholung von der Arbeit (Reckwitz 2022:321). Vielmehr möchten die Reisenden aktiv werden und durch Reisen neues Wissen generieren, indem diese in die Alltäglichkeit anderer eintauchen (Lefebvre 2014:687). Der »Alltag« wird mittels eines »hyperkulturellen Verständnisses von Kultur als Ressource« ebenfalls verdinglicht und somit produziert (Reckwitz 2022:324). Als Aufenthaltsort wird – im Bruch des gleichförmig Erholungsuchenden der Moderne – vielmehr eine heterogene Komplexität gesucht. Dies unterstreicht eine »Lebensführung der Akademikerklasse, die ihr kosmopolitisches Bewusstsein prägt« (Reckwitz 2022:320). Jedoch ist dabei auch die Chance, enttäuscht zu werden, besonders hoch (Reckwitz 2022:325). Diese »neue Mittelklasse« ist zudem beruflich hochmobil und daher bereits gewöhnt, dass Arbeit und Freizeit verschwimmen (Reckwitz 2022:320). Das Kunstwort »Bleisure«, dass Business und Leisure miteinander kombiniert und eine Aufenthaltsverlängerung an einem Arbeitsort zu Freizeitzwecken beschreibt (Heil 2023), kann in diesem Kontext als transformativer Vorläufer von Workation interpretiert werden. Trotz diesem Wandel kann unter Rückgriff auf die Etymologien beider Begriffe festgehalten werden: Auch die neue Mittelklasse muss, trotz allem Fortschritt, in einem »modernen« Sinn arbeiten, selbst wenn sich die Art und Weise dieser »Sklaverei«, oder weniger drastisch, dieser Mühsal erheblich gewandelt hat. Auch besteht ein für die Moderne typisches, rechtlich und organisatorisch standardisiertes und formalisiertes Konzept von Urlaub, beispielsweise in Form von Urlaubsanträgen und Urlaubsanspruch, weiter fort.

2.7.4 Ein transformativer Forschungszugang für Workation

Wenn in der heutigen Postmoderne die »Darstellung selbst auf das Nicht-Darstellbare anspielt« (Lyotard 2021:47), können wir die Frage, wie sich die Beziehung von Arbeit und Urlaub zu Workation entwickelt hat, gegenwärtig nicht eindeutig beantworten. Wir sind stattdessen gefordert – von Fall zu Fall – zu fragen: Wie konstituieren sich sichtbare und nicht-sichtbare Bestandteile des Verhältnisses von Arbeit und Urlaub in dieser räumlichen und jener zeitlichen Form, im Kontext der Forschungssituation, im beobachteten Moment zu Workation?

Daher wird nicht versucht, eine eigene Definition universellen Anspruchs zu Workation zu wagen. Dies kann allein aufgrund der Fluidität der Bedeutungen von Arbeit und Urlaub, die dabei zusammenlaufen, nicht gelingen: Ein laufender »Krieg dem Ganzen« (Lyotard 2021:48) bringt als »permanente Geburt« (Lyotard 2021:45) der Moderne fortwährend neue Formen dieser komplizierten Beziehung von Arbeit und Urlaub hervor und ermöglicht vielfache Spielarten davon, gleichzeitig ohne klare Begrenzungen. Die im Begriff Workation eingefangene Spannung kann daher nicht aufgelöst, sondern sollte als transformativer Zugang gesehen werden. Dies kann mit einer abstandwahrenden, heterogen-genealogischen Forschungsperspektive erfolgen, die auf einem ausgeprägten, historischen Eklektizismus beruht. Dabei sollte nicht nur die (westliche) Moderne als Epoche einbezogen, sondern auch vormoderne Epochen aufgegriffen werden (Suzman 2022:216f.), denn »wir verfügen über keine Sprache – keine Syntax und keine Lexik –, die nicht an dieser Geschichte beteiligt wäre« (Derrida 2016:425). Dazu kann sich eine solche Sichtweise in Abgrenzung zu einem eindimensionalen, präkonstitutiven Universalismus der Moderne das Präfix »Post« als »Zeichen für Distanz, als Versuch, das, was man zu wissen glaubt, zunächst möglich fernzuhalten von der Interpretation« (Engelmann 2021:12), zunutze machen. Schließlich braucht ein solcher transformativer Forschungsansatz »radikal« ansetzende Methoden, die nach den (Wort-)Wurzeln greifen, um die umkämpfte Nahtstelle, an der Arbeit und Urlaub verschmelzen, strategisch zu befragen und die dahinterliegenden Umwälzprozesse öffnen und erschließen zu können (Lüdemann 2011:55).

Literatur

Arendt, H. (2017): Die Banalität des Bösen. In: Pfister, J. (Hrsg.). Klassische Texte der Philosophie: Ein Lesebuch. Reclams Universal-Bibliothek Nr. 18838. Stuttgart: Reclam, 150–151.
Blomert, R. (2012): Adam Smiths Reise nach Frankreich oder die Entstehung der Nationalökonomie. Die Andere Bibliothek Bd. 335. Berlin: AB – Die Andere Bibliothek.
br.de (2018): Thomas Cook, Baptistenprediger, unternimmt die erste Pauschalreise, https://www.br.de/radio/bayern2/sendungen/kalenderblatt/thomas-cook-baptistenprediger-unternimmt-die-erste-pauschalreise-102.html (Stand: 2018-07-05) (Zugriff: 2024-05-07).
Derrida, J. (201612): Die Schrift und die Differenz. Suhrkamp-Taschenbuch Wissenschaft 177. Frankfurt am Main: Suhrkamp.
Engelmann, P. (Hrsg.) (2021): Postmoderne und Dekonstruktion: Texte französischer Philosophen der Gegenwart. Reclams Universal-Bibliothek Nr. 8668. Ditzingen: Reclam.
Heil, F. (2023): Bleisure Travel: Auf Reisen Arbeit mit Privatem verbinden, https://www.americanexpress.com/de-de/amexcited/explore-all/travel/bleisure-travel-25593 (Stand: 2023-12-08) (Zugriff: 2024-05-10).
Kluge, F. & E. Seebold (198922): Etymologisches Wörterbuch der deutschen Sprache. Berlin: De Gruyter.
Lefebvre, H. (2014): Critique of everyday life: The one-volume edition. London, New York: Verso.
Lüdemann, S. (2011): Jacques Derrida zur Einführung. Zur Einführung 386. Hamburg: Junius.
Lyotard, J.-F. (2021): Beantwortung der Frage: Was ist postmodern? In: Engelmann, P. (Hrsg.). Postmoderne und Dekonstruktion: Texte französischer Philosophen der Gegenwart. Reclams Universal-Bibliothek Nr. 8668. Ditzingen: Reclam, 33–48.

Marx, K. (2018): Das Kapital: Kritik der politischen Ökonomie. Frankfurt am Main: Westhafen.
Marx, K. & F. Engels (2007²²): Werke 23. Berlin: Dietz.
Maurer, A. (1994): Moderne Arbeitsutopien: Das Verhältnis von Arbeit, Zeit und Geschlecht. Studien zur Sozialwissenschaft 138. Wiesbaden: VS Verlag für Sozialwissenschaften.
Piketty, T. (2020³): Das Kapital im 21. Jahrhundert. C. H. Beck Paperback 6236. München: C. H. Beck.
Reckwitz, A. (2020): Das Ende der Illusionen: Politik, Ökonomie und Kultur in der Spätmoderne. Schriftenreihe / Bundeszentrale für Politische Bildung Band 10532. Bonn: bpb, Bundeszentrale für Politische Bildung.
Reckwitz, A. (2022⁶): Die Gesellschaft der Singularitäten: Zum Strukturwandel der Moderne. Berlin: Suhrkamp.
Smith, A. (2020): Wohlstand der Nationen. Köln: Anaconda.
Suzman, J. (2022¹): Sie nannten es Arbeit: Eine andere Geschichte der Menschheit. München: C. H. Beck.
Winter, H. & T. Rommel (1999): Adam Smith für Anfänger – Der Wohlstand der Nationen: Eine Lese-Einführung. dtv 30708. München: Dt. Taschenbuch-Verl. (Lüdemann 2011:55).

3 Tourismuspolitik ist Transformationspolitik

3.1 Tourismuspolitik als gestaltende, regulierende und unterstützende Kraft im Gesamtsystem

Monika Klinger

Tourismus ist über die letzten Jahrzehnte für viele Länder ein bedeutender Wirtschafts- und Exportsektor geworden. Er bringt Wohlstand und Beschäftigung in viele vor allem auch ländliche Regionen und leistet allein schon deshalb einen wesentlichen Beitrag zur Lebensqualität.

Menschen aus entwickelten Staaten sehen das Reisen zunehmend als Grundbedürfnis. Der Austausch zwischen Menschen unterschiedlicher Kulturen und Herkunft eröffnet neue Perspektiven, erweitert den Horizont und trägt zum gegenseitigen Verständnis bei. So können Vorurteile und Stereotype abgebaut werden. Das ist ganz wesentlich, um die aktuellen globalen Herausforderungen zu bewältigen. UN Tourism, die Welttourismusorganisation, propagiert auch, dass Reisen allen Menschen zugänglich sein sollte.[26]

Der weltweite Reiseverkehr ist demnach auch stetig gewachsen. Durch die COVID-19-Pandemie wurde das Wachstum nur kurzfristig unterbrochen. Die heutige globale Verfügbarkeit von Information erleichtert Investitionen und Angebote und bietet auch Reisenden schnellen Zugang zu neuen Möglichkeiten: Reizvolle Landschaften, kulturelle und historische Schätze werden zu beliebten Tourismusdestinationen und Sehenswürdigkeiten. Immer mehr neue Reiseziele tauchen auf der Landkarte auf. Mehr Menschen denn je wollen und können unterwegs sein. Wie dies mit einer inklusiven, biodiversen, klimaneutralen Welt in Einklang zu bringen sein wird, sollte prominent auf der Agenda der Tourismuspolitik auf allen Ebenen stehen.

Die gesamte Dimension des Reisens lässt sich allerdings schwer festmachen. In den Statistiken der Welttourismusorganisation werden meist nur die internationa-

---

26 UN Tourism (Welttourismusorganisation); Ethics, Culture and Social Responsibility; abgerufen am 11. März 2024; https://www.unwto.org/ethics-culture-and-social-responsibility

len Tourismusströme abgebildet. Es gibt keine umfassenden Daten, die die große Anzahl an Inlandsreisen und Tagesausflügen ebenso weltweit einbeziehen. Der Wachstumstrend wird jedoch allen Prognosen gemäß anhalten. Das hat nicht nur Auswirkungen auf das Klima und die Umwelt – der starke Anstieg von Gästen oder bestimmte Formen und Ausprägungen des Tourismus bergen auch viel soziales Konfliktpotential in den Destinationen.

Damit ein Land touristisch attraktiv ist, braucht es vielfältige Kultur-, Erlebnis- und Erholungsangebote in schönen Städten, Dörfern und Landschaften mit gesunder Umwelt, eine hohe Qualität der touristischen Dienstleistungen und der Infrastruktur, gute Erreichbarkeit und ein gutes Preis-/Leistungsverhältnis. Es spielen auch viele weitere Faktoren eine Rolle, die im Allgemeinen anderen Politikbereichen zugeordnet werden und die mitbestimmen, ob ein Land beziehungsweise eine Region im touristischen Wettbewerb reüssieren kann. Wie sind die Rahmenbedingungen für unternehmerisches Handeln? Gibt es ausreichend qualifizierte Arbeitskräfte? Werden qualitativ hochwertige Lebensmittel angeboten? Funktioniert das Gesundheitssystem und wie sind die Hygiene- und Sicherheitsverhältnisse? Gibt es digitale Infrastruktur und kann man überall digital kommunizieren? Diese komplexen Erfordernisse werden auch in internationalen Indikatoren-Sets abgebildet. So misst der »Travel & Tourism Development Index (TTDI)« des World Economic Forums alle zwei Jahre in 5 Kategorien, 17 Säulen und mit 112 Indikatoren, wie wettbewerbsfähig, nachhaltig und resilient einzelne Länder in Bezug auf die Entwicklung des Tourismus sind.[27]

Ob eine nachhaltige und ausgewogene Tourismusentwicklung gelingt, hängt also von einer großen Anzahl an unterschiedlichsten Leistungen privater und öffentlicher Stakeholder ab. Deren aktive Steuerung, Koordinierung und Förderung ist Aufgabe der Tourismuspolitik, die sowohl vertikal (von global über die Europäische Union und national bis zu lokal) als auch horizontal zwischen unterschiedlichen Politikbereichen agieren und im jeweiligen System funktionieren muss. Die öffentlichen Strukturen geben sehr unterschiedliche Gestaltungsmöglichkeiten vor. Oft liegt die Kompetenz für Tourismus im engeren Sinn auf subnationaler Ebene. Dennoch haben viele internationale und nationale Strategien sowie der rechtliche Rahmen auf EU- und nationaler Ebene großen Einfluss auf die Rahmenbedingungen. Viele der internationalen Vorgaben und Zielsetzungen sollten sich irgendwann in den regionalen und lokalen Strategien widerspiegeln. Die dort gesetzten Maßnahmen würden dann wiederum dazu beitragen, auch die Ziele der übergeordneten Strategien zu erreichen.

Beispielhaft möchte ich den Bereich der nachhaltigen Entwicklung anführen: Die internationale Staatengemeinschaft hat sich im Rahmen der Vereinten Nationen zur Umsetzung der Agenda 2030 mit ihren 17 nachhaltigen Entwicklungszielen (Sustainable Development Goals, SDGs) verpflichtet. Diese Agenda ist ein verbindli-

---

27 World Economic Forum; Travel & Tourism Development Index; veröffentlicht 24. Mai 2021; abgerufen am 11. März 2024; https://www.weforum.org/publications/travel-and-tourism-development-index-2021/in-full/about-the-travel-tourism-development-index/

cher Rahmen, in dem systematisch alle Dimensionen der nachhaltigen Entwicklung berücksichtigt werden, mit dem Ziel, ein gutes Leben für alle gemäß dem Grundsatz »Leaving no one behind« zu gewährleisten.[28] Mit dem »Übereinkommen von Paris«, das im Jahr 2016 in Kraft trat, einigten sich die Staaten auf gemeinsame Ziele und Umsetzungsmaßnahmen zur Bekämpfung des Klimawandels.[29] Auf der Ebene der EU ist der »Grüne Deal« das umfassende Rahmenwerk zur Förderung von Umweltschutz, Klimaschutz und nachhaltiger Entwicklung.[30] Auch auf nationaler Ebene gibt es meist Nachhaltigkeits-, Klima- und Biodiversitätsstrategien und viele mehr.

Tourismus sollte nun all diesen Strategien gerecht werden und zur Erreichung von deren Zielen beitragen. Diese politischen Vorgaben stellen aber sehr große Anforderungen an die regionale und lokale Tourismusplanung und -entwicklung und an die meist sehr kleinen Tourismusbetriebe. Denn die konkrete Entwicklung des touristischen Angebots wurzelt meist im Lokalen. Vielerorts ist dieses organisch und relativ ungesteuert gewachsen. Mit privatem Engagement und unternehmerischer Initiative wurden die Angebote entwickelt und Infrastruktur aufgebaut.

Unternehmen stehen vor der großen Herausforderung durch immer mehr Vorschriften nachhaltige Praktiken umsetzen zu müssen und auch zu dokumentieren. Sie müssen zudem den steigenden Erwartungen der Gäste sowie Mitarbeiterinnen und Mitarbeiter gerecht werden. Auch Finanzinstitute sowie Geschäftspartnerinnen und Geschäftspartner erwarten die Einhaltung von Nachhaltigkeitsstandards. Die Hauptaufgabe einer lokalen Tourismusmanagementorganisation war früher, über das Angebot zu informieren und Gäste in die Region zu bringen. Heute soll sie zusätzlich immer mehr Aufgaben bei der Umsetzung von Nachhaltigkeitszielen, bei der Gestaltung des Lebensraums und des harmonischen Zusammenlebens von Gästen und Einheimischen übernehmen.

Damit das gelingt, muss ein Netzwerk an unterschiedlichsten Interessensgruppen aktiv zusammengeführt und gelenkt werden. Denn ungesteuerte Tourismusentwicklung steht mehr denn je in der Kritik und kann sich sehr negativ auswirken: hohe Umweltbelastung und -verschmutzung, großer Druck auf die Infrastruktur, Wohnraumknappheit für die Bevölkerung und generell ein hohes Preisniveau vor Ort werden oft traurige Realität. In vielen Fällen droht der Verlust der lokalen Identität und die Verdrängung lokaler Wirtschaftstreibender.

Tourismus, der aus der Balance gerät, hat sehr oft mit ungelösten Konflikten zu tun. Entwicklungen werden nicht antizipiert und nicht von allen Parteien gemein-

---

28 United Nations, Department of Economic and Social Affairs, Sustainable Development; abgerufen am 11. März 2024; https://sdgs.un.org/goals
29 United Nations, Climate Action; abgerufen am 11. März 2024; https://www.un.org/en/climatechange/paris-agreement
30 Europäische Kommission; Der europäische Grüne Deal; abgerufen am 11. März 2024; https://commission.europa.eu/strategy-and-policy/priorities-2019-2024/european-green-deal_de

sam entschieden. Die Probleme werden lokal je nach Interessen der Einwohnerinnen und Einwohner sehr sensibel wahrgenommen oder zugunsten des Status quo verdrängt. Ohne die Hand am Puls dieser Netzwerke mit unterschiedlichsten Interessenlagen werden die wirklichen Fakten schnell übersehen. Es braucht deshalb eine permanente Moderation von Interessens- und Nutzungskonflikten zwischen Naturraum, Wirtschaftsraum, Erlebnisraum, Erholungsraum und Begegnungsraum. Dazu bedarf es vieler partizipativer Prozesse: informieren und kommunizieren, konsultieren, Konsens erzeugen, Entscheidungen treffen. Dies alles soll natürlich auf Fakten basierend geschehen, weshalb entsprechenden Indikatoren große Bedeutung zukommt.

Um Tourismus tatsächlich nachhaltig zu gestalten, muss die Diskrepanz zwischen den strategischen Vorgaben und der Umsetzung auf lokaler Ebene und in den Unternehmen überwunden werden. Es ist wichtig, dass die höhere Komplexität gerade auch im Kleinen, im Lokalen verstanden und mitgetragen wird. Hier können nun wieder alle Ebenen helfen und unterstützen. Sie können beispielsweise Instrumente und Daten für das Monitoring von Entwicklungen und damit für evidenzbasierte Entscheidungen bereitstellen, Netzwerke und Peer Learning initiieren, Entwicklungskonzepte, Innovation, Aus- und Weiterbildung und Bewusstsein fördern oder partizipative Prozesse unterstützen. Wichtig sind praktische Beispiele, wie sie im jeweiligen spezifischen Kontext umgesetzt werden könnten und wie sie vielleicht in anderen Regionen und Betrieben bereits erfolgreich sind.

Wenn es gelingt, in Tourismusregionen die Umwelt und Biodiversität zu schützen, die lokale Kultur, die Traditionen und Lebensweisen zu respektieren und zu fördern, eine ressourceneffiziente Infrastruktur aufzubauen und nachhaltige Mobilitätsmodelle umzusetzen und dies den Einheimischen und den Gästen entsprechend nahezubringen, dann kann eine Region sehr schnell zu einem Vorbild, zu einem »Role Model« werden. Es bietet sich zudem die Chance, auch den Besucherinnen und Besuchern ein Grundverständnis für Lebensräume zu geben, in denen man sich gerne aufhält und mit anderen Menschen im Positiven interagiert.

Tourismuspolitik bedeutet Gestaltung der Rahmenbedingungen für ein äußerst komplexes System an öffentlichen und privaten Stakeholderinnen und Stakeholdern. Es bedeutet Top-down-Strategien umzusetzen und auch Bottom-up-Prozesse zu unterstützen. Wenn Tourismus als aktives, lebendiges Netzwerk diese Ziele verfolgt, kann er nicht nur insgesamt nachhaltiger werden, sondern auch einen wesentlichen Beitrag zur Transformation und zu einer zukunftsfähigen und nachhaltigen Lebensführung leisten. Dann wird »Leben wo andere Urlaub machen« keine Belastung, sondern diese Regionen werden zu Orten für »ein ganz besonderes Lebensgefühl«.[31]

---

31 Österreich Werbung; neuer Marktauftritt; ITB 2024; abgerufen am 11. März 2024; https://www.austriatourism.com/newsroom/das-oesterreichische-lebensgefuehl-spueren-neuer-markenauftritt-der-oesterreich-werbung-inszeniert-wie-sich-leben-in-oesterreich-anfuehlt-1/

Link zur Tagung

https://youtu.be/sgXnlh2ighk

Literatur

Europäische Kommission; Der europäische Grüne Deal; abgerufen am 11. März 2024; https://commission.europa.eu/strategy-and-policy/priorities-2019-2024/european-green-deal_de
Österreich Werbung; neuer Marktauftritt; ITB 2024; abgerufen am 11. März 2024; https://www.austriatourism.com/newsroom/das-oesterreichische-lebensgefuehl-spueren-neuer-markenauftritt-der-oesterreich-werbung-inszeniert-wie-sich-leben-in-oesterreich-anfuehlt-1/
United Nations, Climate Action; abgerufen am 11. März 2024; https://www.un.org/en/climatechange/paris-agreement
United Nations, Department of Economic and Social Affairs, Sustainable Development; abgerufen am 11. März 2024; https://sdgs.un.org/goals
UN Tourism (Welttourismusorganisation); Ethics, Culture and Social Responsibility; abgerufen am 11. März 2024; https://www.unwto.org/ethics-culture-and-social-responsibility
World Economic Forum; Travel & Tourism Development Index; veröffentlicht 24. Mai 2021; abgerufen am 11. März 2024; https://www.weforum.org/publications/travel-and-tourism-development-index-2021/in-full/about-the-travel-tourism-development-index/

3.2 Transformation als Haltung: Strategische Wege des Tourismus in Richtung Klimaneutralität[32]

Heinz-Dieter Quack

Worum es geht

Die Europäische Union und auch die Bundesrepublik Deutschland haben feste Ziele für den Klimaschutz definiert. Deutschland möchte ambitioniert vorangehen und bis 2045 Klimaneutralität erreichen. Dieses Ziel verlangt mehr als nur kleine Anpassungen im Alltag, sondern auch eine sozio-ökonomische Transformation, die nun dringend in allen Branchen in die Umsetzung kommen muss.

Der Tourismus ist für circa **acht Prozent der weltweiten CO_2-Emissionen** verantwortlich (Lenzen et al., 2018; WTTC, 2022). **Prognosen**, die das voraussichtliche Tourismuswachstum in den Emissionsrechnungen einbeziehen, kommen zu mahnenden Ergebnissen:

- Um die Wachstumserwartungen und den Dekarbonisierungsbedarf in Einklang zu bringen, ist eine **Dekarbonisierungsrate von 8–10 Prozent pro Jahr** erforderlich. Im ersten Jahr der COVID-Pandemie gingen die weltweiten Emissionen lediglich um circa 6 Prozent zurück (Friedlingstein et al., 2022; WTTC, 2022).
- Weiterhin schlussfolgern die World Tourism Organization und das International Transport Forum: »Bei einem Szenario mit den derzeitigen Zielen werden die verkehrsbedingten **CO_2-Emissionen des Tourismus bis 2030 gegenüber 2016 um 25 Prozent steigen** (von 1.597 Mio. t CO_2 auf 1.998 Mio. t CO_2).« (UNWTO/ITF, 2019, übersetzt).

---

32 Bei diesem Beitrag handelt es sich um eine sehr stark gekürzte Fassung des umfangreichen Papiers »Roadmap zur Treibhausgas-Neutralität: Strategische Wege für den Tourismus in Deutschland« des Kompetenzzentrums Tourismus des Bundes (Dezember 2023).

- Aus wissenschaftlicher Perspektive kommen Gössling et al. (2023), gar zu dieser Schlussfolgerung: »Die Herausforderungen der Dekarbonisierung für den Tourismus wurden nun wiederholt dargelegt [...], mit der zentralen Schlussfolgerung, dass der Tourismus **bei anhaltenden Wachstumsszenarien keine Klimaneutralität** erreichen wird.« (S. 3, übersetzt).
- Dennoch zeigt die Studie »Envisioning Tourism in 2030 and Beyond« beim business-as-usual Szenario **ein noch mögliches Dekarbonisierungsszenario**, trotz Verdopplung der Reisen bis 2050 (102 Prozent mehr Reisen, 80 Prozent mehr Umsatz, 91 Prozent mehr Übernachtungen). Ohne spezifische Maßnahmen werden die tourismusbezogenen Emissionen jedoch steil ansteigen (um 73 Prozent bis 2050) (The Travel Foundation, 2023).

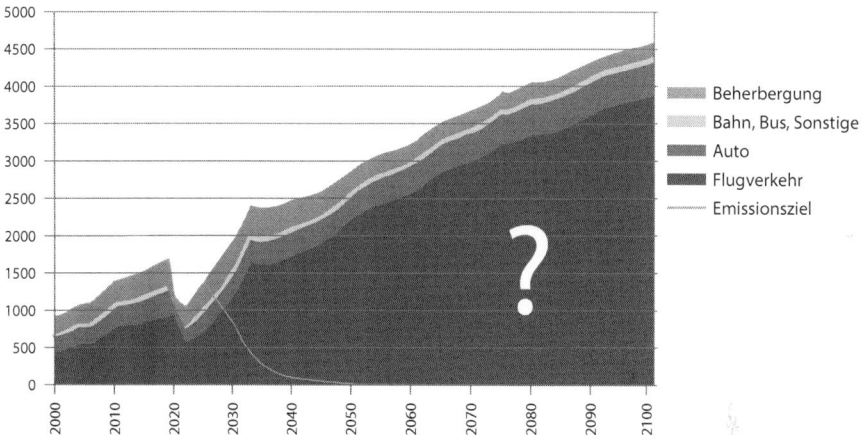

Dar. 3-1: business-as-usual CO_2-Emissionen je Hauptelement des Tourismussystems (The Travel Foundation (2023))

Das Ziel

Das Ziel der Klimaneutralität bis 2045 auch für die Tourismuswirtschaft verlangt somit deutlich mehr als nur kleine Anpassungen im Alltag, sondern auch eine weitreichende **sozio-ökonomische Transformation**, die dringend in allen Branchen eingeleitet werden muss:

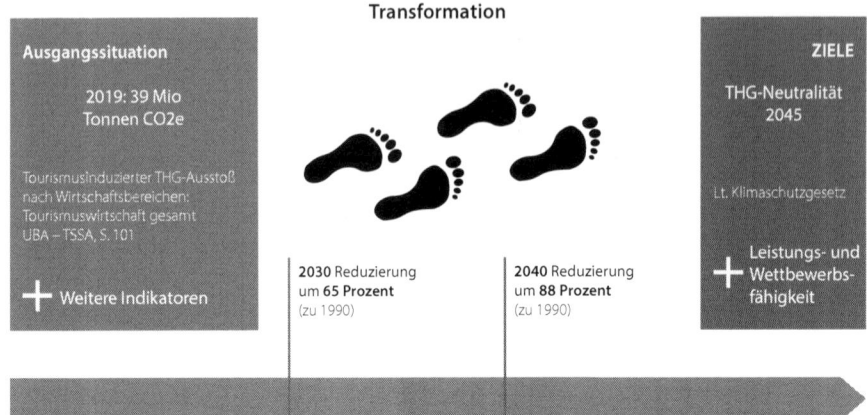

Dar. 3-2: Zielstellung zur THG-Neutralität (Kompetenzzentrum Tourismus des Bundes 2023, S. 19)

Hierbei benötigen die Akteure im Tourismus strategische Leitlinien, die den Prozess fortlaufender Veränderung absichern und so Orientierung auch im operativen Geschäft bieten. In unserem Kontext sind dabei Adaption, Kompensation und Mitigation relevant. Adaption ist vor allem in Hinblick auf Extremwetterereignisse zentral, bietet aber auch den Ausgangspunkt, die touristischen Produkte neu zu denken und klimafreundlicher zu gestalten. Während Kompensation nur ein letzter Ausweg sein kann, sollte der Fokus des Handelns im Tourismus auf Mitigation liegen. Nach Gössling et al. kann Mitigation weiterhin in Eliminieren, Reduzieren und Substituieren unterteilt werden (Gössling et al., 2023). Im Interesse einer erfolgreichen Umsetzung ist zunächst eine Konkretisierung erforderlich, die der Komplexität der Aufgabe und des touristischen Systems gerecht wird.

Strategische Wege

Das Kompetenzzentrum Tourismus des Bundes hat zu diesem Zweck Bausteine einer Klima-Mitigationsstrategie für den Tourismus in Deutschland entworfen und zur Diskussion gestellt (▶ Dar. 3-3).

Die folgenden Schritte sind nun in der zeitnahen Diskussion zu den Verantwortlichkeiten der jeweiligen strategischen Wege zu sehen. Beispielsweise kann Koordination auf nationaler Ebene stark ordnungspolitisch geprägt sein, während Wissenstransfer und die Schulung der Betriebe von Verbänden und Destinationen und Regionen initiiert werden. Tourismus ist eine Querschnittsbranche, die auf viele unterschiedliche Akteure in der politischen Landschaft, aber auch auf diverse Wirtschaftsbranchen angewiesen ist. Dies macht die Transformation im Tourismus so herausfordernd, aber gleichzeitig kann die Transformation das Potential all dieser Akteure einbeziehen.

Dar. 3-3: Bausteine zu einer Klima-Mitigationsstrategie für den Tourismus in Deutschland (Quelle: Kompetenzzentrum Tourismus des Bundes 2023, S. 23)

In diesem Sinne sollte das Vorhaben des Erreichens von THG-Neutralität mit Mut, Überzeugung und Zuversicht angegangen werden. Vorgeschlagen wird hierfür ein neues Narrativ im Tourismus: In sämtlichen touristischen Bereichen setzen wir uns aktiv für den Klimaschutz ein. Dabei sind wir fest davon überzeugt, dass im Tourismussektor eine wegweisende und verantwortungsbewusste Transformation möglich ist. Seien wir gemeinsam die inspirierende Kraft für nachhaltige Veränderungen und gehen wir die Umsetzung nun kooperativ an.

Link zur Tagung

https://youtu.be/sgXnlh2ighk

Literatur

Friedlingstein et al.: (2022): Global Carbon Budget 2021, Online verfügbar unter https://essd.copernicus.org/articles/14/1917/2022/ (Abgerufen am 7.11.2024).

Gössling et al. (2023): A review of tourism and climate change mitigation: The scales, scopes, stakeholders and strategies of carbon management, Online verfügbar unter https://www.sciencedirect.com/science/article/pii/S0261517722001947?via%3Dihub (Abgerufen am 7.11.2024).

Kompetenzzentrum Tourismus des Bundes (Dezember 2023): Whitepaper: Roadmap zur Treibhausgas-Neutralität: Strategische Wege für den Tourismus in Deutschland, Online verfügbar unter https://kompetenzzentrum-tourismus.de/news/whitepaper-treibhausgas-neutralitaet/ (Abgerufen am 7.11.2024).

Lenzen et al. (2018): The carbon footprint of global tourism, Online verfügbar unter https://www.nature.com/articles/s41558-018-0141-x (Abgerufen am 7.11.2024).

Travel Foundation, (2023): Envisioning Tourism in 2030 and beyond – The changing shape of Tourism in a decarbonising world, Online verfügbar unter https://kompetenzzentrum-tourismus.de/wissen/studien/envisioning-tourism-in-2030-and-beyond/ (Abgerufen am 7.11.2024).

UNWTO (2019): Transport-related CO2-Emissione of the Tourism Sector, Online verfügbar unter https://www.unwto.org/sustainable-development/tourism-emissions-climate-change (Abgerufen am 7.11.2024).

World Travel & Tourism Council, WTTC (2022): WTTC unveils world-first global Travel & Tourism climate footprint data, Online verfügbar unter https://wttc.org/Portals/0/Documents/Press%20Releases/WTTC-unveils-industry-leading%20and%20ground-breaking-global-Travel-and-Tourism-sustainability-data-291122.pdf (Abgerufen am 7.11.2024).

3.3 Ein neues Verständnis von Kooperation als Grundlage für erfolgreiche Transformation

Sven Liebert

3.3.1	Tourismus – eine Geschichte des Wandels	129
3.3.2	Neue Megatrends als Revolution?	130
3.3.3	Ein neues Selbstverständnis zwischen Wirtschaft, Politik & Gesellschaft	130
3.3.4	Der Dachverband als Plattform zur Kollaboration	131
3.3.5	Neue Impulse zur Transformation	132
3.3.6	»Nie war mehr Anfang als jetzt«	133

3.3.1 Tourismus – eine Geschichte des Wandels

Die Geschichte des Tourismus ist eine Geschichte des ständigen Wandels, der Anpassung und des Ergreifens neuer Chancen: Von mehrwöchigen beschwerlichen Schiffspassagen nach Übersee, Goethes Reisen nach Italien oder den ersten Pauschalreisen Thomas Cooks sind wir nicht nur gefühlt weit entfernt. Wir reisen heute schneller, komfortabler, vielfältiger, souveräner. Selbst wenn wir nur wenige Jahrzehnte zurückschauen, hat sich rund ums Thema Tourismus so einiges geändert: Auch in den 90ern waren wir noch weit davon entfernt, unsere Reisen online zu buchen, Reiseführer auf dem Smartphone zu lesen, Reiseinspirationen über Virtual Reality zu erhalten oder Fotos unserer Erlebnisse in Echtzeit auf Instagram zu posten.

Der Kern des Reisens jedoch, der ist seit jeher der gleiche: Wir entdecken Neues, wir besuchen unbekannte (oder auch bereits bekannte) Regionen jenseits des eigenen Lebensumfelds. In der Nähe für ein oder zwei Tage oder auch weit weg für Wochen. Andere Kulturen erfahren, Menschen wiedersehen oder kennenlernen, in Geschichte eintauchen, Wissen und Horizonte erweitern – all das macht

Reisen aus. In diesem Spannungsfeld zwischen Fortschritt und Konstanten bewegt sich Tourismus, bewegen wir uns als Tourismuswirtschaft und bewegen sich unsere Kund*innen.

3.3.2 Neue Megatrends als Revolution?

Viele sprachen von der Revolution des Reisens, als Pan Am Ende der 1930er den kommerziellen Linienflugverkehr über den Atlantik startete. Viele auch, nachdem Billigflieger den Markt aufrollten und die Flugreise am Wochenende massentauglich machten. Und nun also die zwei Megathemen Digitalisierung und Nachhaltigkeit: Neue Technologien und Player verändern unsere Branche einmal mehr massiv. Werden wir künftig per Hyperloop reisen oder im Metaverse, ins Weltall oder von Robotern im Restaurant bedient? Manche Ideen verschwinden ebenso schnell wie sie gekommen sind. Andere sind gekommen, um zu bleiben. Parallel zu den digitalen Herausforderungen gilt eq, sich dem Klimawandel zu stellen, daraus resultierende politische Vorgaben zu erfüllen – aber gleichzeitig auch im ureigensten Interesse Lösungen zu finden, anzubieten und Verantwortung zu übernehmen. Kaum eine Branche ist so abhängig von einer intakten und lebenswerten Umwelt wie die Tourismuswirtschaft.

Aber ist all das eine Revolution? Wir glauben nicht. Ist es doch viel eher eine dauerhafte Fortentwicklung und Veränderung, also vielmehr die Evolution und damit konsequente Weiterentwicklung des Reisens, die wir in den vergangenen Jahrhunderten, Jahrzehnten und Jahren gesehen haben und die sich fortsetzt. Ja, vieles passiert heute schneller, quasi im Zeitraffer. Die Digitalisierung hat Veränderungsprozesse dynamisiert und stellt die Anpassungsfähigkeit unserer Betriebe auf die Probe. Und auch die Klimafrage erfordert möglichst schnelle Antworten. Aber eins hat der Tourismus immer gezeigt: Er ist anpassungsfähig, wandelbar und absolut zukunftsfähig und wir sind uns sicher: So wird es auch bleiben.

Keine Frage: Produkte, Prozesse und Technologie müssen sich weiter verändern, um die Herausforderungen zu meistern. Manchmal müssen wir uns aber vielleicht sogar auch ein wenig rückbesinnen, wie wir es bei der Renaissance der Nachtzüge sehen. Wir müssen als gesamte Branche und als einzelne Player kreativ bleiben, vielschichtig denken und dürfen nicht auf dem Status quo beharren, denn dann können wir nur verlieren.

3.3.3 Ein neues Selbstverständnis zwischen Wirtschaft, Politik & Gesellschaft

Die digitale und nachhaltige Transformation klingt nicht nur nach einer großen Aufgabe, es ist eine enorme Transformation. Diese können wir nur im Schulterschluss von Wirtschaft, Politik und Gesellschaft meistern. Das gilt nicht nur, aber eben auch wenn es um Tourismus und die Zukunft unserer Branche und unserer Produkte geht.

Dieser Schulterschluss bedeutet aus unserer Sicht, dass wir einen Dreiklang hinbekommen müssen: Für uns als Branche gilt es Verantwortung zu übernehmen, die unseren Werten, Produkten und unserer Wirtschaftskraft gerecht wird. Für die Politik gilt es, verlässliche und realistische Vorgaben zu machen, die Vortrieb geben, Potential entfalten lassen und keine Bremsklötze sind. Vorgaben, die das Eigenengagement unserer Branche fördern und nicht hemmen. Und gesellschaftlich brauchen wir ein Verständnis und Anerkenntnis dafür, dass schon der Weg und erst recht das Ziel dieser Transformationsprozesse im wahrsten Worte etwas wert sind und entsprechend Mehrkosten verursachen. (Ergänzend gilt aber auch hier, dass die Politik den Bürger*innen finanzielle Spielräume und wirtschaftliches Wachstum ermöglichen muss, die dazu beitragen, dass sie nachhaltige Angebote auch wahrnehmen können.)

3.3.4 Der Dachverband als Plattform zur Kollaboration

Doch was bedeutet das alles für die Tourismusbranche und für den Bundesverband der Deutschen Tourismuswirtschaft (BTW) als politischen Dachverband dieser Branche? Welche Rolle haben wir inne und wie können wir aktiv einen Beitrag leisten? Wo müssen auch wir uns verändern und an die neuen Gegebenheiten anpassen? Und welche Unterstützung der Politik brauchen wir konkret?

Tourismus ist auf intakte Natur, lebenswerte Räume und sinnvolle klimatische Bedingungen angewiesen. Insofern haben wir als Tourismuswirtschaft ein ureigenstes Interesse an der Erreichung der Klimaziele. Gleichzeitig ist die Tourismusbranche von vielen aktuellen Krisen in besonderem Maße betroffen, egal ob es um Kriege oder Pandemien, gesellschaftliche Polarisierung, Naturkatastrophen oder Wetterextreme geht. Wir stehen häufig mitten in diesen Veränderungen. Unsere Aufgabe als Dachverband ist es, für die laufenden und anstehenden Transformationsprozesse in vielerlei Hinsicht Teil der Lösung sein.

Wir dürfen dabei nicht zu Getriebenen werden, sondern sollten ein großes Interesse daran haben, das Heft des Handelns in der Hand zu behalten. Wir sollten agieren, statt nur zu reagieren. Wir müssen aktiv Lösungen suchen und anbieten – im Kleinen wie im Großen. Forschung, Best Practices, Ideenpools oder der Blick über den Tellerrand in andere Branchen können uns dabei unterstützen. Einiges ist schon passiert, erste Betriebe oder auch Destinationen bzw. Regionen im In- und Ausland nähern sich dem Ziel, klimaneutral zu werden. Vieles muss aber auch noch angegangen werden.

Bei dieser gewaltigen Aufgabe sollten wir als Tourismuswirtschaft zusammenstehen und neue Formen der Kollaboration suchen. Wenn wir uns schon innerhalb einer einzelnen Branche nicht einigen können, aneinander reiben und schlimmstenfalls gegeneinander statt miteinander agieren, lässt sich eine solche Aufgabe nicht erfolgreich stemmen. Klein und groß, Incoming wie Outgoing, Stadt und

Land, digital und analog sollten gerade in der Frage der nachhaltigen Transformation Hand in Hand gehen. Alle sollten ihre individuellen Stärken mit einbringen – seien es Know-how, Geld, kluge Köpfe, Kreativität, Reichweite und vieles mehr. Wir müssen uns gegenseitig unterstützen und auch nach außen gemeinsam Stärke wie auch Verantwortung zeigen. In manchen Branchensegmenten werden die Ziele vermutlich nicht so schnell erreicht werden können, weil wir zum Beispiel ganz neue Antriebsformen brauchen, die derzeit noch in den Kinderschuhen stecken. Warum also nicht erst einmal gemeinsam die Bereiche angehen, wo heute schon viel machbar ist? Unsere Angebote – also Urlaub, Ausflüge und Geschäftsreisen – sind immer die Summe vieler Einzelleistungen wie An- und Abreise, Übernachtung, Kulinarik, Rahmenprogramme etc. Insofern werden wir letztlich auch an dem gemessen, was wir gemeinsam erreicht haben.

3.3.5 Neue Impulse zur Transformation

Als eine Aufgabe der Verbände – und damit auch von uns als BTW – sehen wir es an, Angebote zu initiieren, die den Transformationsweg einzelner Unternehmen, von Branchenteilen oder sogar der Gesamtbranche unterstützen. Der Deutsche Klimafonds Tourismus (DKT) und das Mittelstandszentrum Digital Tourismus, die wir im letzten Jahr mit auf den Weg gebracht haben, sind zwei Beispiele für eben solche Initiativen aus den beiden großen Bereichen Nachhaltigkeit und Digitalisierung. Gemeinsam mit dem Potsdam Institut für Klimafolgenforschung und dem Bundesministerium für Wirtschaft und Klimaschutz entwickelt der DKT Treibhausgas-Berechnungsstandards, setzt Projekte zur Reduktion innerhalb der Wertschöpfungskette Tourismus um und baut einen Fonds für die Tourismuswirtschaft auf, aus der solche Projekte finanziert werden können. Das Mittelstandszentrum wiederum informiert und unterstützt besonders kleine und mittelständische Unternehmen unserer Branche in Fragen der digitalen Weiterentwicklung.

Transformation kostet Geld, Zeit und Kraft. Aber sie ist nötig, aus touristischem, wirtschaftlichem, gesellschaftlichem und politischem Interesse gleichermaßen. Deshalb brauchen wir als Tourismuswirtschaft von der Politik auch Entlastung an anderer Stelle, um Freiräume finanzieller und personeller Art für eine erfolgreiche Transformation zu schaffen.

Zwei weitere Aspekte, die in diesem Zusammenhang für uns auch eine Rolle spielen, sind Verlässlichkeit und Realismus. Beides müssen wir selbst anstreben. Beides fordern wir aber insbesondere auch von der Politik ein: Wenn Urlauber und Geschäftsreisende mit E-Autos statt Benzinern unterwegs sein sollen, müssen genügend Ladesäulen in allen Regionen bereitgestellt werden. Wenn uns der Zug zum Flug bringen soll, müssen auch die Gleise intakt bzw. Sanierungsarbeiten finanziell gesichert sein. Verpflichtende SAF-Quoten müssen auch erreichbar sein, soll heißen: Es muss auch genügend Sustainable Aviation Fuel zu wettbewerbsfähigen Preisen auf dem Markt verfügbar sein. Und Reisebusse, die heute zugelassen werden, müssen auch in 7 Jahren noch fahren dürfen und dürfen nicht neuen Vorgaben anheimfallen.

3.3.6 »Nie war mehr Anfang als jetzt«

... sagte schon Walt Whitman. Doch vielleicht galt dies nie mehr als im 21. Jahrhundert. Die Tourismuswirtschaft ist wandlungserprobt, doch die Zukunftsherausforderungen sind enorm. Die Vielfalt an gesellschaftlichen, politischen und technologischen Konfliktlinien und Chancen waren selten umfangreicher als derzeit. Die Tourismuswirtschaft und auch wir als Dachverband sollten diesen mit neuen Formen der Zusammenarbeit, engerer Kollaboration zwischen Wirtschaft, Politik und Gesellschaft begegnen. Verbände haben die Aufgabe, sich lösungsorientiert und als Facilitator an solche Zukunftsfragen zu wagen und dazu auch neue Wege zu gehen. Wenn wir all das erreichen und auch politische Unterstützung gesichert wird, sehen wir der Zukunft des Tourismus und der Zukunft unserer Branche optimistisch entgegen.

Link zur Tagung

https://youtu.be/J8BPXZvyy7s

3.4 Der Whole-of-Government-Ansatz (WoG) als Transformationstreiber für nachhaltigen Tourismus? Impulse für eine zukunftsfähige Tourismuspolitik

Hannes Thees

3.4.1	Ganzheitlichkeit als Transformationserfordernis	134
3.4.2	Komponenten der Tourismuspolitik	136
3.4.3	Anforderungen an eine zukunftsfähige Tourismuspolitik	137
3.4.4	Der Whole-of-Government-Ansatz in der nationalen Tourismuspolitik	139
3.4.5	Whole-of-Government: Transformationstreiber?	140

3.4.1 Ganzheitlichkeit als Transformationserfordernis

Wie kann die Tourismusbranche befähigt werden, neue Entwicklungspfade einzuschlagen? Dass sich die Tourismusbranche signifikant wandeln muss, um den aktuellen Transformationsherausforderungen zu entsprechen, ist unbestritten (OECD 2024; Buhalis, 2022; McLennan et al., 2012). In der Twin-Transformation aus Nachhaltigkeit und Digitalisierung sticht die Klimaneutralität als momentan nur schwer zu erfüllende Hürde hervor. Der Tourismus ist genauso wie andere energie- oder transportintensive Branchen besonders betroffen. Einzelne Projektionen zeigen zwar mögliche Wege zur Klimaneutralität auf (Peeters, 2023), eine entsprechende flächendeckende Umsetzung von Mitigationsmaßnahmen in der Praxis ist jedoch nicht in Sicht. Zudem wird Künstlicher Intelligenz ein disruptiver Effekt vorausgesagt, der bereits erste Anwendungen zeigt (Knani et al., 2022). Obwohl Digitalisierung und Nachhaltigkeit seit vielen Jahren in der Branche diskutiert werden, kommt die Transformation im Tourismus, wie auch zum Teil in anderen Sektoren, nicht entscheidend genug in die Gänge, um die entstehenden soziotechnischen Dynamiken aufzugreifen und die Branche zukunftsfähig auszurichten.

Innovationen haben dem Tourismus immer wieder neue Entwicklungsimpulse gegeben (Hjalager, 2015). Eine über Innovationen hinausgehende Transformation fordern wissenschaftliche Beiträge unlängst (Becken, 2013; Dubois & Ceron, 2006), jedoch wurden die weitereichenden Herausforderungen rund um die Nachhaltigkeit, insbesondere Klimaschutz und die systemischen Fragen im Tourismus von Krisen überblendet oder schlicht vernachlässigt (Hall, 2010; Weaver, 2011). Mit der Covid-19-Krise hofften Tourismuspolitik, -wirtschaft und -wissenschaft auf eine beschleunigte Nachhaltigkeitstransformation durch gesteigerten Nachfragedruck (Ioannides & Gyimóthy, 2020; Schmücker, 2024). Die verhaltenen Anzeichen münden im Recovery nun eher in einer Nische als in den erhofften Massenmarkt. Die Tourismuswirtschaft versucht angebotsseitig die Nachhaltigkeit zu stärken. Hierzu zählen Innovationen, die nachhaltiges Reisen in den Fokus der Buchung rücken, die Effizienz im Flugverkehr steigern, die Monitoring in Destinationen einführen oder Hotels in der Kreislaufwirtschaft stärken. Trotz dieser Initiativen bleiben häufig Verantwortungsfragen und sogar Schuldzuweisungen. Ist die Angebotsseite allein in der Lage, die notwendige Geschwindigkeit in der Transformation aufzunehmen? Müssen die Nachfrager jetzt nachhaltige Produkte und Dienstleistungen kaufen? Setzt die Tourismuspolitik einen förderlichen Rahmen für nachhaltigen Konsum und entsprechende Produktion? Die Skalierung, die Diffusion und die Marktfähigkeit der Nachhaltigkeitsinnovationen ist ein typisches Transformationsdilemma. Vor diesem Hintergrund werden die Rufe nach einer ganzheitlichen Betrachtung der Transformation lauter.

Ganzheitlichkeit ist eine entscheidende Voraussetzung für die Nachhaltigkeitstransformation. Sie fördert interdisziplinäre Zusammenarbeit und ermöglicht es, die Wechselwirkungen zwischen verschiedenen Sektoren und Themen zu verstehen (Bell & Morse, 2005). Langfristiges Denken, die Einbeziehung verschiedener Stakeholder und die Berücksichtigung der Bedürfnisse verschiedener Stakeholder sind zentrale Aspekte eines ganzheitlichen Ansatzes (Stables & Scott, 2002). Die Analyse von Enablern und Katalysatoren in der Transformation ist ein wachsender Forschungsstrang, der im Tourismus erhöhter Komplexität aufgrund von vielfältigen Akteuren unterliegt (Speer, 2021). Tourismus und Transformation sollten somit per se ganzheitlich gedacht werden. Im Tourismus liegt die politische Verantwortung zur Gestaltung des Tourismus zumeist in der Hand verschiedenen Ministerien auf Bundes- und Länderebene. Vor diesem fragmentierten Hintergrund beschreibt der Whole-of-Government-Ansatz die sektorübergreifende Kooperation von Akteuren im Sinne der Ganzheitlichkeit (Pedersen et al., 2021). Der vorliegende Beitrag diskutiert die Leitfrage, welchen Beitrag der Whole-of-Government-Ansatz in der Tourismuspolitik im Hinblick auf die Nachhaltigkeitstransformation leisten kann. Die nachfolgenden Kapitel ergründen diesen Ansatz schrittweise:

- Kapitel 3.4.2: Welche Komponenten sind in der Tourismuspolitik zu unterscheiden?
- Kapitel 3.4.3: Welchen Anforderungen sollte die Tourismuspolitik in Zukunft genügen, um die Branche in der Transformation zu unterstützen?

- Kapitel 3.4.4: Wie ist der Whole-of-Government-Ansatz in unterschiedlichen Ländern abgebildet?
- Kapitel 3.4.5: Ist der Whole-of-Government-Ansatz ein Transformationstreiber?

3.4.2 Komponenten der Tourismuspolitik

Tourismus ist aufgrund seiner vielfältigen Verflechtungen hochpolitisch (Mundt, 2011). Wenngleich es in Destinationen vielfach den Trend zur Privatisierung gab, haben kommunale und politische Entscheidungsträger in Destinationen eine tragende Rolle und auch der Outbound- und Inbound-Verkehr ist durch nationale und internationale Regulierungen geprägt, wie z. B. durch Visaverordnungen und Sicherheitsvorgaben. Tourismuspolitik kann definiert werden als »Summe aller Maßnahmen öffentlicher Institutionen auf allen Ebenen politischen Handelns, die direkt oder indirekt, bewusst oder unbewusst, die Gestaltung und Entwicklung des Tourismus bestimmen.« (Mundt, 2011, S. 12). Ebenso bezieht sich Joppe (2018) auf Entscheidungen, Handlungen oder auch Nicht-Handlungen, die sich auf das Verhalten von Reisenden auswirken. Im internationalen Diskurs wird jedoch feingliedriger zwischen drei Komponenten unterschieden:

- »Politics« (Politik) betrifft den Prozess und die Dynamik der Machtverteilung und Entscheidungsfindung;
- »Policy« (Politiken) fokussiert sich auf die spezifischen Inhalte und Maßnahmen, die durch diesen Prozess entwickelt und implementiert werden;
- »Governance« (Regelung, Steuerung) beschreibt die Koordination öffentlicher und privater Akteure im Rahmen von Prozessen und Strukturen sowie Wege der Entscheidungsfindung (Hall, 2012; Joppe, 2018; OECD, 2022; Pechlaner & Volgger, 2013).

Alle drei Komponenten können auf internationaler Ebene und auf Destinationsebene gelten, wenngleich diese auf nationaler Ebene ihre gesamte Komplexität zeigen, da alle touristischen Segmente und Sektoren ineinandergreifen. Die drei Komponenten enthalten weitere Spezifizierungen, beispielsweise in Form von Governance-Typen (Hall, 2012), oder wandeln sich mit neuen Anforderungen.

Zu beachten ist, dass **Governance und Policy in einzelnen Ländern** sehr unterschiedlich aufgestellt sind. Einige Länder haben dezidierte Tourismusministerien (z. B. Italien, Bulgarien, Kroatien, Griechenland und Malta), andere sehen in der Integration diverser Sektoren Vorteile, beispielsweise in der Kombination aus Wirtschaft und Klima (z. B. Deutschland, Schweden und Niederlande), Wirtschaft, Entrepreneurship und Tourismus (z. B. Rumänien), Kultur, Unternehmen und Tourismus (z. B. Island) oder Wirtschaft, Entwicklung und Tourismus (z. B. Chile) (OECD, 2024). Zugleich variiert die Aufgabenfülle der Ministerien. Mancherorts gibt es nationale Destination Management Organisations (DMOs), die sowohl nach Innen als auch Außen wirken. In anderen Ländern wiederum gibt es privatwirtschaftliche Organisationen, die diese Aufgabe übernehmen, und schließlich Länder mit diversen Mischformen. Konkrete Trends in der Tourismusgovernance sind schwer auszumachen.

Für eine lange Zeit wurde der steigenden wirtschaftlichen Relevanz Rechnung getragen, indem Tourismus innerhalb eines Wirtschafts- oder Handelsministeriums als Schwerpunkt oder Referat betrachtet wurde. Es kann jedoch auch argumentiert werden, dass ein separates Ministerium für Tourismus diesem mehr Bedeutung verleihen könnte. Beispielsweise ist in Griechenland, Slowakei und Polen Tourismus unter den Ministerien für Tourismus bzw. Sport und Tourismus zugeordnet oder seit 2021 in Italien unter dem Tourismusministerium. Auch gegensätzliche Tendenzen sind sichtbar, zum Beispiel wurde der Tourismus in Österreich in einem separaten Ministerium für Tourismus und Nachhaltigkeit platziert, bevor dieser zum Arbeits- und Wirtschaftsministerium zurückkehrte. Zugleich sind Schwankungen auf regionaler Ebene zu beachten. Während Dänemark und Estland die Anzahl der regionalen und lokalen DMOs stark reduzierten, um Ressourcen zu bündeln, implementierten Portugal und Griechenland kürzlich Observatorien für nachhaltigen Tourismus, um die lokale Ebene zu stärken. Zusammenfassend zeigen die implementierten Governancemodelle eine breite Vielfalt und sind stark kontextuell geprägt.

3.4.3 Anforderungen an eine zukunftsfähige Tourismuspolitik

Der Grundsatz ›Structure follows Strategy‹ wird in der Entwicklung und Umsetzung von Tourismuskonzepten häufig berücksichtigt. Trotz guten Fortschritts besteht Bedarf an politikrelevanter Forschung und einer klareren Definition von Tourismuspolitik: »There is much greater need for policy relevant research that is clear about common definitions of terminology, adopts more consistent methodologies in data collection, challenges the dominant pro-growth rhetoric, and is written in a style accessible to policymakers.« (Joppe, 2018, S. 201).

Der Tourismussektor hat seit der Finanzkrise 2008 vielfältige **Veränderungen** durchlebt, die sowohl durch äußere Ereignisse als auch durch Entwicklungen innerhalb der Branche vorangetrieben wurden. Mit anschließendem wirtschaftlichem Aufschwung etablierten sich neue Märkte und Reiseziele, insbesondere in Asien-Pazifik und dem Mittleren Osten (Birău, 2014). Das globale Wachstum des Tourismus setzte sich nach kurzer Unterbrechung fort, bis die COVID-19-Pandemie einen beispiellosen Einschnitt markierte. Hier wurde die Reaktionsfähigkeit der Tourismuspolitiken weltweit auf die Probe gestellt (Olbrich & Pechlaner, 2021). Während einige Länder schnelle und nachhaltigkeitsorientierte Unterstützung bereitstellten, verloren sich andere in Diskussionen um ministerielle Zuständigkeiten und der wirtschaftlichen und gesellschaftlichen Rolle des Tourismus.

In Ergänzung zu den globalen und systemischen Fragen sehen sich KMUs ausgangs der Covid-19-Pandemie mit operativen Herausforderungen wie Arbeitskräftemangel und steigenden Betriebskosten konfrontiert (Kompetenzzentrum Tourismus des Bundes, 2021).

Auch der inhaltliche **Fokus der Policies** änderte sich über die Jahre. Bis zur Finanzkrise wurde Tourismus vorwiegend als Wachstumsmotor betrachtet und vermarktet, gefolgt von einem aufkommenden Nachhaltigkeitsparadigma. Sowohl vor, während und nach der Covid-19-Pandemie nehmen Resilienz und Digitalisierung einen höheren Stellenwert ein (OECD, 2022). Ebenso ist eine Aufgabenerweiterung ersichtlich, die vor allem in spezifischen Strategien (z. B. Digitalisierungsstrategie für KMU im Tourismus), zielgerichteten Fördermaßnahmen (z. B. Innovationsförderung) und detaillierten Richtlinien (z. B. Messung von Nachhaltigkeit) mündet.

Die Relevanz dieser Themen bleibt bestehen, wobei heute vermehrt Fokus auf Klimaeffekte, Inklusion, Fachkräfte und KMUs liegt. Themen sind zusehends austauschbar. Ob eine Destination eine nachhaltige Entwicklung im Kulturtourismus vorantreiben möchte oder die Digitalisierung von SMEs stärken möchte, verlangt eine anpassungsfähige Governance und eine schlagkräftige Policy. Dennoch sind aufkommende Herausforderungen und Chancen in Bezug auf Nachhaltigkeit, Technologie, Marktveränderungen und gesellschaftliche Anforderungen frühzeitig zu erkennen und zu adressieren.

Die Anforderungen an eine zukunftsfähige Tourismuspolitik sind vielfach formuliert und lösen sich zusehends von einem thematischen Fokus hin zu systemischen Schwerpunkten und **Querschnittsfunktionen**:

- **Evidenzbasiert und praxisorientiert:** Vor allem Policies sollten in ihrer Wirkung optimiert werden. Hierzu sind Daten und evidenzbasierte Entscheidungen zu Maßnahmen und Richtlinien entscheidend. Dies entwickelt sich vermehrt zu einem Grundsatz, um die Tourismuswirtschaft gezielter zu unterstützen und Ressourcen optimal einzusetzen.
- **Integrative und sektorübergreifende Strategien:** Diese ermöglichen Diskussion und Konsens mit Akteuren jenseits der Grenzen des Tourismussystems. Diese Strategien erfordern eine kontinuierliche Anpassung der Rahmenbedingungen, um Effektivität und Relevanz zu gewährleisten, und sollten in einem kollaborativen Prozess mit allen relevanten Stakeholdern entwickelt werden.
- **Wandlungsfähigkeit:** Governance und Policy müssen im Rahmen steigender Unsicherheit und Krisen Kriterien wie Sicherheit, Kontextbezogenheit, Flexibilität, Anpassungsfähigkeit, Langfristigkeit oder Inklusion entsprechen. Der Fokus in der jeweiligen Destination ist im Rahmen der Resilienzansätze zu definieren, um in der steigenden Vielfalt von Konzepten eine klare Orientierung zu ermöglichen.
- **Stakeholder-Management:** Eine effektive Tourismuspolitik betrachtet den Tourismus als ein komplexes System, das verschiedene Sektoren und Interessengruppen umfasst, und strebt an, ein Gleichgewicht und Konsens zwischen den Bedürfnissen der Touristen, den Interessen der lokalen Bevölkerung und dem Schutz der Umwelt zu finden. Multi-Level-Governance kann dabei die Verbindungen zwischen räumlichen Ebenen, wie lokal, regional, national und international stärken.

(Bramwell, 2014; Joshi et al., 2015; Kompetenzzentrum Tourismus des Bundes, 2023; OECD, 2024)

In internationaler Perspektive ist eine Erweiterung der Strukturen und Prozesse im Sinne der Governance zu beobachten, da beispielsweise Kompetenz in Tourismusministerien aufgebaut wird und der Austausch mit der Privatwirtschaft gestärkt wird. Eine **zukunftsfähige Tourismusgovernance** setzt auf robuste Governance-Strukturen und -modelle, die eine ausgewogene Integration von staatlicher Steuerung, Marktdynamiken und zivilgesellschaftlichem Engagement ermöglichen. Diese Strukturen sollen flexibel genug sein, um sich an verändernde lokale, nationale und internationale Gegebenheiten anzupassen, und dabei die Interessen aller Stakeholder berücksichtigen. Ein Schlüsselelement ist die Entwicklung und Implementierung von politischen Rahmenbedingungen und Regulierungen relevanter Themen. Die Definition dieser Themen ist jedoch sehr destinationsspezifisch. Der UNWTO Baselinereport hat erstmals die nationalen Tourismusstrategien kriterienbezogen ausgewertet (UN Tourism, 2019). Hier ist weiter anzusetzen, gegebenenfalls sogar so weit, dass die nationalen Instanzen ein Audit zu Strategien und deren Implementierung durchführen, welches bisher selten konsequent, wie in Finnlands Tourismusstrategie 2019 bis 2028, geschieht. Eine solche Analyse und weitergehende Policy-Evaluation bietet dann die Voraussetzung für die weitere Anpassung von Strategien und Initiativen.

3.4.4 Der Whole-of-Government-Ansatz in der nationalen Tourismuspolitik

Der Whole-of-Government-Ansatz adressiert einige der zuvor genannten Anforderungen an eine zukunftsfähige Tourismuspolitik, da er den Diskurs zu Herausforderungen und Themen über verschiedene **Regierungsstellen** hinweg stärkt. Aus konzeptioneller Perspektive ist Whole-of-Government eine Reaktion auf die starke Fragmentierung der Politik im Rahmen der »New Public Management«-Reformen, der Verbindungen zu Multi-Level-Governance, Principal-Agent-Theory und Institutional Theory aufweist. Während sich New Public Management auf Effizienz, marktorientierte Operationen und Dezentralisierung innerhalb der öffentlichen Dienste konzentriert, versucht Whole-of-Government, die staatlichen Funktionen zu reintegrieren, um komplexe gesellschaftliche Probleme durch eine koordinierte Anstrengung anzugehen. Der Ansatz entspricht somit auch theoretisch der Ganzheitlichkeit, die in der Transformation gefordert wird (Bramwell, 2014; Christensen & Lægreid, 2007; Goodwin, 2021; Scott & Marzano, 2015).

Im engeren Sinne ist Whole-of-Government eine spezifische **Koordinationsform** zu verstehen. Internationale Organisationen folgen dem Whole-of-Government-Ansatz, wie die Europäische Kommission mit dem Transition Pathway for Tourism, die OECD mit ihren sektorübergreifenden Organisationseinheiten und Initiativen (OECD, 2024) oder die UN Tourism, die versuchen, diese Themen durch eine Reihe von Gremien und Ausschüssen abzudecken. Zu einer ganzheitlichen Tourismuspolitik gehören Behörden wie die Regionalplanung, um den Bedürfnissen verschiedener und sogar konkurrierender Sektoren gerecht zu werden. Beispielsweise Umwelt und Mobilität in Bezug auf umweltfreundlichen Verkehr und Klimawandel, Digitalisierung und Innovation, um Tourismusanbieter bei der Einführung neuer Instrumente zu unterstützen, Arbeit und Wirtschaft, um dem Arbeitskräftemangel zu begegnen.

Dies erfordert eine wirksame Einbindung und Konsultation von Ministerien, die Bereiche abdecken, die für die Leistung des Tourismus unmittelbar relevant sind, wie Umwelt, Verkehr, Innovation, Arbeit, Bildung, Planung, Landwirtschaft, soziale Sicherheit und auswärtige Angelegenheiten sowie die Wirtschaft. Durch die Bildung interministerieller Arbeitsgruppen und die Einbindung von Stakeholdern aus dem privaten Sektor und der Zivilgesellschaft können kohärente Strategien entwickelt werden, die beispielsweise auf eine Reduzierung der Umweltauswirkungen des Tourismus, die Verbesserung der Reaktion auf Gesundheitskrisen, die Gewährleistung der Sicherheit von Touristen, die Entwicklung nachhaltiger Tourismusinfrastrukturen und die allgemeine Förderung von Nachhaltigkeitspraktiken im Tourismussektor abzielen. Darüber hinaus sind Mechanismen erforderlich, die es dem Privatsektor und der Zivilgesellschaft ermöglichen, Beiträge zur Entwicklung und Umsetzung der Tourismuspolitik zu leisten.

In einigen Fällen ist der Whole-of-Governance-Ansatz bereits in der Ausrichtung der Ministerien sichtbar (▶ Kap. 3.4.2). Es ist zunehmend zu beobachten, dass interministerielle Arbeitsgruppen zu bestimmten Themen den Whole-of-Government-Ansatz verfolgen, z. B. Spanien, Frankreich oder Finnland zur Förderung der Zusammenarbeit oder Estland zur Stärkung der Zusammenarbeit zwischen Ministerien und Tourismusverbänden. In Deutschland startete 2023 die »Plattform zur Zukunft des Tourismus«, die u. a. den Whole-of-Government-Ansatz verfolgt, indem sie einen langfristigen Dialogprozess zwischen allen relevanten Akteuren des Tourismussektors – Bund, Länder, Destinationen, Branche und Wissenschaft – koordiniert. Ziel ist es, gemeinsam Herausforderungen in den Bereichen Klimaneutralität, Digitalisierung, Arbeitskräftesicherung und Wettbewerbsfähigkeit zu adressieren und durch stärkere Allianzen, bessere Koordinierung und Vernetzung nachhaltige, zukunftsorientierte Lösungen für den Tourismus in Deutschland zu entwickeln.

3.4.5 Whole-of-Government: Transformationstreiber?

Der Whole-of-Government-Ansatz verfolgt das Ziel, eine integrierte und koordinierte Reaktion der Regierungen auf komplexe Herausforderungen zu ermöglichen. Der Leitfrage in diesem Beitrag folgend, sind ausgewählte **Stärken und Schwächen** des Ansatzes abzuwägen. Die Stärken des Whole-of-Government-Ansatzes im Tourismus, wie verbesserte Kohärenz in der Politikgestaltung (Zusammenarbeit unterschiedlicher Behörden, z. B. Umwelt, Kultur, Verkehr) und effizientere Ressourcennutzung, stehen Herausforderungen, wie der Komplexität der Koordination und dem Risiko von Kompetenzüberschneidungen, gegenüber. Während dieser Ansatz fundierte Problemlösungen durch die Kombination von Expertise ermöglicht und die Partizipation stärkt, kann er auch zu langsameren Entscheidungsfindungen und politischen Machtkämpfen führen (Christensen & Lægreid, 2007; Humpage, 2005).

In manchen Ländern ist der Whole-of-Government-Ansatz bereits in der Governance des Ministeriums hinterlegt, was jedoch nicht bedeutet, dass dies in der Policy berücksichtig wird. Andere Länder wiederum fokussieren sich auf ebendiese Policy im Rahmen von Arbeitsgruppen. Selbstverständlich kann eine Plattform eine gewisse Dynamik entfalten. Dies zu induzieren, erfordert auch entsprechendes Methodenwissen und ein ausreichendes Systemverständnis. Die Antwort auf die überspitzte Frage, ob Whole-of-Government eher ein Transformationstreiber oder eine Transformationsbremse ist, bleibt mit »sowohl als auch« unpräzise. Für den Tourismus sollte Whole-of-Government mit den Anforderungen an eine zukunftsfähige Tourismuspolitik abgeglichen werden. Die **Implementierung** erfordert eine sorgfältige Abwägung zwischen den synergetischen Vorteilen und den operativen Herausforderungen, um die Balance zwischen Flexibilität und Diskurs zu wahren. So kann es durchaus sein, dass ein spezifisches Projekt den Whole-of-Government-Ansatz verfolgt und ein anderes bewusst darauf verzichtet oder eine abgeschwächte Form im Sinne der Governance wählt (z. B. Konsultationen).

Viele weitere **Einflussfaktoren**, wie Mindset, Culture of Transformation, Handlungsspielraum, Kompetenz, Marktstruktur oder Leadership sind in der Implementierung von Whole-of-Government zu berücksichtigen. Die Beantwortung systemischer Fragen des Tourismus ist eine Voraussetzung des Whole-of-Government-Ansatzes. Alternativ kann eine transformative Tourismuspolitik auch durch ein interdisziplinär zusammengesetztes Tourismusministerium verfolgt werden, mit dem Vorteil entsprechende Entscheidungsbefugnisse zu haben und somit flexibler zu reagieren. Strikte Priorisierung kann ebenso die Komplexität des Whole-of-Government vereinfachen. Beispielsweise wird nach wie vor versucht, das Tourismuswachstum mit Klimaschutz zu vereinen. Dies hat gesellschaftliche und wirtschaftliche Gründe, schränkt aber den Korridor zur Zielerreichung weitgehend ein. In diesem Sinne sind Zielkonflikte auszutragen, aber an einem gewissen Punkt auch aufzulösen, um die Transformation mit einem klaren Fokus gezielt voranzutreiben. Die klare Vision einiger Städte, Regionen oder gar Länder, Vorreiter im Klimaschutz zu sein oder gar die Klimaneutralität als erstes zu erreichen, bietet diesen klaren Fokus. Erschwerend kommt hinzu, dass viele dieser Policies international eingebettet sind und Abstimmung erfordern. Ein guter Austausch findet auf internationaler Ebene statt, z. B. in den Foren der UN, der G20 und G7 oder der OECD. Dort werden Herausforderungen und Lösungen der Nachhaltigkeitstransformation diskutiert.

Des Weiteren wird der Tourismuspolitik zusehends die **Leadershiprolle** zugeschrieben, da die Branche aufgrund der Komplexität der Transformation, insbesondere im Klimaschutz, gezielte Subventionen und Restriktionen fordert. Dieses politische Leadership auszufüllen, erfordert Kompetenzen und Handlungsspielraum, die in den Ländern und auf regionaler Ebene unterschiedlich ausgeprägt sind. Leadership ist nicht nur in Ministerien zu verorten, sondern auch in handlungsstarken DMOs und zukunftsgerichteten Forschungs- bzw. Beratungseinrichtungen, die diese Verantwortung übernehmen, Transformation vorleben und die Branche mitreißen.

Literatur

Becken, S. (2013). A review of tourism and climate change as an evolving knowledge domain. Tourism Management Perspectives, 6, 53–62. https://doi.org/10.1016/j.tmp.2012.11.006

Bell, S., & Morse, S. (2005). Delivering sustainability therapy in sustainable development projects. Journal of Environmental Management, 75(1), 37–51.

Birău, F. R. (2014). The Impact of Global Financial Crisis on Tourism Development in European Union Member Countries—An Integrated Approach. Journal of Management and Social Science, 1(1), 70–82.

Bramwell, B. (2014). Trust, governance and sustainable tourism. In Trust, tourism development and planning. Routledge, 26–45.

Buhalis, D. (2022). Tourism management and marketing in transformation: preface.

Christensen, T., & Lægreid, P. (2007). The whole-of-government approach to public sector reform. Public administration review, 67(6), 1059–1066.

Dubois, G., & Ceron, J.-P. (2006). Tourism and Climate Change: Proposals for a Research Agenda. Journal of Sustainable Tourism, 14(4), 399–415. https://doi.org/10.2167/jost539.0

Goodwin, H. (2021). City destinations, overtourism and governance. International Journal of Tourism Cities, 7(4), 916–921.

Hall, C. M. (2010). Crisis events in tourism: subjects of crisis in tourism. Current Issues in Tourism, 13(5), 401–417. https://doi.org/10.1080/13683500.2010.491900

Hall, C. M. (2012). Governance and responsible tourism. Responsible Tourism. Concepts, Theory and Practice. CABI, Wallingford, 107–118.

Hjalager, A.-M. (2015). 100 Innovations That Transformed Tourism. Journal of Travel Research, 54(1), 3–21. https://doi.org/10.1177/0047287513516390

Humpage, L. (2005). Experimenting with a ›whole of government‹ approach: Indigenous capacity building in New Zealand and Australia. Policy Studies, 26(1), 47–66.

Ioannides, D., & Gyimóthy, S. (2020). The COVID-19 crisis as an opportunity for escaping the unsustainable global tourism path. Tourism Geographies, 22(3), 624–632. https://doi.org/10.1080/14616688.2020.1763445

Joppe, M. (2018). Tourism policy and governance: Quo vadis? Tourism Management Perspectives, 25, 201–204. https://doi.org/10.1016/j.tmp.2017.11.011

Joshi, D. K., Hughes, B. B., & Sisk, T. D. (2015). Improving Governance for the Post-2015 Sustainable Development Goals: Scenario Forecasting the Next 50 years. World Development, 70, 286–302. https://doi.org/10.1016/j.worlddev.2015.01.013

Knani, M., Echchakoui, S., & Ladhari, R. (2022). Artificial intelligence in tourism and hospitality: Bibliometric analysis and research agenda. International Journal of Hospitality Management, 107, 103317. https://doi.org/10.1016/j.ijhm.2022.103317

Kompetenzzentrum Tourismus des Bundes. (2021). Voraussetzung der Revitalisierung.

Kompetenzzentrum Tourismus des Bundes. (2023). Trendreport Tourismus 2023: Fakten, Prognosen und Herausforderungen für eine Branche im Wandel.

McLennan, C., Ruhanen, L., Ritchie, B., & Pham, T. (2012). Dynamics of Destination Development. Journal of Hospitality & Tourism Research, 36(2), 164–190. https://doi.org/10.1177/1096348010390816

Mundt, J. W. (2011). Tourismuspolitik. Walter de Gruyter.

OECD. (2022). Tourism Trends and Policies 2022. OECD, https://doi.org/10.1787/a8dd3019-en

OECD. (2024). OECD Tourism Trends and Policies 2024, OECD Publishing, Paris, https://doi.org/10.1787/80885d8b-en

Olbrich, N., & Pechlaner, H. (2021). Neue Strategien für die Destinationsentwicklung im Deutschlandtourismus?–Ansatzpunkte für eine Post-Corona-Zeit. Zeitschrift für Tourismuswissenschaft, 13(3), 461–482.

Pechlaner, H., & Volgger, M. (2013). Towards a comprehensive view of tourism governance: Relationships between the corporate governance of tourism service firms and territorial governance. International journal of globalisation and small business, 5(1-2), 3–19.

Pedersen, E. R. G., Lüdeke-Freund, F., Henriques, I., & Seitanidi, M. M. (2021). Toward Collaborative Cross-Sector Business Models for Sustainability. Business & Society, 60(5), 1039–1058. https://doi.org/10.1177/0007650320959027

Peeters, P., Papp, B. (2023). 2023. Envisioning Tourism in 2030 and Beyond. The changing shape of tourism in a decarbonising world.

Scott, N., & Marzano, G. (2015). Governance of tourism in OECD countries. Tourism Recreation Research, 40(2), 181–193.

Speer, S. (2021). Entrepreneurship als Katalysator. Springer Fachmedien Wiesbaden. https://doi.org/10.1007/978-3-658-34023-0

Stables, A., & Scott, W. (2002). The quest for holism in education for sustainable development. Environmental Education Research, 8(1), 53–60.

UN Tourism. (2019). Baseline Report on the Integration of Sustainable Consumption and Production Patterns into Tourism Policies. World Tourism Organization (UNWTO). https://doi.org/10.18111/9789284420605

Weaver, D. (2011). Can sustainable tourism survive climate change? Journal of Sustainable Tourism, 19(1), 5–15. https://doi.org/10.1080/09669582.2010.536242

4 Transformation Design: Ohne Kunst und Kultur hat alles keinen Wert

4.1 Kreativität x Mut = Veränderung. Der 8-Punkte-Plan für Transformation Design

Christian Labonte

4.1.1	Ganzheitlichkeit	148
4.1.2	Nutzerzentrierung	149
4.1.3	Partizipation und Kollaboration	149
4.1.4	Kreativität und Prozesse	150
4.1.5	Interdisziplinäres Zusammenarbeiten	150
4.1.6	Freude am Experiment	151
4.1.7	Langfristiges Denken	151
4.1.8	Zukunftsszenarien	152
4.1.9	Schluss	152

Die aktuellen gesellschaftlichen, wirtschaftlichen und politischen Umwälzungen machen auch vor dem Tourismus nicht halt. Viele Destinationen sind bereits akut betroffen oder stehen vor gravierenden Veränderungen. So wie in vielen Handlungsfeldern auch, hat der Tourismus die Option, eine aktive und führende Rolle zu übernehmen: Indem er seine Zukünfte aktiv mitgestaltet und indem er sich bewusst und mit Mut auf nachhaltige Praktiken und zukunftsorientierte Ansätze einlässt. An dieser Stelle kommt das »Transformation Design« zum Tragen, um diesen Weg zu gestalten. Transformation Design steht für die innovative Gestaltung und methodisch-prozessuale Begleitung von Veränderungen, in einem Zeitalter mit der höchsten Veränderungsgeschwindigkeit. Dazu bedarf es einer besonderen inneren Haltung, spezifischen Wissens, Methodenkompetenz und Prozesserfahrungen.

Der Begriff Transformation ist aktuell medial aufgeladen, durch meist negative Berichterstattung bzw. Bedrohungsszenarien. Wir assoziieren Veränderung aufgrund dessen mit Verlusten oder Limitierungen, und zwar in allen Lebensbereichen, wie Gesellschaft, Arbeit, Gesundheit, Bildung, Wirtschaft, etc. Treiber ist die exponentielle technische Innovation verbunden mit einem z. T. disruptiven Wandel. Die Digitalisierung beschleunigt diese Abläufe auf ihre Weise, u. a. aufgrund der zur Verwendung kommenden KI-Tools. Dem gegenüber erscheint die politische Transformation eher passiv und getrieben, aufgrund der zuvor genannten Einflussfaktoren. Auch die Definition des Begriffs Design findet im deutschsprachigen Raum unterschiedlichste Anwendung und sorgt für variierende Erwartungshaltungen. Das, was das bisherigen Interpretationsmodelle jedoch verbindet, ist das Wissen um ein konkretes und ästhetisches Resultat, am Ende eines Designprozesses. Meist definiert durch ein bewertbares Ergebnis, in Form eines Produkts oder Service. Beispielsweise geht es im Rahmen von Produkt- bzw. Industriedesign um die funktionale und sinnvolle Gestaltung von Gebrauchsgütern mit einer daraus resultierenden ästhetischen Formgebung.[33]

Transformation Design erweitert nun den Handlungsrahmen für Design um die Gestaltung gesellschaftlicher Veränderungsprozesse, und zwar mit einem multidisziplinären Ansatz, der darauf abzielt, positive Veränderungen in Organisationen, Systemen und Gesellschaften zu bewirken. Es geht dabei über ästhetische Aspekte hinaus und konzentriert sich auf die Gestaltung von Prozessen, Strukturen und Kulturen, um nachhaltige Veränderungen zu ermöglichen. Dazu wird der Mensch konsequent in den Mittelpunkt der Betrachtung gestellt, mit auf die Nutzer fokussierenden Methoden, um kreativ Probleme zu lösen und Ideen zu generieren. Die Prinzipien und Methoden sind in Teilen dem Industrie- und Produktdesign entliehen. Damit kann erreicht werden, dass die Ideenentwicklung nicht ausschließlich Profis vorbehalten ist, sondern auch Laien einen Zugang ermöglicht wird. Der Fokus liegt in der Fähigkeit, komplexe Problemstellungen zu erfassen, zu verstehen und innovative Lösungen für Veränderungen zu entwickeln. Dieser Ansatz betrachtet Transformation als einen fortlaufenden und dynamischen Prozess, der verschiedene Ebenen iterativ berührt. Die wichtigsten Schwerpunkte von Transformation Design und ihre Bedeutung werden nachfolgend im sogenannten 8-Punkte-Plan beschrieben.

4.1.1 Ganzheitlichkeit

Schon in der griechischen Antike fand der Holismus, als Lehre der Ganzheitlichkeit, erstmals eine starke Beachtung. In einer Zeit, in der reale Konflikte und Problemstellungen von größter Komplexität und Multidimensionalität geprägt sind, findet dieser Ansatz zunehmend Relevanz. Für den ganzheitlichen Ansatz von Transformation Design bedeutet dies, das nicht nur isolierte Teile eines Systems oberflächlich betrachtet werden sollten. Vielmehr sollte das Zusammenspiel von Strukturen, Prozessen, Kulturen, ökologischen und ökonomischen Aspekten, der Ästhetik, sowie den Menschen in ihrer Gesamtheit wahrgenommen werden –

---

33 Markus Caspers, Transformation Design – Creating Futures by Design as a Social Practice, 2021.

ermöglicht mittels tiefgreifender Analysen. Wichtig ist zu erkennen, was die jeweils relevanten Parameter sind, welche die Elemente miteinander verbinden und sich gegenseitig direkt bzw. indirekt beeinflussen. Daher bedarf es einer umfassenden, alle Teilaspekte berührenden Gestaltung, um echte Innovation und/ oder Veränderung zu erzielen. Durch die Integration verschiedener Disziplinen und Perspektiven wird ein umfassendes Verständnis für anstehende Herausforderungen und resultierende Chancen geschaffen, was zu innovativen Lösungen führen kann, die nachhaltig sind und den menschlichen Bedürfnissen entsprechen. Zudem hilft dieser Entstehungsprozess, über die bloße Entwicklung neuer Produkte und Services hinauszukommen.

4.1.2 Nutzerzentrierung

Die Fokussierung auf den Menschen ist integraler Bestandteil eines ganzheitlichen Vorgehens. Das sogenannte User-Centered-Design, bekannt als spezifische Systematik im Designprozess, ermöglicht dies. Dort wird es üblicherweise für die Gestaltung von Produkten und Services verwendet, um zeitökonomisch und prozessual hoch organisiert Artefakte hervorzubringen, die höchsten Kundennutzen und Kundenakzeptanz erfüllen. Dazu wird im Problemraum der Mensch, als Nutzer, Anwender, Betroffener, Experte, etc., mit seinen individuellen Bedürfnissen, Erfahrungen und Wissen konsequent in den Mittelpunkt des Prozesses gestellt. Mit Hilfe intensiver Forschung und verschiedenen, emphatischen Analyseverfahren können die spezifischen Bedürfnisse identifiziert und präzise beschrieben werden. Die daraus abgeleiteten Anforderungssets schaffen dann die Grundlage für die strategisch richtigen und pragmatisch passend zu entwickelnden Ergebnisse im Lösungsraum. Durch Prototypen werden die entworfenen Konzepte schon frühzeitig getestet, um herauszufinden, ob die identifizierten Bedarfe richtig verstanden und in gestaltete Artefakte übersetzt wurden. Diese Form der Evaluation wird iterativ angewandt, d. h. im Falle von Optimierungspotenzialen werden im Problemraum erneut die Anforderungen präzisiert und in der darauffolgenden Konzeption berücksichtigt.

4.1.3 Partizipation und Kollaboration

In transformativen Projekten ist es unerlässlich, alle relevanten Akteure frühzeitig zu beteiligen. Der partizipative Ansatz ermöglicht es, Menschen aus verschiedenen Interessenlagen sowie mit unterschiedlichen Perspektiven, Fähigkeiten und Erfahrungen einzubinden. Ausgestattet mit eigenem Stimmrecht, Entscheidungskompetenz und der Möglichkeit, mitzubestimmen und -gestalten, kann die höchste Form der Wirksamkeit im Projekt erreicht werden.

Transformation Design erzeugt einen kreativen Rahmen mit dem Ziel, ganzheitliche Lösungen zu ermöglichen, die die Bedürfnisse und Ansichten aller Beteiligten berücksichtigen. Es ermutigt dazu, dass Menschen nicht nur Empfänger von Lösungen sind, sondern zu aktiven Mitgestaltern des Wandels werden. Mit Hilfe partizipativer Methoden, wie Workshops, Co-Creation-Sessions und spezifischen Feedback-Mechanismen, wird die Gemeinschaft in den Gestaltungsprozess integriert. Der Designprozess wird somit zu einem dynamischen Austausch von Ideen, der Innovation und Veränderung fördert. Dazu haben sich in den letzten Jahren sog. Reallabore als erfolgreiche Plattformen für gesellschaftliche Transformationsziele herauskristallisiert. Vielschichtige Problemkonstellationen werden hier konstruktiv zusammengeführt und durch die verschiedenen Stakeholder und Wissensträger experimentell sowie kreativ bearbeitet, um auf umsetzbare und unter realen Bedingungen getestete Lösungen zu kommen.[34] Dies stärkt nicht nur das Engagement, sondern trägt auch dazu bei, nachhaltige und akzeptierte Veränderungen in sozialen, wirtschaftlichen und kulturellen Systemen zu schaffen.

4.1.4 Kreativität und Prozesse

Ein zentraler, schöpferischer Aspekt von Transformation Design, ist die Förderung und direkte Nutzung von Kreativität. Durch den Einsatz kreativer Methoden und Denkweisen werden neue Ideen generiert, die herkömmliche Ansätze vermutlich übertreffen und dabei helfen, innovative Wege für positive Veränderungen zu ebnen. Dazu erscheint es wichtig, den Gestaltungsprozess flexibel und veränderbar auszulegen, um sich dynamisch kurzfristigen Veränderungen jederzeit anpassen zu können. Im Besonderen dann, wenn notwendige zugrundeliegende Parameter unscharf bleiben oder sich erst im Laufe der Entwicklung bestätigen lassen. Dabei hilft ein iterativer Designprozess, bei dem kontinuierlich Anpassungen im Problemraum und Verbesserungen im Lösungsraum vorgenommen werden können, je nach Nutzer- bzw. Kundenfeedback. Diese Herangehensweise ermöglicht es, die identifizierten Bedürfnisse konsequent zu berücksichtigen, zu reagieren und neue Informationen zu integrieren. Dabei verfeinert sich die konzipierte Lösung fortwährend, entsprechend der sich optimierenden Anforderungen.

4.1.5 Interdisziplinäres Zusammenarbeiten

Dazu entwickeln Spezialisten aus verschiedenen Disziplinen zusammen an einem Forschungsgegenstand und bringen ihre unterschiedlichen Erfahrungen ein. Dadurch sind sie in der Lage, komplexe Probleme aus verschiedenen Perspektiven betrachtet zu lösen. Die Vielfalt der Fachkenntnisse verbunden mit spezifischem Erfahrungswissen in einem interdisziplinären Team fördert die Kreativität – die Entstehung unerwarteter Ideen wird begünstigt. Innovationen können auf diese

---

34 Felix Wagner, Die Experimentalstadt, Reallabore als kreative Arenen der Transformation zu einer Kultur der Nachhaltigkeit, 2017.

Weise leichter zustande kommen als nur innerhalb eines Fachbereichs. Zudem sorgt die Problembearbeitung der unterschiedlichen Experten für effektivere Analysen und Synthesen. Dies kann zu fundierteren und präziseren Forschungsfragen sowie zu effizienteren Lösungsansätzen führen. Die heterogenen Teams sind während eines Projekts in der Lage, auf Veränderungen mit einer höheren Verhaltensflexibilität zu reagieren und sich an neue Herausforderungen anzupassen. Dies wird durch eine breitere Palette von Fähigkeiten und Wissen möglich und erhöht die Chance der Teammitglieder, voneinander zu lernen und das eigene Fachwissen zu erweitern. Dies fördert nicht nur die persönliche Entwicklung des Einzelnen, sondern stärkt das Team als Ganzes. Damit interdisziplinäre Teams erfolgreich wirksam sein können, ist eine intensivere Kommunikation mit viel informativer Transparenz und eine verstärkte Zusammenarbeit zwischen den Mitgliedern erforderlich.

4.1.6 Freude am Experiment

Ein anderer bedeutender Aspekt ist, experimentelles Denken und eine offene Haltung gegenüber Risiken und Grauzonen bzw. Neuland zu ermöglichen. Kreativität blüht auf, wenn mit Mut und Vertrauen Raum für innovative Ideen und das Ausprobieren neuer Ansätze geschaffen wird und dies als Chance gesehen wird. Durch iterative Prozesse, bekannt aus den Prozesslogiken des Design Thinking bzw. der User Experience, und die Bereitschaft, aus Fehlern zu lernen und nicht nur den Misserfolg zu sehen, wird eine Atmosphäre geschaffen, in der Kreativität entsteht. Kreative können aus Fehlern lernen, verstehen, warum bestimmte Ansätze nicht funktionieren und dieses Wissen nutzen, um ihre Entwürfe und Konzepte zu verbessern. Aber auch dynamisch sich verändernde Rahmenbedingungen erfordern eine erhöhte Bereitschaft, Risiken einzugehen und experimentelle Wege auf dem Weg zur Lösung zu verfolgen. Dabei ist eine flexible und anpassungsfähige Herangehensweise, um auch auf unvorhergesehene Herausforderungen reagieren zu können, unausweichlich.[35]

4.1.7 Langfristiges Denken

Kreativität im Kontext von Transformation Design bezieht sich nicht nur auf die Findung kurzfristiger Lösungen, sondern ist auch auf langfristige und nachhaltige Veränderungen anwendbar. Die Projektteams werden dazu angeregt, über den unmittelbaren Bedarf hinauszublicken und Lösungen zu schaffen, die auf lange Sicht gesehen positive Auswirkungen auf die Gesellschaft, Umwelt und Wirtschaft haben. Konkret besteht das Ziel darin, durch eine kluge Nutzung der verfügbaren

---

35 Hasso Plattner, Christoph Meinel, Ulrich Weinberg, Design Thinking, Innovation lernen – Ideenwelten öffnen, 2023.

Ressourcen entlang der gesamten Wertschöpfungskette die Umweltbelastung schon bei der Produktion, später im Betrieb und am Ende eines Lebenszyklus zu minimieren. Und dies unter menschlich fairen Bedingungen. Diese Methodik stellt die Projektteams vor die Herausforderung, Produkte, Systeme, Infrastruktur und Dienstleistungen über den gesamten Lebenszyklus hinweg im Sinne der Nachhaltigkeit zu gestalten. Gesucht werden daher Lösungen, die in Systemen eingebettet konzipiert wurden und eine konzeptuell neue Qualität aufweisen. Transformation Design übernimmt hier eine moderierende Rolle zwischen, Nutzern, Umwelt und Ökonomie.

4.1.8 Zukunftsszenarien

Ein wichtiger Aspekt ist die Fähigkeit, zukünftige Entwicklungen zu identifizieren und zu antizipieren. Die Trend- und Zukunftsforschung ist deshalb ein integraler Bestandteil von Transformation Design und nutzt Formen der Szenarioplanung, um potenzielle »Zukünfte« zu erkennen. Auf dieser Grundlage werden gestaltete Lösungen so konzipiert, dass alle Aspekte auf mögliche Entwicklungen vorbereitet sind und sich flexibel an veränderte Rahmenbedingungen anpassen können. Die Vermittlung der Zukünfte liegt im Storytelling, dem kreativen Erzählen der jeweiligen Geschichte. Die Schaffung von Narrativen, Lebenswelten und visualisierten User-Journeys fördern die Kommunikation von Ideen und schafft eine emotionale Verbindung zu den Nutzern. Dies trägt dazu bei, kreative Lösungen nicht nur funktional, sondern auch emotional ansprechend hinsichtlich aller Beteiligten zu gestalten.

4.1.9 Schluss

Zusammenfassend lässt sich festhalten, dass die Bedeutung von Transformation Design in seiner Fähigkeit liegt, nachhaltige, nutzerzentrierte und innovative Veränderungen zu gestalten. Es bietet einen Werkzeuge beinhaltenden Rahmen, der über traditionelle Designansätze hinausgeht und sich auf die Gestaltung von Systemen, Prozessen und Kulturen konzentriert. Dabei können positive Auswirkungen auf individueller, organisatorischer und gesellschaftlicher Ebene erzielt werden.

Transformation Design eröffnet dem Tourismus die Chance, durch die Digitalisierung und den technologischen Neuerungen das Reisen nachhaltig positiv zu gestalten. Dies kann die Einführung von Smart-Technologien für Energieeffizienz und intelligentes Wirtschaften und die Förderung von virtuellen Reiseerlebnissen umfassen, die den Bedarf an physischem Reisen reduzieren. Tourismusunternehmen können durch Transformation Design auf eine Kreislaufwirtschaft umstellen, indem sie Ressourcen effizient nutzen, Abfälle minimieren und lokale Lieferketten stärken. Dies könnte die Schaffung nachhaltiger Produkte und Dienstleistungen umfassen. Ebenso entsteht die Chance, nachhaltige Transportmittel zu fördern, sei es durch Elektromobilität, Nutzung erneuerbarer Energien oder innovative Verkehrsinfrastrukturen. Dies trägt dazu bei, die Umweltauswirkungen des Reisens zu minimieren und vor Ort positive Erlebnisse im Zusammenhang mit der Mobilität zu ermöglichen. Mit Hilfe von Transformation Design können Bildungsprogramme für Touristen entwickelt werden, mit dem Ziel, die Umweltauswirkungen zu verstehen und gleichzeitig lokale Kulturen zu respektieren. All dies wird mittels einer fairen und partnerschaftlichen Zusammenarbeit aller Stakeholder ermöglicht. Die Akteure aus Forschung, Verwaltung, Wirtschaft und Zivilgesellschaft werden auf einer durch Transformation Design geschaffenen Plattform für effektive Zusammenarbeit wirksam. So kann der Tourismus als Motor für positive Veränderungen dienen, indem er sich in eine nachhaltige und zukunftsorientierte Richtung bewegt und dabei gleichzeitig die Bedürfnisse der Umwelt, lokaler Gemeinschaften und Touristen berücksichtigt.

Link zur Tagung

https://youtu.be/dcnnrLjbJOg

© Christine Olma

4.2 Wenn nichts mehr hilft, hilft nur noch Kunst? Zur Rolle der Kunst und Kultur in Transformationsprozessen

Theres Rohde

Die Welt verändert sich. Aber es gibt eine gute Nachricht: Das hat sie schon immer. Und schon immer ist die Welt damit sprichwörtlich – bis jetzt – nicht untergegangen. Sie hat sich verändert.

Unterzugehen drohen am Ende wohl nur solche, die an der Veränderung nicht teilhaben wollen, sich ihr verschließen und nicht reagieren. Obwohl reagieren tatsächlich das falsche Verb zu sein scheint, lässt es doch eine eher passive Haltung assoziieren. Agieren anstelle von Reagieren müsste wohl vielmehr das Gebot heißen.

Transformation ist in aller Munde, für manche eher als ein »Buzzword«, für andere als innere Haltung. Zweiteres gilt vor allem für den Kunst- und Kulturbetrieb, allerdings ohne, dass dieser Begriff sonderlich oft gebraucht oder unterstrichen wird. Vielleicht, weil dann die Gefahr besteht, dass er sich abnutzt und an Stärke verliert oder weil er, so lässt sich vermuten, eher von denen am meisten gebraucht wird, denen eine gewisse Selbstverständlichkeit im Umgang damit fehlt. Tatsächlich ist es so: Die Kunst- und Kulturszene befindet sich in einem ständigen Transformationsprozess, weil es eben genau die Veränderung ist, die sie antreibt. Sich verändern, die Kunst verändern, das Programm verändern, die Orte verändern, das Publikum verändern und, wenn man es pathetisch ausdrücken mag, ja, die Welt verändern. Mit Kunst und Kultur Unterschiede aufzeigen. Mit Kunst und Kultur Unterschiede machen. Mit dem, was einem gegeben ist. Das ist in jeder Situation meist etwas anderes und in der Regel nicht viel. Künstler*innen müssen wohl wie kaum eine andere Berufsgruppe resilient damit umgehen, immer in prekären, und – selbst wenn es gut läuft – unsicheren sowie wenig planbaren Umständen zu (über)leben. Dies macht ihren Geist wendig und frei, und vielleicht ist es die andauernde Krisensituation – was den Begriff auf gewisse Weise ad absurdum führt, denn damit wird aus einem eigentlich temporäreren Ereignis Routine –, die sie bereitwilliger mit Veränderungen und Risiken umgehen lässt. Frei nach dem Motto: Wer nichts hat, hat nichts zu verlieren. Daraus können andere sicherlich lernen. Zwei Sachen sollen hier aber vermieden werden: erstens, den Beruf der Künstler*innen zu romantisieren oder zu idealisieren – tatsächlich brechen nicht wenige unter der Last des Prekären und der Unsicherheit zusammen und geben ihre Berufung auf, und viele sind auch nur dann dauerhaft erfolgreich, wenn sie sich nicht frei von allen Regeln machen, sondern sich vielmehr dem Regelwerk des Kunstmarkts anpassen. Zweitens soll auch nicht aus Menschen, die die Begabung, die Übung und den unbedingten Willen zur Kunst einfach nicht haben, plötzlich Künstler*innen gemacht werden. Stattdessen gilt es zu überlegen: Was lässt sich aus der Kunst und Kultur beobachten, vielleicht sogar ableiten, um Transformationen zu meistern?

Daraus eine einzige und knappe Antwort zu entwickeln, ist schwer leistbar. Wenn man es trotzdem versuchen will, dann käme man zu folgender Erkenntnis: Künstler*innen schaffen Bilder. Damit sind weniger die Kunstwerke, die entstehenden Objekte gemeint, Gemälde, Öl auf Leinwand etwa. Es sind die Vorstellungen, die sie kreieren und die sich in den verschiedensten Materialien wie Medien ausdrücken können. So ist der Kunstbegriff hier auch als ein weiter zu verstehen und bezieht sich nicht allein auf die Bildende Kunst. Künstler*innen und Kulturschaffende arbeiten an ihren eigenen Realitäten, ohne sich von der sogenannten Wirklichkeit gänzlich zu lösen. Sie haben eine feine und sensible Beobachtungsgabe. Sie nehmen die Welt mit anderen Augen wahr, als es die meisten Menschen tun. Damit bemerken sie, dass es eben nicht nur die eine Realität gibt, sondern neben derjenigen, die sie selbst kreieren, auch eine Vielzahl davon abweichender. Künstler*innen schaffen andere Realitäten, zeigen Alternativen auf und lassen solche im besten Fall auch zu. Darin liegt aber auch immer der Mut zu scheitern und die Fähigkeit, dies auch aushalten zu können. Ein wahrhaft riskantes Spiel mit einem hohen Einsatz, den es unbedingt braucht, um zu etwas Neuem zu gelangen. Tatsächlich sind Künstler*innen immer gezwungen, etwas Neues zu liefern. Denn was schon einmal künstlerisch gedacht und gemacht wurde, ist besetzt und damit uninteressant. Künstler*innen sind wie niemand anderes dazu gezwungen, sich und die Welt neu zu erfinden, um nicht in der Bedeutungslosigkeit zu verschwinden.

Trägt man dieses Bild im Hinterkopf, lässt sich das Potenzial der Kunst- und Kulturszene für Transformationsprozesse erahnen. Natürlich, Künstler*innen sind keine Unternehmer*innen, keine Wissenschaftler*innen, keine Politiker*innen. Ihre Lebenswirklichkeit, ihre Verantwortung und die Eigenlogik ihres Systems sind anders. Tatsächlich ist die Lösung in Transformationsprozessen nicht allein in der Kunst zu suchen. Denn Kunst überzeugt beispielsweise vor allem dann, wenn ihre Konzepte kompromisslos sind. Doch ohne Kompromisse geht es in der »wirklichen Welt« nicht. Was man allerdings aus der Beobachtung der Kompromisslosigkeit mancher Künstler*innen mitnehmen kann, ist, dass oftmals eine gewisse Leidensfähigkeit notwendig ist. Ähnlich ist es in Transformationsprozessen. Sie tun nicht selten weh. Das gilt es durchzustehen und auszuhalten. So kann es gelingen, mit Hilfe des »mindsets« der Kunst und Kultur, nicht nur Zukunft, sondern Zukünfte zu gestalten. Sicherlich ist der Ansatz, alternative Welten zu entwickeln, ein Schlüssel zur Lösung für jeden Transformationsprozess, wobei allerdings nicht außen vorgelassen werden kann, dass jeder ein anderer und von unterschiedlichen Parametern abhängig ist. Dennoch ist dieses offene Denken, Wahrnehmen und Gestalten etwas, das jegliche Kultur voranbringen kann – und damit sind Wirtschafts- oder Unternehmenskulturen nicht ausgeschlossen. So lässt sich die These aufstellen, dass besonders solche Regionen gut mit Transformationsprozessen umgehen können, bei denen kreative Köpfe beteiligt sind. Und damit ist in diesem Fall auch, aber weit weniger die soziale Kompetenz »Kreativität« gemeint, die aktuell jede*r unabhängig der Branche in den Bewerbungsunterlagen als weiteres Buzzword einzuarbeiten versucht. Vielmehr werden Personen assoziiert, bei denen schöpferisches Denken und Gestalten die Essenz all ihres Tuns ist.

Solche Menschen fallen nicht vom Himmel. Deshalb ist es wichtig, sie auszubilden. Städte werden oftmals dann als äußerst dynamisch und lebendig empfunden, wenn es etwa eine Studierendenschaft gibt, die mit ihrem Umfeld etwas macht und sich einbringt. Das kommt besonders häufig etwa dort vor, wo Kunst- und Gestaltungshochschulen oder ähnliche Einrichtungen verortet sind, was verständlicherweise nicht überall gegeben sein kann. Doch wenn man gezwungen ist, woanders hinzugehen, um Kunst und Kultur zu lernen, besteht auch immer die Gefahr nicht zurückzukommen. Allerdings soll dies kein Plädoyer fürs Daheimbleiben darstellen. Das Woanderssein führt in der Regel zu einer Horizonterweiterung. Trotzdem sollte eine Stadt die Anreize schaffen zu kommen und zu bleiben. Denn wer von der Kunst- und Kulturszene lernen will, der muss ihr auch die Möglichkeiten geben, sich zu entwickeln. Dies ist etwa in Regionen, die keine Probe- und Atelierfläche oder auch keinen Wohnraum zu günstigen Preisen zur Verfügung stellen, schwer. Wer das Leben und Arbeiten für Künstler*innen und Kreative unerschwinglich macht, braucht sich am Ende nicht wundern, wenn es sie einfach nicht gibt. Gleichzeitig gilt es aber auch nicht nur die Kunst und Kultur vor Ort zu fördern, sondern ebenso, die von wo anders in die eigene Region zu transportieren, um sich zu transformieren. Wer etwas anderes sieht, der denkt auch anders über die Dinge nach, die ihn in seinem eigenen Umfeld beschäftigen und so ist es immer eine gute Idee, ins Museum zu gehen, egal aus welcher Welt man selbst kommt. Der sprichwörtliche Blick über den Tellerrand bereichert das einheimische Publikum und bringt neues in die Städte. Kultur, das hat die jüngste Geschichte gezeigt, trägt nicht selten dazu bei, Regionen, in der eine Industrie ein Ende gefunden hat, eine neue Zukunft zu bereiten. Dafür ist das Ruhrgebiet bestes Beispiel, genauso das, was im Baskenland passiert ist, beim sogenannten Bilbao-Effekt. Dabei gilt es, nicht nur auf Altbekanntes zu setzen, nur teure und damit für viele Häuser unerschwingliche »Blockbuster-Ausstellungen« zu liefern und damit Erfolgreiches hoffentlich nochmals zu reproduzieren. Gegen den Ansatz, eine aufwendige, kostspielige, restauratorisch intensive und durch internationale Transporte auch klimaschädliche Schau nach der anderen zu liefern, gibt es viele

Argumente. Nicht nur die Welt verändert sich, sondern ebenso muss es das Museumswesen tun. Selbst dieses trägt Verantwortung, kann sich einem Transformationsprozess nicht verschließen, muss Konzepte überdenken. Das schließt Ausstellungen, die Kunst auf Reisen schicken und einen großen Publikumsverkehr generieren sollen, nicht gänzlich aus, doch gilt es etwa bei großen Häusern, die Frequenz zu hinterfragen und Alternativen in Betracht zu ziehen. Jene liegen aber nicht bloß im Digitalen, wonach heute viele Stimmen schreien, denn die Stärke von Kunst liegt vor allem in ihrem tatsächlichen und direkten Erleben. Dafür gilt es, neue Wege zu wagen, andere Themen zu setzen, selbst auf die Gefahr hin, nicht immer die Besuchszahlen nach oben zu treiben. All das macht eine Institution zukunftsfähig. Denn Erfolg bemisst sich nicht allein in steigenden Besuchszahlen. Diese Ansicht müssen neben den Museumsleuten jedoch ebenso die teilen, die Budgets und Fördermittel verantworten und damit die Gelder vergeben. Die Frage ist immer, was man als einen Gewinn bewertet. Auch hier gilt es, das Denken zu transformieren, denn dieses kann in Verschiedenem liegen. So haben qualitativ hochwertige und ambitionierte Museumsprogramme und die anderer Kulturstätten wie Theater mindestens einen zweifachen Effekt: Sie können dazu führen, aus Industriestandorten Tourismusdestinationen zu machen und damit einen Markt zu erschließen, von der eine ganze Region auf unterschiedlichsten Ebenen profitieren kann. Sie sind aber auch ein Baustein dafür, Industriestandorte erst gar nicht untergehen zu lassen, sondern dazu beizutragen, solche zu stärken. In Zeiten des Fachkräftemangels und der Möglichkeit, im Homeoffice zu arbeiten, ist es für die Städte und Regionen wichtig, neben einem interessanten Arbeitsplatz ein »gutes Leben« zu bieten, um den Standort zu stärken. Dazu gehören viele verschiedene Faktoren, wie eine funktionierende Infrastruktur, bezahlbarer Wohnraum, optimale Schul- und Betreuungsverhältnisse für Kinder, genauso wie vielfältige Freizeitangebote im Sport- und im Kulturbereich. Das Erleben von Kultur setzt wiederum Impulse, die sich auf andere Arbeitsfelder auswirken können. Inspirierte Menschen bedeuten auch inspirierte Mitarbeiter*innen.

Das heißt allerdings, dass man, selbst wenn man sie schlecht bemessen kann, die Rolle von Kunst und Kultur im Gesamtgefüge ernst nimmt. Oftmals schleicht sich allerdings folgender Eindruck ein: Wenn nichts mehr hilft, hilft nur noch Kunst. Erst dann wird sie herangezogen. Ist die Kunst- und Kulturszene am Ende die Lösung, wenn der Karren einmal im Dreck gefahren ist und man ihn so dringend braucht, den Transformationsprozess? Derart einfach ist es sicherlich nicht. Erstens, weil es kein Patentrezept gibt und für jede Region etwas anderes greift. Zweitens, weil es nicht die Lösung sein kann, dass man der Kunst und Kultur erst ihren Platz einräumt, wenn es ohnehin egal ist. Wie oft ist sie es, die aus verlassenen Bauten spannungsreiche Interimslösungen machen soll, die Einheimische wie Fremde anziehen soll und das am besten mit null Budget. Exakt dann werden oft Kreative herangezogen, denn sie seien doch so kreativ und fänden bestimmt eine Lösung... Stattdessen sollte die Rechnung umgekehrt aufgemacht werden: Kunst und Kultur müssen besonders in guten Zeiten gefördert und vorangetrieben, in sie investiert werden, damit sie auch in schlechten ihre volle Wirkung entfalten können. In weniger üppigen Perioden darf wiederum nicht an ihr gespart werden, denn spätestens dann wird hier so oft der Rotstift angesetzt. Es mag eine These sein, aber eine, über die es gerade in Transformationsprozessen nachzudenken gilt: Kunst und Kultur können einem sicherlich nicht vor schlechten Zeiten bewahren, aber sie tragen dazu bei, Lösungen daraus zu entwickeln und ein Stück weit mit vorzubeugen, dass es nicht allzu hart dabei kommt oder sich zumindest nicht danach anfühlt. Denn so oder so, die Welt verändert sich.

Link zur Tagung

https://youtu.be/XXfqOz94H0U

© Ludwig Olah

4.3 Braucht Ingolstadt ein »Labor für konkrete Transformation«?

Interview mit Knut Weber

> Stichwort Reallabor, »Konkrete Transformation«. Was braucht Ingolstadt und wie könnte so ein Labor für konkrete Transformation aussehen?

Ich finde, das sind zwei interessante Begriffe, nämlich »Labor« und »konkret«. »Labor« heißt ja, dass man wie in einem geschützten Raum, in einem Reagenzglas Dinge denkt und modelliert, die Möglichkeitsräume eröffnen. »Konkret« heißt, dass man diesen Lokalpunkt Ingolstadt als Zentrum nimmt für eine übergreifende Lösung. Das finde ich so charmant an der Idee, dass Ingolstadt als Beispiel für einen Transformationsprozess von Humanität dienen kann. Ingolstadt ist für mich eine Stadt, die wie wenige andere in Deutschland für Transformationen steht, von der Universitätsstadt zur Militärstadt, zur Arbeiterstadt, zur Dienstleistungsstadt. Das sind ganz konkrete Übergänge. Die Übergänge sind, glaube ich, immer wichtig, weil das Alte noch da ist, das Neue noch nicht ganz. Das macht diese Transformationsprozesse so interessant. Wo man sehr genau ablesen kann, was am Horizont möglicherweise aufleuchtet. Für mich als Theatermensch ist so eine Figur wie Marieluise Fleißer mit ihrem Werk im Zentrum der vorletzten Transformation, von der Militärstadt zur Arbeiterstadt. Dieser Übergang spiegelt sich auch in ihrem Werk, in der Beschreibung einer bayerischen Provinzstadt, die sich aber in einem Transformationsprozess befindet. Insofern finde ich das sehr spannend.

> In Ingolstadt wird viel von der Transformationsgeschichte der Stadt gesprochen. Hilft uns das in der gegenwärtigen Transformation?

Auf jeden Fall schafft es, glaube ich, einen Resonanzraum. Wir wissen noch nicht so genau, was die Transformationsgesellschaft für Ingolstadt bedeutet. Es gibt so viele Ideen, dass man Ingolstadt zumindest zum bayerischen Zentrum von KI und Digitalisierung machen möchte. Deswegen wurde die THI beispielsweise so extrem aufgewertet, glaube ich. Man hat eine Transformationsgeschichte hinter sich und man weiß, dass die Prozesse so nicht weitergehen, wie sie momentan laufen, und das finde ich eine sehr spannende Übergangssituation. Insofern hilft das Wissen um vergangene Transformationen durchaus, finde ich. Aber natürlich muss man sich jetzt auf die Möglichkeiten, die vor uns liegen, fokussieren.

> Wer gestaltete die Zukunft der Gesellschaft oder anders gesagt, inwiefern trägt das Theater zur Transformation der Gesellschaft bei? Und was kann überhaupt das Theater hier in Ingolstadt bewirken?

Da muss man ein bisschen aufpassen, finde ich, dass man das Theater nicht mit zu vielen Funktionen überfrachtet, weil der Kern unserer Arbeit in der Kunstproduktion besteht. Aber die Kunst reflektiert natürlich das Leben, die Kunst schafft Utopien oder Möglichkeitsräume. Das Theater unterhält und lädt gleichzeitig auch ein zur Unterhaltung. Das finde ich sehr spannend im Sinne von ästhetischen Prozessen, die eine Inhaltlichkeit für die Zukunft reflektieren, aber gleichzeitig das auch in die Form aufnehmen müssen. Es muss sich auch in neuen ästhetischen Formen widerspiegeln. Da befindet sich das Theater insgesamt, aber auch in Ingolstadt, in einem Transformationsprozess, weil die alten Gewissheiten auch im Theater nicht mehr funktionieren. Was ist mit dem Kanon? Der Kanon ist nicht mehr selbstverständlich, also Goethe, Schiller und Lessing. Man muss sehr viel mehr tun, um den Kanon noch am Leben zu halten bzw. auch Dinge über Bord werfen. Auf der anderen Seite gibt es noch nicht das überzeugende Neue. Was ich damit sagen will, ist, dass das Theater selbst Teil dieser Transformationsprozesse ist und die Chance hat, wie zum Beispiel durch so etwas wie das Veranstaltungsformat des Futurologischen Kongresses, verschiedene Aspekte zusammenzuführen, die unsere Wirklichkeit ausmachen, also Kunst und Wissenschaft und die Metaebene, die in Ingolstadt völlig fehlt. Das ist immer mein großer Kritikpunkt am intellektuellen Leben dieser Stadt. Es ist alles sehr pragmatisch orientiert, aber es gibt keine Ebene, die das Ganze auf eine Metaebene hebt, womit eine Reflexionsinstanz geschaffen wird.

> Ingolstadt ist pragmatisch, ist das auch ein Hindernis für Möglichkeitsräume?

Auf jeden Fall, genau deswegen Labor. Da gibt es die Chance für diese Metaebene. Das war auch der Ansatz für den Futurologischen Kongress. Wir hatten praktische Wissenschaft, praktische Kunst und haben aber auch die Reflexionsebene eingefügt durch Debatten mit Philosophen, mit Wissenschaftstheoretikern. Das finde ich gerade für Ingolstadt extrem wichtig.

> Damit auch noch einmal einen Schwenk hin in Richtung Kulturszene dieser Stadt. Hat eine pragmatische Stadt wie Ingolstadt überhaupt eine Kulturszene? Wie muss man sich eine Kulturszene in dieser Stadt vorstellen, damit aus dieser

> Stadt eine Stadt wird, die sich das vorstellen kann in der Zukunft, und damit ihr die Übergänge auch gelingen?

Das ist eine schwierige Frage. Ich nehme als Beispiel die Abstimmung über die Kammerspiele. 10.000 haben für den Bau der Kammerspiele gestimmt, 15.000 dagegen. 5.000 Stimmen haben also den Ausschlag gegeben. 120.000 Menschen haben nicht abgestimmt. Das ist bitter. Man muss wissen, dass nur Ingolstädter Bürgerinnen und Bürger abstimmen durften, unsere Abonnenten kommen aber mehrheitlich aus dem Umland. Die durften aber nicht abstimmen. Insgesamt eine unglückliche Situation, aufgeheizt durch eine kulturfeindliche vulgär-populistische Kampagne von Freien Wählern und AfD. Ich finde, das sagt schon eine Menge über das Interesse an Kunst und Kultur aus. Wir als Stadttheater haben ein treues Publikum, wir können uns nicht beklagen, wir haben Rekordzahlen. Aber das heißt noch nicht, dass wir ein lebendiges kulturelles Leben in dieser Stadt auf einem künstlerischen, intellektuellen Niveau haben, das diesen Transformationsprozess begleitet, ich erlebe die Kulturszene nämlich als relativ zersplittert. Traditionell ist die Malerei und die Bildende Kunst nicht schwach in dieser Stadt, aber das kulturelle Flagship ist nun mal das Stadttheater. Es gibt Initiativen wie »Künstler an Schule« und so weiter. Das ist auch alles sehr wichtig. Aber für eine Stadt, die sich eine Großstadt nennt mit über 130.000 Einwohnern, ist die Kulturszene relativ dünn. Aber umso mehr ist das Stadttheater in der Verantwortung, Dinge anzustoßen. Bemerkenswert war der Schulterschluss der gesamten Kulturszene der Stadt für den Bau der Kammerspiele als kulturelles Symbol und Zentrum für die ganze Bürgerschaft; das Scheitern dieses Projekts war ein Rückschlag für die Kulturschaffenden der Stadt, was aber jetzt durch das Holztheater korrigiert werden kann und sollte.

> Utopien sind wichtig, um Vorstellungskräfte und Zukünfte zu entwickeln. Sie haben darüber gesprochen, dass man sich im Theater auf eine utopische Reise begibt. Wie kann man den komplexen Fragestellungen um Klimawandel, Artensterben und Biodiversität im Theater begegnen? Das spielt doch irgendwo auch mit hinein.

Wir versuchen innerhalb der Organisation Stadttheater einen Strukturwandel durchzuführen. Wir haben viele verschiedene Arbeitsgruppen gegründet, die unsere Arbeit täglich begleiten zu den Themen Nachhaltigkeit, Diversität, Struktur, Vereinbarkeit von Familie und Beruf oder Barrierefreiheit. Das sind alles wichtige Themen, die unseren Alltag bestimmen und konkrete Auswirkungen auf unseren Produktionsprozess haben. Eine ganz banale Frage: Was macht man, wenn man nicht mehr mit Styropor arbeiten kann? Dann fallen ganz wichtige Teile unserer Bühnenästhetik weg. Ich habe verboten, dass Wasser auf der Bühne eingesetzt wird, weil das Wasser Trinkwasser ist und man so heute nicht mehr mit Ressourcen umgehen kann. Was ich sagen will: Wir versuchen im Kleinen, in unseren Produktionsprozessen, die großen Fragen auf unsere alltägliche Arbeit herunterzubrechen. Ich glaube, das ist es, worum es geht. Wir werden natürlich nicht die

Klimabilanz dieser Stadt wesentlich verändern, aber wir gehen einen Schritt in die Richtung, in welche die Gesellschaft insgesamt gehen muss. Deswegen sind diese Dinge extrem wichtig, auch in der Bewusstseinsbildung innerhalb des Hauses. Wenn diese Fragen eine große Rolle spielen, hat das Konsequenzen für das eigene politische und private Verhalten.

> Schauplatzwechsel. Audi ist ein Machtfaktor am Standort Ingolstadt. Was bedeutet das für die Stadt und die notwendigen Transformationen? Und wie geht Kunst und Kultur damit um?

Audi prägt diese Stadt sehr, nicht das Theater. Audi ist Spielzeitpartner mit einem vergleichsweise geringen finanziellen Zuschuss, nahezu zu vernachlässigen. Aber wir dürfen nach Auskunft der entsprechenden Mitarbeiterin des Konzerns froh sein, dass wir diese Unterstützung überhaupt noch genießen dürfen. Wir haben versucht, Audi in den zweiten Futurologischen Kongress einzubinden. Das hat aber keine nachhaltige und langfristige Konsequenz gehabt. Das beschränkte sich auf eine punktuelle Mitarbeit und Zuarbeit, was ich schade finde. Ich finde, es müsste eine Art Bürgerrat geben, wo über die Prozesse, die Audi offensichtlich angestoßen hat im Produktionsprozess für Ingolstadt, geredet wird. Wenn ich das richtig weiß, ist Ingolstadt ein Zentrum für die Elektromobilität von Audi. Das hat aber für die Bewusstseinsbildung in dieser Stadt und für die politische Debatte keine Konsequenz. Immer noch hat jeder in Ingolstadt zwei Verbrenner-Audis in der Garage stehen. Der öffentliche Nahverkehr spielt eine große Rolle, wie stellt man das um? Wie besucherfreundlich kann sich Audi in eine Theatermobilität einbringen? Wenn eine Vorstellung zu Ende ist, kommen die Zuschauerinnen und Zuschauer mit dem öffentlichen Nahverkehr im Moment nicht mehr in die Vorstädte. Da müsste man doch Abhilfe schaffen.

> Ingolstadt ist paradoxerweise eine ausgeprägte Mobilitätsstadt ohne ausgeprägte Mobilitätskultur.

Ja genau, besteht nur aus Auspuff.

> Mit Mobilität als umfassendes Konzept und Haltung hat man sich in der Stadt kaum beschäftigt und wenn, dann meistens im Zusammenhang mit Audi.

Audi bestimmt wesentliche Strukturen in der Stadtpolitik.

> Audi hat am Standort zwar immer wieder, aber kaum dauerhaft und mit hohem Anspruch regional definierte Weitsichtigkeit an den Tag gelegt. Ich habe viel mit Audi gearbeitet, 20 Jahre. Und ich habe viel profitiert davon, ich hoffe, Audi auch. Ich habe beispielsweise mit einem Audi-Vorstand ein Buch zu regionaler Vernetzung mit herausgegeben. Aber in meiner Wahrnehmung hat das langfris-

tige Denken für den Standort jenseits der Werkstore in all den Jahren stetig abgenommen.

Das hängt auch damit zusammen, dass das Management jetzt nicht mehr aus Ingolstädtern und Ingolstädterinnen besteht, sondern in München, Berlin, New York oder wo auch immer lebt und nicht in Ingolstadt. Diese mangelnde Andockung an die Stadt spürt man.

> Zum Publikum, zu Ihrem Publikum auch? Wie ist das? Wie verändert sich das? Hat man da auch eine Transformation erleben können?

Ich glaube, so im Nachhinein war die Gründung des Jungen Theaters ein Meilenstein. Wir haben über 50.000 Kinder und Jugendliche pro Spielzeit im Publikum. 50.000, das ist richtig viel. Der Plan ist, dass Kinder von Anfang an bis zum Schulabschluss, egal welcher Schulabschluss, eine ununterbrochene Theatererfahrung durchlaufen. Meine These ist: Wenn man 18 Jahre Theatererfahrung hinter sich hat, ist man kritikfähiger, auch intellektuell aufgeschlossener und lebendiger, als wenn man diese Erfahrung nicht gemacht hat. Das ist unser Ansatz, den wir sehr konsequent verfolgen. Wir haben die Theatervermittlung von einer Person auf vier gesteigert. Wir haben das Junge Theater von 3 Mitarbeitern auf mittlerweile knapp 20 aufgebaut. Ich glaube, nur so besteht die Chance, dass wir die Gesellschaft auch verändern. Im Sinne einer liberalen und aufgeschlossenen, zukunftsorientierten, multiethnischen Gesellschaft. Bildung ist das A und O und das Theater ist ein Teil dieser Bildungsoffensive. Nur ein Teil. Wir sind keine Bildungsinstitution im engen Sinn, aber wir leisten natürlich unseren Beitrag zu Bildung, auch zu einer ästhetischen Bildung und damit auch zu Konfliktlösungsmöglichkeiten. Das thematisieren wir auch mit unserer täglichen Arbeit. Wie geht man mit Konflikten um? Und insofern ist die Konsequenz aus der Gründung der Sparte Junges Theater eine deutliche Verjüngung des Publikums. Natürlich haben wir, wie kann das anders sein, im Abonnement-Bereich das Silbermeer. Das ist auch in Ordnung, die bedienen wir gerne. Ich gehöre selbst dazu. Angebote, dass man nachmittags ins Theater gehen kann, sind wichtig für ältere Menschen. Aber das kann nicht alles sein. Wir bedienen das ältere Publikum, welches im Ruhestand auch die Zeit und das Geld hat, sich einen Theaterbesuch leisten zu können, und welches unser Theater und vor allem unser Ensemble liebt. Das ist eine ganz große Identifikation. Auf der anderen Seite bauen wir sehr konsequent ein junges Publikum auf durch die Sparte Junges Theater.

> Nun zur Tagung anlässlich des 20-Jahre-Jubiläums des Lehrstuhl Tourismus im vergangenen Herbst mit dem Titel »Transformation ist eine Haltung! Zur Veränderung des Reisens: Perspektiven der Gestaltung von Orten und Räumen«, wo Sie auch mit dabei waren. Da hieß es im Untertitel zum Ingolstädter Teil: »Wie weh tut Veränderung?« In unserem ersten Vorschlag für den Titel stand noch

»Tut Veränderung weh?« Tut Transformation wirklich weh? Wir haben das abgeändert. Veränderung tut weh, würden Sie das auch so sehen? Und wenn ja, wo schmerzt sie? Wo würden Sie als Kulturmacher den Schmerz erkennen, den eine Gesellschaft in ihrer Transformation durchmacht?

Wenn ich das für mich persönlich herunterbreche: Ich muss mich ja gerade auch neu erfinden. Was weh tut, ist Dinge zu verlassen, die man irgendwie ein Leben lang getan hat. Gleichzeitig muss man aber auch offen sein für das, was kommt. Wir haben 13 Jahre lang Geschichten erzählt und jetzt kommen andere Menschen, die andere Geschichten auf andere Weise erzählen. Man verlässt etwas, nette Gewohnheiten und Gewissheiten, und darf sich dem Neuen ja auch nicht verschließen. Für mich ist das eher positiv besetzt. Ich bin in meinem Leben ungefähr 20-mal umgezogen. Das Theater besteht aus Veränderungen und das Leben besteht aus Veränderungen. Insofern ja, es tut weh, das Gewohnte zu verlassen. Aber der Weg in die Zukunft ist offen und die Offenheit ist eigentlich das, was schön ist. Die Bereitschaft, neue Erfahrungen zu machen. Aber ich weiß schon, dass man solche individuellen Erfahrungen auf eine Stadtgesellschaft nicht herunterbrechen kann, weil das Ingolstadt wehtun wird. Die Veränderung z. B. in der Mobilität wird eine Stadt wie Ingolstadt treffen. Das fängt beim Parkhaus an und hört beim ÖPNV auf, aber es führt kein Weg daran vorbei. Wenn die Gesellschaft überleben will, dann muss sie sich verändern. Es tut weh.

Nochmal zurück zum Futurologischen Kongress. Sie haben drei davon organisiert. Wie würden Sie das rückwirkend sehen? Wir haben schon kurz über Kunst und Wissenschaft gesprochen, über Kultur, über die Jahre – abgesehen vom Sponsoring –, die inhaltlichen Schwerpunkte. Wie würden Sie die Transformation der Futurologischen Kongresse beurteilen?

Zunächst muss man sagen, dass es eine Erfolgsgeschichte ist. Wir hatten beim ersten Futurologischen Kongress in drei Tagen 14.000 Besucherinnen und Besucher. Ein Teil des Erfolges lag sicherlich auch daran, dass wir das in den Räumen der THI gemacht haben, dass wir versucht haben, Anwendungsprozesse, diese Metaebene und die Kunst zusammenzubringen. Ich glaube, das ist sehr gut gelungen. Der junge Futurologische Kongress war ein bisschen schwierig, das war der zweite, wo Audi andere Erwartungen hatte – das war nicht rund. Aber der Ansatz des Futurologischen Kongresses ist nach wie vor richtig. Man bringt diese verschiedenen Bereiche zusammen im Sinne einer Debatte über die Frage: Wie wollen wir leben? Wenn ich in Ingolstadt bleiben würde, würde ich versuchen, den Futurologischen Kongress neu zu erfinden, sodass man die Struktur erhält. Aber die gesellschaftlichen Probleme haben sich massiv verändert in den letzten Jahren. Politisch, gesellschaftspolitisch, ökonomisch. Sehr vieles ist im Fluss. Die Frage von KI würde ich versuchen, sehr stark zu machen. Im Augenblick arbeite ich sehr stark für mich persönlich mit KI, weil mich ein Theaterabend interessieren würde, der von der KI gestaltet wird. Textlich bin ich soweit und jetzt kommen die anderen Dinge noch dazu. Das wäre eine wunderbare Herausforderung zu sagen, man macht einen Futurologischen Kongress, der mehr oder weniger von der KI gestaltet wird. Das wäre ein Fest.

> Haben die Hochschulen Einfluss auf die Stadt und ihre Transformationsnotwendigkeit?

Ich kann das nicht wirklich beurteilen, aber ich fürchte zu wenig.

> Die Frage war schon ganz bewusst gewählt. Wir erinnern uns nämlich, dass Sie ausführlich im Rahmen des Transformationstages der KU-Masterstudierenden darüber gesprochen hatten.

Ich erinnere mich auch. Das Hochschulleben der THI läuft an der Stadt vorbei. Ich habe der THI die Möglichkeit eröffnet, dass sie unsere Räume tagsüber nutzen können, die offenen Foyers für Engpässe während der Prüfungen. Wir haben Arbeitsplätze zur Verfügung gestellt, Schreibtische und Computer. Sie könnten es nutzen, haben es aber nicht getan. Vielleicht ist die Not doch nicht so groß. Ich finde, dass die Präsenz der Hochschulen, KU und THI, in der Stadt zu unterrepräsentiert ist.

> Was würden Sie sich wünschen?

Was ich mir wünschen würde? Ich würde mir eine größere Offenheit gegenüber Geisteswissenschaften und der Kunst und Kultur wünschen und ich würde mir Projekte wünschen, die beides zusammenführen. Ich weiß, dass das nicht die Kernaufgabe von einer KU oder THI ist, aber ich stelle doch fest – gerade im Mittelbau oder im Professorenbereich – dass das grundsätzliche Interesse an einer Kooperation da ist. Vielleicht fehlt es an der Zeit, vielleicht fehlt es an den Mitteln. Das kann ich nicht so richtig beurteilen. Wir als große Kulturinstitution reflektieren ständig gesellschaftspolitische Prozesse. Insofern wäre eine punktuelle Zusammenarbeit in bestimmten, auch langfristig angelegten Projekten wünschenswert.

> Noch eine Frage zu Tourismus, zur Schnittstelle Tourismus. Wie schätzen Sie Tourismus ein? Wenn Sie Tourismus beobachten, weltweit, verändert sich gerade wahnsinnig viel. Wenn sich alles verändert, wird sich auch der Tourismus verändern. Wie würden Sie das skizzieren, beschreiben? Was heißt das am Ende auch für Kultur und Tourismus, für die Stadt? Kann aus der Stadt noch eine tourismusorientierte Stadt werden, mit einem neuen Tourismusverständnis? Oder würden Sie sagen, nein, lass sein, weil uns der Pragmatismus einer industriegeprägten Stadt da nicht hinführen wird?

Ich habe in meinem Leben sehr viele Debatten über dieses Thema geführt, weil ich immer konfrontiert wurde von der Linken mit der Forderung nach einem Massentourismus. Nach der Forderung eines Tourismus als...

...totale Demokratisierung.

Totale Demokratisierung. Und die Konsequenzen sieht man ja jetzt. Die Welt ist im Arsch. Und es gibt, glaube ich, andere Möglichkeiten. Südtirol macht das ja zum Teil.

Südtirol muss auch aufpassen, dass es nicht in die massentouristische Falle tappt.

Ist es ja zum Teil.

Ist es auch schon zum Teil, ja.

Wenn man das auf Ingolstadt herunterbricht, dann müsste man – unabhängig von Donau und Donauradweg und so etwas – fragen: Was könnte denn für einen nachhaltigeren Tourismusimpuls in Ingolstadt förderlich sein? Dann sehe ich mit Entsetzen die Strategie der Stadt, wie man z. B. mit dem Thema Frankenstein umgeht. Das ist dilettantisch und von einem Verständnis von Tourismus geprägt, das nur auf Masse zielt. Ein intelligentes Konzept könnte sein, dass man das Thema Frankenstein am Thema KI aufhängt und dass man eine Stadt wie Ingolstadt wie mit einem Spinnennetz durchzieht samt verschiedenen Anwendungsmöglichkeiten von Künstlicher Intelligenz. Dass man darauf erlebnisorientiert mit kompetenten Partnern, die es hier gibt, eine Struktur aufzieht, die das Thema Digitalisierung und Künstliche Intelligenz sinnlich und spielerisch erfahrbar macht. Da kann man die Erfahrung des Theaters nutzen, da kann man die Erfahrung von der Spiele- und Computerindustrie nutzen. Da gibt es ganz viele Möglichkeiten. Aber das denkt hier niemand und das macht mich wirklich rasend, weil man die schnelle Lösung anstrebt. Man nimmt sich nicht die Zeit, das wirklich ernsthaft zu durchdenken und zu überlegen, welche Publikumsschichten man damit ansprechen könnte. Die gibt es nämlich. Ingolstadt hat ein riesiges Potential, auch wenn die Frankensteingeschichte eine Fiktion ist. Aber trotzdem kann man damit natürlich etwas anfangen. Das wäre eine Möglichkeit, es gibt noch 1.000 andere. Aber ich glaube, das wäre eine Form von touristischer Impulsgebung, die so einer Stadt wie Ingolstadt zu Gesicht stehen würde, weil sie etwas wagen würde, was meines Wissens keine andere Stadt macht, ein bestimmtes Alleinstellungsmerkmal grundiert und vielfältig vermarktbar wäre. Wenn ich ein Tourismusmensch wäre, würde ich das so machen.

Sie haben es schon auf den Punkt gebracht. Man tappt auch hier in die massentouristische Falle, wenngleich auf anderem quantitativen Niveau. Es geht vorwiegend darum zu sagen: »Wie kriegen wir möglichst viele Menschen hierher und was müssen wir dazu tun, damit das passiert?«. Busse, die Leute sehen in ihren Vorstellungen Busse vor dem neuen Museum für Konkrete Kunst stehen. Ich erinnere mich an die Diskussion, dass rund um die Gästezahlen etwas passieren muss, damit man dieses Museumsprojekt auch legitimieren kann. Die verantwortlichen Akteure wünschen, dass man möglichst viele Leute hierherbringt.

Ein Bericht wäre auch ein Legitimierungsfaktor. Ein Bericht über Ingolstadt, über bestimmte touristische Aktivitäten wie z. B. Frankenstein in so einer Kultursendung wie »Titel, Thesen, Temperamente« oder »Aspekte« hätte einen viel größeren Nachhaltigkeitseffekt als die Busse, die hier sowieso nicht kommen. Da muss man sich etwas Neues überlegen.

Zurück zur letzten Frage, die eigentlich die erste gewesen ist. Noch einmal zurück zum Labor für konkrete Transformation. Sie haben gesagt, Ihnen gefallen da zwei Begriffe, das Labor und das Experiment. Die Stadt ist eigentlich durch die Industrie eine innovative Stadt, aber ihr fehlt das Experimentelle auf der gesellschaftlichen Ebene. Das andere ist das konkrete, der Begriff der Konkretheit. Vielleicht ist der Begriff konkret deswegen so geboren, weil hier irgendwie – so habe ich das in 20 Jahren erlebt – immer wieder dasselbe diskutiert wird. Wir kommen nicht heraus aus der Schleife. Kann man nicht irgendwann einmal konkret werden? Aber vielleicht möchten Sie auch das Gegenteil sagen, wenn die nur endlich reden würden, dann würden vielleicht Zukünfte entstehen. Dann würden vielleicht auch Utopien erarbeitet werden. Was könnte das Konkrete meinen?

Ich glaube, es fehlt eine Steuerung in der Stadt.

Es geht um die Governance?

Ja und wenn es einen starken Impuls gäbe, die verschiedenen Strömungen, die es hier gibt, zusammenzufassen, kraftvoll zusammenzufassen und in konkreten Projekten zu bündeln, dann wäre viel gewonnen. Aber das genau fehlt. Und jetzt könnte die KU ins Spiel kommen! Mit einer stärkeren Präsenz in und für die Stadt, gemeinsam mit dem Theater. Eine schöne Vision.

Herzlichen Dank für das »konkrete« Gespräch.

Das Gespräch wurde geführt von Harald Pechlaner.

Link zur Tagung

https://youtu.be/dcnnrLjbJOg

4.4 Tourismusforschung und Kulturwissenschaft – Aspekte eines Zukunftsbündnisses

Marita Liebermann

»Es fällt schwer, daran zu glauben, daß man seine Stützpunkte zurückverlegen muß, um vorzudringen. Anlaufen. Wer von vorne kommt, springt nicht weit.«[36] Diesen Gedanken von Ilse Aichinger stellt Aleida Assmann ihrer Rede über die »Unverzichtbarkeit der Kulturwissenschaften«[37] voran, einem Diskussionsbeitrag, der die vorliegenden Überlegungen in mehrerlei Hinsicht inspiriert. Vorwegzunehmen ist auch in diesem Sinn, dass im Folgenden keine Lobeshymne auf die Kultur angestimmt wird und noch weniger die Kulturwissenschaft (die je nach Sichtweise verschiedene eigene Sorgen hat)[38] als Antwort auf die Transformationserfordernisse des Systems Tourismus gefeiert werden soll. Mit der sachgerechten Beschreibung der symultifaktoriellen Problemstellungen und der Analyse von praktischen Möglichkeiten, wie wir künftig ressourcenschonendere, sozialverträglichere und wirtschaftlich gerechtere Urlauber sein können, sind die Verantwortlichen in Politik und Praxis wie auch die zuständige Tourismuswissenschaft bereits vielfach beschäftigt. Hier sollen lediglich zwei Hauptaspekte skizziert werden, unter denen eine methodische Ergänzung der tourismuswissenschaftlichen Anstrengungen für den Wandel durch kulturwissenschaftliche Ansätze und Perspektiven vielversprechend scheint: Mit Blick auf erstens den Gegenstandsbereich und zweitens die

---

36 Ilse Aichinger, »Aufzeichnungen 1950–1985«, in: Dies, Kleist, Moos, Fasane, Frankfurt/M.: Fischer, 1987, S. 41–87: 45.
37 Aleida Assmann, Die Unverzichtbarkeit der Kulturwissenschaften mit einem nachfolgenden Briefwechsel, Hildesheim: Universitätsverlag, 2004 (Hildesheimer Universitätsreden, Neue Folge, 2).
38 Vgl. ebd., 18–22; oder für eine Sicht auf die jüngste Politisierung der Kulturwissenschaften vor allem in der Variante der Cultural Studies das Interview mit Sigrid Weigel, der langjährigen Direktorin des Leibniz-Zentrums für Literatur- und Kulturforschung Berlin: https://taz.de/Literaturwissenschaftlerin-ueber-Denken/!5870087/ (17.4.24).

Methodik könnte ein solches Forschungsbündnis aus Sicht einer Kulturwissenschaftlerin – und nur diese kann sich hier artikulieren – eine geradezu ideale Partnerschaft darstellen.

Tourismus – anders betrachtet – geht uns alle an

Eine systematische Zusammenarbeit beider Forschungsrichtungen – der Tourismusforschung und der Kulturwissenschaft – bietet sich regelrecht an, insofern sie komplementär beide Seiten der Medaille Tourismus in den Blick bekäme: das komplexe, erdumspannende Kulturphänomen, das der Tourismus ebenso ist wie die facettenreiche, weltweit aktive Wirtschaftsbranche. Die große wirtschaftliche Bedeutung und das immense kulturelle Gewicht des Tourismus bedingen sich gegenseitig, weshalb es letztlich müßig wäre, einseitig das eine als Voraussetzung des anderen (oder umgekehrt) zu beschreiben. Doch ist die wissenschaftliche Beschäftigung mit dem Tourismus von einer Disbalance geprägt: Während die wirtschaftlichen Mechanismen durch die entsprechenden ökonomischen Fächer ebenso breite wie differenzierte Bearbeitung erfahren, werden die kulturellen Dimensionen, soweit etwa in Deutschland und Italien zu sehen, nicht zusammenhängend, sondern vornehmlich punktuell untersucht. Dies geschieht zum einen durch einzelne Fachwissenschaften wie die Geschichts- und Literaturwissenschaft oder die Kunstgeschichte, die sich in der jeweiligen disziplinären Fragelogik mit verschiedenen Erscheinungsformen des Tourismus beschäftigen. Zum anderen perspektiviert die Tourismuswissenschaft auf dem Fachgebiet des Kulturtourismus die Kultur als einen unter anderen ökonomischen Faktoren, insofern Kultur ein Ziel touristischen Reisens und somit ein Gegenstand der Vermarktung ist.

Das Erkenntnisinteresse einer in besonderer Weise interdisziplinären Kooperation von Tourismus- und Kulturwissenschaft – weil zwei auf Interdisziplinarität schon immer beruhende Forschungsgebiete in einen Dialog treten – könnte bei dieser Trennung ansetzen, um die Schnittstelle in eine Nahtstelle zu verwandeln: indem das Kultur-Sein und das Ware-Sein des Tourismus nicht mehr isoliert voneinander betrachtet, sondern die Kulturhaltigkeit der Ware Tourismus und das Warenhafte des Tourismus selbst *als* Kultur zum Gegenstand gemacht würde. Es ginge mithin weder um Tourismuskultur oder touristische Kultur im Sinne der Gesamtheit touristischer Verhaltensweisen und Praktiken am Ferienort noch um Kulturtourismus in der gängigen wirtschaftlichen Bedeutung. Vielmehr umfasst die vorgeschlagene Fragerichtung eine methodische Distanzierung vom Denken *im* Wirtschaftsparadigma mit dem Ziel, sich *über* dieses Paradigma klar zu werden, das dazugehörige Denken gewissermaßen zu objektivieren, seine kulturellen Kontexte und Erscheinungsweisen zu verstehen.

Dazu bedarf es zum einen eines weiten Kulturbegriffs, der methodisch präzise auch wirtschaftliche Systeme erfassen kann. Das überkommene Wirtschaftsdenken zu verlassen, wäre aber ein ebenso entscheidender Schritt, gerade weil er zunächst einen Rückschritt darstellt: Die Suche nach innovativen Konzepten und Narrativen,

4.4 Tourismusforschung und Kulturwissenschaft – Aspekte eines Zukunftsbündnisses

die für eine proaktive Gestaltung der Transformationen womöglich nötig sind, sollte hinter das ökonomische Framing zurücktreten dürfen, sich einen größeren Abstand zum Anlaufen verschaffen können. Andernfalls käme sie dem ebenso halbherzigen wie unbeholfenen Unterfangen gleich, aus dem Stand – ohne die Position zu verändern – Weitspringen zu wollen. Ein konkretes Beispiel für einen solchen Versuch lässt sich gerade in Venedig besichtigen, wo ein offensichtlich eher symbolisches Eintrittsgeld für den Zugang zur Stadt das Problem des Overtourism lösen soll. Geradezu vehement tritt hier ein Denken auf der Stelle, das über die gewohnten Profit-Paradigmen nicht hinauskommt. Selbst wenn es gelingt, die Besucher-Spitzenzahlen in den Wochen des größten Andrangs etwas abzusenken, wird die Maßnahme schwerlich eine substanzielle Veränderung der prekären Situation der Lagunenstadt herbeiführen. Für einen wirklichen Wandel – nicht nur in Venedig – bräuchte es einen echten Neuansatz.

Eine reflexive, theoretische Auseinandersetzung mit dem Tourismus als Kultur dürfte deshalb nicht bloß das dekorative ›nice to have‹ einer eigentlichen Fokussierung auf den Tourismus als kommodifizierte Freizeitbeschäftigung sein, die es wertschöpfend und dabei möglichst nachhaltig und ethisch zu managen gilt. Umgekehrt dürfte es sich nicht um eine Banalisierung oder gar Dämonisierung ökonomischer Logiken handeln. Im Gegenteil würden die Forschungen die (vermeintlich) gegensätzlichen Realitäten des Tourismus ganzheitlich zu erfassen suchen, indem sie auf die Verwobenheit kultureller Sinnerzeugung mit Grundsätzen und Implikationen wirtschaftlichen Denkens fokussieren.

Denn anders als es ein enger, alltagssprachlich durchaus noch verbreiteter Kulturbegriff suggeriert, spielt Kultur eine tragende Rolle sowohl bei der seit dem zweiten Weltkrieg entfesselten Ausbeutung der Erdressourcen als auch beim (Nicht-)Umgang mit den Folgen: Der Primat des schnellen ökonomischen Gewinns, die Vorstellung einer bis ins Letzte technologisch zu bezwingenden Natur, der Glaube an grenzenloses Wachstum und andere Handlungsmaximen, die zu den Errungenschaften wie zu den Abgründen unserer Zeit geführt haben, werden durch Erscheinungsformen der Kultur mitmodelliert, ins kollektive Bewusstsein eingespeist, in gesellschaftliche Strukturen und Praktiken übersetzt, darin jeweils verfestigt und über raumzeitliche Grenzen hinweg verbreitet. Am Beispiel des Tourismus ließen sich solche und andere Zusammenhänge mit besonderer Effizienz untersuchen, insofern die Lebensweisen der wirtschaftlich bessergestellten Erdbevölkerung so vielfältig und umfassend vom Tourismus durchdrungen sind wie von keinem anderen Phänomen der modernen Alltagskultur.

Denn Tourismus – das ist die zentrale Beobachtung, von der die vorliegende Forschungsskizze ausgeht – findet nicht erst am Urlaubsort und nicht erst im Urlaub statt, sondern tritt das ganze Jahr hindurch und überall dort in Erscheinung, wo es Medien gibt. Und das tut er nicht nur, wenn er explizit thematisiert wird.

Medien, verstanden als Bedeutungs- oder Zeichenträgerinnen im weitesten Sinn, verbreiten unablässig Mitteilungen des Tourismus, Vorstellungen von Orten und Zeiten, die Freiheit, Abenteuer, Genüsse, Ruhe, Schönheit und vieles anderes, im Alltag schwer zu Habendes verheißen. Diese Imaginarien werden durch Schrift und Bild kommuniziert, durch das gesprochene oder gesungene Wort ebenso wie durch die Musik, den menschlichen Körper und dessen Präsentation, Ausstattung und Mobilisierung durch Kosmetik, Kleidung, Fortbewegungsmittel und andere Formen der Mitteilung von Bedeutungen. Es handelt sich um ein vielgestaltiges und hocheffizientes Kommunikationssystem, das sich in einem semiotischen Sprachgebrauch als ›touristischer Code‹ bezeichnen lässt: als System von Zeichen, das der Kultursemiotiker Jonathan Culler bereits vor 30 Jahren als den machtvollsten und meistverbreiteten Konsens der Welt beschrieben hat.[39] Heute, da Hunderte von Selfies am Rialto, der Brooklyn Bridge oder dem Uluru gleichzeitig um den Globus geschickt werden können, ist die Macht jenes von Culler gemeinten Einvernehmens, jenes unbewusst geteilten Wissens darüber, dass die Welt ein Ort zum Bereisen ist, dass man etwa nach Venedig, New York oder Alice Springs zu reisen hat, und was man dort gesehen haben muss, schier unermesslich. Entscheidend für die unübersehbar große Reichweite des Codes ist sein Potential der Implizitheit: Gerade weil er sich nicht nur in touristischer Werbung oder Reiseberichten mitteilt, sondern durch alle vorstellbaren Bedeutungsträger und mittels vieler, nicht vom Tourismus handelnder Geschichten kommuniziert, ist er gleichsam allgegenwärtig. Von der klassischen Literatur bis zum »James Bond«-Film, von der Vespa bis zur Pasta, von der Oper bis zur Tätowierung erzählt der Alltag praktisch pausenlos von dem, was er nicht ist, von der großen weiten Welt, die es zu entdecken gilt.

Wenn vieles dafürspricht, den Tourismus als Menetekel unseres ausbeuterisch-aggressiven Umgangs mit den Erdressourcen zu sehen,[40] so scheint doch – umgekehrt – auch die Annahme berechtigt, dass die Effizienz des touristische Codes ihn selbst zu einem »Agent of change«[41] werden lassen könnte. Zu verstehen, wie der Code funktioniert und woraus er seine Macht über uns bezieht, könnte uns in die Lage versetzen, ihn aktiv und bewusst im Sinne der nötigen Transformationen zu gestalten. Wenn der Beitrag der Forschung dazu wäre, am gesamtgesellschaftlichen Bewusstsein darüber mitzuwirken, dass der Tourismus uns alle immer angeht – und nicht lediglich, wenn wir Reisende oder Bereiste, Anbieter oder Kunden touristischer Angebote sind –, wäre schon viel gewonnen.

Anlaufnehmen als Methode

Zur Bewusstseinsbildung gehört Wissen, das uns hinsichtlich des Systems Tourismus noch auf verschiedenen Gebieten fehlt: Es fehlt uns an Wissen über die vielfältigen Zusammenhänge zwischen kultureller Sinnerzeugung und dem Tourismus,

---

39 Jonathan Culler, The Semiotics of Tourism, in: Ders., Framing the Sign: Criticism and its Institutions, Norman-London 1990, S. 153–167.
40 Jakob Strobel y Serra, »Der Tourismus als Menetekel«, in FAZ, 4.5.2024, S. 1.
41 Vgl. die Einleitung in diesem Band.

wie sie sich etwa in kollektiven Welt- und Wertvorstellungen, Idealen, Traditionen, habitualisierten Normen wie auch festgeschriebenen Gesetzen des Zusammenlebens manifestieren. Daraus ergeben sich Aufgabenstellungen, die im Kern kulturwissenschaftlich sind, wenn man etwa die Definition des Soziologen Andreas Reckwitz zugrunde legt: »Das kulturwissenschaftliche Forschungsprogramm zielt darauf ab, die impliziten, in der Regel nicht bewussten symbolischen Ordnungen, kulturellen Codes und Sinnhorizonte zu explizieren, die in unterschiedlichsten menschlichen Praktiken – verschiedener Zeiten und Räume – zum Ausdruck kommen und diese ermöglichen.«[42] Diese Programmatik erlaubt eine Vielzahl von konkreten Fragestellungen, sie verbietet aber eine Politisierung der Forschung und widerspricht einem Forschungsbegriff, der wissenschaftliches Arbeiten darauf festlegen will, schon gegebene Antworten zu bestätigen oder Gesinnungen zu erzeugen. Mit Aleida Assmann ist daher zu unterstreichen: »Das Wissen, das die Kulturwissenschaften produzieren, umfaßt kritische Erhellung der Vergangenheit und Gegenwart in Form der Herstellung von Bedeutung im Raum des Indifferenten, der Umdeutung alter Vorstellungen, der neuen Perspektiven auf alte Phänomene, der Zusammenhänge im Zusammenhangslosen, des Überblicks über aktuelle Entwicklungen, der klaren Modelle für vermeintlich undurchschaubar Komplexes. Sie orientieren über Orientierungen, aber sie produzieren sie ebensowenig wie Sinnstiftungen oder klare Zielvorgaben.«[43] Um Transformation mit wissenschaftlichen Mitteln mitzugestalten, wäre entsprechend auch die interdisziplinäre Kooperation von Tourismus- und Kulturwissenschaft dem Prinzip der Ergebnisoffenheit verpflichtet.

In je eigener Weise können die beiden Charakterisierungen der Kulturwissenschaft(en) zudem bestätigen, dass der Tourismus einen geradezu idealtypischen Gegenstand kulturwissenschaftlicher Arbeit darstellt, insofern beide das Implizite von Gesellschaften zum zentralen Gegenstand der Forschungsbemühungen erklären. Und beide vermögen die eingangs wiedergegebenen Gedanken Ilse Aichingers über das Anlaufnehmen aufzurufen, die Aleida Assmanns Rede kongenial einleiten. Dieses Zitat übersetzt wie ein Emblem eine Denkbewegung in ein sprachliches Bild, die sich als eine kulturwissenschaftliche Grunddynamik und -haltung beschreiben lässt. Eher noch als die Festlegung auf einzelne Theorien und Methoden – etwa der Kultursemiotik, der Medientheorie oder der verschiedenen Strömungen der Dekonstruktion (Genderstudies, Postcolonial Studies) – scheinen diese Dynamik und Haltung ein sinnvoller Bezugsrahmen für die Herausbildung des methodischen Verfahrens einer tourismus- und kulturwissenschaftlichen Forschungskooperation zu sein.

Es handelt sich um eine Bewegung, die sich auch in Assmanns Text zeigt, sowohl in der Struktur des Argumentationsverfahrens als auch in wichtigen Aussagen. Im hier gegebenen Rahmen kann dazu abschließend nur zusammengefasst werden:

---

42 Andreas Reckwitz, »Brennpunkte einer kulturwissenschaftlichen Interpretation der Kultur«, in: Handbuch Kulturwissenschaft, Bd. 3: Themen und Tendenzen, hg. von Friedrich Jaeger, Jörn Rüsen, Stuttgart/Weimar: Metzler, 1–20: 2.
43 Assmann, Die Unverzichtbarkeit der Kulturwissenschaften, S. 26.

Kulturwissenschaftliches Fragen kommt nicht »von vorne«, nimmt nicht überkommene Positionen zum Ausgangspunkt der Forschung, sondern tritt im Gegenteil systematisch hinter die Gewissheiten zurück, geht auf Abstand, zieht das Selbstverständliche in Zweifel. Auf diese Weise vorankommen zu können, widerspricht der ersten Intuition, scheint aber, wenn es darum geht, etwas Neues zu erkennen, das bestmögliche Mittel zu sein. Ganz wie beim Weitspringen.

Link zur Tagung

https://youtu.be/tkDnKWsQX8U

© Eurac Research

4.5 Transformationskultur als wesentliche Voraussetzung für eine erfolgreiche Transformation im Tourismus – Welche Rolle kann die Designwissenschaft dabei spielen?

Greta Erschbamer, Elisa Innerhofer

Die Auswirkungen der COVID-19-Pandemie auf die globale Tourismusindustrie waren offensichtlich und tiefgreifend. Reisebeschränkungen, Grenzschließungen und Lockdowns sowie die Angst vor Ansteckungen haben zu einem beispiellosen Rückgang des internationalen Reiseverkehrs geführt. Diese Gesundheitskrise hat das Verständnis von Reisen und in der Folge das Reiseverhalten verändert. Schon bald wurde hinter den Schatten der Krise und den negativen Auswirkungen eine Chance für einen grundlegenden Umbruch in der Tourismusbranche vermutet, der auf Nachhaltigkeit, Innovation und Resilienz basiert.

Unmittelbar vor Ausbruch der COVID-19-Pandemie beherrschte das Phänomen des Overtourism die Tourismusdiskussion in zahlreichen Destinationen, wie Venedig, Barcelona oder alpinen Gebieten, wie Hallstatt oder Davos (Bauer, Gardini & Skock, 2020; Cipra, 2019). Die negativen Auswirkungen von Overtourism auf die Umwelt und die Lebensqualität der Einheimischen vor Ort sowie steigende Mieten und Lebenshaltungskosten haben die Tourismusakzeptanz und -gesinnung in den betreffenden Destinationen entscheidend beeinflusst (Pechlaner, Innerhofer & Philipp, 2024).

Die Pandemie brachte die radikale Veränderung mit dem nahezu vollständigen Stillstand des Reiseverkehrs. Die sonst vom Massentourismus gekennzeichneten und überlasteten Destinationen erlebten einerseits eine Phase der Regeneration, andererseits stellte die neue Realität die Tourismusbranche vor große Herausforderungen und warf die Frage nach der Ausrichtung und Gestaltung eines widerstandsfähigen und nachhaltigen Tourismus auf. In diesem Zusammenhang entstand eine Diskussion, die in der Pandemie eine Chance für die Tourismusbranche sah, sich neu zu erfinden und sich grundlegend zu verändern. Die Transformationsforschung bezeichnet derartige Phänomene als unerwartete Zeitfenster (»windows of opportunity«), die neue Chancen für einen Wandel bieten. Um diese windows of opportunity zu nutzen, müssen die Akteurinnen und Akteure sie frühzeitig erkennen und auf sie vorbereitet sein, in dem eine Wissensbasis geschaffen oder in Pilotprojekten entwickelt wird (Kristof, 2021). Der vieldiskutierte, tiefgreifende Wandel bzw. Umbruch der Tourismusbranche blieb allerdings aus, was aktuelle touristische Entwicklungen in zahlreichen Destinationen zeigen. In den meisten Destinationen lässt sich heute ein »Weiter wie bisher« beobachten.

Daher stellt sich die Frage, warum die COVID-19-Pandemie kein Katalysator für einen Paradigmenwechsel in der Tourismusbranche war. Eine mögliche Ursache könnte darin liegen, dass sich die Branche vergleichsweise schnell vom pandemiebedingten Einbruch erholt hat (siehe dazu z. B. die Nächtigungszahlen Deutschlands 2023 oder jene von Südtirol 2022 und 2023).[44] Trotz einiger positiver Ansätze und Veränderungen in der Branche, die einerseits im Kontext der Digitalisierung stehen und andererseits Maßnahmen der Besucherlenkung und -steuerung betreffen,[45] sind Herausforderungen und Hindernisse zu identifizieren, die die Umsetzung eines umfassenden Wandels erschweren. Eine mögliche Erklärung dafür, weshalb diese Krise nicht umfassend als Chance für eine Veränderung genutzt wurde, liegt in der sofortigen Krisenbewältigung und in der unmittelbaren Reaktion auf die negativen wirtschaftlichen Auswirkungen der Pandemie. Zahlreiche Betriebe legten den Fokus darauf, ihre finanziellen Verluste zu minimieren sowie Arbeitsplätze zu erhalten und strebten danach, ihre wirtschaftlichen Tätigkeiten, ihr »business as usual« schnellstmöglich wiederaufzunehmen. Somit verhinderten wirtschaftliche, aber auch politische Akteurinnen und Akteure durch kurzfristige Maßnahmen ein Nachdenken über mögliche langfristige Veränderungen. Weitere Gründe sind in den rigiden politischen Rahmenbedingungen und der Fokussierung auf traditionelle Geschäftsmodelle zu vermuten. Zudem ist die Tourismusbranche als Querschnittsbranche von zahlreichen Akteurinnen und Akteuren mit unterschiedlichen Interessen geprägt, was ein gemeinsames Streben nach Transformation erschwert. Nicht zuletzt spielen das mangelnde Bewusstsein und die Sensibilität für die Notwendigkeit einer umfassenden Transformation hin zu mehr Nachhaltigkeit und Resilienz entscheidende Rollen. Trotz der offensichtlich negativen Auswirkungen des (Massen-)Tourismus und Overtourismus auf die Umwelt und in Teilen auf die lokale Lebensqualität der Einheimischen ist eine gemeinsame Überzeugung, sich von traditionellen Marktmechanismen zu lösen und Wege zu

---

44 Für Deutschland, siehe z. B. Süddeutsche Zeitung vom 10. November 2023; für Südtirol, siehe Landesinstitut für Statistik ASTAT 2022 und 2023.

45 So z. B. hat der Einsatz digitaler Technologien im Tourismus (digitale Transformation) während der Pandemie an Bedeutung gewonnen. Online-Buchungen, virtuelle Touren und Reiseerlebnisse, kontaktlose Services/Dienstleistungen sind nur einige Beispiele hierfür. Ein anderes Beispiel sind die Maßnahmen des Besuchermanagements der Stadt Venedig, um dem Ansturm an Touristen nach der Pandemie gerecht zu werden, siehe dazu (Nuß, 2023).

finden, wie wirtschaftlicher Erfolg mit sozialem und ökologischem Nutzen zusammengeführt werden kann, um in der Folge nachhaltige und zukunftsorientierte Veränderungen anzugehen, nicht erkennbar (Kirig, 2024).

Doch damit eine sozialökologische Transformation gelingen kann, muss sie als gemeinsamer Prozess des Weiterdenkens verstanden werden und hierfür bedarf es eines gemeinsamen Grundverständnisses oder, anders formuliert, einer gemeinsamen Transformationskultur, die eine neue Haltung auslöst. Transformation berührt – nicht nur im Tourismus – vielfältige, oft auch einflussreiche Interessen und erfordert einen grundlegenden Perspektivenwechsel sowie in der Regel tiefgreifende Änderungen der politischen Rahmenbedingungen, wofür Mehrheiten gefunden werden müssen (Kristof, 2021). Die Zukunft liegt daher in der kooperativen Aushandlung von touristischen Entwicklungszielen und der ökologischen und sozialgerechten Umsetzung zwischen den Beteiligten. Politik sollte diese neuen Kooperationen zwischen allen am Phänomen Tourismus beteiligten Akteurinnen und Akteuren ermöglichen und den Rahmen dafür schaffen, dass die Zersplitterung in eine Vielzahl unabhängiger und miteinander konkurrierender Akteurinnen und Akteure, Branchen und Interessen überwunden werden kann (Faber, 2022). Vonseiten der unterschiedlichen wirtschaftlichen Akteurinnen und Akteure besteht die Notwendigkeit, sich vom eigenen Branchendenken zu lösen und ein Verständnis dafür zu entwickeln, was außerhalb der Branche, in anderen Branchen und in der Gesellschaft vor sich geht (z. B. Sharing Economy, Airbnb, digitale soziale Vernetzung). Ein so verstandener gemeinschaftlicher Ansatz mit dem Ziel einer gemeinsamen Transformationskultur inkludiert sowohl die Angebotsseite und mit ihr die lokalen Gemeinschaften und Einwohner als auch die Nachfrageseite, sprich die Reisenden und Gäste. Synergien und Ressourcen gemeinsam nutzen und Wissen und Erfahrung teilen sind wesentliche Bestandteile einer gemeinsamen Transformationskultur. Hilfreich wäre hier, wenn dies bereits in Schulen, Universitäten und der beruflichen Aus-, Fort- und Weiterbildung gezielt vermittelt wird (Kristof, 2021).

Für die Gestaltung von Transformationsprozessen und der Etablierung einer gemeinsamen Transformationskultur kann auf Ansätze der Designwissenschaften zur Beteiligung der verschiedensten Akteurinnen und Akteure zurückgegriffen werden (Neuhofer & Grundner, 2023). Denn wenn es um die Gestaltung von Transformation und Transformationsprozessen geht, liegt der Fokus nicht mehr auf der Produktebene und den technischen Aspekten der Produktentwicklung mit dem Ziel der Entwicklung nachhaltiger Produkte (technical aspects of sustainability). Vielmehr liegt der Fokus auf der Systemebene und auf einer Herangehensweise, die den Menschen in den Mittelpunkt stellt (people-centred aspects of sustainability) sowie die verschiedenen Akteurinnen und Akteure und Dynamiken eines sozio-technischen Systems berücksichtigt (Ceschin & Gaziulusoy, 2016).

Die Designwissenschaften spielen eine entscheidende Rolle an der Schnittstelle zur ökosozialen Transformation, indem sie nicht nur Produkte gestalten, sondern komplexe soziotechnische Systeme analysieren und nachhaltige Lösungen entwickeln. Durch die Integration verschiedener Akteurinnen und Akteure und Perspektiven sowie die Berücksichtigung von Umweltverträglichkeit, sozialer Gerechtigkeit und ökonomischer Leistungsfähigkeit tragen sie dazu bei, positive Veränderungen zu fördern und eine zukunftsfähige Gesellschaft zu gestalten. Die Designforschung stellt Werkzeuge und Methoden bereit, um den Übergang zu gestalten und komplexe soziale Probleme und Umweltprobleme anzugehen. Transition Design, als spezifischer Ansatz innerhalb der Designforschung, erkennt die Verflechtung ökologischer und sozialer Probleme und zielt darauf ab, systemischen Wandel zu erleichtern. Indem die Designforschung die Ursachen für nicht nachhaltige Praktiken und Ungleichheiten erkennt und analysiert, kann sie innovative Lösungen vorschlagen, die eine nachhaltigere und gerechtere Zukunft fördern (Tonkinwise, 2015). Insgesamt bietet die Designforschung eine ganzheitliche und zukunftsorientierte Herangehensweise, die den Übergang zu nachhaltigeren und gerechteren Gesellschaften einleiten kann. Durch interdisziplinäre Zusammenarbeit und das Bekenntnis zum systemischen Wandel hat die Designforschung das Potenzial, eine transformative Rolle bei der Gestaltung der kollektiven Zukunft zu spielen (Tonkinwise, 2015).

Die Erweiterung der Diskussion in den Designwissenschaften hat auch einen Wandel von insularen zu systemischen Designinnovationen zur Folge gehabt. Tatsächlich lässt sich beobachten, dass anfängliche DfS-Ansätze (»Design for sustainability«; insbesondere die meisten Ansätze auf Produktniveau) sich auf Nachhaltigkeitsprobleme isoliert konzentrieren (z. B. Verbesserung der Recyclingfähigkeit, Verbesserung der Energieeffizienz von Produkten bei der Nutzung usw.) und die Lösungen für diese Probleme bei einer/m einzelnen Akteurin/Akteur (z. B. Unternehmen, Politik usw.) verortet werden, die diese entwickeln und umsetzen. Auf der anderen Seite sind Innovationen in Richtung Transformation bzw. mit dem Ziel der Transformation viel komplexer, und ihre Umsetzung erfordert ein Netzwerk von Interessengruppen, das eine Vielzahl von sozioökonomischen Akteurinnen und Akteuren umfasst. In diesen Fällen müssen die Aktivitäten einer/s Akteurin/s (z. B. eines Unternehmens) mit anderen Prozessen außerhalb dieser/s Akteurin/s verknüpft und integriert werden. Das Gleiche gilt beispielsweise für soziale Innovationen, die die Bildung von Koalitionen mit einer Vielzahl von lokalen Interessengruppen erfordern. Veränderungen auf der soziotechnischen Systemebene erfordern ein verzahntes Set von Innovationen, bei welchem verschiedene sozioökonomische Akteurinnen und Akteure gefordert sind, darunter Konsumentinnen und Konsumenten, Entscheidungsträger, lokale Verwaltungen, NGOs, Verbrauchergruppen, Industrieverbände, Forschungszentren usw. (Ceschin & Gaziulusoy, 2016).

Die Intention, komplexe Phänomene zu untersuchen, veranlasst zahlreiche Forscherinnen und Forscher, sich den Designwissenschaften zuzuwenden, die sich immer mehr mit Systemen (anstelle von isolierten Prozessen) befassen. Dadurch erhält die Designdisziplin Einzug in neue Forschungsbereiche und dort die Möglichkeit diese neu zu definieren. Es geht darum, in der Praxis entstehende Bedürfnisse zu erfassen, gemeinsam mit Interessengruppen durch Experimentieren zu co-designen und an deren Befriedigung zu arbeiten. Am Beispiel der Wertschöpfungskette im Tourismus kann versucht werden, eine hochkomplexe und fragmentierte

4.5 Transformationskultur als wesentliche Voraussetzung

Anzahl von Akteurinnen und Akteuren sowie Aktivitäten zu involvieren. Entscheidungsträger streben danach, ihren Sektor oder ihre Branche nachhaltig zu gestalten und hierfür die Design-Forschungsgemeinschaft mit ihren systemischen Reflexionen zur gemeinsamen Entwicklung nachhaltiger und wirkungsvoller Strategien einzubinden.

Die Darstellung 4-1 stellt das Bestreben dar, die Meta- oder systemische Ebene der Designforschung bei Themen der Transformation in Richtung Nachhaltigkeit stärker in den Fokus zu rücken. Dabei geht es darum, dass sich die Designforschung weg von einer rein produktbasierten Evidenz hin zur Betrachtung eines soziotechnischen komplexen Systems bewegt. Der vorgeschlagene Rahmen zeigt die Entwicklung von einem technischen und produktzentrierten Fokus hin zu weitreichenden systemischen Veränderungen, bei denen Nachhaltigkeit als eine soziotechnische Herausforderung verstanden wird (Ceschin & Gaziulusoy, 2016).

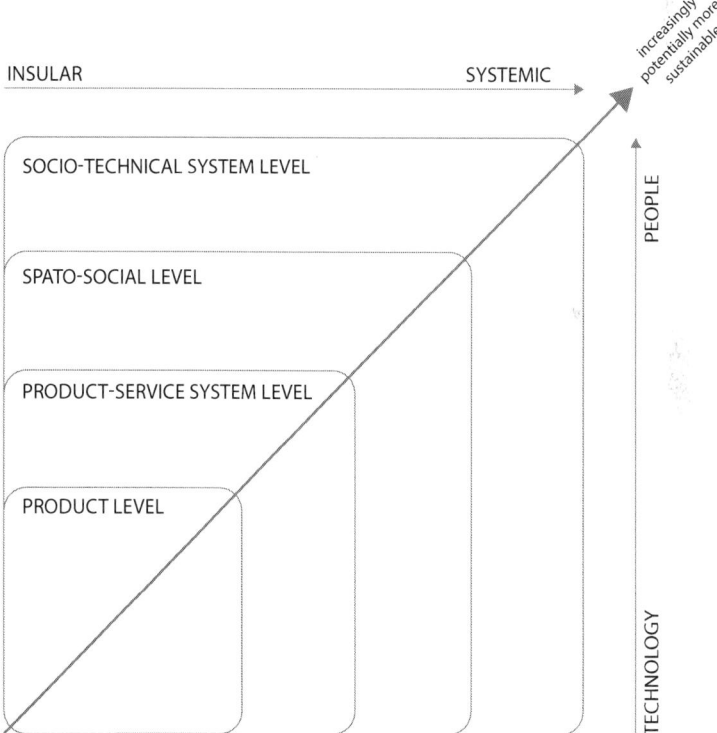

Dar. 4-1: Das evolutionäre Rahmenwerk des DfS (Design for Sustainability) (In Anlehnung an Ceschin & Gaziulusoy, 2016)

Ein Ansatz aus den Designwissenschaften, der für die Etablierung einer Transformationskultur im Tourismus relevant sein kann, ist das systemische Design. Um zu verstehen, was systemisches Design ist und wo seine Grenzen liegen, müssen wir zunächst den Begriff näher betrachten. Systemisches Design bezieht sich auf einen Designansatz, der nicht nur einzelne Produkte oder Lösungen betrachtet, sondern das gesamte System, in dem sie existieren (Aulisio et al., 2023). Das bedeutet, dass bei der Entwicklung von Lösungen für komplexe Probleme nicht nur einzelne Akteurinnen und Akteure, sondern ein breites Spektrum von sozioökonomischen und ökologischen Faktoren berücksichtigt werden muss. Gerade für den Tourismus als Querschnittsbranche mit zahlreichen Akteurinnen und Akteuren verschiedener Interessen bietet der Ansatz des systemischen Designs interessante Vorgehensweisen, indem nicht ein einzelnes touristisches Produkt oder eine einzelne Dienstleistung betrachtet wird, sondern (auch) die komplexen Zusammenhänge, in denen sie stehen. Durch systemisches Design kann der Tourismus in Form von Verbindungen und Interaktionen dargestellt werden, wobei Design genutzt wird, um Handeln zu beeinflussen.

Die Stärke des systemischen Designs liegt in seiner Fähigkeit, komplexe Probleme ganzheitlich anzugehen und nachhaltige Lösungen zu entwickeln, die verschiedene Aspekte wie Umweltverträglichkeit, wirtschaftliche Leistungsfähigkeit und soziale Auswirkungen berücksichtigen. Jedoch hat auch systemisches Design seine Grenzen. Die Komplexität und Interdependenz der Systeme erschweren es, alle relevanten Faktoren und Wechselwirkungen vollständig zu erfassen. Zudem erfordert die Umsetzung von systemischen Lösungen eine enge Zusammenarbeit und Koordination zwischen verschiedenen Interessengruppen, was Herausforderungen mit sich bringt. Im Tourismus muss diese enge Zusammenarbeit und Koordination der Akteurinnen und Akteure gezielt gesteuert werden und Interaktionen müssen gefördert werden, um letztlich Entwicklung in Richtung Transformation zu ermöglichen. Außerdem kann es schwierig sein, die Auswirkungen von systemischen Interventionen vorherzusagen und zu kontrollieren, da sie nichtlinear und emergent sind.

Der Beitrag von Fitzpatrick et al. (2024) zeigt auf, wie systemisches Design in realen Kontexten auszuloten ist, und dass dafür vielfältigere und reflexive Ansätze erforderlich sind. Insbesondere zur Bewältigung der ortsspezifischen und unvorhersehbaren Natur von Nachhaltigkeitstransformationen warnen Wissenschaftlerinnen und Wissenschaftler verschiedener Disziplinen davor, dass herkömmliche Forschungsstrategien und -methoden oft nicht ausreichen. Während das systemische Design Konzepte wie Ganzheitlichkeit, Vielfalt und Emergenz fördert, ist ein tieferes Verständnis erforderlich, um diese Ideen in Praktiken zur Bewältigung komplexer, realer Herausforderungen umzusetzen. Reflexivität ist entscheidend, um diese Implikationen zu verstehen, ebenfalls wird die Praxis des systemischen Designs von einem vertieften Diskurs über die Beziehungen zwischen Forschenden, Kontexten und Methoden profitieren (Fitzpatrick et al., 2024). Dabei nennen Fitzpatrick et al. ein illustriertes Beispiel für die Anwendung eines vielfältigen und reflexiven systemorientierten Designansatzes, das drei Berggemeinschaften bei Nachhaltigkeitstransformationen einbezog. Basierend auf einem vergleichenden Forschungsprojekt wurde eine Kombination von Methoden aus dem systemischen Design, den Sozialwissenschaften, der Bildung und angewandten Praktiken entwickelt, prototypisiert und in drei Bergregionen angewendet. Die Reflexivität diente als Leitprinzip der Untersuchung. Untersucht wurde, wie die ortsspezifischen Beziehungen in jeder Gemeinschaft die Interaktionen der Forschenden mit der Gemeinschaft beeinflussten. Verschiedene Reflexionsmodi wurden verwendet, um die kontextuellen, relationalen und grenzbezogenen Faktoren zu analysieren, die die Anpassung von Rahmenbedingungen, Formaten und Kommunikationsstrategien im Laufe der Zeit prägten. Durch Visualisierungen und narrative Beispiele wurde verdeutlicht, wie abstrakte Konzepte wie Emergenz und Vielfalt in handlungsorientierte Erkenntnisse übersetzt werden können (Fitzpatrick et al., 2024). Diese Untersuchung erweitert das Forschungsfeld des systemischen Designs, indem sie verdeutlicht, wie ein reflektierter Ansatz, der verschiedene Standorte, Methoden (methodischer Pluralismus) und Weltanschauungen einbezieht, die entscheidenden Vermittlungsprozesse erleichtert, die für die Anwendung und Weiterentwicklung methodologischer Vielfalt in der Praxis von Bedeutung sind. Dieser reflektierte Ansatz ermöglicht es unterschiedliche Methoden und Weltanschauungen zu integrieren (ob im Tourismus oder in anderen Branchen), um komplexe reale Situationen und Probleme zu verstehen und in Richtung Transformation zu bewältigen.

Insgesamt verdeutlicht die Analyse der Rolle der Designwissenschaften in der Förderung einer Transformationskultur im Tourismus die Bedeutung eines ganzheitlichen und systemischen Ansatzes zur Bewältigung komplexer Herausforderungen. Durch die Integration verschiedener Akteurinnen und Akteure und Perspektiven sowie die Reflexion über die Auswirkungen und Wechselwirkungen von Interventionen können nachhaltige und wirkungsvolle Strategien entwickelt werden, um den Tourismussektor in Richtung einer nachhaltigen und zukunftsorientierten Entwicklung zu lenken und in Richtung Transformation zu bewegen. Es ist entscheidend, weiterhin innovative Ansätze zu erforschen und zu erproben, um den Herausforderungen des globalen Wandels wirksam zu begegnen und eine lebenswerte Zukunft für kommende Generationen zu gewährleisten. Hier kann der Tourismus als Querschnittsbranche als geeignetes Anwendungsfeld dienen und gleichzeitig die Branche selbst weiterbringen und zukunftsfähig aufstellen. Um dem globalen Wandel proaktiv zu begegnen, ist es entscheidend, dass der Tourismussektor in seiner Rolle als Gestalter der Reiseerfahrung und der Destinationen aktiv an der ökosozialen Transformation teilnimmt und innovative Ansätze zur Förderung einer nachhaltigen Entwicklung vorantreibt.

Literatur

Aulisio, A., Barbero, S., & Pereno, A. (2023). Design Research towards socio-technical complex systems: A designerly systemic impact of Tourism value-chain. 15th International Conference of the European Academy of Design.

Bauer, A., Gardini, M. A. & Skock, A. (2020). Overtourism im Spannungsverhältnis zwischen Akzeptanz und Aversion. ZfW, 12(1), S. 88–114.

Ceschin, F., & Gaziulusoy, I. (2016). Evolution of design for sustainability: From product design to design for system innovations and transitions. Design Studies, http://dx.doi.org/10.1016/j.destud.2016.09.002, Abrufdatum 26.03.2024.

Cipra. Leben in den Alpen (2019). Übertourismus: in den Alpen angekommen, alpMedia 6/2019, abrufbar unter https://www.cipra.org/de/news/ubertourismus-in-den-alpen-angekommen, Abrufdatum 26.03.2024.

Faber, K. (2022). Von Gesundheitskiosk bis Klimakulturlandschaft: Neue kooperative Gestaltung ländlicher Regionen. In: Bentlin, F., Dörner, C., Lackus, F. & Million, A. (Hrsg.) Räumliche Identitäten als transformative Kraft in Regionen, Universitätsverlag TU Berlin, Berlin, S. 16–23.

Fitzpatrick, H., Luthe, T., & Sevaldson, B. (2024). Methodological Pluralism in Practice: A systemic design approach for place-based sustainability transformations. Contexts—The Systemic Design Journal, 2. https://doi.org/10.58279/v2003, Abrufdatum 26.03.2024.

Kirig, A. (2024). Beyond Tourism: Wie Tourismus zum Pionier der Transformation werden kann; The Future:Project AG, Frankfurt am Main, abrufbar unter https://thefutureproject.de/content/beyond-tourism/, Abrufdatum 26.03.2024.

Kristof, K. (2021). Success factors for societal transformation. Applying insight from transition research for successful change, GAIA 30/1, S. 7–11.

Landesinstitut für Statistik ASTAT (2022/2023). Aktuelles und Publikationen, abrufbar unter https://astat.provinz.bz.it/de/aktuelles-publikationen-info.asp?news_cate_id=9680, Abrufdatum 20.04.2024.

Neuhofer, B. & Grundner, L. (2023). Destination Design der Zukunft: Digitale, intelligente und nachhaltige Erlebnisse. In: Pechlaner, H., Erschbamer, G., Olbrich, N. (Hrsg.) Destination Design. Entrepreneurial Management und Standortentwicklung. Springer Gabler, Wiesbaden, S. 179–192.

Nuß, J. (2023). Urlauber-Ansturm im Sommer: Italien droht touristischer Kollaps. Merkur.de, 18. Mai 2023, abrufbar unter https://www.merkur.de/welt/touristen-reise-sommerurlaub-urlaub-2023-italien-regeln-massnahmen-reiseziele-einschraenkungen-zr-92277785.html, Abrufdatum 20.04.2024.

Pechlaner, H., Innerhofer, E. & Philipp, J. (2024) (Hrsg.). From Overtourism to Sustainable Governance. A New Tourism Era. Routledge.

Süddeutsche Zeitung (2023). Tourismus boomt: Übernachtungszahlen höher als vor Corona, 10. November 2023, abrufbar unter https://www.sueddeutsche.de/reise/tourismus-tourismus-boomt-uebernachtungszahlen-hoeher-als-vor-corona-dpa.urn-newsml-dpa-com-20090101-231110-99-895168, Abrufdatum 20.04.2024.

Tonkinwise, C. (2015). Design for Transitions – from and to what? Design Philosophy Papers, 13(1), 85–92. https://doi.org/10.1080/14487136.2015.1085686, Abrufdatum 26.03.2024.

5 Konkrete Transformation

5.1 Warum der Wohlstand von den Menschen hinter der Technik abhängt ... und die Touristik ihre Bedürfnisse im Blick haben sollte

Erik Händeler

5.1.1	Neue Arbeit in der gedachten Welt	186
5.1.2	Warum der Einzelne wichtiger wird	187
5.1.3	Preisunterschied = Verhaltensunterschied	188
5.1.4	Kondratieff und die langen Strukturzyklen	189
5.1.5	Der nächste Zyklus: das Wissensparadigma	190
5.1.6	Kampf (innerhalb) der Kulturen	191
5.1.7	Grenzen der Gruppenethik	192
5.1.8	In Europa liegt die Zukunft: Vielfalt	193
5.1.9	Wie der Tourismus im Wandel profitieren kann	194

Veränderung ist kein Wellnessurlaub. Und sie geschieht nicht zufällig: Die Art, wie wir arbeiten, wie wir Unternehmen neu organisieren und worin wir am meisten investieren, hängt davon ab, wo wir in unserer Entwicklung an Knappheitsgrenzen stoßen: Als Transport der Flaschenhals für die Weiterentwicklung der Wirtschaft war, musste die Eisenbahn gebaut werden; als die Wissensflut explodierte und mit Karteikästen und Zetteln nicht mehr ökonomisch sinnvoll zu organisieren war, musste der Computer vorangebracht, weiterentwickelt und angewendet werden.

Während die meisten Themen, die derzeit als Zukunft gehandelt werden, sich um eine Technik wie Digitalisierung und KI drehen, sind die wichtigsten realen Probleme der Unternehmen die rund um ihre Mitarbeiter: Personalmangel, Krankenstand, schlechte Kommunikation, innere Kündigung, steigende Lohnnebenkosten. Dass – kaum bemerkt – langsam die Themen rund um Führung, Unternehmenskultur, Gesundheit und Personal in den Vordergrund rücken, hat mit neuen Erfolgsmustern für produktives Arbeiten zu tun: Nachdem die Maschinen das meiste der materiellen

Arbeit erledigen und Computer/KI die strukturierte Wissensarbeit machen, bleibt und wächst die Arbeit am Menschen und zwischen Menschen. Sie wenden Wissen an, meist im Team, sodass Verhaltensmaßstäbe ihrer Zusammenarbeit eine neue Rolle bekommen. Und mittendrin die Tourismuswirtschaft: Sie konkurriert mit den anderen Branchen um Mitarbeiter, übernimmt neue Techniken mit ihren neuen Arbeitskulturen, ist eingebettet in dem gesellschaftlichen Umbruch von der früheren Industriegesellschaft hin zu einer Wirtschaft, in der vorrangig Wissen angewendet wird. Aber der Reihe nach.

5.1.1 Neue Arbeit in der gedachten Welt

Zukunft haben wir uns bis vor kurzem noch so wie die alte Industriegesellschaft vorgestellt, nur mit ein paar Computern auf dem Schreibtisch. Alles würde bleiben, wie es ist: Lebenslange sichere Stellen, geschlossene nationale Volkswirtschaften, und »die da oben« sagen, was man tun soll (und sind im Zweifel schuld). Zunächst unbemerkt, dann aber immer offensichtlicher, zerstörte die Digitalisierung die Erfolgsmuster der bisher gewohnten Arbeit, ganz einfach deshalb, weil sie diese meistens überflüssig machte. Computer steuern Maschinen, was früher noch Menschen zu tun hatten; mit Hilfe von Computern lassen sich Daten analysieren, wo Menschen früher lange suchen mussten; mit Hilfe von Computern lassen sich ganze Broschüren gestalten und Informationen sekundenschnell in der ganzen Welt verschicken. Die bisher erreichte Stufe des Wohlstands ist damit nicht verschwunden. Nur wird er jetzt eben von elektrischen Sklaven erarbeitet, deren menschliche Vorgänger sich darüber empören, dass uns nun die Arbeit ausgehe.

Unsinn. Denn Arbeit heißt Probleme zu lösen. Und weil wir immer Probleme haben werden, wird uns die bezahlte Arbeit auch nicht ausgehen. Im Gegenteil: Wir werden in Zukunft weit mehr Arbeit haben, als wir überhaupt bewältigen können. Arbeitslosigkeit bedeutet nun nicht mehr, dass es an Arbeit fehlt, sondern dass es nicht genug Menschen gibt, die das können, was gerade nötig ist, um die anfallenden Aufgaben zu erfüllen. Die Arbeit geht uns nicht aus, sie verändert sich. Während die Generation vor uns zum größten Teil in der Fabrik stand und mit ihren Händen die materielle Welt direkt bearbeitete, geht es ab jetzt darum, in der gedachten Welt einen Wert zu schaffen. Ob die Maschinen 100 oder 100.000 Teile herstellen, fällt nicht so stark ins Gewicht – das sind nur Energie- und Materialkosten. Der größte Teil der Wertschöpfung ist immateriell geworden: entwickeln, planen, organisieren, analysieren, entscheiden, den Markt beobachten, in der gigantischen Informationsflut das Wissen finden, das man gerade braucht, um sein Problem zu lösen.

Das verändert alle Bereiche des Lebens: Anforderungen in der Schule, Bewertung von Aktien, Wirtschaftspolitik, Hierarchien, Berufsalltag. Anders als früher – eine Stunde an der Stanzmaschine gestanden und soundsoviele Teile gestanzt – verschwimmt das Verhältnis von Arbeitszeit und Produktivität: Ein Texter kann in drei Stunden einen guten Artikel schreiben. Aber wenn er sich weniger gut konzentrieren kann, braucht er für denselben Output unter Umständen fünf Tage – und der Text ist vielleicht langweiliger zu lesen. Zugleich verändern sich die Bedingungen, Methoden und Routinen von Arbeit: Eine halbe Stunde Mittagsschlaf bringt mehr, als sich drei Stunden am Schreibtisch mit Kaffee wach zu halten; eine Zeit im »Raum der Stille« führt einen näher an die Lösung einer Aufgabe als stundenlange Meetings oder angestrengte Ideensuche vor seinem Bildschirm im Büro. Ein Ingenieur, der den Fehler an einer kaputten Maschine finden muss, benötigt dazu allein Tage; wenn er dagegen einen Bekannten im Nachbardorf anrufen kann, der einen Spezialisten kennt, den er fragen kann, dann hat er mit dessen Hilfe vielleicht nach einer halben Stunde die Anlage repariert. Investition ist immer weniger materiell – eine Dampfmaschine zum Anfassen –, sondern zunehmend immateriell: ständiges Lernen, ständige Arbeit an sich selbst, aber auch mit jemandem Kaffee trinken gehen, um Vertrauen und damit Informationsströme aufzubauen.

Weil der Weg über viele Schreibtische lang ist (was im Zeitwettbewerb eine schlechte Voraussetzung ist), haben wir irgendwann flache Hierarchien eingeführt – und ein oder zwei Hierarchieebenen in den Vorruhestand oder zurück ins Glied geschickt: nicht aus Mode, sondern aus der Knappheit heraus, Wissen besser anzuwenden. Während man früher umso weiter nach oben kam, je höher man formal gebildet war, rutscht die Kompetenz nun von oben zurück auf die Ebene der Fach- und Sachbearbeiter. Das verändert die Stellung des Einzelnen in der Firma. Statt ein gehorsames, austauschbares Rädchen zu sein, wird er zum unverzichtbaren Spezialisten eines Zwischenschritts, sei er hierarchisch noch so unbedeutend.

5.1.2 Warum der Einzelne wichtiger wird

Viele Fach- und Sachbearbeiter sind aber noch gar nicht bereit, die nötige Freiheit des Informationsarbeiters auszufüllen und für ihren Bereich die Verantwortung zu übernehmen. Andererseits werden vielen Führungskräften weiterhin für die Fehler ihrer Mitarbeiter die Ohren lang gezogen. Deswegen funktionieren im Moment meist weder die alten noch die neuen Firmenstrukturen. Unruhe macht sich breit, anschließend – wegen der vielen Auseinandersetzungen – auch Müdigkeit. Aber es gibt kein Zurück: In der Informationsgesellschaft gehört das entscheidende Produktionsmittel nicht mehr der Firma, sondern den Mitarbeitern: ihr Wissen, ihre Erfahrung, ihre Netzwerke. Das hat Folgen. Mit Befehlen und Strafen kann man Wissensträger einschüchtern, aber sie werden ihr Bestes dann schön für sich behalten. Früher, in der materiellen Wirtschaft, konnte man Leuten die konkrete Anweisung geben, mit einer Schaufel ein Loch zu graben, zwei Teile zusammenzubauen oder Schrauben zu sortieren. Aber man kann niemanden zwingen, mit den Problemen der Firma ins Bett zu gehen und in der Früh mit der Lösung im Kopf aufzuwachen.

Das verändert die Beziehung zu den Chefs: Wenn diese meinen, sie würden sich immer noch besser auskennen und den Verbesserungsvorschlag des Mitarbeiters zusammenstreichen oder ihn umändern, ohne dass er für die bessere Lösung streiten kann (gehorsam muss er das Gesicht wahren), dann ist das höchst unproduktiv – und vermutlich wird die Konkurrenz den Auftrag bekommen. Die nötige direkte Kommunikation erzwingt – neben einer weiterhin klaren Verantwortlichkeit – Gummi-Hierarchien, in denen der Einzelne das Gewicht bekommt, das den gerade tagesaktuell geforderten Kompetenzen entspricht. Der vermeintlich hierarchisch Niedrige ist der Herrscher des Fachwissens und entthront den Chef der alten Schule. Doch die neuen Führungskräfte bekommen erst dadurch Luft für ihre eigentliche Aufgabe: Je höher jetzt jemand in der formalen Hierarchie aufsteigt, desto mehr ist es seine Aufgabe, Ressourcen und Informationsfluss zu moderieren, die Menschen mit ihren Stärken und Schwächen zu analysieren und passend einzusetzen. Und viel nachzufragen: Was braucht ihr, um diese Aufgabe optimal zu lösen? Wie wirkt sich das bei euch und beim Kunden eigentlich aus, wenn wir uns im Vorstand so entscheiden? Bisher schienen die Mitarbeiter im Tourismus oft weniger wichtig zu sein als der Kunde, von dem das Geld kommt; doch wenn Mitarbeiter gehen, weil sie ungerecht behandelt werden und sich vom Gast demütigen lassen müssen, dann lassen sich auch keine Mitarbeiter mehr bedienen. So wächst auch im Tourismus der Wert der Mitarbeiter.

5.1.3 Preisunterschied = Verhaltensunterschied

Auf einmal müssen auch die formal Gleichrangigen ihr Verhältnis untereinander neu ordnen. Keiner kann weiterhin ein Projekt, eine Situation oder ein Fachgebiet allein überblicken – zu komplex und zu groß ist die zu beachtende Informationsfülle geworden. Statt wie früher getrennt in verschiedenen Abteilungen zu arbeiten – Entwicklung, Produktion, Vertrieb und einmal im Jahr zur Weihnachtsfeier hat man sich dann gesehen –, werden einzelne Fürsten der Wissenskönigreiche zu Teams zusammengewürfelt, die eine anstehende Aufgabe lösen sollen: Jemand kennt den Kunden und weiß, was der braucht; ein anderer kann mit der Maschine umgehen und der Dritte am Computer einen Prototyp entwickeln. Und diese Spezialisten sollen nun partnerschaftlich, sachlich, zielorientiert auf derselben Augenhöhe zusammenarbeiten.

Das ist eine neue Anforderung, die nichts mit Fachwissen zu tun hat oder mit Organisationsstrukturen, sondern damit, wie weit das Verantwortungsgefühl eines Menschen reicht (auch über die eigene Kostenstelle hinaus?) und ob man ausreichend selbstbewusst ist, ohne Statussymbole und firmenöffentliche Machtbeweise auszukommen. Hinter den Preisunterschieden gleicher Produkte verschiedener Firmen verbergen sich Produktivitätsunterschiede – und das sind künftig in erster Linie Verhaltensunterschiede.

Nur: Die Menschen der Industriegesellschaft sind dieselben geblieben. Sie ändern ihr eingefahrenes soziales Verhalten langsamer, als man ihre Betriebsorganisation samt offizieller Spielregeln verändert. Dass sie mal wichtig und mal weniger wichtig sein sollen – damit tun sich die meisten schwer. Statuskämpfe brechen aus.

Flache Hierarchien und Teamarbeit haben Zahl und Komplexität der Schnittstellen enorm vergrößert, die psychischen Schichten der Mitarbeiter sind stärker berührt. Plötzlich wird Mobbing ein Thema, innere Kündigung schädigt unsere Volkswirtschaft in der Höhe des deutschen Bundeshaushaltes, Angst kostet zig Milliarden Euro. In der Arbeitswelt der Informationsgesellschaft bricht das uralte Problem auf, dass sich Männer und Frauen wegen ihrer unterschiedlichen Verdrahtung im Kopf oft nicht verstehen, dass die Alten von dem manchmal aktuelleren Wissen der Jungen korrigiert werden, aber es dem Jungschnösel frisch von der Uni an Erfahrung mangelt und er deswegen auch nicht immer Recht hat, und dass wir keine ausreichend sachliche und faire Kultur des Umgangs miteinander haben.

Es mangelt an Verhaltensweisen, die den Wissensfortschritt fördern, anstatt ihn zu behindern. Wer heute etwas Geniales vorschlägt, aber zu fünf Prozent irrt, den nageln wir bei den fünf Prozent fest, anstatt den guten Gedanken aufzunehmen – denn das könnte ja dessen Status erhöhen. Im Meeting signalisieren wir den anderen unterschwellig: »Wehe du kritisierst mich, sonst rede ich nicht mehr mit dir« – was natürlich höchst unproduktiv ist, aber den anderen klein hält. Wer aber aus der Deckung tritt und Fehlentwicklungen anspricht, um ein langfristig gesundes Firmenklima und eine redliche Entscheidungsbasis zu schaffen, der steht schnell allein da. Denn bei abteilungsinternen Streitereien halten wir eher zu dem, der uns nützlicher erscheint oder zumindest weniger bedrohlich, anstatt denjenigen zu stärken, der über sein eigenes Terrain hinaus die größere Verantwortung für das Ganze übernimmt.

Wir verschweigen Konflikte oder tragen sie schließlich frontal aus, notfalls bis zur Vernichtung des anderen, mit dem Recht des Stärkeren oder der Macht der besseren Beziehung – wer eben den Vorstand besser kennt vom sonntagnachmittäglichen Golfen. Meinungsverschiedenheiten arten zu Machtkämpfen aus, die bis zur Verrentung anhalten und den Informationsfluss unterbinden. Unmengen an Energie verpuffen bei der Selbstbehauptung. Wer meint, daran werde sich nichts ändern, weil »der« Mensch eben »so« sei, der verkennt die formende Kraft einer andauernden ökonomischen Strukturkrise. Wer Informationsarbeit nicht ausreichend effizient löst, der bekommt in Zukunft vordergründig ein »Kostenproblem« – und wird letztlich vom Markt verschwinden. Das ist wahrscheinlich der Grund, warum die Wirtschaft im Moment global stagniert oder sogar schrumpft, begleitet von inneren Konflikten.

5.1.4 Kondratieff und die langen Strukturzyklen

Auch in der Vergangenheit hat es große, jahrzehntelange Depressionen gegeben, weil sozioökonomische Strukturen rund um eine grundlegende Erfindung erschöpft waren, aber die Infrastruktur und Kompetenzen des nächsten technologischen Netzes noch nicht ausreichend erschlossen waren – wie etwa in den 20 Jahren nach dem Eisenbahnbau und dem Gründerkrach 1873, in den 1920ern nach der Elektrifizierung oder nach dem Auto-»Kondratieff« in den 1970ern –, seit Schumpeter sind diese langen Zyklen nach dem russischen Ökonomen Nikolai Kondratieff (1892-1938) benannt. Zwar wurden nach der Ölkrise noch mehr und immer bessere Autos gebaut. Aber die treibende, produktivitätssteigernde Kraft war jetzt der Computer, mit dessen Hilfe man Autos billiger, besser und höherwertiger bauen konnte – bis zu einem entscheidenden Punkt. Nachdem Hardware allein auch keine Texte oder Konstruktionen mehr verbessern kann, wird die immaterielle Wertschöpfung der Informationsarbeiter zur wichtigsten Grundlage des Wohlstands. Diese hat aber – wie oben beschrieben – ihre eigenen, neuen Erfolgsmuster: Ist in einer Firma der Chef der Chef, oder ist hier die Wirklichkeit der Chef? Wenn der Chef der Chef ist, werden die Mitarbeiter die Informationen immer so filtern, wie es in seine Wahrnehmung passt (Beispiel Putin), und werden am Markt vorbeiarbeiten.

Das gilt nicht nur für Betriebe, sondern für Länder als Ganzes, ja für die ganze Weltwirtschaft – China hat zum Beispiel innerhalb von fünf Jahren 25 Millionen Industriearbeitsplätze abgebaut, trotz explodierender Produktion. Wenn sich die bekannten technologischen Netze erschöpft haben und auch die Schwellenländer keine horrenden Wachstumsraten mehr dadurch erreichen, indem sie Plastikteile spritzen oder Stahlträger gießen, wenn sich die Menschheit nicht schnell genug von Industrie- zu Informationsarbeitern wandelt, dann könnte es in der Weltwirtschaft ungemütlich werden. Muss es aber nicht, wenn es gelingt, sich auf den nächsten Strukturzyklus einzustellen.

Die Engländer waren im 19. Jahrhundert auch nicht deswegen reich und mächtig, weil deren Notenbank die Zinsen gesenkt hat, weil die Löhne zwecks mehr Nachfrage erhöht oder für die Unternehmerrendite gedrückt wurden oder weil sie die Steuerreform vorgezogen haben oder vielleicht auch nicht. Sondern sie konnten ein ökonomisch völlig unsinniges Kolonialreich mitschleppen, ihre Armee modern ausstatten und ihre Schiffe überall herumsegeln lassen, weil sie die jeweiligen Basisinnovationen wie Dampfmaschine und dann Eisenbahn am besten installierten, Infrastrukturen aufbauten, Firmenstrukturen anpassten – und *deswegen* viel produktiver waren, also auch mehr Ressourcen hatten, um ihre Probleme zu lösen. Die englischen Adeligen des Jahres 1800 waren bereit, Unternehmer zu werden, zu einer Zeit, als die deutschen Adeligen noch vom Rittertum träumten und auf die handeltreibenden Pfeffersäcke hinunterblickten – Wirtschaft ist eben zuallererst eine kulturelle Leistung. Diesmal werden wir politische und wirtschaftliche Stabilität nur dann erreichen, wenn es uns gelingt, Wissen produktiver anzuwenden.

5.1.5 Der nächste Zyklus: das Wissensparadigma

Solch einen Blick auf gesamtgesellschaftliche Zusammenhänge – abseits von Diskussionen um die Wirkung der Geldmenge oder der Erhöhung von Krankenkassenbeiträgen auf das Bruttosozialprodukt – ermöglicht die Theorie der langen Strukturzyklen von Kondratieff. Weil dann klar wird, dass Politik sich darum drehen muss, die Strukturen des nächsten Zyklus, des Wissensparadigmas zu erschließen. Wenn wir das endlich anerkennen, wenn wir endlich von der fatalen Logik des Weiter-so Abstand nehmen, dann werden wir aufhören, in den öffentlichen (Standort-)Debatten noch immer die Schlachten der alten Industriegesellschaft zu schlagen, sondern werden den Praktikern in den Unternehmen folgen, die als Erste mit den neuen Spielregeln der Informationsgesellschaft konfrontiert sind. In einer globalisierten Wirtschaft kann längst jeder überall Kapital aufnehmen, verfügt jeder per Internet schnell über alle Informationen und jedes Wissen, kann sich jeder auf einem freien Weltmarkt jede Maschine kaufen und seine Produkte weltweit vermarkten. Der entscheidende Standortfaktor wird die Fähigkeit der Menschen vor Ort, mit Information umzugehen – und das ist in der Regel auch Umgang mit anderen Wissensarbeitern, Projektpartnern, Kunden, Kollegen. Diese Verhaltensänderungen werden überall wehtun, besonders in jenen Regionen der Welt, wo sie gruppenreligiöse oder andere traditionelle Wertegebäude zum Einsturz bringen.

Wenn sich dann der aufgewirbelte Staub des Strukturwandels gelegt haben wird, werden jene Firmen übrigbleiben, die der Wirklichkeit so nahe wie möglich kommen, weil sie Informationen über alle Sensoren wahrnehmen. Um das gesamte Wissen in einer Organisation zu mobilisieren, wird sich eine dienende Führungskultur durchsetzen. Die Menschen werden schwankende Wichtigkeit nicht mehr als Beleidigung ihres Selbstwertes empfinden, ja sie werden sich gegenseitig fördern und sich über die Leistungen des anderen freuen. Sie werden Informationen nicht nach Nützlichkeit manipulieren, sondern wahrhaftig weitergeben. Sie werden Konflikte fair klären und ihre Beziehungen versöhnen. Statt an ihrem Eigennutz werden sie sich langfristig und an den berechtigten Interessen der anderen Partner, Kunden, Lieferanten orientieren (auch weil wir die Folgen unseres Tuns langfristig überhaupt nicht überblicken können). Firmen werden in Weiterentwicklungen und in Menschen investieren und manchen Mitarbeitern Jahre Zeit geben, so zu reifen, dass sie die Firma bahnbrechend voranbringen. Blender und Trittbrettfahrer werden sich zunehmend in möglicherweise verbliebene Restreservate der Großkonzerne zurückziehen müssen. Wenn sich diese neue Kultur der Zusammenarbeit global durchgesetzt hat, wird die Konjunktur in Schwung kommen.

5.1.6 Kampf (innerhalb) der Kulturen

Zugegeben: Das kann lange dauern, so wie früher der Bau der Eisenbahn auch viel Zeit in Anspruch genommen hat und Jahrzehnte vergingen, bis die Schienen in die entlegensten Landesteile verlegt waren. Denn der größte Hemmschuh für eine Gesellschaft, die den Umgang mit Information verinnerlicht hat, liegt in der Kultur, die der technologischen Entwicklung hinterherhinkt. Weltweit am weitesten verbreitet sind noch ein Sozialverhalten, eine Ethik, eine religiöse Weltanschauung, die auf die eigene Gruppe bezogen bleiben, wie die Jahrtausende zuvor – nationalistisch, rassistisch, eben gruppenethisch. Unter dem sozioökonomischen Druck besserer Wissensarbeit werden sie nun aufbrechen. In patriarchalischen Kulturen und in Stammeskulturen werden alte gesellschaftliche und religiöse Hierarchien entwertet, die Verhältnisse zwischen den Geschlechtern und zwischen den Generationen völlig neu geordnet – das ist der Hintergrund für die wütende Gegenreaktion erzürnter Taliban, die Mädchenschulen niederbrennen.

Dabei wird es nicht zu einem Kampf der Kulturen kommen, etwa an der Bruchstelle zwischen dem Westen, speziell den USA, und der islamischen Welt, zwischen Asien oder Europa. Sondern alle Kulturen sind nun wirtschaftlich gezwungen, effizienter mit Informationen umzugehen. Das führt zu einem Kampf innerhalb der Kulturen, an den Fronten zwischen Gruppenethik (»Ich mache alles für mein Volk / meine Religion, und wer außerhalb davon steht, darf gnadenlos bekämpft werden«), Individualethik (»Ich mache, was ich will, was mir guttut und verfolge meine Interessen«) und Universalethik (»Ich habe ein echtes Interesse am gleichberechtigten Wohlergehen des anderen und achte seine berechtigten Interessen«). Das ist auch eine religiöse Auseinandersetzung, vor allem aber eine innenpolitische, eine innerreligiöse Auseinandersetzung, zum Beispiel von einem universalethischen Christentum gegen ein gruppenethisches Christentum. Doch sie trifft die Unternehmen mit ganzer Wucht, schließlich sind sie ein Teil ihres gesellschaftlichen Umfeldes.

5.1.7 Grenzen der Gruppenethik

Wenn jemand sich weigert, von seinem Chef Anweisungen entgegenzunehmen, weil der von einer niederen Kaste ist, deren Angehörige Jahrtausende lang der eigenen Kaste gedient hatten, wenn jemand nicht mit Frauen oder »Ungläubigen« zusammenarbeiten will, dann kostet solches Denken viel Geld. Und wird entweder zur Entlassung und zur Verhaltensänderung führen oder aber zur wirtschaftlichen Stagnation. Wenn ein islamischer Theologe anfängt, den Koran kritisch zu hinterfragen – was hat Mohammed von Juden und Christen übernommen, was muss man aus dem Zeitkontext verstehen –, und deshalb Morddrohungen erhält und nach Europa emigrieren muss, dann lähmt das Synergien. Mir gefällt auch nicht alles, was so mancher Theologe bei uns so schreibt oder sagt. Aber wenn es in einem System nicht erlaubt ist, Dinge kritisch zu hinterfragen oder anzumerken, dann wird es nicht produktiv sein.

Auch die Gruppenethik der Japaner und Chinesen, die damit früher sehr erfolgreich waren, stößt an eine Grenze – eben weil in einer globalisierten Wirtschaft mit ständig wechselnden Partnern, Kunden und Lieferanten eine Gruppenethik nicht mehr produktiv ist. Gleichzeitig breitet sich in Japan, in den Tigerstaaten und in chinesischen Städten ein kulturell neues Phänomen aus: der Individualismus, nicht als moralisches Laster, sondern als Folge selbstverantwortlicher Informationsarbeit. Das wird zu gesellschaftlichen Verwerfungen führen, die sich wirtschaftlich zunächst negativ auswirken werden, langfristig aber zum kooperativen Individualismus führen, also zur Universalethik.

Die Amerikaner hingegen, zu deren Gründungsmythos der Individualismus gehört, geraten wegen einer zu starken Vereinzelung unter Veränderungsdruck: Dass ein Viertel der Gefängnisinsassen der Welt in den Vereinigten Staaten einsitzt, zeigt, dass diese ihre sozialen Probleme in die Haftanstalten entsorgt haben. Zu starke Mobilität zerreißt das Gesellschaftsgefüge – erschrocken vor einem Zuviel an Individualismus reagieren Teile der US-Bevölkerung mit einem Rückschritt hin zu einer religiösen oder politischen Gruppenethik, wie sie vor 30 Jahren nicht vorstellbar war.

5.1.8 In Europa liegt die Zukunft: Vielfalt

Europa hat wegen seiner kulturellen Wurzeln große Chancen, das neue Paradigma umzusetzen. Nachdem der Eiserne Vorhang gefallen ist und die ehemals abgeschnürten Verbindungen wieder zum Leben erwachen, wird ein neuer Kontinent sichtbar, der trotz seiner Vielfalt kulturell, wirtschaftlich und politisch immer mehr zusammenfindet. Er hat seine Sprachen in die Welt exportiert, viele Menschen in anderen Regionen sind Nachkommen seiner Auswanderer. Umgekehrt leben in europäischen Metropolen kleine Gemeinden von fast jeder Nation der Welt. Das verbindet Europa mit vielen Ländern auch emotional und erleichtert den ständigen Austausch von Waren und Ideen – worin der Kontinent wegen seiner Kleinräumigkeit und Heterogenität ohnehin Jahrtausende lange Übung hat. Schon im Mittelalter war die Fähigkeit gewachsen, mit verschiedenen Kulturen auf engem Raum umzugehen: Der Adel heiratete europaweit untereinander, Handwerker gingen auf Wanderjahre, Künstler und Studenten verbrachten Jahre im Ausland. Auf der Wallfahrt nach Santiago de Compostela in Spanien oder nach Rom trafen sich alle europäischen Kulturen und Sprachen. Handelshäuser hatten Niederlassungen in den größeren Städten, später auch in anderen Kontinenten. Nachdem Nationalstaaten allein nicht mehr Identität stiften, knüpft die globalisierte Welt an dieses Verhalten an.

Entscheidend wird aber sein, wie gut es den Europäern gelingt, ein gesellschaftliches Klima mit einer kooperativen Ethik zu schaffen, in dem sich Informationsarbeiter intellektuell redlich auseinandersetzen, um die bessere Lösung zu finden; ein Klima, in dem sich das Wissen und das Können vieler Einzelner multipliziert. Dabei haben die Europäer ein paar Schwierigkeiten: demografische Probleme, Familienstabilität, ebenfalls wachsende destruktive Verhaltensweisen. Und es ist offen, wie sich das Verhältnis von Individualismus und Gemeinschaft weiterentwickelt. Europa kann dabei die Vorteile des Individualismus nutzen, ohne so individualistisch zu werden wie die USA.

So scheint das neue Paradigma für Europa leichter zu bewältigen als für andere Weltregionen. Denn es hat in seiner Geistesgeschichte eine Menge hinter sich gebracht, was dem kollektiven Gedächtnis anderer Völker in dieser Breite fehlt: Es hat schmerzhafte Erfahrungen gemacht mit Gruppenethiken wie Nationalismus, Faschismus, Stalinismus. Es hat die Nachteile einer rein individuell-intellektualistischen oder einer rein materialistischen Lebensweise kennengelernt. Es hat durch die Jahrhunderte die verschiedenen Extreme von fundamentalistischer Enge und militantem Atheismus durchgekämpft. Im Gegensatz zu vielen Regionen der Welt ist der Einzelne befreit von jeglichen religiösen, staatsideologischen oder kulturellen Einschränkungen. Eine Freiheit, die nicht beim eigenen Ich stehen bleibt, sondern eingeordnet wird auf die selbstverantwortete Zusammenarbeit mit anderen Wissensarbeitern. Ausgehend von Teamsitzungen, gemeinsamen Projekten und Treppenflurinformationsproduktivität kann Europa eine ungeheure Erfolgsgeschichte werden. Von der die anderen Teile der Welt ebenso profitieren, weil sie irgendwann ineinander verschwimmen.

5.1.9 Wie der Tourismus im Wandel profitieren kann

Der Tourismus verbindet die Kulturen der Welt, verbreitet Ideen und jene Verhaltensnormen, die wir in Zukunft global brauchen, um kooperativ Wissen anzuwenden, über den einzelnen und Gruppen hinweg. Innerhalb der Branche werden Regionen und Unternehmen gewinnen, die vor allem auf ihre Mitarbeiter schauen, auf ihre kooperative Unternehmenskultur und auf ihre Gesundheit. Umgekehrt gilt es, den Bedürfnissen der wachsenden Menge der Wissensarbeiter gerecht zu werden, die sich ihre individuelle Mischung aus Gesundheit, geistiger Erholung und Bildung individuell zusammensuchen werden.

Link zur Tagung

https://youtu.be/URoov-xW1cs

Literatur

Händeler, Erik: »Die Geschichte der Zukunft – Sozialverhalten heute und der Wohlstand von morgen (Kondratieffs Globalsicht)«, 11. Auflage 2018, Brendow-Verlag.
Händeler, Erik: »Kondratieffs Gedankenwelt – Die Chancen im Wandel zur Wissensgesellschaft«, 8. Auflage 2021, Brendow-Verlag.
Kondratieff, Nikolai / Händeler, Erik (Hrsg.): Die langen Wellen der Konjunktur. Die Essays von Kondratieff aus den Jahren 1926 und 1928, herausgegeben und kommentiert von Erik Händeler.

5.2 Die transformative Kraft Künstlicher Intelligenz: Tun wir das Richtige?

Bastian Hiller

5.2.1	Eine neue Ära	195
5.2.2	Gleiches, nur schneller	196
5.2.3	Räume neu wahrnehmen	196
5.2.4	Systemwandel durch Künstliche Intelligenz	197

5.2.1 Eine neue Ära

Der Streamingdienst Netflix, damals ein revolutionärer Dienst und »First Mover« im Feld der Streaming-Dienstleister, benötigte ab dem Launch im Jahr 1999 etwa dreieinhalb Jahre, um die magische Grenze von einer Million Nutzer:innen zu erreichen. Was war es da für eine Sensation, als der Social-Media-Dienst Instagram, seines Zeichens Vorreiter einer neuen Generation von Social-Media-Plattformen, selbiges zehn Jahre später in nicht einmal drei Monaten vollbrachte.

Weitere zehn Jahre später stand die Welt im November 2022 vor einer Innovation, welche mancheine:r gleichsetzt mit der Erfindung der Dampfmaschine oder des Buchdruckes: In sage und schreibe fünf Tagen erreichte der Dienst »ChatGPT« des US-Konzerns OpenAI die magische Marke von einer Million Nutzer:innen. Was seitdem passiert, lässt die euphorische Stimmung der Dotcom-Blase wie ein müdes Lächeln wirken: Wir erleben eine Goldgräberstimmung, welche ihresgleichen sucht, fallen doch die bisherigen Paradigmen der Dienstleistungsökonomie fast täglich:

- Die Sprachbarriere ist de facto nicht mehr vorhanden, seit Smartphones in Echtzeit die Sprachen der Teilnehmer:innen synchronisieren (Samsung Galaxy AI)
- Der Zugang zu Wissen, definiert als verknüpfte Informationen, ist ubiquitär geworden. (Klaus North – Wissenstreppe)

- Ganze Wirtschaftszweige – wie beispielweise die Juristerei – müssen sich von einem Tag auf den anderen neu erfinden.

Dass eine solche erdrutschartige Entwicklung die Querschnittsbranche des Tourismus nicht unberührt lässt, verwundert da kaum. Doch wie setzen wir Künstliche Intelligenz sinnvoll ein in einer Branche, welche so stark geprägt ist von dem Wunsch, dem täglichen »Höher-Schneller-Weiter« zu entkommen?

5.2.2 Gleiches, nur schneller

In einer Zeit, in der Technologie das Tempo unseres Alltags bestimmt, neigen wir dazu, Werkzeuge wie Künstliche Intelligenz (KI) als Beschleuniger für das zu sehen, was wir ohnehin jeden Tag tun. KI hat jedoch das Potenzial, weit mehr zu sein als nur ein Marketingkatalysator und Prozessbeschleuniger. Im Tourismus könnte KI das Werkzeug sein, das uns hilft, Dinge nicht nur schneller, sondern vor allem auch sinnvoller und menschlicher zu tun.

Es ist verlockend, KI als Mittel zum Zweck zu sehen, um Buchungen zu optimieren oder Reiserouten effizienter zu gestalten. Diese Sichtweise übersieht jedoch das transformative Potenzial der Technologie. KI kann dazu beitragen, echte zwischenmenschliche Beziehungen aufzubauen und ein nachhaltigeres, zielgerichtetes Zusammenleben zu fördern, sei es auf Reisen oder zwischen den Menschen in einer Region.

Die Arbeit einer DMO verändert sich radikal, bezieht man auf einmal die Möglichkeiten mit ein, alle Akteure individuell zu beraten oder »on demand« Netzwerke zusammenführen zu können. Wie verändern sich Räume, wenn die KI die Planung und Entwicklung dieser unterstützt? Welchen Einfluss können Communities auf einmal nehmen? Die KI wird die Art, wie DMO ihre heutigen Aufgaben lösen nicht nur maßgeblich verändern, sie wird viel mehr weite Teile der heutigen Arbeit obsolet machen und den Fokus wieder auf das lenken, was wirklich zählt: Die Menschen, das Miteinander, das Nicht-Digitalisierbare.

> »All das, was nicht digitalisiert werden kann, wird unglaublich wertvoll und bedeutsam werden.« (The Future Company)

5.2.3 Räume neu wahrnehmen

Und auch die Implikationen für das Reisen selbst werden den Fokus auf das Menschliche legen. Stellen Sie sich ein Reiseerlebnis vor, bei dem es nicht nur um den besten Preis oder die kürzeste Route geht, sondern darum, den Reisenden mit Menschen und Kulturen in Kontakt zu bringen, was ohne die verschiedenen Dienste der Künstlichen Intelligenz niemals möglich gewesen wäre. Eine Reise, bei der nicht nur die Sprache, sondern auch die Kultur in Echtzeit übersetzt und so wirklich erlebbar wird. Ein System, das nicht nur die beliebtesten Reiseziele vorschlägt, sondern auch das, was dem einzelnen Individuum am meisten bedeutet.

KI kann uns helfen, diese Vision zu verwirklichen. Mithilfe von Big-Data-Analysen und maschinellem Lernen können wir Erfahrungen schaffen, die menschlicher sind und tiefer gehen als alles bisher Erlebte. Erlebnisse, die darauf abzielen, Reisende im Besonderen und Menschen im Allgemeinen mit den Gemeinschaften und Räumen zu verbinden, in denen sie sich bewegen, und die den Wert menschlicher Beziehungen in den Vordergrund stellen. Es geht nicht darum, den Faktor Mensch durch Maschinen zu ersetzen, sondern die Technologie als Werkzeug zu nutzen, um menschliche Begegnungen zu bereichern. Die Kombination von KI mit einem gemeinwohlorientierten Ansatz im Tourismus kann uns helfen, über das Übliche hinauszugehen und echte, nachhaltige Veränderungen in der Branche zu bewirken.

5.2.4 Systemwandel durch Künstliche Intelligenz

Für eine gemeinwohlorientiere Ausrichtung von Unternehmen gibt es bereits diverse Kriterien, Lösungswege, Handlungsoptionen, welche sich viele Male bewährt haben, unter anderem auch im Tourismus. Doch aktuell wirkt die gemeinwohlorientierte Ausrichtung eines Unternehmens noch wie ein Luxusgut, wie ein Aushängeschild, welches man sich leisten können muss, stecken doch im Erlangen einschlägiger Siegel und Zertifikate meist hunderte unbezahlter Arbeitsstunden. Unzählige dieser Stunden liegen jedoch im Zusammentragen von Informationen und deren Aufbereitung, in der Ideensuche und in Recherchen zur möglichen Umsetzung.

Gerade hier finden wir einen Ansatzpunkt, welcher einen echten Unterschied machen und die Branche nachhaltiger und fairer gestalten kann: Künstliche Intelligenz ist nicht nur in der Lage, den Status quo leichter erfassbar zu machen, sondern auch darauf basierend und zurückgreifend auf tausende andere Use Cases Lösungen abzuleiten und konkrete Maßnahmen zur Umsetzung vorzuschlagen. Perspektivisch werden wir auch Möglichkeiten erleben, die nachhaltige und zukunftsorientierte Haltung auch automatisiert in unternehmerische Entscheidungsprozesse einfließen zu lassen. Transformation im Autopiloten.

Wenn wir von der transformativen Kraft Künstlicher Intelligenz sprechen, dann sprechen wir also auch von einer massiven Vereinfachung auf Prozessebene. Diese Vereinfachung wird es sein, welche es möglich macht, ohne notwendige Adaption von Neuem, ohne Veränderung der Strukturen dennoch enorme Fortschritte zu erzeugen. Wollen wir hoffen, dass die Richtung stimmt.

Der Gemeinwohl-Bot

Dar. 5-1: QR-Code »Gemeinwohl-Bot«

Im Rahmen verschiedener Projekte entwickelt die Teejit GmbH KI-gestützte Unterstützungsmodule für touristische KMU. Eines dieser Produkte ist der Gemeinwohl-Bot, ein Chatbot, welcher touristische Unternehmen dabei unterstützt, ihr Handeln gemeinwohlorientiert auszurichten, ohne dabei die Wirtschaftlichkeit hintenanzustellen.

Link zur Tagung

https://youtu.be/J8BPXZvyy7s

5.3 Transformation im Tourismus und die Implikationen für DMO betrachtet am Beispiel der KölnTourismus GmbH

Jürgen Amann

Lange Zeit wurde Tourismusförderung nicht nur seitens der städtischen Destinationen und ihrer Entscheidungsträger in Verwaltung und Politik sowie den kommunalen Tourismusämtern und -gesellschaften in erster Linie als Tourismuswerbung interpretiert. Später wurde es chic von Tourismusmarketing zu sprechen. Allein die Idee dahinter blieb im Wesentlichen dieselbe: Eine primär quantitativ orientierte Ausweitung des Besucherzuspruchs. Ein Zuwachs an Besuchern war das Ziel und Erfolg der Tourismusentwicklung wurde an Ankünften und Übernachtungen als Kern-KPIs festgemacht.

Wenn wir gegenwärtig von einer Transformation des Tourismus sprechen, betrifft dies auch die Tätigkeit der Tourismusförderung und -entwicklung, verbunden mit einer fundamentalen Veränderung der Aufgaben der zuständigen kommunalen Destinationsmanagementorganisationen (DMO). Die gegenwärtig beschriebene Transformation des Tourismus subsumiert zuallererst inhaltliche Aspekte basierend auf dem Wandel gesellschaftlicher Werte. Dies birgt wenig überraschend unmittelbar Auswirkungen auf das Anforderungsprofil und das Tätigkeitsspektrum sowie mittelbar Auswirkungen auf das erforderliche Kompetenzportfolio der DMO. Es reicht nicht mehr aus, Informationen zu distribuieren und möglichst viele Gäste zur Reise in eine Destination zu bewegen – ungeachtet des entsprechenden Interessensspektrums und Konsummusters. Vielmehr ist es erforderlich, touristisches Destinationsmanagement zu verfolgen und zukunftsorientiert den Tourismus und seine Strukturen mit Blick auf die eigentlichen städtischen Stakeholder, die Bürgerinnen und Bürger, qualitativ zu entwickeln.

Die KölnTourismus GmbH, gegründet 2004 als 100 %iges Tochterunternehmen der Stadt Köln, stellt sich seit nunmehr vier Jahren dieser Herausforderung und durchläuft einen Change-Prozess, der neben der notwendigen inhaltlichen Neuaus-

5 Konkrete Transformation

Dar. 5-2: Die Transformation des Tourismus als Herausforderung (© KölnTourismus)

richtung und den daraus resultierenden unternehmensstrukturellen Implikationen eben nicht mehr nur auf ökonomische Argumente in der Diskussion fokussiert, sondern eine Entwicklung des Tourismus unter Berücksichtigung der Interessen der Bürgerinnen und Bürger und stadtgesellschaftlicher Fragestellungen intendiert.

»The only way is up« (Yazz, Popsängerin, 1988) – Wirklich?

»Schneller, höher, weiter« – touristisches Wachstum unter vorwiegend ökonomischen Gesichtspunkten – stößt in den 20er Jahren des 21. Jahrhunderts auf die Zustimmung von immer weniger stadtgesellschaftlichen Akteuren, von immer weniger Bürgerinnen und Bürgern. Zu schwer wiegen an dieser Stelle Negativbeispiele wie Amsterdam und Barcelona. Entsprechend weicht der rein ökonomische Zugang in der Tourismusstrategie von KölnTourismus einem gesamtnutzenorientierten Ansatz: Im Mittelpunkt der Betrachtung steht die Frage, welche Gäste Köln langfristig anziehen soll und kann. Die Frage bezieht dabei explizit auch stadtgesellschaftliche Aspekte, wie z. B. die Sicherung der Zukunftsfähigkeit der Stadt Köln in gesellschaftlichen Teilbereichen, in die Betrachtung mit ein.

Dar. 5-3: Strand-Feeling direkt am Rhein (© KölnTourismus)

Dabei folgt die Strategie keinem unmittelbaren externen Druck. Die Situation des Tourismus in Köln ist längst nicht vergleichbar mit jener in den oben angeführten (Extrem-)Beispielen, in denen sich erhebliche Teile der Bevölkerung nicht mehr länger in das Interessensschema eines lange Zeit fehlgeleiteten touristischen Wachstumsbilds einpassen lassen wollen. Es geht darum, die »richtigen« Gäste für die Stadt zu begeistern, jene, die auch über den kurzfristigen ökonomischen Erfolg hinaus wirksam werden können: Fach- und Führungskräfte von morgen, Unternehmer der Zukunft, Kulturschaffende und Kreative. Personengruppen, die eine langfristige positive Entwicklung der Stadt ermöglichen, in dem sie durch Kreativität und Kulturorientierung den Nährboden bilden für ein Lebensgefühl, welches die Stadt am Rhein im Wettbewerb mit anderen Städten in Deutschland und Europa unterscheidet.[46]

Geld ist nicht alles, aber ohne Geld ist (fast) alles nichts!

Als Beispiel für den veränderten Fokus kann die Rolle der Gastronomie im Kontext des touristischen Destinationsmanagements in Köln dienen. Gastronomie wird mit Köln stark verbunden, nicht zuletzt aufgrund der ausgeprägten Brauhauskultur. In den letzten Jahren bzw. Jahrzehnten hat sich neben der klassischen rheinischen Brauhauskultur eine starke Gastronomieszene entwickelt, die zwei wesentliche Ausprägungsformen angenommen hat: hochwertige (Sterne-)Gastronomie und diversifizierte, authentische Länderküche.

Betrachtet man die hochwertige (und -preisige) Gastronomie, so machten es Geschäftsreisende möglich, basierend auf einer authentischen Genusskultur des Rheinlandes, ein ausgeprägtes Angebotsportfolio zu entwickeln. Unternehmen, Messeaussteller und -gäste sowie Kongress- und Tagungsteilnehmende sorgen ganzjährig für eine geschäftstourismusinduzierte Nachfrage nach hochwertigen gastronomischen Leistungen in Köln und tragen so zur verhältnismäßig hohen Dichte von im gehobenen Segment angesiedelten Lokalen bei. Selbstverständlich nehmen die Kölnerinnen und Kölner auch selbst gerne diese gastronomischen Angebote in Anspruch. Allein die Breite und Vielfalt der Angebotsstruktur wäre mit der alleinigen Nachfrage durch die Bürgerinnen und Bürger ökonomisch kaum darstellbar.

Im Bereich der zweiten auffälligen Ausprägungsform, der Länderküche, werden Authentizität und große Angebotsbreite durch die stark diversifizierte Einwohnerstruktur befördert. Genussfreude und Offenheit gegenüber Neuem leisten einen Beitrag zur breiten und gleichzeitig auch tiefen Angebotsstruktur. Bei der Clubkultur verhält es sich ein wenig anders: Hier ist Köln durch den relativ hohen Anteil junger Menschen – die Anzahl von Studierenden übersteigt in Köln die 100.000-Marke bei weitem – mit einer verhältnismäßig großen Zahl von Clubs und Bars ausgestattet.

---

46 Die Tourismusstrategie zur qualitativen Entwicklung kann nachgelesen werden unter www.koelntourismus.de.

5 Konkrete Transformation

Selbstverständlich kann und soll die große Bedeutung von sowohl Gastronomie als auch Club- und Barszene als wichtige Wirtschaftsfaktoren für die Stadt Köln nicht in Abrede gestellt werden. Ein Blick auf die Zahlen belegt dies eindeutig:[47] Die wirtschaftlichen Effekte der touristischen Nachfrage in der Kölner Gastronomie, den Kölner Clubs und Bars – der direkte und indirekte Beitrag der touristischen Ausgaben zur Gesamtwertschöpfung – belaufen sich auf rund 3,5 Mrd. Euro pro Jahr. Dabei entspricht der Einkommensbeitrag von rund 1,5 Mrd. Euro einem Äquivalent von mehr als 50.000 Arbeitsplätzen. Das Steueraufkommen aus touristischen Ausgaben in der Kölner Gastronomie beträgt 325 Mio. Euro. Profiteure sind Kommune, Land und Bund. Einrichtungen der Gastronomie, Bars und Clubs sind mit großen Wirkungseffekten für die Stadt und Aufenthaltsqualität aber nicht nur wichtige Wertschöpfungsfaktoren, sondern schaffen und sichern Stadtflair, Frequenz und Kaufkraft in der City und den Stadtteilzentren.

Dennoch ist es KölnTourismus ein wichtiges Anliegen, auf die soziokulturelle Rolle, die Gastronomie und Clubkultur einnehmen, hinzuweisen. Sie leisten einen Beitrag zur kulturellen Identität. Orte in denen es für Auswärtige »das Köln-Gefühl« zu erleben gilt, welches mit der Einbettung in das soziokulturelle Umfeld im Veedel aber auch bei den Bürgerinnen und Bürgern einen Beitrag zur Bildung der kulturellen Identität leistet. Als Orte kulturellen Austauschs stellen die Einrichtungen der Gastronomie und Clubkultur Keimzellen der Stadtkreativität dar, für die Menschen Treffpunkte und Begegnungsorte. Darüber hinaus werden beide wirksam als Faktoren der Außenwahrnehmung: Der Gastronomie sowie der Club- und Barszene werden von Gästen und Einheimischen übereinstimmend ein sehr positives, bedeutendes Image bescheinigt. In der Wahrnehmung von außen ein positiv konnotierter Markenbestandteil der Tourismusdestination (und damit der Stadt) Köln.

Sie stehen stellvertretend für Attraktivität und Lebendigkeit, beeinflussen durch außengastronomische Angebote vielfach die Aufenthaltsqualität zum Guten und avancieren so inhaltlich zu weichen Standortfaktoren für Arbeitnehmer und Unternehmen, die – mehr denn je – große Bedeutung entwickeln im an Intensität zunehmenden Standortwettbewerb in Deutschland und Europa. Dabei kommt insbesondere der Clubkultur eine nicht zu unterschätzende Rolle zu, trägt gerade sie ja in großem Maße dazu bei, ein Gefühl des Städtischen zu entwickeln.

In der touristischen Kommunikationsarbeit der KölnTourismus GmbH werden Gastronomie, Bar- und Clubkultur entsprechend als (stadt-)kulturprägende Aspekte der Stadt dargestellt, in denen sich das Lebensgefühl Kölns manifestiert. Eine

---

47 Alle Angaben entstammen der Studie »Bedeutung der Gastronomie und Clubszene für die Stadt Köln«, die das Konsortium projectM und dwif im Auftrag der KölnTourismus Gesellschaft 2023/24 durchgeführt hat. Dabei erfolgte eine Erfassung der wirtschaftlichen Effekte der Gastronomie und Clubkultur als Basis der Analyse weiterer Effekte, insbesondere der stadtgesellschaftlichen Relevanz. Letztere wurden durch ergänzend eingesetzte Instrumente der qualitativen Sozialforschung (teilstandardisierte Leitfadeninterviews, teilnehmende Beobachtungen etc.) im Besonderen unter die Lupe genommen.

konkret werbewirksame Botschaft, der »call-to-action« der unmittelbar zum Besuch auffordert, unterbleibt. Der monetäre Aspekt tritt hinter dem Kulturaspekt zurück.

Weg vom Katzentisch, hin zur (stadt-)gesellschaftlichen Tafel?

Auch KölnTourismus kann sich als Tochterunternehmen der Stadt Köln nicht völlig frei machen von wirtschaftlichen Argumentationen. Dies ist mit Blick auf die 2004 definierte Unternehmensaufgabe, die Erhöhung der Wertschöpfung aus dem Tourismus, notwendig. In der Umsetzung durch die entwickelte Tourismusstrategie weicht die Konzentration auf kurzfristig induzierte Nachfrageeffekte jedoch einer nachhaltigeren Ausrichtung durch die Weitung des Fokus auf stadtgesellschaftliche und kulturprägende Aspekte (weiche Standortfaktoren).

In letzter Konsequenz erfordert dieser Paradigmenwechsel in der Betrachtung der Aufgabe die erweiterte Einbeziehung der touristischen DMO in Diskussions- und Entscheidungsprozesse stadtentwicklungspolitischer Art. Um zukunftsorientiert Synergien zu erzeugen, müssen Tourismus- und Stadtentwicklung in Zukunft enger aufeinander abgestimmt werden. Gerade deswegen, um den Beitrag des Tourismus zur Lebensqualität für alle Bürgerinnen und Bürger verstärkt erschließen zu können. Kölnerinnen und Kölner profitieren von infrastrukturellen Einrichtungen, die ohne Touristen nicht zu betreiben wären. Schnell fallen hier kulturelle Angebote wie Musicals, Opern oder Konzerte und Ausstellungen ein, die ohne entsprechenden touristischen Zuspruch allein auf Basis der städtischen bzw. regionalen Binnennachfrage nicht realisierbar wären. Dies trifft auch auf Angebote wie eine breite und diversifizierte Gastronomiestruktur zu, die ohne den Zuspruch von Stadtbesuchern (Freizeittouristen und Geschäftsreisenden) kaum in ihrer Ausprägung erhalten bliebe.

Link zur Tagung

https://youtu.be/dcnnrLjbJOg

5.4 Lebensraumgestaltung als Teil der touristischen DNA – Klimagerechter und nachhaltiger Tourismus im Naturpark Altmühltal

Christoph Würflein

Nachhaltiger Tourismus ist heute auf fast jeder Agenda zu finden, sowohl auf der Seite der Destination und der Anbieter als auch auf der der Gäste. Das ist gut, notwendig und wichtig. Doch während die Entwicklung und die Umsetzung in den meisten in- und ausländischen Destinationen erst in jüngster Zeit in den Fokus gerückt ist, ist Nachhaltigkeit schon seit den 1980er Jahren fest in der DNA des Naturparks Altmühltal verankert. Die Orientierung am Modell eines »Sanften Tourismus« bildet somit seit rund vier Jahrzehnten die Leitlinie im Destinationsmanagement des Naturparks Altmühltal.

Eine wichtige Rolle in dieser Entwicklung spielte und spielt dabei der enge Kontakt des Naturparks Altmühltal mit dem Tourismusschwerpunkt an der Katholischen Universität Eichstätt-Ingolstadt. Hier war bereits Ende der 1980er Jahre das Thema »Sanfter Tourismus« und dessen Umsetzung Gegenstand der Forschung. So schreibt Ruth Pommerenk über eine Veröffentlichung von Karl-Heinz Rochlitz, der seit dem Ende der 1980er Jahre bis 1993 Doktorand am Eichstätter Lehrstuhl für Kulturgeographie war: »Karl-Heinz Rochlitz hat als Erster ein Modell zum sanften Tourismus entwickelt, das die gegenseitigen Abhängigkeiten und Beziehungen der den Tourismus beeinflussenden Faktoren gegenüberstellt.«[48] Mit der Entwicklung hin zum Lehrstuhl Tourismus und Zentrum für Entrepreneurship hat sich diese Zusammenarbeit zwischen Wissenschaft und Naturpark noch intensiviert. Der Naturpark Altmühltal war eng in diese Forschung eingebunden und diente oft als Praxisbeispiel.

---

48 Ruth Pommerenk (1999), Sanfter Tourismus, München, GRIN Verlag, https://www.grin.com/document/99672 (Abgerufen am 19.11.2024).

5.4 Lebensraumgestaltung als Teil der touristischen DNA

Ein anderer Grund, weshalb die Nachhaltigkeit und ein ganzheitlicher Ansatz der Destinationsentwicklung im Naturpark Altmühltal schon so lange eine große Bedeutung hat, liegt in der Philosophie der Naturparke in Deutschland selbst. In seinem Leitbild definiert der Verband Deutscher Naturparke (VDN) auf Basis des Bundesnaturschutzgesetzes § 27 folgende Aufgaben.[49] Danach dienen Naturparke »dem Erhalt und der Weiterentwicklung der Natur- und Kulturlandschaft mit ihrer Tier- und Pflanzenwelt, [sie] unterstützen eine nachhaltige regionale Entwicklung und einen nachhaltigen Tourismus, entwickeln Infrastruktur und Angebote für die Erholung sowie für Umweltbildung und Bildung für nachhaltige Entwicklung. [...] Naturparke unterstützen durch intensive Kooperation und Partnernetzwerke [...] Regionen dabei, ihre Zukunft aktiv zu gestalten und ihre Lebensgrundlagen zu bewahren. [...] Im Zentrum der Arbeit der Naturparke steht die Beziehung zwischen Mensch und Natur.«

Diese Beziehung ist elementar für das ganzheitliche, systemorientierte Destinationsmanagement, wie es im Naturpark Altmühltal verwirklicht wird – denn Naturparke umfassen in erster Linie vom Menschen geprägte Kulturlandschaften. Das Destinationsmanagement sieht sich deshalb immer auch als Lebensraum(mit)gestalter, der einen Beitrag zur Lebens- und Standortqualität leistet. Regionen können nur dann im Tourismus erfolgreich sein, wenn sie nicht nur von den Gästen, sondern auch von der eigenen Bevölkerung und den dort angesiedelten Unternehmen als attraktiver Standort wahrgenommen werden.

Durch die enge Verzahnung von Tourismusregion und Naturpark waren und sind Nachhaltigkeitsthemen integraler Bestandteil im Tourismusmarketing und Destinationsmanagement des Altmühltals. Beide greifen ineinander: So gelingt es dem Tourismus immer wieder, im Wandlungsprozess der regionalen Wirtschafts- und Gesellschaftspolitik Anstöße zu geben, die in Richtung Nachhaltigkeit lenken.

So ist es dem Naturpark Altmühltal in den vergangenen Jahren gelungen, mit Projekten, die weit über den Tourismusbereich hinaus wirken, die Region nachhaltig zu stärken. Es liegt in der Natur der Sache, dass in einem Naturpark dem Landschaftsschutz und der Förderung der Biodiversität eine besondere Bedeutung zukommt – denn eine vielfältige Natur ist überhaupt erst die Voraussetzung für die erholungstouristische Wertschöpfung. Indem der Naturpark zwischen unterschiedlichen Nutzergruppen vermittelt, Besucherströme lenkt und Verständnis für die natürlichen Besonderheiten schafft, entsteht Aufmerksamkeit und Akzeptanz in der Region.

Dem Naturpark Altmühltal kommt hier zugute, dass viele landschaftliche Besonderheiten direkt mit regionalen Produkten verknüpft werden können. Diese zahlen gleichzeitig auf eine nachhaltige Landschaftsnutzung ein, sie ermöglichen und stützen regionale Wertschöpfungsketten. Das Beispiel des »Altmühltaler Lamms« zeigt dies besonders deutlich: Die steilen Wacholderheiden des Naturparks Alt-

---

49 vgl. Naturparke in Deutschland 2030 – Aufgaben und Ziele 4. Fortschreibung, www.naturparke.de/fileadmin/files/public/Service/Infothek/Positionspapiere/Aufgaben_und_Ziele_der_Naturparke_in_Deutschland.pdf (Abgerufen am 19.11.2024).

mühltal sind eine jahrhundertealte Kulturlandschaft. Werden sie nicht beweidet, erobern sich Büsche und Bäume die Flächen zurück und zerstören damit den Lebensraum für zahlreiche Tiere und Pflanzen, die sich den extremen Bedingungen auf den Wacholderheiden (Hitze und Wasserarmut) perfekt angepasst haben.

Um die Flächen freizuhalten, kommt das Altmühltaler Lamm zum Einsatz. Die Herden der traditionellen Wanderschäfer verbringen den Sommer über draußen und ziehen von Wacholderheide zu Wacholderheide, wo sie neben den Schösslingen auch viele Kräuter als Futter finden. Dadurch wird ihr Fleisch besonders aromatisch. Das Fleisch wiederum wird unter dem Qualitätssiegel Altmühltaler Lamm von den regionalen Metzgern und der Gastronomie vermarktet, was den Schäfern ihr Auskommen sichert. Gleichzeitig leistet der Naturpark viel Informations- und Aufklärungsarbeit, um diesen Zusammenhang im Bewusstsein der Verbraucher zu verankern. Dies gilt ebenso für Produkte vom »Altmühltaler Weiderind« oder der »Naturpark Altmühltal Edition«, über die im Naturpark-Atmühltal-Branding etwa Honig, Saft von den Streuobstwiesen oder Wacholderlikör in den Verkauf kommen.

Die Natur ist der eine Schatz der Destination – ihre Kultur ist der andere. Deshalb initiiert und fördert der Tourismus im Naturpark Altmühltal kulturelle Veranstaltungen und Infrastrukturen. Gleichzeitig lenkt er den Blick auf den Erhalt und die Wiederherstellung attraktiver Ortsbilder. Das erhöht die Aufenthaltsqualität in den Orten sowohl für die Gäste als auch die Einheimischen. Zu diesen Projekten gehört »Zu Gast im Denkmal«, das in enger Zusammenarbeit mit dem Lehrstuhl für Tourismus (Prof. Dr. Harald Pechlaner) entwickelt wurde: Unter diesem Qualitätssiegel vermarktet der Naturpark Altmühltal Gastronomie- und Übernachtungsbetriebe, Museen und Infostellen, die in geschichtsträchtigen Gebäuden zu Hause sind.

Schon früh hat sich der Naturpark Altmühltal darüber Gedanken gemacht, wie Gäste und Einheimische diese Orte und Ziele in der Natur erreichen können. Wenn möglich, wurde die Anreise mit den öffentlichen Verkehrsmitteln, insbesondere der Bahn, gefördert. Doch nicht alle Bereiche des Naturparks Altmühltal sind an das Bahnnetz angebunden und auch die Busverbindungen im ländlichen Raum erwiesen sich vor allem am Wochenende als schwierig. Mit dem Ausbau des touristischen Radwegenetzes und der Einrichtung von Freizeitbus-Linien am Wochenende und an Feiertagen schloss der Naturpark Altmühltal hier eklatante Lücken. Der Naturpark Altmühltal erwies sich auch als starker Förderer der E-Mobilität: Der systematische Ausbau der Service- und Ladestationen für E-Biker sowie ein E-Auto-Ladenetz dienten hier als Initialprojekte für die Mobilitätswende.

Zusammenfassend lässt sich festhalten, dass ein nachhaltiges Destinationsmanagement in einer Region wie dem Naturpark Altmühltal nicht losgelöst von den übrigen Akteuren gedacht und umgesetzt werden kann. Aber auch wenn die Kommunalpolitik und die Wirtschaft sicherlich als Hauptakteure die Transformationsprozesse in Wirtschaft und Gesellschaft lenken und gestalten, setzen doch das Destinationsmanagement und die Tourismuswirtschaft wichtige Impulse und gestalten aktiv eine nachhaltige Standortentwicklung mit. An der Schnittstelle von

Naturschutz, Tourismus, Bildung und Regionalentwicklung entstehen so innovative Ansätze. Der Naturpark Altmühltal versteht sich als Modellregion, in der Transformationsprozesse aktiv gestaltet und dabei regionale Lösungen für globale Probleme gesucht, gefunden und in der Praxis erprobt werden.

Link zur Tagung

https://youtu.be/tkDnKWsQX8U

6 Entrepreneurial Transformation: Die kreative Zerstörung ist notwendig!

6.1 Kooperationen zwischen Startups und etablierten Unternehmen als Treiber für Innovationsökosysteme am Standort

Xenia Schmahl

6.1.1	Innovationsökosysteme	212
6.1.2	Kollaboration in Innovationsökosystemen	212
6.1.3	Vorteile der Zusammenarbeit für Unternehmen und Startups	215
6.1.4	Der Einfluss von Kollaboration zwischen Startups und Unternehmen auf einen Standort	217
6.1.5	Fazit	219

In der heutigen schnelllebigen Welt stehen etablierte Unternehmen oft vor der Herausforderung, mit den neuesten Innovationen Schritt zu halten, während Startups mit ihren innovativen Lösungen die Führung übernehmen und größere Unternehmen in einen technologischen Rückstand bringen. Diese Diskrepanz kann jedoch durch die Zusammenarbeit zwischen diesen Unternehmen geschlossen werden, insbesondere innerhalb von Innovationsökosystemen. In diesem wissenschaftlichen Beitrag wird die Zusammenarbeit von Startups und etablierten Unternehmen im Kontext von Innovationsökosystemen und deren Auswirkungen auf den Standort analysiert. Es werden Möglichkeiten der Zusammenarbeit, die Vorteile für beide Akteure sowie die Auswirkungen auf die Standortentwicklung diskutiert. Darüber hinaus werden verschiedene Aspekte von Innovationsökosystemen und die Orchestrierung durch Plattformen wie das »Plug and Play Tech Center« untersucht, um ein umfassendes Verständnis für die Dynamik dieser Kooperationen zu entwickeln.

6.1.1 Innovationsökosysteme

Ein Innovationsökosystem ist ein dynamisches und interaktives Netzwerk von verschiedenen Akteuren, Ressourcen und Institutionen in einem bestimmten geographischen Gebiet oder einer Branche, das die Entstehung, Entwicklung und Skalierung von Unternehmertum und Innovation fördert. Es kann dabei von einem Orchestrator gerichtet werden oder sich um »relatively self-contained, self-adjusting systems of resource-integrating actors connected by shared institutional arrangements and mutual value creation through service exchange«[50] handeln. Diese Ökosysteme umfassen typischerweise Startups, etablierte Unternehmen, Investoren, Regierungsbehörden, Bildungseinrichtungen, Forschungseinrichtungen, Mentoren, und Beratende. Das Ziel eines solchen Ökosystems besteht darin, ein förderliches Umfeld zu schaffen, das Unternehmer unterstützt, Ressourcen bereitstellt, den Wissensaustausch fördert, Zugang zu Finanzierungsmöglichkeiten erleichtert und die Zusammenarbeit zwischen den Akteuren erleichtert. In einem robusten Innovationsökosystem werden Innovationen gefördert, neue Unternehmen gegründet, Arbeitsplätze geschaffen und wirtschaftliches Wachstum angeregt. Geographisch orientierte Innovationsökosysteme haben daher entscheidenden Einfluss auf die Standortentwicklung.

6.1.2 Kollaboration in Innovationsökosystemen

Charakteristika eines Startups

Ein Startup ist ein junges Unternehmen, das von einem oder mehreren Unternehmern gegründet wird, um ein einzigartiges Produkt oder eine Dienstleistung zu entwickeln und auf den Markt zu bringen. Ein Startup ist in der Regel ein kleines Unternehmen, das von den Gründern, ihren Freunden und Familien oder von Risikokapitalfirmen finanziert wird.

Eines der charakteristischen Merkmale eines Startups ist sein Wachstumspotenzial. Im Gegensatz zu anderen kleinen Unternehmen, die durch ein regelmäßiges Einkommen nachhaltig sein sollen, sind Startups auf schnelles Wachstum ausgelegt. Sie zielen oft darauf ab, eine Marktlücke zu schließen, indem sie ein innovatives Produkt, eine Dienstleistung oder eine Plattform anbieten, von der sie glauben, dass sie das Potenzial hat, eine bestimmte Branche erheblich zu beeinflussen.

Startups sind bekannt für ihre Agilität und ihre Bereitschaft, Risiken einzugehen, vor denen größere, etabliertere Unternehmen vielleicht zurückschrecken. Diese Beweglichkeit ergibt sich oft aus der begrenzten Bürokratie eines Startups und einer Kultur, die Innovation und Experimentierfreude fördert. Startups sind

---

50 Vargo, S. L., & Lusch, R. F. (2018). The sage handbook of service-dominant logic. SAGE Publications Ltd, https://doi.org/10.4135/9781526470355

oft flexibel, d. h. sie können ihr Geschäftsmodell oder ihr Produktangebot auf der Grundlage von Feedback und Marktnachfrage ändern, was für größere Unternehmen sehr viel schwieriger ist.

Abgesehen von den oberflächlichen Charakteristika der Innovation und Agilität sind Startups für das langfristige Überleben von Unternehmen unerlässlich. Startups verkörpern den Pioniergeist des technologischen Fortschritts und kundenorientierte Lösungen. Sie operieren an den Grenzen der Industrie und identifizieren und nutzen oft Nischenmärkte, die von größeren Unternehmen übersehen werden. Diese Konzentration auf unterversorgte Bereiche kann zur Entwicklung bahnbrechender Technologien führen, die das Potenzial haben, ihre Branche neu zu definieren.

Startups stehen jedoch auch vor Herausforderungen wie begrenzten Ressourcen, unsicheren finanziellen Aussichten und der Notwendigkeit, sich schnell zu vergrößern, wenn sie erfolgreich sind. Sie arbeiten oft in einem Modus großer Unsicherheit und konzentrieren sich darauf, ihre Produkte oder Dienstleistungen auf der Grundlage des kontinuierlichen Nutzerfeedbacks zu verbessern.

Wie schaffen Innovationsökosysteme Raum für Zusammenarbeit

Zusammenarbeit kann in Innovationsökosystemen zwischen diversen Akteuren und über diverse Plattformen hergestellt werden. So nimmt der Technologietransfer zwischen Hochschulen und der Industrie eine immer wichtigere Rolle ein als Katalysatoren für die technologische und gesellschaftliche Entwicklung. Auch die interdisziplinäre Zusammenarbeit zwischen Regierungseinrichtungen und Forschungseinrichtungen erleichtert die Konvergenz verschiedener Perspektiven zu innovativen Lösungen, die weitreichende Ergebnisse und Auswirkungen auf die Bevölkerung haben. Für diesen Beitrag wird die Zusammenarbeit zwischen etablierter Industrie und Startups fokussiert.

Etablierte Unternehmen sind komplexe Gebilde, die oft durch ihre Größe und ihre tradierten Prozesse beeinträchtigt werden. Dies kann zu einer Art organisatorischer Trägheit führen, die ein schnelles Umschwenken und die Übernahme neuer Technologien erschwert. Die Bedeutung von Innovation bzw. neuer Technologien für das Überleben von Unternehmen wird allerdings bereits durch den historischen Präzedenzfall KODAK aber auch durch NOKIA und weitere deutlich: Etablierte Firmen haben bei der Anpassung an bahnbrechende Technologien keinen Raum für Ignoranz. In dem Maße, in dem das Innovationstempo weltweit zugenommen hat, haben auch die etablierten Unternehmen erhebliche Marktanteile verloren. Wenn sich Unternehmen darauf konzentrieren, die Bedürfnisse ihrer bestehenden Kunden zu befriedigen und ihre derzeitigen Geschäftsmodelle aufrechtzuerhalten, tun sie sich schwer damit, Innovationen anzunehmen, die zunächst weniger vielversprechend und für ihre derzeitigen Geschäftsstrategien oder Kundenanforderungen nicht relevant erscheinen. Umwälzende Innovationen haben jedoch das Potenzial, sich schnell weiterzuentwickeln und zu verbessern, sodass sie schließlich die Leistung bestehender Technologien übertreffen und die Bedürfnisse einer breiteren Kundenbasis befriedigen. Wenn etablierte Unternehmen die Bedeutung dieser bahnbrechenden Technologien erkennen, kann es für sie zu spät sein, um aufzuholen oder sich anzupassen, was zu einem Verlust von Marktanteilen oder sogar zum Scheitern des Unternehmens führen kann.

Dieses von Clayton Christensen eingeführte Konzept, das so genannte »Innovator's Dilemma«, unterstreicht die Herausforderung, vor der erfolgreiche Unternehmen stehen: Sie müssen ein Gleichgewicht zwischen der Aufrechterhaltung ihres derzeitigen Erfolgs und der Notwendigkeit finden, sich auf Innovationen einzulassen, die ihre Branche umwälzen könnten. Es unterstreicht, wie wichtig es ist, anpassungsfähig und offen für die Erforschung neuer Technologien zu sein und das Potenzial disruptiver Innovationen zu verstehen, die Märkte und Branchen umgestalten können.

Startups können innovative Lösungen schnell testen, weiterentwickeln und einsetzen. Durch die Zusammenarbeit mit diesen wendigen Unternehmen können Unternehmen die neuesten Ideen leichter umsetzen und sich gleichzeitig auf ihre bestehenden Märkte und Kunden konzentrieren. Und für ein Startup ergeben sich hierdurch entscheidende Vertriebsmöglichkeiten.

Innovationsökosysteme bieten auf vielfältige Weise Raum für die Zusammenarbeit zwischen Startups und etablierten Unternehmen. Hier sind einige der gängigen Wege, wie diese Zusammenarbeit ermöglicht wird:

- **Plattformen und Netzwerke:** Es gibt spezialisierte Plattformen und Netzwerke, die Startups und Unternehmen zusammenbringen. Diese Plattformen ermöglichen es Startups, sich zu präsentieren, Ressourcen zu finden und potenzielle Kooperationspartner zu treffen. Ein Beispiel hierfür ist das »Plug and Play Tech Center«, das regionale sowie industriespezifische Plattformen aufbaut und lösungsorientierte Verbindungen zwischen Startups und Unternehmen herstellen.[51]
- **Inkubatoren, Accelerators und »Sandboxes«:** Diese Organisationen bieten Startups nicht nur finanzielle Unterstützung, sondern auch Zugang zu Mentoren, Fachwissen und potenziellen Corporate-Partnern. Durch Programme, die oft mehrere Monate dauern, können Startups ihre Ideen weiterentwickeln und Kontakte knüpfen. Ein explizites Beispiel stellt die Fintech Regulatory Sandbox in Singapore dar. Hier können FinTech Startups in einer Live-Umgebung, aber mit abgewandelten regulatorischen und gesetzlichen Anforderungen, ihre Produkte bzw. Dienstleistungen testen.[52]
- **Strukturen innerhalb von Innovationszentren:** Innovationszentren in Städten oder auf Universitätscampus bieten oft physische Räume, in denen Startups und

---

51 Plug and Play (2024): https://www.plugandplaytechcenter.com/ (Abgerufen am 20.11.2024).
52 MAS (2024): https://www.mas.gov.sg/development/fintech/regulatory-sandbox (Abgerufen am 20.11.2024).

Unternehmen zusammenarbeiten können. Diese Strukturen können Co-Working-Spaces, Laboratorien oder gemeinsame Forschungseinrichtungen umfassen. Beispielhaft kann das Werk 1 in München genannt werden.[53]
- **Veranstaltungen und Konferenzen:** Branchenspezifische Veranstaltungen und Konferenzen bringen regelmäßig Startups und Unternehmen zusammen. Hier können sie sich austauschen, potenzielle Partnerschaften erkunden, neue Ideen generieren sowie geschlossene Partnerschaften präsentieren. Explorative Veranstaltungen wie beispielsweise die health.tech[54] oder Veranstaltungen wie Startup Creasphere Expo[55], an denen konkret Pilotprojekte zwischen Startups und Unternehmen präsentiert werden, können hier als Beispiel genannt werden.

Best Practices für die Kollaboration werden über diese Wege ebenfalls geteilt, sodass nicht nur der initiale Impuls geliefert wird, sondern dass in den Ökosystemen auch die einen Unternehmen von anderen Unternehmen (ggf. auch industrieagnostisch) lernen können, wie man mit Startups kollaborieren kann. Mit Venture Capitalists können die Möglichkeiten der Risikokapitalinvestition elaboriert werden. Durch die Erfahrung mit externen, von Dritten betriebenen Acceleratoren kann man entscheiden, ob man ggf. einen »Inhouse Accelerator« betreiben möchte. Der direkte Austausch mit Startups und Entrepreneuren kann auch die Entscheidung beeinflussen, sich gegen das sog. »Buy« und für das »Make« zu entscheiden und einen Venture Builder zu etablieren, der innovative Ideen mit internen und externen Ressourcen und Talenten entwickeln lässt. Innovationsökosysteme sind dynamisch und vielschichtig, daher gibt es viele verschiedene Wege für Startups und Unternehmen, miteinander zu kooperieren.

6.1.3 Vorteile der Zusammenarbeit für Unternehmen und Startups

Die Zusammenarbeit mit Unternehmen, die sich auf diese ausgewählten Technologien spezialisiert haben, kann oft eine klügere Wahl sein, als zu versuchen, Fähigkeiten über einen langen Zeitraum inhouse aufzubauen. Unternehmen arbeiten oft aus verschiedenen Gründen mit Startups zusammen:

- **Innovation:** Startups sind Zentren der Innovation und oft agiler und flexibler als größere Unternehmen. Die Zusammenarbeit ermöglicht es Unternehmen,

---

53 Werk 1 (2024): https://www.werk1.com/ (Abgerufen am 20.11.2024).
54 https://www.health.tech/ (Abgerufen am 20.11.2024).
55 Startup Creasphere (2024) https://startupcreasphere.com/news-stories/bridging-frontiers-startup-creaspheres-encounter-with-the-swiss-innovation-landscape-at-expo/ (Abgerufen am 20.11.2024).

neue Ideen, Technologien und Ansätze zu nutzen bzw. auch zunächst erst einmal auszuprobieren in einem sog. Proof of Concept oder Pilot Project.[56]
- **Zugang zu Talenten:** Startups verfügen oft über spezielle Fähigkeiten und neue Perspektiven, die größeren Unternehmen möglicherweise fehlen. Partnerschaften bieten Zugang zu diesem Talentpool.
- **Markterweiterung:** Die Zusammenarbeit mit Startups kann Türen zu neuen Märkten oder Kundensegmenten öffnen, die das Unternehmen allein nicht erreichen könnte. Startups stellen oftmals traditionelle Geschäftsmodelle in Frage. Unternehmen arbeiten zusammen, um den Veränderungen in der Branche einen Schritt voraus zu sein oder sogar selbst bahnbrechende Innovationen zu schaffen.
- **Schnelligkeit und Agilität:** Startups sind bekannt für ihre Fähigkeit, schnell zu handeln. Die Zusammenarbeit ermöglicht es Unternehmen, Prozesse zu beschleunigen, Produkte schneller zu entwickeln und auf den Markt zu bringen und sich effizienter an Marktveränderungen anzupassen.
- **Image:** Die Zusammenarbeit mit Startups kann etablierten Unternehmen auch ein innovatives, kundenorientiertes Image vermitteln.

Allerdings ist die Beziehung zwischen Unternehmen und Startups auch für Startups von Nutzen. Unternehmen können Startups Zugang zu Ressourcen, Marktkenntnissen und Kundenstämmen verschaffen, die für ein junges Unternehmen ansonsten unerreichbar wären. Die Zusammenarbeit mit einem bekannten Unternehmen hilft Startups auch dabei, ihrer Technologie in der Branche Glaubwürdigkeit zu verleihen. Ökosysteme bieten nämlich nicht nur die Möglichkeit, schnell Feedback zu erhalten, sondern können auch eine Plattform für Bestätigung sein. Durch die Interaktion mit verschiedenen Akteuren innerhalb des Ökosystems können Unternehmer ihre Ideen validieren, ihr Geschäftsmodell verbessern und potenzielle Unterstützer gewinnen.

Ein entscheidender Faktor für den Erfolg von Innovationen und Startups ist nicht nur die bloße Verfügbarkeit von innovativer Masse, sondern vielmehr das Vorhandensein eines geeigneten Marktes, der diese Innovationen aufnimmt und unterstützt. Die Schaffung von Distributionskanälen ist daher von essenzieller Bedeutung, um sicherzustellen, dass Innovationen nicht nur entwickelt, sondern auch erfolgreich auf den Markt gebracht werden können. Diese Kanäle ermöglichen es, Produkte und Dienstleistungen effektiv zu vertreiben, potenzielle Kunden zu erreichen und eine breite Akzeptanz für neue Lösungen zu schaffen. In einem Innovationsökosystem können diverse Stakeholder dazu beitragen, solche Distributionskanäle zu schaffen und zu stärken. Unternehmen, Investoren, Regierungen und Bildungseinrichtungen können gemeinsam daran arbeiten, den Markt für innovative Produkte und Dienstleistungen zu entwickeln und zu erweitern. Durch die Schaffung eines günstigen regulatorischen Umfelds, die Förderung von Part-

---

[56] Plug and Play (2024): https://www.plugandplaytechcenter.com/resources/corporate-startup-collaboration-guide/ (Abgerufen am 20.11.2024).

nerschaften zwischen Unternehmen und Forschungseinrichtungen und die Unterstützung von Innovationszentren und Inkubatoren können diese Stakeholder dazu beitragen, einen florierenden Markt für Innovationen zu schaffen.

6.1.4 Der Einfluss von Kollaboration zwischen Startups und Unternehmen auf einen Standort

Wirtschaftliche Stärkung und Standortattraktivität

Wenn ein Ökosystem in der Lage ist, sich als solcher Markt zu etablieren, der durch die Beteiligung verschiedener Stakeholder geschaffen wird, kann dies zu einem bedeutenden Erfolg für den Standort werden. Nicht nur die lokalen Unternehmen und Startups profitieren von den geschaffenen Distributionskanälen, sondern auch die gesamte Wirtschaft und Gesellschaft könnte davon profitieren, indem neue Arbeitsplätze geschaffen sowie Innovationen gefördert werden und die Wettbewerbsfähigkeit gesteigert wird. Somit ist die Schaffung von Distributionskanälen nicht nur ein wichtiger Schritt für einzelne Unternehmen, sondern auch ein entscheidender Beitrag zur Stärkung und Weiterentwicklung des gesamten geographischen Ökosystems und des Standorts.

Und wie auch die Kollaboration mit Startups einen positiven Einfluss auf das Image von Unternehmen haben kann, können solche Kollaborationsprojekte und damit das Innovationsökosystem dazu beitragen, die Wirkung und die Marke eines Standorts zu beeinflussen, indem sie ein bestimmtes Image oder eine bestimmte Identität für das Ökosystem und den Standort insgesamt schaffen. Innovationen und erfolgreiche Unternehmen innerhalb des Ökosystems können dazu beitragen, das Ansehen und die Attraktivität eines Standorts zu steigern und ihn als Zentrum für bestimmte Branchen oder Technologien zu etablieren.

Innovationsplattformen wie das »Plug and Play Tech Center« unterstützen die Integration und Synchronisation der verschiedenen Elemente des Ökosystems, um ein lebendiges und unterstützendes Umfeld für Unternehmertum und Innovation zu schaffen. Plug and Play bringt auf der einen Seite Kapitalgeber und Startup in einem Innovationsökosystem zusammen, sowie auch große Unternehmen mit innovativen Startups. Diese Zusammenarbeit zielt darauf ab, die betriebliche Effizienz zu verbessern, Kosten zu senken, neue Produktmöglichkeiten zu erforschen und Innovation im Kern zu fördern.

Kollaboration zwischen Startups und Unternehmen unterstützt durch Plattformen in einem Innovationsökosystem – Beispiel Plug and Play

Diese Zusammenarbeit mit einer Plattform wie Plug and Play erleichtert Verbindungen mit den richtigen Startups, Networking-Möglichkeiten innerhalb von Branchen, Zugang zu den neuesten Trends und direkten Kontakt mit Startups. Zu den Vorteilen dieser Kooperationen gehören eine verbesserte betriebliche Effizienz, ein größerer Kundenerfolg, die Entwicklung neuer Produktlinien und der Aufbau strategischer Partnerschaften, und das sowohl für die Startup- als auch die Unternehmensseite.

Beispiel »Start in Malta«: Ein Beispiel für den Einfluss einer Plattform in einem Innovationsökosystem bildet beispielsweise die Plattform »Start in Malta«, welche von Plug and Play und Malta Enterprises betrieben. An einem Standort, der zunächst nicht direkt mit Innovation verbunden wird, sollen relevante Stakeholder wie Startups, etablierte Unternehmen, Universitäten, regierungsnahe Institutionen, Mentoren und Venture Capitalists zusammengebracht werden, um insbesondere das regionale Ökosystem weiterzuentwickeln. Das maltesische Startup-Ökosystem soll angekurbelt werden, um es zum Geburtsort vieler erfolgreicher Startups zu machen. Startups werden dabei unterstützt, in dem Land zu gründen und zu wachsen. Das aufgebaute Netzwerk sorgt dafür, dass sich lokal Ressourcen für die Unternehmensgründer bündeln, da beispielsweise auch ein innovatives Image des Standorts gefördert wird, wodurch ggf. neue Talente und Ressourcen angezogen werden. Auch über die Grenzen eines regionalen Ökosystems hinaus können Innovationplattformen unterstützend sein, beispielsweise bei der Internationalisierung in andere Ökosysteme.

Beispiel: »Plug and Play GOAL Program«: Die Unterstützung, die Innovationsplattformen für die Internationalisierung von Startups bieten können, wird durch messbare Ergebnisse des GOAL-Programms von Plug and Play veranschaulicht, das durch seine Bemühungen 83 Prozent der Startups den Eintritt in strategische Verhandlungen mit mindestens einem Unternehmen und 70 Prozent den Eintritt in strategische Gespräche mit mindestens einem Investor ermöglichte und zur Schaffung von mehr als 400 Arbeitsplätzen pro Jahr beitrug. Diese Daten verdeutlichen, welchen Anstoß Innovationsplattformen Standorten geben können, um die Schwierigkeiten zu überwinden, auf die sie auf ihrem Weg zur Internationalisierung des Unternehmensmarktes stoßen können. Darüber hinaus ist dies auch ein Beispiel für die Vorteile, die Startups aus der Internationalisierung ziehen können, und zeigt, wie wichtig es ist, diesen Schritt zu tun. Die wechselseitige Beziehung zwischen lokalen Innovationsökosystemen und Startups bei der Förderung der Internationalisierung steigert das Wirtschaftswachstum, die Innovation und den kulturellen Wandel und führt zur Schaffung einer offenen und globalen Gesellschaft.

Ökosysteme und Standorte sind eng miteinander verbunden und beeinflussen sich gegenseitig in vielfältiger Weise. Ein florierendes »Open Innovation Ecosystem« kann die Attraktivität eines Standorts erhöhen und zu dessen Entwicklung beitragen, indem es Arbeitsplätze schafft, Talente anzieht und die lokale Wirtschaft ankurbelt. Umgekehrt können günstige Standortbedingungen wie eine gute Infrastruktur, Zugang zu Finanzierungsmöglichkeiten und eine lebendige Innovationskultur das Wachstum von Ökosystemen begünstigen. Standorte können somit eine entscheidende Rolle bei der Schaffung und Förderung von Ökosystemen spielen und umgekehrt.

6.1.5 Fazit

Die Synergie zwischen Startups und Unternehmen ist entscheidend, um Innovationen voranzutreiben und einen Wettbewerbsvorteil auf dem schnelllebigen Markt von heute zu erhalten. Startups bieten Agilität und neue Lösungen, die es Unternehmen ermöglichen, die digitale Transformation und Marktumbrüche effektiv zu bewältigen. Für eine erfolgreiche Zusammenarbeit sollten Unternehmen eine kollaborative Denkweise annehmen, mit kleinen Projekten beginnen und Risiken teilen. Die Zusammenarbeit mit Startups fördert die Innovation von Unternehmen und stärkt das Innovationsökosystem, sodass beide Seiten davon profitieren. Plattformen und Netzwerke können diese Zusammenarbeit unterstützen und zur Visibilität der Möglichkeiten innerhalb und außerhalb eines Ökosystems beitragen. Nicht nur der Einfluss von Innovationsökosystemen auf den Standort, sondern auch in der umgekehrten Beziehung sollten die Einflüsse analysiert werden.

Link zur Tagung

https://youtu.be/fJPXwYtxZ7g

6.2 Innovative Standortentwicklung durch Startup-Events

Jan C. Küster

Startup-Events sind Katalysatoren für Wirtschaftswachstum und Innovation. Sie beleben die lokale Wirtschaft, ziehen Investitionen an und fördern die Entwicklung von Innovationsökosystemen.

Startup-Events wie das jährlich in Austin stattfindende South by Southwest (SXSW) sind ein eindrucksvolles Beispiel dafür, wie solche Veranstaltungen die lokale Wirtschaft beleben können. SXSW, eine Veranstaltung, die Startups, Kreative und Fachleute aus der ganzen Welt anzieht, hat der Stadt bedeutende wirtschaftliche Impulse verliehen. In 2022 führte das Event zu einem geschätzten wirtschaftlichen Gesamteffekt von 280,7 Mio. US-Dollar. Diese Wirtschaftsleistung setzt sich aus direkten, indirekten und induzierten Effekten zusammen, die zusammengenommen ein eindrucksvolles Beispiel für den dynamischen wirtschaftlichen Beitrag solcher Veranstaltungen darstellen.

Zu den direkten Effekten zählten unter anderem Einnahmen aus Hotelbuchungen, die der Stadt allein über 1,8 Mio. US-Dollar an Kurtaxen einbrachten. Zu den indirekten Effekten zählten Einkommenssteigerungen und die Schaffung von Arbeitsplätzen in lokalen Unternehmen, die von der erhöhten Nachfrage während der Veranstaltung profitierten. Induzierte Effekte ergaben sich aus den zusätzlichen Ausgaben der Beschäftigten, die von diesen Einkommenszuwächsen profitierten (Analysis of the economic benefit to the city of Austin from SXSW 2022).

Zusammenfassend zeigen diese Daten, wie Startup-Events wie die SXSW nicht nur als Plattform für Networking und Innovation dienen, sondern auch substanzielle wirtschaftliche Vorteile für ihre Gastgeberstädte mit sich bringen. Sie verdeutlichen das Potenzial solcher Veranstaltungen, die lokale Wirtschaft anzukurbeln und gleichzeitig eine kulturelle und innovative Dynamik zu fördern.

Direkte wirtschaftliche Auswirkungen von Startup-Events

Startup-Events bringen bedeutende direkte wirtschaftliche Vorteile für regionale Geschäftsumgebungen mit sich. Sie schaffen Arbeitsplätze, erhöhen die lokale Kaufkraft und steigern das Steueraufkommen. Durch die Schaffung von Arbeitsplätzen erhöhen Startups die lokale Kaufkraft, die wiederum in den lokalen Konsum fließt und das Wirtschaftswachstum weiter ankurbelt. Darüber hinaus tragen sie durch Steuerzahlungen erheblich zu den lokalen Haushalten bei, was die Lebensqualität verbessert und weitere wirtschaftliche Aktivitäten anziehen kann.

Multiplikatoreffekte durch Gründerveranstaltungen

Startup-Events lösen auch erhebliche sekundäre wirtschaftliche Aktivitäten aus. Diese Effekte machen sich in lokalen Wirtschaftszweigen wie Hotels, Restaurants und Transportdienstleistungen bemerkbar. Lokale Unternehmen erfahren durch die erhöhte Nachfrage während Startup-Events einen direkten wirtschaftlichen Aufschwung. Diese Veranstaltungen tragen auch zur Schaffung zusätzlicher Arbeitsplätze bei. Studien haben gezeigt, dass die Erweiterung eines lokalen Wirtschaftsökosystems durch Startup-Aktivitäten zu einem Anstieg der Beschäftigung führt.

Innovationsförderung durch Startup-Veranstaltungen

Startup-Veranstaltungen spielen eine entscheidende Rolle bei der Entwicklung eines innovationsfreundlichen Umfelds. Sie fördern den Austausch von Ideen und Fähigkeiten und tragen so zur lokalen Innovationslandschaft bei. Universitäten spielen oft eine zentrale Rolle, indem sie als Innovationshubs fungieren und durch Veranstaltungen Wissenstransfer und Vernetzungsmöglichkeiten bieten.

Langfristiger strategischer Wert von Gründerveranstaltungen

Startup-Veranstaltungen ziehen langfristige Investoren und Risikokapitalgeber an. Sie bieten Startups die Möglichkeit, ihre Geschäftsideen vor einem Publikum potenzieller Investoren zu präsentieren. Darüber hinaus tragen Startup-Events zur internationalen Sichtbarkeit und zum Branding einer Stadt als Tech- und Innovationshub bei. Sie stärken das globale Image der Gastgeberstädte als führende Innovationsstandorte.

Die Schaffung eines inklusiven Umfelds bei Startup-Veranstaltungen ist entscheidend. Dies trägt zur Vielfalt der Gedanken und Ideen bei und stärkt die lokale Wirtschaft durch die Unterstützung von Minderheiten und weiblichen Unternehmern. Die Berücksichtigung der Umweltauswirkungen von Großveranstaltungen ist ein weiterer wichtiger Aspekt. Strategien für ein nachhaltiges Veranstaltungsmanagement sind entscheidend, um den ökologischen Fußabdruck zu minimieren.

Schlussfolgerungen & Empfehlungen

Die strategische Planung von Gründerveranstaltungen sollte eng mit den langfristigen wirtschaftlichen Entwicklungszielen des Standorts verknüpft sein. Die Entwicklung von Partnerschaften mit Bildungseinrichtungen und etablierten Unternehmen kann ein günstiges Umfeld für Startups schaffen. Es ist auch wichtig, ein Monitoring der Auswirkungen solcher Veranstaltungen zu etablieren. Zu diesem Zweck sollten Rahmen und KPIs entwickelt werden, die sowohl etwaige Risiken von Großveranstaltungen eindämmen als auch die Messbarkeit des Erfolgs für die lokale Wirtschaft erfassen.

Link zur Tagung

https://youtu.be/fJPXwYtxZ7g

6.3 Transformative Disruption der Marktbedingungen als Katalysator für nachhaltige Wertsteigerung im Beteiligungsmarkt

Wolf von Holzschuher

Der folgende Beitrag befasst sich mit der Disruption der über Jahre bestehenden Finanzierungssituation für Unternehmen aus der Immobilienbranche und für Startup-Unternehmen aus Wachstumsbranchen bzw. mit der Notwendigkeit, aber auch den Chancen einer Anpassung der Unternehmensstrategie an die neue Situation.

Ausgangssituation

Seit der Corona-Epidemie herrschen aus Sicht des Autors neue Verhältnisse an den Kapitalmärkten. Durch eine schon seit über zehn Jahren vergünstigte Zinspolitik der Zentralbanken wurden die Märkte regelrecht geflutet von Anlegerkapital, das insbesondere in die Immobilienmärkte einerseits und in die Aktienmärkte andererseits strömte. Startup-Unternehmen vornehmlich aus dem Technologiesektor konnten durch die stetige Nachfrage durch Investoren zahlreiche Wachstumsfinanzierungen zu teilweise absurden Bewertungen und sehr günstigen Zinssätzen einwerben.

Das Kapital suchte Anlagemöglichkeiten – seit ein bis zwei Jahren hat sich dieser Trend der letzten Jahre nun deutlich verlangsamt und teilweise nachhaltig umgekehrt. Diese Trendwende bringt aktuell zahlreiche Unternehmen unter Druck – insbesondere jene, die kein profitables Geschäftsmodell haben bzw. unter hohen Fremdkapitalquoten leiden und somit auf die Zugeständnisse sowie »Spielregeln« der Finanzierungspartner angewiesen sind.

Finanzierungslandschaft – ein Ökosystem in der Transformation

Im Jahre 2022 setzte ein – u. a. durch den Einmarsch Russlands in die Ukraine und den nachfolgenden Verzerrungen am Energiemarkt bzw. durch die dadurch angetriebene Inflation bedingter – deutlicher Anstieg des Kapitalmarktzinses ein, der die Refinanzierung der Unternehmen in allen Bereichen der Wirtschaft erheblich verteuert hat.

Alte Mechanismen funktionierten plötzlich nicht mehr: konnten in der Vergangenheit kleinere und mittelgroße Unternehmen auf günstige Refinanzierungsinstrumente zurückgreifen und sich auf ein überbordendes Interesse der Kapitalgeber verlassen, war der Finanzierungsmarkt insbesondere Anfang 2023 für diesen Sektor regelrecht ausgetrocknet.

Institutionelle Kapitalgeber bevorzugten es, ihre Liquidität zu den gestiegenen Zinsen in sicheren Anlageklassen wie Staatsanleihen zu »parken« und sich die Marktentwicklungen aus sicherer Entfernung anzusehen. Diese Zurückhaltung war Gift für Wachstumsunternehmen in kapitalintensiven Skalierungsphasen und für den ebenfalls kapitalintensiven Immobiliensektor, der in den Jahren zuvor mit minimalen Eigenkapitalquoten arbeiten konnte.

In der Marktlage der letzten 24 Monate kamen somit bei einigen Branchenunternehmen toxische Faktoren zum Tragen: einerseits geringes Eigenkapital auf der Bilanzseite und eine damit verbundene Abhängigkeit von Geldgebern und andererseits ein hoher Kapitalbedarf entweder aufgrund laufender Verluste wie sie oft bei Wachstumsunternehmen anfallen oder hoher Projektkosten wie typischerweise in der Immobilienbranche. In Summe betrachtet wurde daraus ein Teufelskreis, der viele Unternehmen aus den oben genannten Branchen an den Rand der Existenz gebracht hat.[57]

Marktveränderungen fordern einen Paradigmenwechsel

Diese nachhaltigen und wesentlichen Veränderungen des Zinsmarktes bzw. der Finanzierungskosten und die Zurückhaltung vieler Investoren erfordern einen Paradigmenwechsel auf Seite von Unternehmen bzw. Unternehmern. Sie müssen mehr denn je als Change Agents im Sinne ihrer Unternehmen als Schnittstelle zwischen den Akteuren ihres ökonomischen Umfelds agieren.

Dabei müssen diese Change Agents auf die folgenden wesentlichen Eckpunkte ihrer Positionierung in ihrem Marktumfeld einen besonderen Schwerpunkt setzen:

---

57 https://www.manager-magazin.de/unternehmen/tech/Startups-in-der-krise-die-dunkle-seite-des-venture-capital-a-8ba9bc14-6c32-4dfc-9db2-8b4887969c40 (Abgerufen am 21.11.2024); https://finanzmarktwelt.de/immobilienkrise-fordert-ihre-opfer-bautraeger-insolvenzen-steigen-286470/; https://www.wiwo.de/my/unternehmen/dienstleister/immobilienmarkt-in-der-krise-die-gute-alte-zeit-ist-vorbei/29681558.html (Abgerufen am 21.11.2024).

- **Stabilität des Geschäftsmodells:** Ein besonderer Fokus auf Eigenkapitalstärke und eine gesunde Bilanz des eigenen Unternehmens ist wesentlich, um aus einer Position der Stärke in der gegenwärtigen Finanzierungskrise gegenüber Kapitalgebern agieren zu können. Statt um jeden Preis zu expandieren, sollten Unternehmen sich auf ein nachhaltig profitables Wachstum besinnen.
- **Nachhaltigkeit und Mehrwert im Fokus:** Ein langfristiger Nutzen aus Sicht der Kunden stärkt die Wahrnehmung des Unternehmens und seiner Leistungen bzw. Produkte am Markt. Gerade in einer dynamischen und schwierigen Zeit ist es wesentlich, sich als verlässlicher Partner den wichtigsten Kunden gegenüber zu präsentieren, der für sie einen echten, greifbaren und langfristigen Mehrwert in ihrer Wertschöpfungskette darstellt. Es mag sich banal anhören, aber zu seinem Wort zu stehen, ist eine Eigenschaft, die vor allem in Krisen immer seltener wird und für die Kunden den höchsten Wert darstellt.
- **Kernkompetenzen wichtiger denn je:** Unternehmerische Entscheidungsträger müssen in einer schwierigen Marktsituation ihr eigenes Kompetenzprofil schärfen und sich nur auf das fokussieren, was sie gegenüber der Konkurrenz wirklich besonders macht. Ein »Sich-Verzetteln«, wie es bei vielen Immobilienunternehmen in den letzten Jahren der Fall war, schafft unnötige Komplexität und reduziert die Fähigkeit, schnell und effektiv auf Krisensituationen reagieren zu können. Wenn beispielsweise eine über Jahre oder Jahrzehnte gewachsene Kompetenz im Wohnungsbau erlangt wurde, sind diese Fähigkeiten auch oder vor allem in der Immobilienkrise von besonderer Relevanz – ein zu breites und nicht über lange Erfahrung aufgebautes Tätigkeitsspektrum, das hingegen beispielsweise auch noch Handels-, Hotel- und Büroimmobilien umfasst, wird unweigerlich zu Problemen in einer Zeit kriselnder Immobilienmärkte führen und von Kapitalgebern negativ aufgenommen. Ein aktuelles Beispiel hierzu ist nach Meinung des Autors die Krise der Signa-Gruppe.[58]
- **Skalierung nur noch bei positivem Kundenwert:** Ein Wachstum um jeden Preis macht keinen Sinn und wirkt sich im Gegenteil negativ auf den Wert und die Kernkompetenzen des Unternehmens aus. Nur dann, wenn Geschäftsmodelle auf Kundenbeziehungen beruhen, die einen positiven Kundenwert im Sinne einer nachhaltigen und deutlichen Differenz zwischen Kundenerlösen und Kundenkosten produzieren, sollten sie auch skaliert werden. Falls dies nicht der Fall ist, führt ein zu expansives Wachstum zu einer deutlichen Schwächung der Kapitalbasis des Unternehmens und damit zu einer Abhängigkeit von weiteren Kapitalerhöhungen durch die Finanzierungspartner. Die Kapitalgeber sind jedoch in der aktuellen Marktphase zurückhaltend und begleiten weitere Kapitalrunden, die auf der Deckung hoher laufender Kosten beruhen, nur noch unter äußerst harten Bedingungen. Dies führt zu einer starken Abhängigkeit der

---

[58] https://www.handelsblatt.com/unternehmen/handel-konsumgueter/signa-was-wir-zur-krise-von-rene-benkos-imperium-wissen-und-was-nicht/29487640.html (Abgerufen am 21.11.2024); https://www.wiwo.de/my/unternehmen/handel/signa-in-der-krise-was-benkos-imperium-ins-wanken-bringt/29469260.html (Abgerufen am 21.11.2024).

Wachstumsunternehmen, die niemals im Sinne der Entscheidungsträger im Unternehmen sein darf.

Fazit und Ausblick

Geld kostet wieder etwas – und es sollte daher bedacht investiert werden. Dieser Grundsatz ist in den Jahren der extrem expansiven Zinspolitik in Europa leider in vielen Geschäftsbereichen etwas in Vergessenheit geraten. Zu viele Geschäftsmodelle wurden subventioniert, obwohl sie keine nachhaltigen Wertsteigerungen brachten bzw. nicht auf eigenen Füssen stehen konnten. Der plötzliche Zinsanstieg der letzten zwei Jahre war ein Schock für viele Unternehmen, aber auch Grundlage einer »Therapie«, um wieder zu der gesunden Basis ihrer eigentlichen Kompetenzen zurückzukehren.

Zwar geht der Autor davon aus, dass es noch einige Insolvenzen in der Immobilienbranche und bei Startup-Unternehmen geben wird, die in unmittelbarem Zusammenhang mit den schwierigen Verhältnissen am Kapital- bzw. Refinanzierungsmarkt stehen, aber auf mittlere Sicht wird diese Bereinigung positive Effekte haben. Diejenigen Unternehmen und Unternehmer, die ihrer Geschäftsmodelle der Finanzierungskrise angepasst haben, werden gestärkt aus ihr herausgehen und ihre Branchen positiv prägen.

Link zur Tagung

https://youtu.be/fJPXwYtxZ7g

6.4 Die katalytische Funktion des touristischen Entrepreneurships als Treiber für Transformation

Sebastian Speer

6.4.1	Einleitung	227
6.4.2	Theorie: Entrepreneurship als Katalysator	229
6.4.3	Theorie: Transformation	230
6.4.4	Zusammenführung von Transformations- und Akteursebene	230
6.4.5	Fazit	235

6.4.1 Einleitung

Der Tourismus sieht sich heute zahlreichen Herausforderungen ausgesetzt: angefangen bei globalen Phänomenen wie dem Klimawandel und seinen Auswirkungen auf unterschiedliche Destinationstypen wie alpine (z. B. Pröbstl-Haider et al. 2021) oder maritime (z. B. Pathak et al. 2021) Gebiete und deren touristische Angebote, über das Negativphänomen »Overtourism« (z. B. Pechlaner et al. 2020) bis hin zu dem bereits seit vor der COVID-19-Pandemie bestehenden, aber seitdem zunehmend spürbaren Fachkräftemangel (Müggler et al. 2022; Deutscher Bundestag Ausschuss für Tourismus 2022). Diese exemplarisch aufgezeigten sowohl externen Einflussfaktoren als auch durch die Tourismusbranche selbst begünstigten Entwicklungen lassen Veränderungen vor allem in Richtung Nachhaltigkeit (z. B. Scott 2021) und Resilienz (z. B. Corradini 2019; Pechlaner et al. 2022) offensichtlich werden.

Nachhaltigkeit im Tourismus ist eine Forderung insbesondere politischer Akteure auf internationaler und nationaler Ebene, die sich in Absichtserklärungen, Strategien und ambitionierten Zielsetzungen (EU-Parlament 2021; Bundesregierung 2021; Bundesministerium für Wirtschaft und Klimaschutz 2022) manifestiert. Dabei ist Nachhaltigkeit zwar ein etablierter Begriff, der allerdings unter einer starken

Verständnisvarianz leidet (Vos 2007; Ozili 2022). Zugleich zeichnet sich Tourismus durch eine hohe Komplexität aus, die einerseits auf die Komplementarität und Interdependenz von touristischen Leistungsbestandteilen, andererseits auf die zahlreichen Abhängigkeiten zwischen den beteiligten touristischen Akteuren, Gästen, unterschiedlichen Interessenvertretern (z. B. aus Politik, Kultur, Wirtschaft, Lobbygruppen) und der lokalen Bevölkerung sowie auf externe Einflüsse zurückzuführen ist (Eisenstein 2021; Wittmann & Helleisz 2022). Vor diesem Hintergrund ist es wenig verwunderlich, dass Nachhaltigkeitsappelle meist in Erklärungen oder Agenden münden, ein konkreter Handlungsbezug zur Erreichung der formulierten Ziele aber fehlt (UNWTO 2016; Mathai et al. 2021) oder bisherige Anreize als nicht effektiv angesehen werden (Tomasella 2015).

In der Folge findet ein Umgang mit stattfindenden Veränderungen – seien sie legislativer, klimatischer, soziodemographischer oder ökologischer Natur – meist nur reaktiv statt; das heißt: Sie resultieren in einer Anpassung des eigenen Verhaltens an die sich verändernden Umstände. Adaptionen dieser Art entstehen jedoch häufig unter Anpassungsdruck und sind somit nicht auf lange Frist angelegt; ihre Ergebnisse sind in der Regel pfadabhängig und nicht transformativ (Novalia & Malekpour 2020). Die große Zahl auf unterschiedlichen Wertschöpfungsstufen involvierter Akteure, die sich hinsichtlich ihrer Größe, ihres Angebots und ihres Geschäftsmodells unterscheiden, lassen individuelle Reaktionen jedes Partners zu einem insgesamt unabgestimmten, aus touristischer Kundensicht vielleicht sogar inkohärenten Angebotsgemenge werden. Besser wäre es, Wandlungs- und Transformationsprozesse proaktiv und abgestimmt anzugehen und somit eine gesamtheitlich gestaltende Rolle einzunehmen (Scott 2021). Kollektive Anpassungen in Hinblick auf nachhaltige Konsum- und Produktionsmuster unterliegen im durch Dienstleistungen geprägten Tourismus besonderen Herausforderungen (vgl. Haid & Albrecht 2021): So reicht es beispielsweise nicht aus, Produktionsanlagen mit grüner Energie zu versorgen. Vielmehr muss bei dem durch den menschlichen Faktor geprägten und durch den Gast im Zeitpunkt des Konsums bereitgestellten Angebot Nachhaltigkeit leistungsimmanent sein. Der Anspruch an den touristischen Unternehmer als Katalysator zu fungieren, erscheint demzufolge hehr.

Inhalt dieses Beitrags ist es, einen Ansatz aufzuzeigen, wie touristisches Entrepreneurship es schaffen kann, eine Funktion als Katalysator im Kontext der Nachhaltigkeitstransformation einzunehmen. Zu diesem Zweck wird sich an zwei Modellen bedient, die miteinander verknüpft werden: Erstens das Modell der Mehrebenenperspektive (»Multi-Level Perspective«; MLP), welches die Entstehung von Innovationen, deren Verbreitung und die Beeinflussung von Transformationen erklärt, sowie zweitens das Katalysatormodell des Entrepreneurship, welches eine akteurszentrierte Sichtweise auf Entrepreneurship im Zusammenhang mit Veränderungen bietet.

6.4.2 Theorie: Entrepreneurship als Katalysator

Um die gewünschte, bisweilen sogar geforderte katalytische Funktion eines Entrepreneurs zu verstehen, ist es wichtig, sich näher mit dem Konzept des Katalysators zu befassen. Das Begriffspaar »Katalysator–katalytisch« hat in der (populär-)wissenschaftlichen Landschaft »Buzzword«-Charakter und kann je nach Kontext »ermöglichend«, »beschleunigend«, »verbreitend« bedeuten oder ähnlich gelagerte Eigenschaften beschreiben[59]. Es existiert jedoch ein Ansatz, die Funktion von touristischen Unternehmern hinsichtlich ihrer katalytischen Wirkung zu konzeptualisieren (vgl. Speer 2021): Er basiert auf einer Analyse des Katalysators und dessen Wirkungsweise wie er in den Naturwissenschaften zu finden ist und zeigt grundlegende Übersetzungsmöglichkeiten von Konzept und Funktionsweise in den Bereich der Wirtschaftswissenschaften auf. Insbesondere in der Chemie und Biochemie sind Katalysatoren chemische Stoffe, die – vereinfacht gesagt – dazu genutzt werden, chemische Transformationsprozesse, sogenannte Reaktionen, zu beeinflussen. Unter gegebenen Bedingungen können solche Reaktionen beschleunigt und unter geringerem Energieaufwand vonstattengehen, wenn ein geeigneter Katalysator zu den an dem transformativen Prozess beteiligten Stoffen zugegeben wird. Dazu senkt er die für eine Reaktion benötige Aktivierungsenergie ab. Um diese Wirkung entfalten zu können, bestehen Katalysatoren aus bis zu drei zusammenwirkenden Komponenten:

1. Die aktive Komponente ist maßgeblich für die Beeinflussung der Reaktion verantwortlich. Im Übertragungsansatz können Unternehmerpersonen aufgrund des Erkennens einer unternehmerischen Gelegenheit aktiv werden, handeln und eine solche gestaltende und treibende Rolle einnehmen.
2. Hilfsstoffe tragen dazu bei, eine maximale Reaktionswirkung zu erzielen. In dieser Rolle sind insbesondere Akteure zu verorten, die durch Wissen, Fähigkeiten, Kenntnisse, finanzielle oder kommunikative Hilfe, Zugang zu Kontakten oder Netzwerken die unternehmerische Tätigkeit unterstützen.
3. Promotoren bewirken eine Kanalisierung der Wirkung dahingehend, dass positive Effekte verstärkt und negative Effekte verringert werden. Hier helfen sowohl Motivationen und Werte der Unternehmerperson selbst, aber ebenso technische Infrastrukturen oder politische Rahmenbedingungen bis hin zu verfüg- und nutzbaren IT-Technologien (McDonald et al. 2024).

---

59 Vgl. die beiden folgenden exemplarischen Textstellen zur Rolle von Katalysatoren außerhalb des naturwissenschaftlichen Spektrums: (1) »Zusammenfassend muss davon ausgegangen werden, dass das Internet und die Digitalisierung Entwicklungsprozesse in der Gesellschaft und der Wirtschaft **wie ein Katalysator beschleunigen** [...].« (Joos 2024, S. 74; Hervorh. d. Verf.); (2) »Diese Informationsnetze sind **der Katalysator für die Entstehung** von Exponentialtechnologie. **Sie verbreiten** das Know-how, das bahnbrechende Technologien erst möglich macht.« (Azhar 2022, S. 79; Hervorh. d. Verf.).

Es wird deutlich, dass sowohl unternehmerischer Erfolg als auch dadurch angestoßene Veränderungen Ergebnisse gemeinsamer Anstrengungen unterschiedlicher Akteure sind.

6.4.3 Theorie: Transformation

Warum aber lohnt es sich, das touristische Entrepreneurship im Kontext transformativer Prozesse – insbesondere in Richtung Nachhaltigkeit zu betrachten? Greift man auf vorhandene Ansätze zurück, die den Anspruch haben, Transformationsprozesse ganzheitlich zu betrachten, werden unterschiedliche Ebenen deutlich, auf denen sich Veränderungen durchsetzen müssen, um zu branchenübergreifenden, gesellschaftlich akzeptierten Transformationen zu werden (Wittmayer & Hölscher 2017; Jacob et al. 2019). Möchte man alle Ebenen einer Transformation berücksichtigen, also das Spektrum von der Mikroebene des Unternehmens bis hin zur Makroebene der Gesellschaft abbilden, bietet sich der Ansatz der MLP an (Geels 2002; Bauknecht et al. 2015). Diesem folgend müssen sich innovative Produkte und Dienstleistungen einzelner Akteure zunächst in den Nischen durchsetzen, in denen sie entstehen – zum Beispiel in einzelnen touristischen Betrieben oder Destinationen. Gelingt dies, haben sie das Potential, von Politik, Kultur, Technologien, Wissenschaft, Industrien und Nachfrageverhalten geprägte, soziotechnische Regime zu beeinflussen und auf Dauer zu verändern. Diese Regime sind in Hinblick auf die zwischen den Akteuren stattfindenden und durch Governance-Ansätze strukturierte Interaktionen als relativ stabil, aber dennoch veränderbar anzusehen. Unternehmerpersonen können in diesem Kontext die benötigten Impulsgeber für Veränderungen sein. Daneben können auch die als Landschaften bezeichneten Rahmenbedingungen und Phänomene (z. B. gesellschaftliche Werte, demographischer Wandel, wissenschaftliche Paradigmenwechseln) Einfluss auf die soziotechnischen Regime ausüben – und somit Transformationen unter Umständen erleichtern. Andererseits können soziotechnische Regime ihrerseits auf die Landschaften einwirken. Der MLP-Ansatz zeigt, dass aus Nischen kommendes Entrepreneurship mit innovativen Ideen durchaus die Möglichkeit besitzt, grundlegende Transformationen anzustoßen.

6.4.4 Zusammenführung von Transformations- und Akteursebene

Speziell der Tourismus bietet sich als besonders geeignete Projektionsfläche an, wenn man die Konzepte der katalytischen Funktionen des Entrepreneurships (Akteursebene) und den MLP-Ansatz (Transformationsebene) zusammenführt. Im Folgenden soll aufgezeigt werden, wie transformativer Wandel durch touristisches Entrepreneurship gelingen kann.

Die Vielzahl touristischer Unternehmer erleichtert den Austausch und das Testen von Ideen

Transformationsebene: Viele touristische Unternehmen gehören zu den kleinen und mittleren Unternehmen (KMU), sind familiengeführt (u. a. Zehrer & Siller 2007) und als solche stark in lokalen und zum Teil regionalen räumlichen und sozialen Strukturen verankert (Kofler et al. 2018): Sie sind Teil der lokalen Wirtschaft, bieten Arbeitsplätze für die Bevölkerung vor Ort an und stehen in enger Beziehung zu anderen touristischen Dienstleistern und Betrieben. Der beschränkte räumliche Aktionsradius macht das Nischenwirken vieler touristischer Unternehmerpersonen deutlich.

Akteursebene: Wenngleich touristische KMU als tendenziell weniger innovativ gelten (Williams 2014), bietet allein die reine Quantität an Akteuren ausreichend Potential zu neuen Ideen. Dass solche Initiativen bestehen, zeigen »Case Study«-basierte Veröffentlichungen (z. B. UNWTO 2016; Speer 2021). Die Einbindung in ein lokales oder regionales Netzwerk ermöglicht es Unternehmerpersonen, innovative Angebotsbestandteile und Serviceideen in einem Rahmen zu testen, in dem kurze Austauschwege und schnelles Feedback Adaptionen anpassungsbedürftiger Ideen ebenso ermöglichen wie das Etablieren (vom Gast) akzeptierter Ansätze (vgl. hierzu beispielsweise das Konzept regionaler Innovationssysteme bei Pechlaner et al. 2012; Kofler et al. 2018). Anfängliche Widerstände können durch positive Erfahrungen, z. B. in Form der Akzeptanz durch Gäste, leicht widerlegt werden. Zeigen diese innovativen Ansätze Erfolg, haben sie das Potential, sich auch außerhalb ihres engen Anwendungskontextes durchzusetzen. Eine Adaption von anderen Akteuren, die von der Lösung überzeugt sind, ist möglich; eine weitere Verbreitung nicht ausgeschlossen (vgl. hierzu auch Volgger 2017).

Zusammenfassung: Der Tourismus ist durch eine Vielzahl häufig kleiner und mittelgroßer Akteure im meist begrenzten regionalen Kontext geprägt. Innerhalb dieser geographischen Nischen lassen sich Ideen, die auf (Nachhaltigkeits-)Transformationen einzahlen, leicht auf ihre intendierte Wirkung und Akzeptanz testen und im Bedarfsfall anpassen, sodass wirklich nur funktionierende Ideen weiterverfolgt werden. Diese können dann entweder in anderen (touristischen) Kontexten vorgestellt und beworben werden – oder finden aufgrund ihrer Strahlkraft von selbst den Weg in weitere Anwendungsbereiche.

Der Tourismus ist in besonderem Maße durch die Faktoren soziotechnischer Regime geprägt

Transformationsebene: Politische Entscheidungen auf supranationaler, nationaler und subnationaler Ebene geben touristische Rahmenbedingungen und Handlungsspielräume mitunter bis hin auf Destinationsebene vor (Elliott 2020; Mayer et al. 2023). Zugleich haben politische Akteure insbesondere auf regionaler und lokaler Ebene ein Interesse daran, den Tourismus als Wirtschaftsfaktor zu unterstützen.

Daneben sind Tourismus und Kultur unauflösbar miteinander verflochten (Richards 2018) – wenngleich je nach Reiseform in unterschiedlicher Intensität. Außerdem wird die Touristikbranche von einer Vielzahl an Technologien verschiedenster Einsatzfelder geprägt: angefangen bei Technologien der Mobilität, der Energie- und Wärmeversorgung, über solche des Abfall- und Abwassermanagements, bis hin zur IT in puncto Auffindbarkeit, Informationsbereitstellung, Buchung, Nachbetreuung und einer Vielzahl weiterer Anwendungsfälle (siehe z. B. Hjalager 2015). Eng damit einher gehen die zahlreichen Schnittstellen zu anderen Industrien und Branchen, die durch die zuvor genannten Technologien geprägt sind und über deren Nutzen auch zu Entwicklungen und Veränderungen im Tourismus führen (Bunge 2018). Darüber hinaus ist die Tourismusforschung als sehr praxisorientierte Disziplin anzusehen (Spode 2012). Zuletzt ist der Tourismus als stark dienstleistungsorientierte Branche aufgrund von der Nicht-Lagerfähigkeit des touristischen Produkts in besonderem Maße von der Kundennachfrage abhängig.

Akteursebene: Ein touristischer Unternehmer, der eine katalytische Funktion einnehmen und aus einer solchen heraus Transformationen initiieren oder beschleunigen möchte, muss sich zunächst der multiplen Rahmenbedingungen und Einflussfaktoren bewusst sein. Da Regime häufig Governance-Regime sind, die durch Netzwerke und zentrale Akteure geprägt sowie durch Technologien beeinflusst werden (Bauknecht et al. 2015), wird ein transformativer Wandel nur im Austausch mit und unter Einbeziehung der beteiligten Interessengruppen möglich sein. Ein katalytisch handelnder Akteur versteht es folglich, zentrale Netzwerkpartner sowie Personen an Schaltstellen und mit Entscheidungskompetenz ebenso aktiv für sich und seine Zwecke einzubinden wie Personen mit Wissen, finanziellen Mitteln und anderen benötigten Ressourcen. Dabei kann es sein, dass die Mitwirkung einzelner Akteure nur punktuell gefordert ist, anderer hingegen durchgängig (vgl. Speer 2021).

Zusammenfassung: Der Tourismus ist in hohem Maße in die verschiedenen Dimensionen soziotechnischer Regime eingebunden und wird mitunter durch diese geprägt. Sollen diese im Zuge einer Transformation verändert werden, bedarf es insbesondere des Kontakts zu zentralen Akteuren innerhalb dieser als Governance-Regime fungierenden Netzwerke. Um katalytisch-transformative Wirkungskraft zu entfalten, ist das Wissen um den benötigten Unterstützungsbedarf in den unterschiedlichen Phasen des unternehmerischen Handelns essenziell. Ist sich die Unternehmerperson darüber bewusst, gilt es, die entsprechenden Netzwerke und Akteure rechtzeitig zu aktivieren und für die eigene Idee zu gewinnen.

Das nachhaltige touristische Produkt muss als Angebot attraktiv sein

Transformationsebene: Das touristische Produkt ist ein Angebot, das immer wieder in der Art und Weise der Herstellung und des simultanen Konsums (»Uno-actu-Prinzip«; Freyer 2015) gefallen muss, um auf eine ausreichende Nachfrage zu treffen (Clark et al. 2009). Im Gegensatz zur Produktion von Konsumgütern, fällt es deutlich schwerer, den »Produktionsprozess« der touristischen Dienstleistungen in Richtung Nachhaltigkeit umzustellen (Hallenga-Brink & Brezet 2005), das Produkt dabei aber entweder augenscheinlich (d. h. aus Kundensicht) nicht zu verändern oder aber mit einem höheren Nutzen als die bisherige Lösung erscheinen zu lassen. Alternativ können ähnliche Effekte, nachhaltige Produkte gegenüber nicht nachhaltigen als besser darzustellen, über Angebotssteuerung und Kommunikation erreicht werden (Font & McCabe 2017; vgl. auch Aspekt »Kommunikation« unten). Die Messlatte für innovative Lösungen mit Verbreitungspotential liegt entsprechend hoch: Um ein soziotechnisches Regime beeinflussen zu können, muss die Anwendbarkeit einer Lösung über die Nische der eigenen Entstehung hinausgehen (Geels 2002).

Akteursebene: Der Anwendungsfall »Nachhaltigkeit« muss beim touristischen Produkt folglich »tiefer« gehen: Eine Möglichkeit ist, für die unterschiedlichen Komponenten des touristischen Leistungsbündels jeweils eigene Nachhaltigkeitslösungen zu finden, die zum einen miteinander kompatibel sind und zum anderen von Gästen als kohärentes und attraktives Angebot wahr- und angenommen werden. Eine andere Möglichkeit besteht darin, eine Nachhaltigkeitslösung auf einer solchen Ebene zu finden, die von den unterschiedlichen Akteuren genutzt werden kann. Unabhängig von dem zuvor gewählten Anwendungsfall kommt es auf das Design des Angebots (vgl. Niedderer et al. 2014; Ceschin & Gaziulusoy 2016) an:

- **Verständlichkeit der Idee**: Grundlage einer auf Nachhaltigkeit ausgerichteten Idee und eines daraus abgeleiteten Angebots sollte eine leicht verständliche und von allen potentiellen Stakeholdergruppen nachvollziehbare Idee sein, die ein relevantes Problem adressiert.
- **Produkteigenschaften**: Bei den Eigenschaften kann sich an den Attraktivitätsfaktoren orientiert werden, die anderswo aufgezeigt wurden (z. B. Speer 2020): Dabei handelt es sich um die Aspekte Qualität, Einzigartigkeit, Zusatznutzen und Überraschungseffekt, die allesamt die Wahrnehmung des Produkts bzw. der Dienstleistung aus Kundensicht beeinflussen.
- **Kommunikation der Produkteigenschaften**: Die Kommunikation der Nachhaltigkeitsaspekte in Richtung der adressierten Gäste sollte auf emotionale Weise und durch Bilder unterstützt erfolgen, um die Produkteigenschaften zu erklären und die potentiellen Touristen von nachhaltigen Angeboten zu überzeugen (Wehrli et al. 2017).

Zusammenfassung: Ideen und Angebote werden nachgefragt, wenn sie attraktiv sind. Die Attraktivität des Produkts ist also Voraussetzung für eine Verbreitung der Idee – und damit für die katalytische Ausbreitung des nachhaltigkeitsorientierten Angebots. Dabei geht Attraktivität weniger mit dem Gefühl eines »Verzichten-Müssens« einher, sondern vielmehr mit einem tatsächlichen Nutzen und einem qualitativ hochwertigen Produkt (Dörr 2023). Diesen am besten auf emotionale und die zukünftigen Reisenden aktivierende Weise aufzuzeigen, liegt im Verantwortungsbereichs des Entrepreneurship.

Der Hebel zur Transformation liegt in dem Involvement der Gäste

Transformationsebene: Der in der Regel ausgeprägte persönliche Kontakt zu den Gästen kann für die Verbreitung nachhaltigkeitsorientierter Angebote im Tourismus ein großer Vorteil sein: Die Authentizität des Angebots (Eckert 2020) kann in Verbindung mit der Motivation und Überzeugung sowie mit den Werten des anbietenden Akteurs (Zehrer & Raich 2020; Speer 2021) als Hebel dienen, touristische Erfahrungen in besonderer Weise zu prägen. Positive Urlaubserfahrungen mit Nachhaltigkeitsbezug werden von Gästen mitgenommen und können das eigene Verhalten zuhause ebenso beeinflussen wie die Angebotsauswahl bei zukünftigen Reisen (vgl. Breiby et al. 2020). Darüber hinaus ist es sogar möglich, das Verhalten anderer Touristen beispielsweise durch positive Mund-zu-Mund-Propaganda zu prägen (Hameed et al. 2022). Entwicklungen dieser Art können dazu beitragen, die in den Landschaften repräsentierten gesellschaftlichen Werte, Motivationen und Verhaltensweisen in Richtung Nachhaltigkeit zu beeinflussen. Folgt man der MLP, beeinflussen derartige Motivationen und Wertvorstellungen soziotechnische Regime – und treiben so Transformationen voran.

Akteursebene: Touristischen Entrepreneuren obliegt es folglich auch, nicht nur das Angebot selbst, sondern auch dessen Kontext mitzugestalten und eine geeignete Kommunikationsform zu wählen. Allen Ansätzen liegt zugrunde, möglichst viele potentielle Gäste zu erreichen und von den eigenen Angeboten zu überzeugen. Während die Involvierung der lokalen Bevölkerung (z. B. Simpson 2001; Dong & Nguyen 2023) und relevanter Stakeholder (z. B. Waligo et al. 2013; Pham et al. 2023) mittlerweile gut untersuchte Gegenstände der Tourismusforschung sind, kommt der Involvierung der Gäste noch immer eine untergeordnete Rolle zu. Eine Reihe von Studien, die sich mit der Kundenperspektive und -involvierung auseinandersetzen (u. a. Meise et al. 2014; Melo & de Farias 2018), zielen insbesondere auf den Kommunikationsaspekt ab und zeigen hierzu Handlungsempfehlungen auf. Das tatsächliche Erleben eines an Nachhaltigkeitskriterien ausgerichteten Angebots kann jedoch noch einmal einen deutlich größeren Effekt haben, wie Erkenntnisse aus ausgewählten Fallstudien (vgl. Speer 2021) nahelegen. In diesem Kontext ein Angebot zu gestalten, das sowohl auf Kommunikations- als auch auf Erfahrungsebene überzeugt, ist Gegenstand des Unternehmertums.

Zusammenfassung: Die Gäste sind der Hebel zur beschleunigten Verbreitung von nachhaltigkeitsorientierten Angeboten im Tourismus. Durch sie verbreiten sich positiv (und natürlich auch negativ) wahrgenommene Erfahrungen heute schnell über die sozialen Medien und schlagen sich in Bewertungen touristischer Plattformen nieder – mit Auswirkung auf das Reiseverhalten anderer Reisender. Über Kommunikation, aber vor allem im Gedächtnis bleibender Erlebnisse lassen sich Gäste in das Thema nachhaltiger Angebots- und Produktgestaltung involvieren und dafür aktivieren. Auf diese Weise können nicht nur alltägliche Verhaltensweisen, sondern auch das zukünftige Verhalten bei der Wahl touristischer Angebote in Richtung Nachhaltigkeitsorientierung beeinflusst werden.

6.4.5 Fazit

Der Wunsch nach Transformationen in Richtung Nachhaltigkeit ist heute omnipräsent und wird insbesondere von politischer Seite gefordert. Unternehmerpersonen wird dabei eine besondere Rolle zugeschrieben. Beispiele aus dem deutschen Tourismus haben gezeigt, dass touristisches Entrepreneurship das Potential hat, Wandel in Richtung Nachhaltigkeit aktiv mitzugestalten. Als Katalysatoren wirkende Akteure des touristischen Entrepreneurships vermögen es durch die Aktivierung und Involvierung zentraler Unterstützer, den für die Umsetzung notwendigen Support zum jeweils benötigten Zeitpunkt zu aktivieren. In dieser Funktion können Unternehmerpersonen Veränderungen nicht nur beschleunigen, sondern auch – anders als chemische Katalysatoren – Transformationen anstoßen und somit überhaupt erst ermöglichen. Case Studies aus dem Deutschlandtourismus haben gezeigt, dass leicht verständliche, für die Touristen positive Erfahrungen bietende und involvierende sowie einen (Zusatz-)Nutzen bietende Konzepte Schule machen und als solche Vorbild für unterschiedliche Anwendungskontexte und Größenordnungen sein können.

Trotz aller aufgezeigten Potentiale und Möglichkeiten ist das Einnehmen einer katalytischen Rolle für das touristische Entrepreneurship keine Selbstverständlichkeit. Vielmehr ist sie mit großem Einsatz, viel Zeitaufwand und persönlichem Durchhaltevermögen verbunden (Speer 2021). Ein Grund, diesen Aufwand nicht zu investieren oder nach einer gewissen Zeit des Versuchens abzubrechen, kann in einem zu geringen Einfluss des Einzelnen auf für die Umsetzung benötigte Akteure und Netzwerke zum Beispiel in der Politik gesehen werden. Kontakte müssen zunächst geknüpft und anschließend aufrechterhalten und gepflegt werden. Der große persönliche Einsatz erfolgt in aller Regel neben dem eigentlichen Geschäft; ein Zeitaufwand, den sich nicht jeder unternehmerisch handelnde Akteur leisten kann, oder – vor allem bei begrenzter oder unsicherer Aussicht auf Erfolg – leisten möchte. Netzwerke müssen folglich einen konkreten Mehrwert für die engagierten Unternehmerpersonen bieten (Kofler 2019).

Um die Nachhaltigkeitstransformation beschleunigen zu können und mehr touristische Entrepreneure zu einem Entwickeln und Umsetzen innovativer Ideen und attraktiver Angebote zu motivieren, ist es hilfreich, soziotechnische Regime empfänglicher für nachhaltige Innovationen aus dem Bereich Tourismus zu machen. Zu diesem Zweck gilt es insbesondere, Akteure in Governance-Netzwerken, insbesondere in der Politik, dafür zu sensibilisieren, Unternehmerpersonen in ihrem Anliegen (pro)aktiv zu unterstützen. Durch eine Sensibilisierung der zentralen Akteure soziotechnischer Regime können Möglichkeitsfenster (»windows of opportunity«; Geels 2002) gezielt für transformative Ansätze geöffnet werden, um deren Chance auf Erfolg zu erhöhen. Unternehmerischer Erfolg kann also selten durch die Gründerpersonen, die Katalysatoren, allein erzielt werden. Vielmehr ist das Zusammenwirken von und der Kontakt (vgl. Steininger 2017) zwischen Akteuren unterschiedlicher Bereiche notwendig, um eine katalytische Wirkung im Sinne der Etablierung und Verbreitung von nachhaltigkeitsorientierten Angeboten zu erzielen und somit zu einer gesellschaftlichen Transformation beizutragen.

Literatur

Azhar, Azeem (2022): Exponential. Wie wir mit der Geschwindigkeit technologischer Revolutionen Schritt halten können. Kulmbach: Plassen.

Bauknecht, Dierk; Brohmann, Bettina & Grießhammer, Rainer (2015): Transformationsstrategien und Models of Change für nachhaltigen gesellschaftlichen Wandel: Gesellschaftlicher Wandel als Mehrebenenansatz. Texte 66/2015. Dessau-Roßlau: Umweltbundesamt.

Breiby, Monica A.; Duedahl, Eva; Øian, Hogne & Ericsson, Brigitta (2020): Exploring sustainable experiences in tourism. In: Scandinavian Journal of Hospitality and Tourism 20(4), S. 335–351.

Bundesministerium für Wirtschaft und Klimaschutz (2022): Eckpunkte der Bundesregierung zur Weiterentwicklung der Nationalen Tourismusstrategie. Nachhaltigen Tourismus wettbewerbsfähig gestalten. Stand vom 06.07.2022. Online unter: https://www.bmwk.de/Redaktion/DE/Downloads/E/eckpunkte-zur-weiterentwicklung-der-nationalen-tourismusstrategie.pdf?__blob=publicationFile&v=1 [aufgerufen am 09.02.2024].

Bundesregierung (2021): Deutsche Nachhaltigkeitsstrategie. Weiterentwicklung 2021. Berlin: Bundesregierung. Online unter: https://www.bundesregierung.de/resource/blob/975274/1873516/9d73d857a3f7f0f8df5ac1b4c349fa07/2021-03-10-dns-2021-finale-langfassung-barrierefrei-data.pdf?download=1 [aufgerufen am 09.02.2024].

Bunge, Bettina (2018): Tourismus. In: Meffert, Heribert; Spinnen, Bernadette & Block, Jürgen (Hrsg.): Praxishandbuch City- und Stadtmarketing, S. 225–241. Wiesbaden: Springer Gabler. https://doi.org/10.1007/978-3-658-19642-4_15.

Ceschin, Fabrizio; Gaziulusoy, Idil (2016): Evolution of design for sustainability: From product design to design for system innovations and transitions. In: Design Studies 47, S. 118–163. https://doi.org/10.1016/j.destud.2016.09.002.

Clark, Garrette; Kosoris, Justin; Nguyen Hong, Long & Crul, Marcel (2009): Design for Sustainability: Current Trends in Sustainable Product Design and Development. In: Sustainability 2009, 1, S. 409–424. https://doi.org/10.3390/su1030409

Corradini, Philipp (2019): Resilienz im Tourismus. Ein destinationsspezifischer Ausblick. In: Pechlaner, Harald (Hrsg.): Destination und Lebensraum, S. 235–243. Wiesbaden: Springer Gabler. https://doi.org/10.1007/978-3-658-28110-6_19.

Deutscher Bundestag Ausschuss für Tourismus (2022): Kurzprotokoll der 14. Sitzung (Protokoll-Nr. 20/14) des Ausschusses für Tourismus. Berlin, den 22. Juni 2022, 15:00 Uhr. Online unter: https://www.bundestag.de/resource/blob/927716/39144ee2fe8601fec23a5bb914bda8fa/14-22-06-2022.pdf [aufgerufen am 09.02.2024].

Dong, Xuan D. & Nguyen, Thi Q. T. (2023): Power, community involvement, and sustainability of tourism destinations. In: Tourist Studies, 23(1), S. 62–79. https://doi.org/10.1177/14687976221144335.

Dörr, Manfred (2023): Resilienz im Tourismus am Beispiel von Deidesheim. In: Eilzer, Christian; Harms, Tim & Dörr, Manfred (Hrsg.): Resilienz als Erfolgsfaktor im Tourismus. Beiträge aus Wissenschaft und Praxis zur Entwicklung von Destinationen, S. 13–18. Berlin: Erich Schmidt Verlag.

Eckert, Christian (2020): Aktuelle Entwicklungen im Tourismus unter besonderer Berücksichtigung von Spiritualität und Gastfreundschaft. In: Kläden, Tobias (Hrsg.): Gastfreundschaft und Resonanz. Perspektiven zu Freizeit und Tourismus. KAMP kompakt, Band 7, S. 8–26. Erfurt: Katholische Arbeitsstelle für missionarische Pastoral.

Eisenstein, Bernd (2021): Destinationen. In: Schulz, Axel; Eisenstein, Bernd; Gardini, Marco A.; Kirstges, Torsten H. & Berg, Waldemar (Hrsg.): Grundlagen des Tourismus (3. Aufl.), S. 369–424. Berlin/Boston: DeGruyter Oldenbourg.

Elliott, James (2020): Tourism. Politics and Public Sector Management. London & New York: Routledge.

EU Parlament (2021): EU strategy for sustainable tourism. European Parliament resolution of 25 March 2021 on establishing an EU strategy for sustainable tourism (2020/2038 (INI)). P9_TA(2021)0109. Online unter: https://www.europarl.europa.eu/doceo/document/TA-9-2021-0109_EN.pdf [aufgerufen am 09.02.2024].

Font, Xavier & McCabe, Scott (2017): Sustainability and marketing in tourism: its contexts, paradoxes, approaches, challenges and potential. In: Journal of Sustainable Tourism 25 (7), S. 869–883. https://doi.org/10.1080/09669582.2017.1301721.

Freyer, Walter (2015): Tourismus. Einführung in die Fremdenverkehrsökonomie. Berlin u. a.: Walter de Gruyter Oldenbourg (11. Aufl.).

Geels, Frank W. (2002): Technological transitions as evolutionary reconfiguration processes: A multi-level perspective and a case-study. In: Research Policy 31(8-9), S. 1257–1274.

Haid, Marco & Albrecht, Julia N. (2021): Sustainable Tourism Product Development: An Application of Product Design Concepts. In: Sustainability, 13(14), 7957. https://doi.org/10.3390/su13147957.

Hallenga-Brink, Suzanne C. & Brezet, Han J. C. (2005): The sustainable innovation design diamond for micro-sized enterprises in tourism. In: Journal of Cleaner Production 13(2), S. 141–149.

Hameed, Irfan; Hussain, Hamid & Khan, Kamran (2022): The role of green practices toward the green word-of-mouth using stimulus-organism-response model. In: Journal of Hospitality and Tourism Insights 5(5), S. 1046–1061. https://doi.org/10.1108/JHTI-04-2021-0096.

Hjalager, Anne-Mette (2015): 100 Innovations That Transformed Tourism. In: Journal of Travel Research 54(1), S. 3–21.

Jacob, Klaus; Wolff, Franziska; Graaf, Lisa & Heyen, Dirk A. (2019): Transformative Umweltpolitik. Ansätze zur Förderung gesellschaftlichen Wandels. Texte 07/2020. Dessau-Roßlau: Umweltbundesamt.

Joos, Klemens (2024): Politische Stakeholder überzeugen. Erfolgreiche Interessenvertretung durch Prozesskompetenz im komplexen Entscheidungssystem der Europäischen Union (2. Aufl.). Weinheim: Wiley-VCH.

Kofler, Ingrid (2019): Der Tourismussektor und seine Besonderheiten innerhalb des regionalen Innovationsnetzwerkes (RIS) Südtirol. In: Pechlaner, Harald (Hrsg.): Destination und Lebensraum. Perspektiven touristischer Entwicklung, S. 39–48. Wiesbaden: Springer Gabler.

Kofler, Ingrid; Marcher, Anja; Volgger, Michael & Pechlaner, Harald (2018): The special characteristics of tourism innovation networks: The case of the Regional Innovation System in South Tyrol. In: Journal of Hospitality and Tourism Management 37, S. 68–75.

Mathai, Manu V.; Isenhour, Cindy; Stevis, Dimitris; Vergragt, Philip; Bengtsson, Magnus; Lorek, Sylvia; Fogh Mortensen, Lars; Coscieme, Luca; Scott, David; Waheed, Ambreen & Alfredsson, Eva (2021): The Political Economy of (Un)Sustainable Production and Consumption: A Multidisciplinary Synthesis for Research and Action. In: Resources, Conservation and Recycling 167, April 2021, 105265, https://doi.org/10.1016/j.resconrec.2020.105265.

Mayer, Marius; Zbaraszewski, Wojciech; Pieńkowski, Dariusz; Gach, Gabriel & Gernert, Johanna (2023): Grenzüberschreitender Tourismus in Schutzgebieten. Potenziale, Fallstricke und Perspektiven. Cham (CH): Springer VS.

McDonald, James; Shainock, Julie; O'Flaherty, Shane & Codio, Smith (2024): Artificial Intelligiency (AI) in Action. Use Cases and Impacts of AI in Society, Business and Travel & Tourism. Januar 2024. World Travel & Tourism Council, Microsoft. Online unter: https://researchhub.wttc.org/product/artificial-intelligence-ai-in-action-use-cases-impacts-of-ai-in-society-business-and-travel-tourism-2024 [aufgerufen am 29.02.2024].

Meise, Jan N.; Rudloph, T.; Kenning, P. & Phillips, Diane M. (2014): Feed them facts: Value perceptions and consumer use of sustainability-related product information. In: Journal of Retailing and Consumer Services 21(4), S. 510-519. https://doi.org/10.1016/j.jretconser.2014.03.013.

Melo, Francisco V. S. & de Farias, Salomão A. (2018): Sustainability communication and its effect in consumer intention to visit a tourist destination. In: Tourism & Management Studies 14(2), 2018, S. 36–44.

Müggler, Silvan; Liechti, Lena & Schärrer, Markus (2022): Fachkräftemangel im Gastgewerbe und die Folgen für Unternehmen, die Branche und den Tourismus. Schlussbericht im Auftrag von HotellerieSuisse; vorgelegt durch das Büro für Arbeits- und Sozialpolitische Studien BASS AG am 01.09.2022. Online unter: https://www.buerobass.ch/fileadmin/Files/2022/Hotelleriesuisse_2022_FachkraeftemangelGastgewerbe.pdf [aufgerufen am 09.02.2024].

Niedderer, Kristina; Cain, Rebecca; Clune, Stephen; Lockton, Dan; Ludden, Geke; Mackrill, Jamie & Morris, Andrew (2014): Creating Sustainable Innovation Through Design for Behaviour Change: Full Report. Online unter: https://wlv.openrepository.com/bitstream/handle/2436/336632/?sequence=1 [aufgerufen am 16.02.2024]

Novalia, Wikke & Malekpour, Shirin (2020): Theorising the role of crisis for transformative adaptation. In: Environmental Science & Policy 112, S. 361–370.

Ozili, Peterson K. (2022): Sustainability and Sustainable Development Research around the World. In: Managing Global Transitions 20(3), S. 259–293.

Pathak, Arsum; van Beynen, Philip E.; Akiwumi, Fenda A. & Lindeman, Kenyon C. (2021): Impacts of climate change on the tourism sector of a Small Island Developing State: A case study for the Bahamas. Environmental Development 37, March 2021, 100556. https://doi.org/10.1016/j.envdev.2020.100556.

Pechlaner, Harald; Herntrei, Marcus; Pichler, Sabine & Volgger, Michael (2012): From destination management towards governance of regional innovation systems. The case of South Tyrol, Italy. In: Tourism Review 67(2), S. 22–33.

Pechlaner, Harald; Innerhofer, Elisa & Erschbamer, Greta (Hrsg.) (2020): Overtourism. Tourism Management and Solutions. London, New York: Routledge.

Pechlaner, Harald; Zacher, Daniel & Störmann, Elina (Hrsg.) (2022): Resilienz als Strategie in Region, Destination und Unternehmen. Eine raumbezogene Perspektive. Wiesbaden: Springer Gabler. https://doi.org/10.1007/978-3-658-37296-5.

Pham, Kim; Andereck, Kathleen L. & Vogt, Christine A. (2023): Stakeholders' involvement in an evidence-based sustainable tourism plan. In: Journal of Sustainable Tourism. https://doi.org/10.1080/09669582.2023.2259117.

Pröbstl-Haider, Ulrike; Lund-Durlacher, Dagmar; Olefs, Marc & Prettenthaler, Franz (Hrsg.) (2021): Tourismus und Klimawandel. Berlin: Springer.

Richards, Greg (2018): Cultural tourism: A review of recent research and trends. In: Journal of Hospitality and Tourism Management 36, S. 12–21. https://doi.org/10.1016/j.jhtm.2018.03.005.

Scott, Daniel (2021): Sustainable Tourism and the Grand Challenge of Climate Change. Sustainability 2021, 13, 1966. https://doi.org/10.3390/su13041966.

Simpson, Ken (2001): Strategic Planning and Community Involvement as Contributors to Sustainable Tourism Development. In: Current Issues in Tourism 4(1), S. 3–41. https://doi.org/10.1080/13683500108667880.

Speer, Sebastian (2020): Responsible Entrepreneurship – Katalysator für die Etablierung nachhaltiger Produktions- und Konsummuster. In: Pechlaner, Harald & Speer, Sebastian (Hrsg.): Responsible Entrepreneurship. Verantwortlich handeln in einer globalisierten Welt, S. 133–162. Wiesbaden: Springer Gabler.

Speer, Sebastian (2021): Entrepreneurship als Katalysator. Die Etablierung nachhaltiger Konsum- und Produktionsmuster im Tourismus. Wiesbaden: Springer Gabler.

Spode, Hasso (2012): Geburt einer Wissenschaft. Zur Professionalisierung der Tourismusforschung. In: Themenportal Europäische Geschichte. Online unter: www.europa.clio-online.de/essay/id/fdae-1588 [aufgerufen am 29.02.2024].

Steininger, Benjamin (2017): Berührungswirkungen. Katalyse- als Kontaktforschung. In: Harrasser, Karin (Hrsg.): Auf Tuchfühlung. Eine Wissensgeschichte des Tastsinns. Frankfurt/New York: Campus, S. 25–38.

Tomasella, B (2015): Motivations for sustainability engagement among small tourism enterprises. In: Özçevik, Özlem; Brebbia, Carlos A. & Şener, Sinan M. (Hrsg.): Sustainable Development and Planning VII. WIT Transactions on Ecology and The Environment 193, S. 895–904.

UNWTO (2016): Innovative catalysts boosting sustainability in the tourism sector. Based on cases and initiatives from Germany. Online unter: https://webunwto.s3.eu-west-1.amazo

naws.com/s3fs-public/2020-03/Project-Report_Innovative-Catalysts_final1.pdf [aufgerufen am 12.02.2024].

Volgger, Michael (2017): Umsetzungskompetenz als Erfolgsfaktor in Tourismusdestinationen. Wiesbaden: Springer Gabler.

Vos, Robert O. (2007): Defining sustainability: a conceptual orientation. In: Journal of Chemical Technology and Biotechnology 82, S. 334–339.

Waligo, Victoria M.; Clarke, Jackie & Hawkins, Rebecca (2013): Implementing sustainable tourism: A multi-stakeholder involvement management framework. Tourism Management 36, S. 342–353. https://doi.org/10.1016/j.tourman.2012.10.008.

Wehrli, Roger; Priskin, Julianna; Demarmels, Sascha; Schaffner, Dorothea; Schwarz, Jürg; Truniger, Fred & Stettler, Jürg (2017): How to communicate sustainable tourism products to customers: results from a choice experiment. In: Current Issues in Tourism 20(13), S. 1375–1394. https://doi.org/10.1080/13683500.2014.987732.

Williams, Allan M. (2014): Tourism innovation. Products, processes, and people. In: Lew, Alan A.; Hall, C. Michael & Williams, Allan M. (Hrsg.): The Wiley Blackwell Companion to Tourism, S. 168–178. Chichester: John Wiley & Sons.

Wittmann, Christl & Helleisz, Lena (2022): Neue Aufgaben des Destinationsmanagements: Zwischen Tourismus und Lebensqualität. In: Standort 46, S. 151–156.

Wittmayer, Julia & Hölscher, Katharina (2017): Transformationsforschung: Definitionen, Ansätze, Methoden. Texte Umweltbundesamt 103/2017. Dessau-Roßlau: Umweltbundesamt.

Zehrer, Anita & Raich, Frieda (2020): Corporate Social Responsibility im Tourismus – der Einsatz von CSR-Aktivitäten in familiengeführten touristischen Unternehmen. In: Pechlaner, Harald & Speer, Sebastian (Hrsg.): Responsible Entrepreneurship. Verantwortlich handeln in einer globalisierten Welt, S. 215–236. Wiesbaden: Springer Gabler.

Zehrer, Anita & Siller, Hubert (2007): Familiengeführte Unternehmen im Tourismus. In: Siller, Hubert & Zehrer, Anita (Hrsg.): Schriftenreihe Tourismus & Freizeitwirtschaft. Band 2. Innsbruck: Studia Verlag, S. 3–15.

6.5 »Transformation ist kein Sprint, sondern braucht einen langen Atem« – Welchen Beitrag kann die Touristik leisten?

Interview mit Ralph Schiller

Was hat Transformation mit Touristik zu tun oder worin besteht Transformation in der Touristik?

Transformation ist eines der Buzzwords und macht natürlich auch vor dem Tourismus nicht halt. Das fängt an mit dem ganzen Thema Service, Dienstleistungen, Beratung, wo inzwischen auch Künstliche Intelligenz eingesetzt wird und dem Kunden sehr viel mehr Informationen zur Verfügung stehen, als das bis dahin handelsüblich war. Viele Prozesse werden digitalisiert. Wenn wir als Branche von Transformation sprechen, dann sprechen wir sehr häufig auch von Digitalisierung von Prozessen. Vielleicht ist das sogar zu kurz gesprungen, weil es sich sehr dahin orientiert, wie das, was früher anders, wesentlich manueller gemacht wurde, heute digitaler zustande gebracht wird und damit etwas schneller und »leaner«. Es hat auch zur Folge, dass das ganze Thema Reisen oder organisiertes Reisen wesentlich flexibler und individueller wird.

Welche Änderungen im Tourismus und in der Touristik sind erforderlich, um zukunftsfähig zu werden? Sie sprachen von der Digitalisierung. Reicht das?

Das reicht ganz sicher nicht, denn wir müssen uns auch und vor allem auf der Produktseite verändern. Wir sehen das heute schon, dass bestimmte Destinationen von Kunden in der Form, wie sie einmal geplant und entstanden sind, nicht mehr akzeptiert werden, weil die Standards, die der Kunde heute erwartet – sei es Umweltstandards, sei es Nachhaltigkeitsstandards – einfach nicht mehr gegeben sind. Zumindest bei bestimmten Kundengruppen wird einfach erwartet, dass gewisse Umweltstandards oder auch Nachhaltigkeitsstandards, das heißt also soziale Voraussetzungen, Arbeitsbedingungen etc., dass diese eben auch in den Zielge-

6.5 »Transformation ist kein Sprint, sondern braucht einen langen Atem«

bieten vorgefunden werden. Überall da, wo das Preisdiktat regiert, auch beim Kunden, da spielt das gegebenenfalls eine untergeordnete Rolle. Aber gerade da, wo es etwas hochwertiger ist, spielt es inzwischen eine sehr große Rolle.

Um bei der Zukunftsfähigkeit zu bleiben: Wenn es diese großen Änderungen gibt, die Digitalisierung, die zunehmende Flexibilisierung in der organisierten Reise, die Standards im Bereich Umwelt und Nachhaltigkeit, was bedeutet das in Sachen Verantwortung für die Touristik? Oder noch weitergedacht: Der Tourismus reagiert häufig einfach nur auf die Änderungen, die der Markt bringt oder auf die Bedürfnisse, die Ansprüche, die der Markt bringt. Geht es nicht eigentlich auch darum, den Spieß umzudrehen und festzustellen, dass die Touristik die Verantwortung übernehmen und proaktiv bestimmte Entwicklungen einleiten müsste?

Das sollte man meinen. Aber natürlich sind wir eine kommerziell geprägte Industrie, zuallererst einmal, gar keine Frage. Und das, was der Kunde akzeptiert, vorgibt und nachfragt, wird auch produziert, wenn man so will. Natürlich versucht die Industrie, bestimmte Trends vorauszusehen, diese zu antizipieren und auch in die Produktpalette einzubauen. Ich will ein Beispiel nennen: Wir haben schon vor vier, fünf Jahren angefangen, nachhaltig produzierende, nachhaltig wirtschaftende Hotels speziell in unseren Katalogen oder auch in den entsprechenden Vertriebssystemen zu kennzeichnen. Wir haben das damals mit einem Blatt gemacht und haben dahinter bestimmte Standards gelegt, die diese Hotels oder diese Produkte erfüllt haben. Wenn Sie die Kunden dann gefragt haben, ob sie dazu bereit sind oder ob sie darauf Wert legen, haben alle Kunden gesagt: »Natürlich, das ist prima und es ist alles auch ganz toll«. Wenn man allerdings nach ein, zwei Jahren ausgewertet hat, wie sich das ganze Thema entwickelt hat, dann muss man feststellen, dass es eigentlich zwar gut gemeint, aber vielleicht nicht gut gemacht oder auch nicht besonders nachgefragt gewesen ist. Und schon gar nicht war man bereit, dafür mehr Geld zu bezahlen. Das heißt, es hat vielleicht in dem Moment eine Rolle gespielt, wo ich die Wahl zwischen zwei Hotels hatte und das eine nachhaltig, das andere weniger nachhaltig produziert hat. Dann hat man sich vielleicht beim gleichen Preis für das nachhaltige Produkt entschieden. Aber dass das ein Durchbruch gewesen ist, haben wir zu dem Zeitpunkt nicht feststellen können. Man braucht einen langen Atem, wie in anderen Bereichen auch. Stichwort E-Mobilität etc., wo die Dinge im Moment eher rückwärtslaufen als vorwärts, weil Zuschüsse gestrichen worden sind und weil die Menschen sich intensiver damit beschäftigen und feststellen, dass die Reichweite nicht so lang ist, es nicht so viele Ladepunkte gibt. Dann hat man gegebenenfalls auch einen kleinen Rückschritt. Das heißt aber nicht, dass man damit aufhören oder dass man aufgeben sollte. Wir haben weitergemacht, wie die Wettbewerber auch, und wir sehen langsam, langsam auch die Erfolge darin, dass mehr Nachfrage kommt. Aber wenn man glaubt, dass das ein Sprint ist: Das ist es nicht.

> Dem Tourismus wird oft unterstellt, eine Spaßindustrie zu sein, und dass man im Tourismus durch die Beschäftigung mit den schönen Dingen oder den »schönsten Tagen des Jahres« die unangenehmen Themen eher scheut. Ist da etwas dran?

Vor vielen Jahren hat tatsächlich mal irgendeine Zeitung geschrieben, die ewig braungebrannten Manager, die den Urlaub kontrollieren. Es ist eine relativ kleine Truppe, die das macht und die sich auch gegenseitig kennt. Die auf der einen Seite in einem harten Wettbewerb steht, auf der anderen Seite aber eben auch in vielen Fällen zusammenarbeitet, sei es jetzt auf der Airlineseite, sei es auf der Einkaufsseite, sei es auf der Vertriebsseite. Ich glaube, früher konnte man diesen Eindruck vielleicht gewinnen. Heute ist das sehr viel kommerzieller, sehr viel unpersönlicher geworden. Ich kann aus eigener Erfahrung sagen, dass der Wettbewerb knallhart ist. Es wird inzwischen auch mit harten, mit sehr harten Bandagen gekämpft. Natürlich ist es immer noch so, dass Kollegen, die vielleicht von außerhalb in die Branche kommen, sie in der Regel nicht wieder verlassen. Es muss schon etwas an dem Thema dran sein, es ist ein tolles Produkt, es interessiert jeden. Es ist in der Regel sehr, sehr positiv besetzt, auch wenn wir noch über andere Themen im Laufe des Interviews reden. Aber die Bevölkerung liebt das Thema Urlaub, es ist ein sehr nachgefragtes Produkt. Jeder redet gerne darüber. Wir wissen das selbst, wenn man im Freundeskreis beisammensitzt, dann kommt man eben auf die Urlaubszeit und die Urlaubsorte, die man besucht. Insofern ist das, glaube ich, auch ein Klischee, dass die Travel-Leute nichts anderes tun, als eigentlich ihrem Hobby nachzugehen. Auf der einen Seite ist es richtig, weil ich glaube, dass mit sehr viel Leidenschaft gearbeitet und versucht wird, dem Kunden ein positives Erlebnis zu bieten. Aber wir sind auch mit sehr viel Komplexität unterwegs. Dass das funktioniert, jeden Tag Millionen Menschen durch die Welt zu chauffieren, das ist eine Riesenaufgabe und da bringen ganz viele Menschen sehr viel Einsatz, um das jeden Tag wieder zu gewährleisten. Also insofern ist da schon auch ein bisschen Ideologie dahinter.

> Zurück zur Ernsthaftigkeit, vielleicht mit besonderem Bezug auf den Klimawandel, aber nicht nur. Sie haben die Umweltstandards und die Nachhaltigkeit genannt. Da ist die Verbindung zum Klimawandel und zur Frage des Klimaschutzes oder gar zur Klimaneutralität – 2045 hat man ja in Deutschland ausgerufen – eigentlich nicht mehr weit. Wie sehr kann es gelingen, dass die Touristik zum »Agent of Change« wird und in Sachen Klimapolitik stärker in die Verantwortung geht?

Wir werden uns damit beschäftigen müssen und tun das auch bereits, denn wenn wir es nicht selbst tun, werden es uns die Behörden letztendlich vorgeben. Insofern haben die meisten Branchenteilnehmer für sich entschieden, selbst die Initiative zu ergreifen. Wenngleich – wenn ich aus der Sicht eines »Tour Operators« reden darf – wir von den Aktivitäten all unserer Partner auch ein Stück weit abhängig sind. Wir können versuchen, Druck auszuüben bzw. entsprechende Initiativen gemeinsam zu entwickeln. Wir hatten zum Beispiel mit Eurowings ein Programm entwickelt, dass wir künstlich hergestellten Treibstoff für bestimmte Flüge nach Mallorca anbieten. Diese kann der Kunde aussuchen, wenn er das möchte. Statt sozusagen Ablasshandel zu betreiben, versuchen wir, entsprechenden Biosprit beizumischen und auch anzubieten. Das kostet natürlich zusätzliches Geld für den Kunden und wird deswegen auch nur sehr zögerlich nachgefragt, muss ich gestehen. Aber auch da gilt das, was ich vorhin gesagt habe, da braucht man einen langen Atem. Als »Tour Operator« ist man von sehr vielen Mitstreitern abhängig. Aber wir haben zum Beispiel Hotels. Diese Hotels sind alle inzwischen auf Nachhaltigkeit zertifiziert. Sie agieren möglichst nachhaltig in Bezug auf Müllvermeidung, in Bezug auf Nutzung von Plastik. Da hat uns die Corona-Krise erst einmal massiv zurückgeworfen, aber jetzt kommt das alles wieder zurück. Auch was Wasserverbrauch etc. angeht, da gibt es eine ganze Liste von Standards, die wir inzwischen einhalten in allen unseren Hotels. Das gleiche gilt im Übrigen auch für unsere DMCs in den Zielgebieten. Das heißt, dass wir bestimmte Ausflüge nicht mehr anbieten, die besonders umweltschädlich sind, oder dass wir schauen, wer uns Dienstleistungen zuliefert, wie die Mitarbeiter bezahlt werden etc. Auch da kümmern wir uns wesentlich intensiver, als wir das in der Vergangenheit getan haben, um auch hier nachhaltiger unterwegs zu sein. Das ist ein Weg, auf den wir uns eingelassen haben und auf den wir uns gemacht haben. Aber auch hier wird es einige Zeit in Anspruch nehmen. Man muss eben auch sagen, solange wir Menschen unterwegs sind, solange wir uns bewegen und Verkehrsmittel benutzen, die nicht alle elektrisch sind – und wir wissen alle, dass das in der Welt, in der wir unterwegs sind, noch sehr lange dauern wird –, werden wir nicht 100 Prozent klimaneutral unterwegs sein können. Aber ich glaube auch nicht, dass man das eine gegen das andere aufwiegen sollte.

> Das Interview führen wir für ein Buchprojekt mit dem Titel »Ist der Tourismus zukunftsfähig? Evolution oder Revolution«. Das ist eine Frage und soll auch eine Provokation sein. Am Ende könnte man auch sagen: agieren und reagieren. Reagieren wir als System eher auf die Veränderungen? Sie haben selbst auch gesagt: Wenn es schneller gehen muss, dann würde auch die Politik auf uns zukommen und Regeln vorgeben. Das tut sie zunehmend auch. Der »Green Deal« sei als Beispiel genannt.

Morgen gehen die Preise für Flüge in Deutschland hoch, weil es wieder zusätzliche Steuern gibt. Ich muss ehrlich sagen, ich weiß nicht, ob das der richtige Weg ist. Denn wir haben zum Beispiel von der Demokratisierung des Reisens gesprochen, davon, dass sich heute sehr viel mehr Menschen Reisen leisten können. Wenn wir nicht aufpassen mit den vielen Regelungen, dann wird das wieder etwas sein, was sich nur bestimmte Zielgruppen und Bevölkerungsgruppen leisten können. Ob dies das Ziel sein sollte, das wage ich ehrlich gesagt zu bezweifeln. Denn bei all den Mehrkosten, die wir ansonsten haben durch die Klimapolitik, wird es sicherlich auch Zielgruppen geben, die sich dann mit dem Thema Reisen nicht mehr auseinandersetzen können. Zumindest nicht mit dem Thema Flugreise, aber gegebenenfalls auch mit bestimmten Hotelkategorien, die besonders großen Wert darauf legen. Denn wir müssen einfach wissen, dass es das nicht umsonst geben wird. Zumindest am Anfang nicht. Ich glaube persönlich, und ich sehe das bei unseren Hotels, dass wenn man nachhaltig wirtschaftet, kann das sogar irgendwann kostenneutral funktionieren. Davon sind wir überzeugt. So dass man ein nachhaltiges Produkt liefern kann, ohne dass das gegebenenfalls sehr viel teurer wird. Aber dazu müssen auch bestimmte Flexibilitäten zugelassen werden. Wir haben nun mal sehr enge Hygienevorschriften etc., die bestimmte Dinge einfach nicht zulassen. Dann sind wir mitunter gezwungen, auf Plastik oder Kunststoffe zurückzugreifen.

> Während und nach der Pandemie gab es eine intensive Diskussion zur Frage, inwiefern der Tourismus als System aufzutreten imstande ist und gemeinsam Forderungen vorbringen kann. Der Tourismus war ja durch den faktischen Zusammenbruch der Mobilitätsketten zum Erliegen gekommen, komplexe Verknüpfungen beispielsweise einer Pauschalreise und die damit zusammenhängenden finanziellen Verpflichtungen mussten vielfach der Politik erst erklärt werden. Wie schätzen Sie die damalige Situation ein? Und weiters: Braucht der Tourismus ein Mehr an systemischem Denken? Kann ein größerer Zusammenhalt und ein professionelles Zusammenspiel zwischen den Verbänden und Interessensvertretern des Tourismus und seiner Randbereiche je gelingen, um gemeinsam stärker auftreten zu können?

Ja, das kann man gar nicht anders sehen. Das wird auch immer wieder beklagt. Natürlich herrschen sehr stark Kirchturmdenken und Partikularinteressen vor. Keine Frage. Wir als Tourismusorganisierte tun uns tatsächlich schwer, politisch durchzudringen. Umgekehrt tut sich wahrscheinlich auch die Politik schwer, sich zu fragen: Wem muss ich denn eigentlich zuhören, bei den unterschiedlichen Protagonisten, die sich äußern und vorgeben, den Tourismus zu vertreten? Das ist so. Sie haben auf die Pandemie abgezielt. Das war für meine Begriffe das einzige Mal, dass wir tatsächlich als Industrie aufgetreten sind. Der DRV hat tatsächlich zum damaligen Zeitpunkt eine Führungsrolle übernommen und dafür gesorgt, dass die Tourismusindustrie in Deutschland von der Politik als systemrelevant wahrgenommen wurde mit dem Auftrag, den sie haben, insbesondere für den Mittelstand im Sinne der kleineren Reisebüros, die sehr viele Arbeitsplätze stellen. Auch die Hotellerie wurde entsprechend berücksichtigt. Uns wurde geholfen, im Gegensatz zu anderen Branchen, und das ist sicherlich in dem Fall dem DRV zu verdanken, der auf die Politik entsprechend eingewirkt hat. Natürlich waren wir im Besonderen – genauso wie die Gastronomie und Hotellerie – von der Pandemie betroffen. Aber das waren Kulturschaffende beispielsweise auch und sie haben längst nicht solche Hilfen bekommen, wie wir sie erhalten haben. Wir sind nicht beschenkt, aber als Branche wirklich gut bedacht worden und deswegen eigentlich auch ganz gut durch die Pandemie gekommen. Das muss man auch mal sagen. Da hat sich gezeigt, wenn man mit einer Stimme spricht, dann funktioniert das auch. Das ging danach noch ein paar Wochen gut, bevor wieder Partikularinteressen herausgeholt wurden und die Reisebüros wieder ihre eigene Stimme gesucht haben, weil sie wieder untereinander die Auseinandersetzung gesucht haben statt als vernetzte Branche gegenüber der Politik aufzutreten. Ein Thema möchte ich noch ergänzen: Die Politik sieht das Thema Tourismus immer sehr stark aus der Brille des Deutschland-Tourismus. Das heißt, wenn man sich den Tourismusausschuss ansieht, wird dort, glaube ich, mehr über den Deutschland-Tourismus und den Incoming-Tourismus gesprochen und die Rolle von Deutschland im internationalen Tourismus als über das Outgoing-Thema. Damit können die Politiker in ihren Landkreisen weniger anfangen als mit dem Incoming-Tourismus.

> Die wirtschaftliche und gesellschaftliche Relevanz des Tourismus in Deutschland kann man eigentlich erst dann voll erfassen, wenn man eben auch das Outgoing mit dazu denkt.

Ich erinnere mich noch gut: Gerade zur Corona-Zeit hat das erdgebundene Produkt, also Deutschland, Österreich, Italien, sehr stark geboomt, war sehr stark nachgefragt, weil natürlich die Fliegerei nicht in dem Maße funktioniert hat und auch das Testen etc. aufwendig war. Dann hatte man festgestellt, dass eigentlich so ein Reiseland Deutschland schon viel zu wenig Kapazitäten hatte zu dem Zeitpunkt, weil Deutschland auch vor der Pandemie schon gut gebucht war. Was während der Pandemie dazukam, ist, dass Gebiete, die vor der Pandemie vielleicht nicht so stark nachgefragt waren, nun auch entdeckt wurden. Aber gerade die Hotspots, wie die Ostsee, die Nordsee, der Schwarzwald, das Alpenland – das war vorher schon gut verkauft und war jetzt noch stärker verkauft. Das hat nicht viel zusätzliches Geschäft gebracht. Kleinere Destinationen wurden dann gegebenenfalls entdeckt. Ich weiß nicht, ob das nachhaltig war, das wissen Sie wahrscheinlich besser: Altmühltal etc.

> Tatsächlich hatte man kurzfristig das Gefühl, dass es mit dem Tourismus aufwärtsgeht. Alle Kapazitäten waren ausgebucht. Aber ich würde es ähnlich sehen: Die Lehren aus der Pandemie sind nicht wirklich passiert, egal ob man in Richtung Kapazitätsausbau oder in Richtung Qualitätsverbesserung geht.

Das ist in gewissen Destinationen tatsächlich anders gewesen. Wer das sehr beeindruckend gemacht hat, war zum Beispiel Ägypten. Die haben während der Pandemie unglaublich viel an ihrer Qualität gearbeitet und investiert.

> Es gab urplötzlich zu wenig Kapazitäten, aber insgesamt hat sich auch vieles geändert. Viele Destinationen haben an ihrer Attraktivität gearbeitet. Die großartige Buchungslage hatte keinen Impuls für Qualität und Nachhaltigkeit zur Folge, eher gingen die Preise nach oben. Der 25. April 2024, ein Staatsfeiertag in

Italien, war der erste Tag, an dem Venedig mit Eintritt besucht werden konnte. Tage später war der Papst auch in Venedig. Er hat dann hochoffiziell gegen den Massentourismus gewettert. In vielen anderen Ländern geht es auch zur Sache. Hier dieses Zitat: »Spanien probt mit Großdemos und Hungerstreik den Aufstand gegen den Massentourismus.« Was geht da ab, Herr Schiller? Ist da etwas im Gange, das möglicherweise unser Tourismussystem ziemlich auf den Kopf stellen könnte?

Dass der Papst gegen den Massentourismus wettert, finde ich interessant, denn er hat ja nichts dagegen, wenn Zigtausende auf dem Petersplatz stehen, wenn er predigt. Ich glaube, das würde er sehr traurig finden, wenn weniger Leute kämen, auf der einen Seite. Auf der anderen Seite kann man bestimmte Dinge ein Stück weit verstehen. Die ganze Diskussion ist durch die Corona-Phase ins Hintertreffen geraten. Wir können uns erinnern, dass das losing mit Flugscharm, mit Overtourism. Auch wir haben in unserer Diskussionsrunde über das Thema Overtourism noch vor Beginn der Corona-Pandemie diskutiert. Wir haben darüber geredet, wo das herkommt und welche eigentlich die Hotspots sind? Wir haben damals über Dubrovnik, über Venedig, über Barcelona gesprochen. Das waren damals die Hotspots, die teilweise durch Fernsehsendungen, z. B. Game of Thrones, die Menschenmassen nach Dubrovnik bringen. Wir kennen das auch aus Norwegen an bestimmten Spots, wo irgendwelche Instagrammer Schlange stehen, um Fotos zu machen. Das sind Themen, die es früher in der Form nicht gab. Gleichzeitig kommen die Leute überall hin. Das Thema Overtourism ist für meine Begriffe nicht durch den klassischen Tourismus entstanden, sondern eher durch das ganze Thema Low-Cost-Carrier. Denn die Low-Cost-Carrier bringen Punkt-zu-Punkt Menschen für kleines Geld an irgendeinen Ort, so dass es sich eben auch lohnt, für ein Wochenende mal eben nach Barcelona zu fliegen. Es ist in den letzten Monaten etwas teurer geworden, denn auch sie haben gemerkt, dass sie Geld dafür nehmen müssen. Aber nichtsdestotrotz hat es damit angefangen, und daraus sind weitere Geschäftsmodelle entstanden. Ich erinnere nur z. B. an Airbnb, wo Wohnraum umfunktioniert und Touristen zur Verfügung gestellt wird. Das wiederum führt dazu, dass Wohnraum teurer und knapper wird. Ich glaube weniger, dass das die Hotellerie verursacht als vielmehr genau diese Trends, die auch von Menschen gewollt sind, die möglichst authentisch in diesen Städten ihren Urlaub oder ihren Aufenthalt verbringen wollen und möglichst so leben wollen, wie die Menschen dort. Das ist so ein bisschen der Wunsch und führt dazu, dass Wohnraum knapp und teuer wird. Das erleben wir auf Mallorca und auf den Kanaren, wo es das in der Form nicht gegeben hat. Das waren eigentlich, wie man so schön sagt, »Peace-Zonen«. Alle haben mehr oder weniger vom Tourismus profitiert. Jetzt erleben wir, dass bestimmte Bevölkerungsgruppen nicht mehr profitieren. Wir sehen das auch im Übrigen in Österreich, wir brauchen da gar nicht so weit zu gehen. Dort hat man bestimmte Orte, die bis auf wenige Tage im Jahr dunkel sind, weil Touristen dort die Immobilien kaufen, die sich die lokale Bevölkerung nicht mehr leisten kann. Jetzt wird angefangen, mit Blockadementalität Jagd auf die Leute zu machen und auf die nicht vorhandenen Genehmigungen. Das passiert immer dann, wenn bestimmte Bevölkerungsgruppen eben nicht von diesem vermeintlichen Boom profitieren und sich dagegen auflehnen und aktiv werden. Ich weiß nicht, ob das ein Trend ist. Ich glaube, das liegt eben nicht an dem organisierten Tourismus, sondern in hohem Maße daran, dass eben Billigflieger irgendwo Einzug halten, und das in der Kombination mit umgewandeltem Wohnraum.

> Halten wir fest, dass Overtourism durch die Low-Cost-Carrier, durch neue digitale Geschäftsmodelle, wie Airbnb, einen besonderen »Push« erhalten hat. Aber vieles an gesellschaftlichen Konflikten entzündet sich jetzt am Tourismus und da hängt natürlich die Touristik mit drin. Könnte man das so sehen? Und wenn ja, was bedeutet das für das Tourismussystem, in welchem die Touristik schwergewichtig drinhängt? Denken wir vor allem an Teneriffa. Was bedeutet das? Offensichtlich sind das nun gesellschaftliche Konflikte aus Gründen, die oft nichts mit dem Tourismus zu tun haben, sich aber am Tourismus sehr schnell entzünden. Das ist natürlich schnell gesagt, so wie auch der Papst, der gegen den Massentourismus wettert. Das hat ja schon populistische Züge. Wie gehen wir damit um? Offensichtlich ist der Tourismus vielleicht zu wenig System, denkt er vielleicht immer noch zu wenig in Systemen? Er ist vielleicht politisch zu schwach. Wenn es einen Sündenbock braucht, dann ist es offensichtlich schnell der Tourismus. Ist das so? Und wenn das so ist, was tun wir? Könnte es sein, dass sich die Stimmung gegen den Tourismus wendet und es dann möglicherweise gesellschaftlich nicht mehr hoffähig ist, so richtig Tourismus, Ferien oder Urlaub zu machen, wie wir das bisher kannten?

Wir haben das schon vor der Corona-Krise festgestellt, da ging das Thema schon los, gerade in Skandinavien mit dem Thema Flugscham, dass man sich geschämt hat, in ein Flugzeug zu steigen oder den Nachbarn nicht mehr davon erzählt hat, während man eigentlich sehr gerne über das Thema Urlaub gesprochen hat. Durch Corona ist den Leuten wieder deutlich geworden, was es heißt, wenn man plötzlich nicht mehr reisen kann, und Wahrnehmung und Wertschätzung sind erst einmal wieder gestiegen. Aber in den Destinationen mag es umgekehrt gelaufen sein. Die Menschen dort haben erstmals während der Corona-Phase gemerkt, wie schön es ist, wenn sie nicht von Touristen bevölkert werden. Jetzt ist wieder Normalität eingekehrt und man stellt wieder fest, wie nervig das mitunter sein kann. Insbesondere, wenn man persönlich möglicherweise nicht vom Tourismus profitiert, weil man nicht im Tourismus arbeitet, weil die Verwandten und Freunde nicht im Tourismus arbeiten, und deswegen genervt ist und nicht das Verständnis dafür aufbringt, dass eine ganze Insel nun mal vom Tourismus lebt. Denn wenn die Kanaren den Tourismus nicht hätten, wären sie letztendlich ein Fall für den Finanzausgleich. Das vergessen die Leute auch ganz gerne. Das wiederum jetzt mit Eintritt oder mit Übernachtungstaxe etc. zu regulieren hat, glaube ich, wenig Effekt. Die Leute bezahlen ja schon dafür, dass sie dorthin kommen. Das ist im Grunde genommen schon eingepreist und zusätzliche Kosten füllen vielleicht ein bisschen die Kasse. Aber ich glaube, die Politik vor Ort muss daran arbeiten. Wir als diejenigen, die Gäste bringen, können nur für Verständnis werben. Aber die lokale Politik muss sich damit beschäftigen, denn die Bevölkerung dort lebt vom Tourismus. Man muss darüber reden, wie man das so gestalten kann, dass die Entwicklung nicht überhandnimmt und sich nicht ein Großteil der Bevölkerung möglicherweise gegen den Tourismus auflehnt. Mein Eindruck ist, dass das noch nicht der Fall ist. Ich glaube, dass das noch eine Minderheit ist. Ich weiß nicht, wohin das führt. Aber diese Minderheiten können sich relativ laut zu Wort melden. Dadurch entsteht mitunter der Eindruck, dass es wesentlich mehr sind, als es tatsächlich sind. Man wird sehen, wohin das führt. Wir hatten immer mal wieder solche Tendenzen. Ich kann mich erinnern, dass während Corona – ich wohne etwas südlich von München im Voralpengebiet – in Murnau oder so – wenn am Wochenende die Münchener während der Corona-Phase wieder in die Sommerfrische gefahren sind – dort auch Schilder standen, dass die Münchener wieder heimfahren sollen. Das gibt es hier genauso wie eben auf den Kanaren oder auf Mallorca. Überall da, wo es zu viel wird, die Leute sich belästigt fühlen, gehen sie auf die Barrikaden. Dann wird man sehen, was passiert. Wenn die Leute sich nicht mehr erwünscht fühlen, kann das auch in die andere Richtung umschwenken, so dass die Leute sagen: Wenn ich dort nicht erwünscht bin, habe ich auch keine Lust dahin zu fahren.

Was passiert, wenn das überhandnimmt, sodass Menschen einfach sagen: Ich möchte nicht mehr dorthin fahren, da wird zu viel protestiert, es gibt Demonstrationen, man wird als Tourist attackiert?

Das wird sich teilweise intern regeln: Wenn diejenigen – sofern es die Mehrheit ist –, die letztendlich vom Tourismus profitieren und auch davon leben, sich wiederum gegen jene zur Wehr setzen, die weniger profitieren und die entsprechend aufbegehren.

Man könnte den Eindruck bekommen – Digitalisierung, günstiges Reisen durch Low-Cost-Carrier – dass die Demokratisierung des Reisens noch einmal einen Schub bekommen hat. Wir reden seit Jahrzehnten von der Demokratisierung des Reisens. Die Tourismushistoriker beziehen sich beispielsweise auf die Regime der Zwischenkriegszeit. »Kraft durch Freude« im Deutschen Reich oder »Dopolavoro« in Italien, das war das organisierte Reisen in einem frühen Stadium. Die Demokratisierung des Reisens nimmt noch einmal mehr zu. Wo führt das hin? Die UNWTO, die Welttourismusorganisation, prognostiziert ein Drittel mehr internationale Ankünfte bis 2030, weil vor allem der Inlandstourismus – denken wir an China – massiv zunehmen wird. Wir werden vielleicht auch stärker regulieren müssen, Besucherströme lenken usw. Wie gehen wir damit um? Was heißt das? Ändern sich damit auch die Geschäftsmodelle der Touristik?

Mit Sicherheit. Auch das Produkt wird sich ändern, denn die Chinesen beispielsweise reisen heute noch anders als wir Europäer. Das Geschäftsmodell eines »Tour Operators« in China läuft völlig anders. Sie lassen sich dafür bezahlen, dass sie Gäste bringen, weil die Gäste eben hier oder anderswo einkaufen und darüber dann finanziert werden. Das ist eine spannende Geschichte. Selbstverständlich sind das unterschiedliche Geschäftsmodelle. Sie haben völlig recht. Ich glaube, bei uns ist bereits ein gewisser Sättigungsgrad eingetreten, weil bei uns die Reise demokratisiert ist. Ich glaube nicht, dass das noch mehr werden kann. Im Gegenteil. Durch zusätzliche Regulierungen und damit Kosten, die man uns aufbürdet, die man letztendlich auch dem rechtlichen Rahmen Reise und der Haftung aufbürdet – ich erinnere nur an Insolvenzschutz etc. –, wird es eher teurer, was dazu führt, dass weniger Kunden sich das Ganze leisten können. Aber im Rest der Welt oder in vielen Teilen der Welt steht man überhaupt erst am Anfang. Das wird natürlich Auswirkungen haben, auf die gleichen Zielgebiete, wie wir sie besuchen. Da gibt es Überschneidungen, beispielsweise in Dubai, wo die ganze Welt hinfährt, wo wir nur ein Quellmarkt von vielen sind. In Spanien ist das sicherlich noch etwas anders, in Griechenland auch. Aber in einer Stadt wie z. B. Istanbul oder Barcelona sieht es schon anders aus. Da kommen erst noch Quantitäten in einer Größenordnung auf uns zu, die wir heute noch nicht im Visier haben. Natürlich macht das etwas mit dem Produkt, natürlich macht das etwas mit der Infrastruktur. Aber das wird auch dazu führen, wie Sie eben gesagt haben, dass Reiseströme anders geführt und gesteuert werden müssen. Vieles wird sich auch von sich aus verändern, denn wenn bestimmte Zielgruppen die Mehrheit in einer Destination darstellen, dann bleiben andere wieder weg, weil das mitunter z. B. aus kulturellen Gründen nicht so besonders gut zusammenpasst.

> Die Touristik hat vielleicht auch viel Kraft oder viel Macht, wenn es darum geht, den Tourismus, diesen Massentourismus – ohne es kritisch zu meinen – zu lenken. Wer kennt die Organisation des Reisens besser als die Touristik? Auch wenn sich das flexibilisiert, wie Sie gesagt haben.

Früher waren wir diejenigen, die Massentourismus organisiert haben. Ich glaube, das sind wir in der Form nicht mehr. Der Massentourismus wird heute digital von den Playern teilweise selbst organisiert, von den Airlines. Da braucht es keinen mehr, der das letztendlich zusammenfügt, sondern der Kunde macht das über die Portale selbst. Dadurch entsteht wesentlich mehr Massentourismus, als wir in der Lage sind mit unseren Pauschalreisen tatsächlich zu organisieren.

> Ich könnte mir nur vorstellen, dass die Organisationskompetenz der Touristik zukünftig auch für andere Teilsysteme des Tourismus eine ganz wichtige Rolle spielen könnte. Wenn es darum geht, diese Besucher zu lenken, wo auch immer in Destinationen.

Natürlich. Das fängt schon mit der Gesetzgebung an. Wir haben eine Gesetzgebung, die den Kunden sehr stark absichert. Das ist in anderen Ländern nicht so. Der Kunde bucht sich seine Einzelleistung und wenn er nicht fliegen kann, muss er sie trotzdem bezahlen. Bei uns ist im EU-Raum über das Reiserecht alles sauber geregelt. Das gibt es in den USA nicht, das gibt es in Asien nicht. Da kann jeder sich Einzelteile überall zusammenbauen. Da braucht es keinen Veranstalter.

Eine ganz andere Frage: »Die Kolonialherren gingen, die Touristik kam.« Es geht um die Macht großer Unternehmen und Konzerne in Ländern des Globalen Südens. Das ist eine vielfach diskutierte Kritik. Keine Frage: Sie ist einseitig. Es geht auch um die Expansion, um Wachstum eines Unternehmens. Es geht um die Frage: Wo sind die neuen Destinationen? Wir haben vor 20 Jahren bestimmte Destinationen nicht bereisen können, die wir heute bereisen können. Umgekehrt, bestimmte Destinationen, die vielleicht vor 20 Jahren noch attraktiv waren, sind es heute nicht mehr. Die Geopolitik tut ihr Übriges, um bestimmte Länder schnell unter Druck zu bringen. Die Touristik hat immer irgendwie darauf reagiert, aber sie war auch schnell präsent in Ländern, die vielleicht vormals Diktaturen waren oder schwer zu bereisen waren.

»Die Kolonialherren gingen, die Touristik kam.« Ich kann mich noch gut an unsere Diskussion bei Ihnen in Ihrer Veranstaltung erinnern. Ich habe damals so argumentiert, und das würde ich auch heute noch tun, dass immer die Kritik laut wird: Was haben die davon, wie viel von dem Geld, was die Kunden dorthin bringen, bleibt tatsächlich in der Destination? Wir betreiben ein sehr integriertes Modell aus »Tour Operator«, Destinationsmanagement und Hotellerie. Ich kann Ihnen sagen, dass die größeren Ergebnisbeiträge nicht beim Veranstalter verbleiben, sondern in der Hotellerie – und das schon seit Jahren. Diese verbleiben auch im Destinationsmanagement, weil ich da den Kunden vor Ort habe und ihm Reisen, Trips und Mietwagen verkaufen kann. Da sitzt das Geld wesentlich lockerer, als wenn der Gast sich zu Hause internetgetrieben den besten Preis für irgendein Produkt heraussucht. Die Wertschöpfungskette ist tatsächlich so, dass in den Zielgebieten deutlich mehr hängen bleibt als beim »Tour Operator«. Der »Tour Operator« ist der »Durchlauferhitzer«, der auch große Teile des Risikos übernimmt. Airlines, das wissen wir, verdienen auch zyklisch oder verdienen eben nicht zyklisch, je nachdem. Zumindest in den Destinationen, in denen wir viel Geschäft betreiben, geht es den Menschen mit dem Tourismus besser als zu Zeiten bevor der Tourismus Einzug gehalten hat. Und nicht nur denjenigen, die entsprechend Land an der Küste hatten, was sie jetzt mit Hotels bestückt haben, während sie vorher ihre Landwirtschaft darauf betrieben haben, sondern dem ganzen sozialen und wirtschaftlichen Umfeld. Nichtsdestotrotz, man zeige im Moment nur in Richtung Saudi-Arabien, wo es eine sehr junge Bevölkerung gibt. 70 Prozent der Bevölkerung ist unter 30 Jahre alt. Das heißt, sie müssen eine Perspektive für diese Menschen schaffen und diese schaffen sie durch Tourismus. Das ist der Plan. In vielen anderen Ländern ist dies auch der Fall. In Nordafrika, in Ägypten, in Marokko gibt es eine sehr junge Bevölkerung, welche Sie nicht auf Dauer dumm halten können, wie das früher von diesen – sagen wir mal – Regimen gemacht wurde. Sie haben auch Internet, sie sehen, was in der Welt vor sich geht. Deswegen verlassen sie sehr häufig ihre Umgebung, denn sie suchen eine Perspektive. Und diese gibt eben sehr häufig der Tourismus, eine Arbeitsperspektive, aber auch eine Lebensperspektive. Und umgekehrt, glaube ich, tun wir uns als demokratisch denkende und fühlende Gesellschaften einen Gefallen, wenn wir dieses Denken auch in diese Destination bringen. Ich will hier nicht den Kolonialismus oder den Missionarseifer in den Vordergrund stellen, aber ich glaube, das hilft auch zur Völkerverständigung, wenn wir dort Tourismus betreiben und uns dorthin begeben. Ich kann mich noch gut an die Diskussion erinnern: Sollte man in die Türkei fahren oder nicht? Wir als Reiseveranstalter haben nur zu entscheiden, ob eine Destination, ein Reiseland für unsere Gäste sicher ist. Wir dürfen nicht politisieren. Wenn wir damit anfangen, wird es schwierig. Denn dann muss man sich fragen: Kann man nach Thailand, in die USA – ein Land, in dem Herr Trump regiert – oder in die Türkei reisen, wo es möglicherweise unterschiedliche Auffassungen über das Demokratieverständnis gibt? Das können wir nicht machen. Insofern geht es bei uns nur darum, ob jemand sicher ist, wenn er in ein Land fährt oder nicht. Politik dürfen wir nicht machen.

> Migration ist eines der großen Themen der Welt. Die Touristik kann dadurch auch Migrationsströme oder Migration beeinflussen. Sie sagten richtigerweise, dass eine junge Bevölkerung in vielen Ländern eine Perspektive braucht. Mit anderen Worten: Diese machen sich nicht auf den Weg. Ist das so zu verstehen?

So ist es zu verstehen. Ich will nicht sagen, dass wir mit unserer Art Tourismus die Migrationsströme aufhalten oder lenken. Um Gottes Willen! So größenwahnsinnig sollte man nicht sein. Aber ich glaube sehr wohl, dass wir einen Teil dazu beitragen und der Tourismus allemal, um eben den Menschen eine Perspektive zu geben. Der Suezkanal trägt wesentlich mehr zum Bruttosozialprodukt von Ägypten bei als der Tourismus. Aber er schafft keine Arbeitsplätze. Die Arbeitsplätze schafft der Tourismus. Er schafft auch Arbeitsplätze für Menschen, die keinen akademischen Hintergrund haben, für Busfahrer, für Reiseleiter, für Menschen, die im Hotel arbeiten, die in der Infrastruktur unterwegs sind, die der Tourismus aufzubauen hat. Es gibt für viele Menschen dort eine Perspektive und die braucht es, damit die Menschen in den Regionen bleiben, in denen sie auch geboren und aufgewachsen sind.

> Zum Schluss wieder zurück zur Grundfrage: Ist der Tourismus zukunftsfähig?
> Ich sehe zwei oder drei Entwicklungslinien in dem Gespräch. Zum einen kann der Tourismus systemfähig sein, in Krisensituationen ist er das. Aber er lernt offensichtlich nicht für die weitere Zukunft. In guten Zeiten kann es eine Art Leadership geben, wenn es darum geht, auch in Nachhaltigkeit und in eine stärkere Umweltorientierung zu investieren. Trotzdem ist der Tourismus auch

als ein gesellschaftliches Phänomen stärker den entsprechenden Konflikten ausgesetzt und muss aufpassen, dass er nicht unter die Räder gerät. Um ein Zukunftsgestalter sein zu können, muss der Tourismus vielleicht auch noch einmal stärker diese Organisationskompetenz in den Mittelpunkt stellen, weil diese vermutlich auch im globalen Tourismus zukünftig von größerer Bedeutung sein könnte. Zum Schluss noch die Aussage, dass der Tourismus sehr wohl insbesondere in Ländern des Globalen Südens einen hohen Wert haben kann, weil er Arbeitsplätze schafft, weil er Wirtschaftlichkeit und Wertschöpfung in den Regionen belässt. Vielleicht ist auch das eine Art Leadership und Verantwortung, dass man Lebensmodelle, demokratisches Denken, aber am Ende vor allem Wertschöpfung in Länder bringt, die vielleicht weniger demokratisch sind. Und was für mich jetzt eine spannende Aussage von Ihnen war, ist, dass der Tourismus nicht über die Politik eines Landes zu befinden hat, sondern über die Sicherheitsfrage für die Kunden. Trotzdem wird man diese Länder nie ganz ohne politisches Denken bereisen können. Egal, ob als Gast oder als Manager. Im Management eines Landes wird auch immer die Politik eine Rolle spielen. Aber grundsätzlich sagen Sie auch sehr deutlich: Uns muss es vor allem um die Sicherheit der Menschen gehen, die wir transportieren und denen wir ein Erlebnis verkaufen.

Genau. Ja.

Ist für Sie die Frage, wie zukunftsfähig der Tourismus ist, damit beantwortet?

Ich glaube, es ist ein sehr komplexes Thema. Solange es dem Tourismus gelingt, kundenorientiert unterwegs zu sein, so dass wir weiterhin Kundenerlebnisse liefern – so lange kann dies mit ja beantwortet werden. Sollten wir versuchen, Kunden umzuerziehen? Das wird wahrscheinlich nicht gelingen. Aber wir können uns so gut wie möglich auf die Kundenbedürfnisse einstellen. Was wir tun müssen, und da komme ich wieder zum Anfang zurück: Wir müssen versuchen, Impulse zu setzen und damit Überzeugungsarbeit zu betreiben. Das wird nicht mit Zwang gehen, sondern wird letztendlich einen langen Atem brauchen. Aber wir sehen ja, dass es langfristig funktioniert.

Mit FTI gibt es nach Thomas Cook eine weitere Insolvenz in der Touristik, die für Aufsehen gesorgt hat. Wie kann man diese Insolvenz einordnen? Hat das mit der Frage des Geschäftsmodells zu tun bzw. mit Themenstellungen, die wir im Rahmen dieses Interviews diskutiert haben, wie die Veränderungen auf Märkten oder die Veränderungen in den Destinationen selbst?

FTI befand sich in einem massiven Transformationsprozess, welcher auf diese Themen, die wir im Interview diskutiert haben, natürlich einzahlen sollte. Aber letztendlich ist die Insolvenz nicht auf all diese Entwicklungen zurückzuführen, sondern auf eine Nachwirkung aus der Corona-Pandemie. Das Unternehmen hat

Staatshilfen bekommen, welche so hoch waren, dass in Absprache mit der Bundesregierung eine Investorenlösung gefunden werden musste, um die Belastungen, die früher oder später auf das Unternehmen zugekommen wären, zu reduzieren. Dies hat mit dem Geschäftsmodell nichts zu tun, sondern ist ein individueller Fall, der sicherlich auch so betrachtet werden muss.

Das Gespräch wurde geführt von Harald Pechlaner.

Link zur Tagung

https://youtu.be/sgXnlh2ighk

6.6 Diskontinuierlicher Wandel im Tourismus und was es zu lernen gilt

Michael Shamiyeh

6.6.1	Einleitung	255
6.6.2	Nach den Touristen: Semmering, Bad Gastein und Heiligenblut	256
6.6.3	Vom Scheitern erfolgreicher Unternehmen: Kodak, Blackberry und Nixdorf	258
6.6.4	Ursachen der Trägheit etablierter Unternehmen	260

Der Hafen hat lange keine Fähre gesehen, seit Jahren nicht.
Die Geschäfte an der Promenade sind geschlossen.
Das mit Schwimmreifen und dem Sandspielzeug.
Das mit den Badeanzügen.
Das mit den gemusterten Strandtüchern.
Das mit den geschnitzten Schüsseln.
Das mit den Pfauentaschen, Pfauenkleidern, Pfauentüchern.
Das mit den Postkarten.
Das mit den Olivenseifen.
Das mit den Muschelketten und den Armbändern aus Leder.
Keine Touristen mehr in den Cafés, in den Fischrestaurants, den Bars. Keine Kellner mehr in weißen Hemden, kein Ananasverkäufer am Strand. Keine Schirme. Keine Liegen. Selbst die Möwen, die meisten von ihnen, haben sich aufgemacht zu anderen Ufern, vermüllten Stränden.

[...]

Vielleicht morgen, sagt der Hafenwärter. Vielleicht kommen die Fähren morgen wieder.

6.6.1 Einleitung

Mit diesen Worten beginnt Thea Mengelers (2024) Roman über eine vormals beliebte Urlaubsinsel, deren Touristen plötzlich ausbleiben. Die das Festland verbindenden Fähren verkehren mit einem Male nicht mehr und damit kehrt Stillstand in die einst bei den Gästen so beliebte Destination ein. Die wenigen Bewohner, die die Insel nicht verlassen haben, verharren der Dinge und gehen hoffnungsvoll ihren gewohnten Aktivitäten nach, als ob morgen schon die Fähren wieder zurückkehren würden.

Die sprachlich und stilistisch feinsinnige Erzählung, die Mengeler (2024) in ihrem Buch ausgehend von diesem dystopischen Szenario eines ausbleibenden (Over-)Tourismus entwickelt, zeichnet nicht nur ein Bild einer durch Ökonomie sinnentleerten Gesellschaft (und was »Nach den Fähren« mit dieser passiert), sondern auf beeindruckende Weise auch ein menschliches Verhalten, das wir fernab des oftmals bereits kränkelnden Tourismus in andern wirtschaftlichen Sphären zuhauf entdecken können: Trägheit angesichts Diskontinuität.

Ziel des folgenden Artikels ist es zu zeigen, dass heute offenbar nicht nur Tech-Giganten aus der Unternehmenswelt an Clayton Christensens (1997) »Innovator's Dilemma« leiden und zu Fall kommen, sondern auch ganze Tourismusregionen. Gezeichnet von einem eisernen Verharrungsvermögen und genährt von einer verklärten Nostalgie für die glanzvollen Zeiten der Vergangenheit, verhindern einst erfolgreiche Betriebe mit ihrem Festhalten an alten starken Standbeinen die notwendige Entwicklung von neuen. Gepaart mit einem fundamentalen Wertewandel in der Gesellschaft und dem Fehlen von Fachkräften ist dieses Verhalten, wie ich zeigen werde, toxisch. Betriebe und damit einhergehend ganze Regionen verschwinden oder verfallen in gesellschaftliche wie ökonomische Bedeutungslosigkeit. Was die Tourismusbranche von Umbrüchen gebeutelter oder untergegangener Unternehmen für ihre eigene Zukunft lernen kann – das ist die Frage, der ich mich hier konkret widmen werde.

Strukturell beginne ich den Artikel mit der Besprechung konkreter Beispiele aus dem Tourismus. Das Aufzeigen des Beharrungsvermögens samt negativer Folgen steht im Zentrum dieser Diskussion. Dieser Besprechung werde ich danach bekannte Beispiele aus der Tech-Industrie gegenüberstellen. Im Wesentlichen geht es bei dieser Gegenüberstellung darum zu zeigen, dass das, was diesen Tech-Giganten passiert ist, seit Langem bereits eingehend diskutiert und erforscht wird; mit anderen Worten, dass Erkenntnisse aus dem einem Bereich ebenso Gültigkeit für den Tourismus haben. Hierzu werde ich spezifisch auf die bekannten Formen der Trägheit eingehen, besprechen was man dagegen tun und mit welchen Herausforderungen man sich dabei konfrontiert sehen wird. Schließen werde ich meinen Beitrag mit Ausführungen zu bekannten Fehlentwicklungen, die allgegenwärtig – auch im Tourismus – zu beobachten sind, wenn es darum geht, eine Transformation angesichts drohender Umbrüche erfolgreich umzusetzen.

6.6.2 Nach den Touristen: Semmering, Bad Gastein und Heiligenblut

Der Semmering war einst das, was einem heute mit Palo Alto im Silicon Valley in den Sinn kommt: Eine Region, um nicht zu sagen ein Labor, in dem sich die Pioniere die Hand gaben, um die Zukunft zu erschaffen. Alles andere als nostalgisch, brachte der Semmering Mitte des 19. und frühen 20. Jahrhundert Innovationen hervor, die seinesgleichen in der Welt suchten. So entstand etwa unter der Planung des österreichischen Ingenieurs Carl Ghega die weltweit erste Hochgebirgseisenbahn – »[e]ine Aufgabe, wie sie bisher noch nie in der Welt gelöst wurde« (»Die Eisenbahn-Zeitung« [1845] zitiert in Kos, 2021:65). Das Beeindruckende dieser 21 Kilometer langen Novität waren dabei nicht nur deren Trassenführung durch Tunnels, über mehrere bis zu 100 Meter hohe Viadukte, der überaus utopisch anmutend kurze Bauzeitplan von nur sechs Jahren in einer Zeit, in der damals die Technik von der Natur noch in ihre Schranken verwiesen wurde (Schivelbusch, 1977), sondern vor allem auch die Tatsache, dass derartige Steigungen mit Dampflokomotiven überhaupt befahren werden konnten. Als weitere Pionierleistungen galten damals etwa auch die Entwicklung der alpinen Grandhotels für Sommerfrische, die dem modernen Gast in extremer Lage einen besonderen Komfort und Raum für Selbstdarstellung in der Gesellschaft samt hypermoderner Einrichtungen für Körperbetüchtigung, Golf oder Tennis boten. Mann und Frau erfreuten sich damals über die Möglichkeit des Skifahrens sowie am »Wellnessen« im international ersten Alpenstrandbad. De facto war der Semmering so etwas wie die späteren Sanatorien für die oberen Zehntausend. In nur zwei Zugstunden Entfernung von Wien gelegen fand sich die Prominenz – von Schauspielern über Schriftsteller bis hin zu Neureichen – dort ein (Wagner & Beckmann, 2022). Doch vom einstigen Glanz ist wenig übriggeblieben. Nach dem Ausbleiben der Touristen ab den 1960ern konnte der Semmering nie wieder zu einer solch glorreichen Zeit gelangen. Wuchs Semmerings Bevölkerung von der Mitte des 19. Jahrhunderts bis in die 1920er Jahre um atemberaubende 1350 Prozent, so verlor sie diese nahezu ebenso bis ins heutige Jahrtausend; die touristischen Nächtigungen reduzierten sich alleine in den letzten zwanzig Jahren um mehr als 80 Prozent (Statistik-Austria, 2024a). Die öffentlich in den Medien kundgemachte Sehnsucht nach der guten alten Zeit ist verständlich (z. B., Beer, 2021).

Ein ähnliches Bild ist auch in Bad Gastein, dem einstigen »Monte Carlo der Alpen« zu erkennen. Die einstigen Zeiten von Glanz und Gloria sind vorbei. Gab sich in Bad Gastein Mitte des 19. Jahrhunderts noch sprichwörtlich der Adel die Hand, vom österreichischen Kaiser Franz mit seiner Sissi, dem deutschen Kaiser Wilhelm I. bis hin zu Royals aus aller Herren Länder, so haben die heute zumeist im Ortskern verbarrikadierten und ruinös verwahrlosten und im Stile der damaligen Belle Époque reich verzierten Hotels ihren Charme schon lange verloren (z. B., Cerny, 2024; Kurianowicz, 2016). Auch die Zeit der Hollywood Stars und Musik-Elite sind Geschichte. Dort, wo einst Liza Minelli, Falco oder Schah von Persien ein- und ausgingen, das mondäne Grand Hotel de l'Europe, steht heute leer, die Türen vernagelt und die Fenster blind – so wie bei vielen anderen Hotels auch. Weder die einst so gefeierte Sommerfrische noch die Thermalquelle des Ortes ziehen heute noch. Es ist ruhiger geworden, so wie auch in Heiligenblut am Großglockner, der letzten touristischen Region, die hier kurz Erwähnung finden soll.

Die Region Heiligenblut am Großglockner ist gesegnet mit gleich mehreren bedeutenden touristischen »Juwelen«: dem Großglockner, Österreichs höchstem Berg, der Pasterze, dem größten Gletscher Österreichs, der Großglockner-Hochalpenstraße, eine wahrlich imposante Ingenieursleistung der 1930er Jahre und heute eine der von Touristen am meisten besuchten Sehenswürdigkeiten Österreichs, sowie dem jüngst so benannten Nationalpark Hohe Tauern. Doch auch diese Gemeinde hat bessere Zeiten gesehen. Hoteliers, Gastronomen, Bergführer, Seilbahnenbetreiber sowie die obersten Gemeindevertreter sind sich einig in ihrem Wehklagen über das stetig geringer werdende touristische Aufkommen (Auinger, Jungmeier, & Hilgarter, 2024). Einst ausgebuchte Traditionshotels, wie etwa das zentral am Ortsplatz, gleich gegenüber der Seilbahnstation gelegene Hotel Post, haben die Tore seit geraumer Zeit geschlossen. Die Seilbahnenbetreiber klagen über fehlende Gäste und drohen jährlich mit kürzeren Betriebszeiten oder mit der Schließung derselben (z. B. Sebestyen, 2024). Die Spirale des Niedergangs scheint vorgezeichnet. Die Kurve der seit 2001 statisch erhobenen Nächtigungszahlen lassen den Graphen eines Börsencrashs vermuten (Statistik-Austria, 2024b).

Wie lässt sich dieses regionale Scheitern bei all den genannten Regionen erklären? Zufall oder doch vorhersehbares systemisches Versagen? Die Indizien sprechen für Zweiteres. In allen drei Fällen gelang durch Innovation ein touristischer Erfolg, auf dem man sich in weiterer Folge gemütlich einrichtete, ohne dabei zu erkennen, dass sich dessen Rahmenbedingungen längst geändert haben. In allen drei Fällen wartete man so lange beharrlich auf Besserung, bis eine erfolgreiche Neuausrichtung nicht mehr gelingen konnte, zumindest nicht in dem Ausmaß, wie man es zuvor gewohnt war.

Am Semmering führte die Vertreibung der finanzkräftigen jüdischen Klientel im Zuge des Zweiten Weltkrieges zu einem ersten erkennbaren Einbruch des Erfolgs, wie Historiker zeigen konnten (z. B., Kos, 2021). Der zweite und entscheidende Einbruch kam aber im Zuge des Wirtschaftswunders. Hoffte man in den 1960er und 70er Jahren noch, Gäste mittels Skirennen und anderen Sportveranstaltungen auf den Semmering locken zu können, so avancierte der einstige Vorzug der Region, die ursprünglich per Eisenbahn geschaffene Nähe zu Wien, zum ursächlichen Nachteil. Per Automobil waren nun über die neu errichtete Semmeringstraße weit entferntere und vor allem attraktivere Urlaubsziele erreichbar (Markus, 2018). Die teilweise schon nach dem Weltkrieg vernachlässigten Grand Hotels von einst, das Südbahn, das Panhans oder das Kurhaus, mussten zusperren (Tourismusbüro-Semmering, 2009).

In Bad Gastein hingegen setzte anfänglich nach dem Zweiten Weltkrieg ein Aufschwung mit dem aufkommenden Wintertourismus ein. Doch die einstigen großen und elegant für Sommerfrische und kurbegeisterte Gäste ausgelegten Hotels waren ohne Heizungen und private Bäder wenig für Skitouristen geeignet.

Auch fehlte es an entsprechendem Komfort. Der langsame Abstieg war sohin dort vorgezeichnet.

Und nicht zuletzt habe man es sich in Heiligenblut am Großglockner mehr oder minder – vom Erfolg verwöhnt – bequem eingerichtet. Die vom Klimawandel damals noch weitgehend unberührte Landschaft zog alljährlich tausende Skifahrer im Winter und Wanderer im Sommer in die umliegenden Berge. Die Seilbahnstationen ermöglichten den Aufstieg für viele Gäste in unerreichbare Höhen. Doch nach Jahrzehnten des finanziellen Auszerrens ohne jegliche Investitionen in die Erneuerung von Angeboten, Beherbergungsbetrieben und der Seilbahnen, deren jüngster Finanzierungsbedarf gar mit mehreren Millionen Euro kolportiert wird (Auinger et al., 2024), steht die Region vor einem Dilemma: Ohne Seilbahnen kein Tourismus und ohne Tourismus sind keine Investitionen in die Seilbahnen möglich.

Wie ist es zu erklären, dass in allen drei Fällen der einst eingeschlagene Kurs trotz erkennbarer Veränderungen am Horizont nicht verlassen wurde? Im Gegenteil, so wie es Mengeler (2024) in ihrem Roman beschreibt, gingen und gehen auch heute teilweise noch die in den Orten Zurückgebliebenen, hoffend auf die gute alte Zeit, ihren immergleichen Tätigkeiten nach. In den Wirtschaftswissenschaften ist dieses Phänomen, das gerne mit Betriebsblindheit, Ignoranz oder auch schlicht mit Inkompetenz unzureichend verkürzt erklärt wird, bekannt und auch eingehend gut erforscht – auch was mögliche Schritte für ein Gegensteuern betrifft. Im kommenden Abschnitt wollen wir uns daher diesen Erkenntnissen näher widmen.

6.6.3 Vom Scheitern erfolgreicher Unternehmen: Kodak, Blackberry und Nixdorf

Wenn Sie so wie ich nicht gerade zur Generation Y oder Z zählen, dann können Sie sich vermutlich noch an die kleinen gelben Filmrollen erinnern, die zu feierlichen Anlässen oder auf Reisen in die »analoge« Kamera gelegt wurden. Der Name Kodak stand gleichbedeutend für diese Technologie. Mit mehr als 140.000 Mitarbeitern zählte es zu den innovativsten und gleichsam finanziell erfolgreichsten Unternehmen der Welt, man könnte fast meinen, es war so etwas wie Google oder Apple von heute. Wie weitgehend bekannt und von mir anderen Ortes im Detail erörtert (Shamiyeh, 2010, 2014b, 2016), hatte Kodak die Digitalfotografie bereits 1975 erfunden und auch entscheidend in ihrer späteren Entwicklung geprägt, auch wenn sie diese immer als »crappy business [beschissenes Geschäft]« (Faulkner, 2013) bezeichnete. In den frühen 2000er Jahren war Kodak gar Marktführer für Digitalkameras! Und dennoch musste das Unternehmen 2012 Insolvenz anmelden; d. h., das einstige Paradeunternehmen ging im Wissen der sich anbahnenden Diskontinuität von analoger Fotografie dem Abgrund stetig entgegen. Noch in den frühen 2000er Jahren galt das Mantra »Extend the Life of Film [Verlängern Sie die Lebensdauer des Films]« (Zongrone, 2013).

Blackberry, der einstige Hersteller von Smartphones mit integrierter physischer Tastatur, ist Zeugnis eines ebenso frappierenden Beispiels, bei dem ein Unternehmen sehenden Auges einer sich abzeichnenden substanziellen Veränderung am Markt ihren Kurs über Jahre hinweg beibehielt. Der Hersteller von Kommunikationsgeräten kontrollierte einst nahezu die Hälfte des weltweiten Marktes für Smartphones (Miller, 2022). Im Jahre 2007, als der Gründer des Unternehmens, Mike Lazaridis, Steve Jobs Präsentation vom ersten Apple iPhone sah, attestierte er diesem Vorhaben wenig Marktchancen, da der im iPhone eingebaute Webbrowser das Telefonnetz zum Kollabieren bringen würde (McNish & Silcoff, 2015). Sieben Jahre nach dieser Präsentation war Blackberry vom Telefonmarkt verschwunden. Wie konnte es geschehen, dass der einstige Marktführer gänzlich vom Markt verschwand und von einem damaligen Gewinn von rund 1,9 Mrd. Dollar ein Defizit von sagenhaften 5,8 Mrd. Dollar innerhalb nur weniger Jahre hinterließ (Olson, 2015)?

Wenn immer ich diese Beispiele vorbringe, wird in der Regel vorgebracht, dass es sich hierbei ja um US-amerikanische (bzw. kanadische) Beispiele handle, fast suggerierend, als ob diese Phänomene nicht auch hier in Europa oder gar im deutschsprachigen Raum passieren könnten. Daher ein Exkurs zu einem Beispiel aus Deutschland, bevor wir uns den Ursachen für das Scheitern zuwenden.

Die deutsche Nixdorf Computer AG zählte zu den bedeutendsten und innovativsten Computerherstellern in Europa und in der Welt mit Platz sechs, hinter IBM, DEC, Fujitsu und NEC sowie Unisys (Dunsch, 2018). Ihr Gründer und Vorstand, Heinz Nixdorf, wurde als Computerpionier im Sinne der Silicon-Valley-Entrepreneure gefeiert, jedoch mit sozialer Ader (Heinz-Nixdorf-Museum-Forum, 2024). Den Höhepunkt der Entwicklung erreichte das Unternehmen mit über 22.000 Mitarbeitern und Werken in Spanien, Irland, den USA und Singapur 1987 mit einem Umsatz von fünf Milliarden Deutsche Mark. Aber schon in den 1980er Jahren war gemeinhin bekannt, dass sich einerseits Hard- und Software entgegen dem von Nixdorf eingeschlagenen Weg hin zum integrierten Modell in Zukunft zu getrennten Märkten mit unterschiedlichen Geschäftsmodellen entwickeln würde und andererseits, dass der Siegeszug der Personal Computer nicht mehr aufzuhalten sei. Heinz Nixdorf hatte sich mit den Worten »Wir bauen keine Mopeds« im Konzern immer klar gegen diese technologische Weiterentwicklung der Branche ausgesprochen (Dunsch, 2018). Als der deutsche Softwarekonzern SAP nun 1988 an die Börse ging (finanzen.net, 2023), galt der einstige Computerpionierhersteller Nixdorf bereits als finanziell desaströs angeschlagen und bereit für Übernahmen. Der Untergang war damit besiegelt.

In allen drei Fällen war der nahende Umbruch und die damit einhergehende Diskontinuität des eigenen Geschäfts absehbar, und dennoch hatten in allen drei Fällen die Unternehmen ihren gewohnten Kurs nicht geändert. Ebenso ist in allen Fällen davon auszugehen, wie die jeweiligen Wortmeldungen der Manager bekunden, dass man das Neue gesehen hatte; dass man also nicht betriebsblind gegenüber der Disruption war. Und nicht zuletzt lassen auch die vielen Innovationen, die den ursächlichen Erfolg der jeweiligen Unternehmen ja ausmachten, den Rückschluss zu, dass die Unternehmensführungen alles andere als inkompetent oder gar dumm waren. Diese Frage hat die gegenwärtige Forschung eingehend beantwortet. Im folgenden Abschnitt wenden wir uns daher diesen Erkenntnissen zu.

6.6.4 Ursachen der Trägheit etablierter Unternehmen

Die Frage nach den Gründen, warum Unternehmen sich angesichts drohender Veränderungen, die eine Diskontinuität der eigenen Geschäftstätigkeit zur Folge haben, ihre Trägheit nicht überwinden und reagieren, ist seit langem wiederholt Gegenstand wissenschaftlicher Untersuchungen (z. B. Gilbert, 2005; Henderson & Clark, 1990; Tushman & O'Reilly, 1996). Die Aufmerksamkeit für dieses Thema resultiert aus der extremen Häufigkeit, mit der einst erfolgreiche Unternehmen scheitern (z. B. Christensen & Rosenbloom, 1995; Tushman & Anderson, 1986) sowie auch aus der Tatsache, dass sich die Manager der Notwendigkeit von Veränderungen üblicherweise bewusst waren (Johnson, 1988).

In zwei grundsätzliche Kategorien lassen sich dabei die Gründe für eine organisatorische Trägheit unterteilen: Einerseits wären da die Ressourcen und deren Abhängigkeiten zu nennen – womit nicht nur materielle oder personelle Ressourcen gemeint sind, sondern vor allem auch finanzielle – und andererseits fest eingespielte organisatorische Routinen. Sehen wir uns zunächst diese beiden Gründe für organisatorische Trägheit genauer an und kommen dann zum Problem des diskontinuierlichen Wandels.

Die Abhängigkeit von Ressourcen und das Fehlen von Anreizen für Reinvestitionen gelten gemeinsam betrachtet als eine der beiden zentralen Gründe für organisatorische Trägheit. Die Theorie der Ressourcenabhängigkeit hat ihren Ursprung in der Arbeit von Pfeffer und Salancik (1978). Beide konnten zeigen, dass externe Ressourcenanbieter eines Unternehmens die interne strategische Ausrichtung desselben maßgeblich beeinflussen und einschränken können. Noda und Bower (1996) konnten hierzu beispielsweise zeigen, wie öffentlichen Aktienmärkte Leistungsanforderungen an etablierte Unternehmen stellen können, die zu Änderungen in Geschäftsmodellen oder gar Einschränkungen in der Entwicklung von neuen innovativen Produkten führen können. Von Kodak erwarteten sich die Aktionäre etwa, um hier dieses Beispiel nochmals zu bemühen, einen Fokus auf den Film (und nicht auf digitale Produkte), da es sehr schwer war, »etwas mit Gewinnspannen wie in der Farbfotografie zu finden, das legal ist«, wie Jack Thomas, damaliger Direktor von Kodak Research betonte (Elaine, 1985:1). Mit anderen Worten, der Kapitalmarkt zwang Kodak förmlich, das Augenmerk auf das profitable (Film-)Geschäft zu legen und nicht mit dem Kapital der Investoren im unrentablen Segment der Digitalfotografie zu agieren oder gar zu experimentieren (Benner, 2010).

Auch eine enge Bindung zu Kunden und der Wunsch, deren Bedürfnisse bestmöglich zu bedienen, kann zu einseitigen Allokationen von Ressourcen führen. Christensen und Bower (1996) haben etwa gezeigt, dass wenn Preis- oder Leistungsmerkmale neu aufkommender Technologien bei bestehenden Kunden zu keinem Zuspruch führen, Unternehmen in der Regel keine Investments in die

Entwicklung der neuen Technologie vornehmen. Versetzen Sie sich für einen Moment in die 1970er Jahren und stellen Sie sich Xerox vor. Damals war das Unternehmen weltweit führender Hersteller von Kopiergeräten. Kundenbefragungen zur eigenen Produktpallette hätten zum Beispiel Wünsche wie einen schnelleren Kopierer, Farbe statt nur Schwarz und Weiß oder die Möglichkeit des Sortierens hervorgebracht. In den seltensten Fällen liefern Kundenbefragungen aber zu Verbesserungsvorschlägen abseits der im Fokus stehenden Produktpalette. Mit anderen Worten, Wünsche wie etwa nach einem Desktop-Computer zur digitalen (anstelle analogen) Manipulation von Originaldokumenten wären kaum vorgebracht worden, weshalb das Unternehmen diese auch nie auf den Markt brachte – trotz anfänglicher Forschung in diesem (dem Markt fremden) Segment.

Letztlich wäre im Zusammenhang mit Gründen, die sich auf Ressourcen beziehen, noch das Thema der Marktmacht von Unternehmen zu nennen. Aus der Forschung wissen wir, dass Unternehmen nicht in neue Technologien investieren, wenn sich dadurch die Wahrscheinlichkeit erhöht, dass sie damit ihre derzeitige Marktposition gefährden oder verlieren würden oder gar übernommen werden könnten (Gilbert & Newbery, 1982).

Kurz zusammengefasst: Unabhängig davon, ob nun Ressourcenabhängigkeiten mit Kunden- oder Kapitalmärkten bestehen oder es darum geht, die eigene Marktmacht zu bewahren – beides sind mächtige Gründe für Trägheit, die die Investitionen der etablierten Unternehmen bei diskontinuierlicher Veränderung einschränken.

Widmen wir uns dem zweiten allgemein bekannten Grund für organisatorische Trägheit. Selbst wenn die etablierten Unternehmen investieren, kann Trägheit entstehen, nämlich im Zusammenhang mit der Hartnäckigkeit von schwer zu ändernden Unternehmensroutinen. Routinen sind hier als Muster von Aktivitäten zu verstehen, die sich durch ihre strukturelle Einbettung in der Organisation und wiederholte Anwendung verstärken (Nelson & Winter, 1982). Ein Teil der Erklärung für die Rigidität von Routinen besteht darin, dass organisatorische Prozesse, die eng auf ein bestimmtes Umfeld ausgerichtet sind, schwer zu ändern sind, weil sie sich selbst verstärken und nicht darauf ausgelegt sind, sich an Diskontinuitäten anzupassen (Siggelkow, 2001; Teece, Pisano, & Shuen, 1997; Tushman & Anderson, 1986). Entscheidend ist nun, dass Routinen die Erkundung und Entwicklung von Neuem erschweren (z. B. March, 1991). Die grundlegende Motivation zur Gestaltung von Routinen liegt ja genau darin, Aktivitäten nicht nur effizient auszuführen, sondern diese auch vom jeweiligen Mitarbeiter trennen zu können. Diese zugrunde liegende Logik durchdringt das Denken der Organisation und manifestiert sich dann oft als tief verwurzelte Erkenntnis, die jeglichen Suchanspruch für Neues unterbinden (Schein, 1988; Tripsas & Gavetti, 2000).

Wie hängen diese beiden Gründe nun mit diskontinuierlichem Wandel zusammen und was ist mit Letzterem überhaupt gemeint? Diskontinuierlicher Wandel liegt dann vor, wenn eine neue Technologie sich auf einem traditionellen Markt zunehmend ausbreitet und dadurch die Ressourcenbasis der in diesem Markt etablierten Unternehmen stört und untergräbt (z. B. Abernathy & Utterback, 1978;

Christensen, 1997; Dosi, 1982; Utterback, 1994). Die Verbreitung der digitalen Fotografie hat zum Beispiel Kodaks traditionelle Fototechnologie, die auf chemisch beschichteten Filmrollen basierte, untergraben und so dem einstigen Marktführer Milliarden an Einnahmen gekostet und letztendlich zur Einstellung der traditionellen Filmproduktion geführt. Aber auch jene, die digitale Kameras produzierten, sahen sich nach wenigen Jahren mit einem diskontinuierlichen Wandel konfrontiert, nämlich durch die Integration der digitalen Kamera in das Handy. Konventionelle Digitalkameras wurden so nach Jahren obsolet.

Das Entscheidende bei dieser Form des Wandels ist nun nicht nur, dass eine bestimmte Technologie (Tushman & Anderson, 1986), ein Prozess, oder auch eine Kultur (Birkinshaw, Zimmermann, & Raisch, 2016) ein Ende findet, sondern, dass anfänglich kein Performanzeinbruch – geringere Einnahmen etc. – eintritt, da die vorhandenen Fähigkeiten des Unternehmens weiterhin eng an die Umwelt angepasst sind (Christensen und Rosenbloom 1995, Tushman und Romanelli 1985). Im Falle der Zeitungsverlage hatte zum Beispiel das Aufkommen der digitalen Medien nicht sofort Auswirkungen auf das Printgeschäft, das noch fast ein Jahrzehnt nach Erscheinen der ersten Online-Websites weiter expandierte; gleiches galt für die analogen Armbanduhren im Zuge des Aufkommens von der Apple iWatch und ähnlichen digitalen Uhren. Auch hatte die analoge Fotofilmbranche nicht unmittelbar das Aufkommen der Digitalkameras finanziell gespürt. Dort erstreckte sich der diskontinuierliche Wandel über nahezu 20 Jahre (Shamiyeh, 2014a)! Wie ist dieser Umstand zu erklären und was hat das mit unserem Thema zu tun?

Der Punkt ist, dass sich das Neue anfänglich nicht unmittelbar im etablierten Markt ausbreitet und somit zu keinem Einbruch der Unternehmensperformanz führt. So wurden die ersten Digitalkameras nicht von Mainstream-Konsumenten gekauft, sondern von der Presse, Versicherungsagenten und Immobilienverkäufern, die einerseits über das notwendige Kapital verfügten und andererseits nicht notwendigerweise eine hohe Auflösung benötigten. Erst mit dem Erreichen von bestimmten Leistungskriterien, wie etwa Preis (äquivalent zur analogen Kamera), Komfort (ich sehe das Foto am Bildschirm) oder Nutzerversprechen (kein Einsenden der Filmrollen mehr), ändert sich das Marktverhalten substanziell und auch Kunden im traditionellen Markt wechseln zur neuen Technologie. Solange dies aber nicht passiert, also kein Einbruch in der Unternehmensperformanz zu erkennen ist, haben Manager im traditionellen Geschäft in der Regel keine Motivation, Ressourcen für das Neue umzuwidmen (und damit das Alte zu vernachlässigen). Anders formuliert, sie reagieren nicht auf die Bedrohung, die früher oder später zum Untergang führen kann.

Aus der Sozialpsychologie und Verhaltensforschung wissen wir nun, dass das (späte) Erkennen von Bedrohungen zu einem aggressiven (Dutton & Jackson, 1987; Kahneman & Tversky, 1984) und die Routine fördernden (Gilbert, 2006; Staw, Sandelands, & Dutton, 1981) Verhalten führen kann. Konkret hat man herausgefunden, dass Manager bei Bedrohungen drei Verhaltenszüge an den Tag legen (z. B. Gilbert, 2005). Erstens, Manager ziehen sämtliche Zuständigkeiten bzw. Entscheidungskompetenzen an sich. Zweitens wird ein Fokus auf das Kerngeschäft eingefordert. Und drittens konzentriert man sich auf vorhandene Ressourcen. Alle diese drei Verhaltenszüge stehen nun aber in einem kompletten Widerspruch zu dem, was eigentlich passieren sollte, wenn es gilt, sich auf etwas Neues einzulassen: Eine effektive Reaktion auf die Bedrohung braucht zunächst ein positives Framing, um überhaupt zu schlüssigen Antworten (Produkten, Prozesse etc.) zu kommen. Ein- und dieselbe Person kann aus einer kognitiven Betrachtung heraus nicht für das Alte einstehen und im selben Moment für das bedrohende Neue. Anders formuliert: Manager können nicht morgens für den Erhalt der Printausgabe kämpfen und abends das Onlinegeschäft forcieren, also jenes Geschäft, das das Traditionelle untergräbt. Gleichfalls braucht die Entwicklung von Neuem Freiraum für Experimente, da mit dem Neuen in der Regel wenig Erfahrung einhergeht. Der Fokus auf das Kerngeschäft widerspricht dem. Und nicht zuletzt braucht die Entwicklung des Neuen Ressourcen, um überhaupt entwickelt und in nächster Folge für den Markt skaliert werden zu können. Wenn jegliche Ressourcen für den Erhalt des Alten aufgehen, zum Beispiel durch mehr Sales-Aktivitäten, kann das Neue nicht gedeihen. Kurzum, das Verhaltensmuster im Zuge von Bedrohungen führt zu kontraproduktiven Reaktionen auf den diskontinuierlichen Wandel.

Auch die Lösung für dieses Dilemma ist bekannt (Anthony, Gilbert, & Johnson, 2017; Christensen, McDonald, Altman, & Palmer, 2018; Gilbert, 2005; Shamiyeh, 2014a): Es gilt eine zum traditionellen Geschäft strukturell separierte Organisationseinheit zu bilden, mit einer von außen kommenden Führungskraft, die das Neue nicht als Bedrohung, sondern Chance sieht. Darüber hinaus ist danach zu trachten, dass es zwischen dem alten und dem neuen Teil der Organisation eine Leistungsverknüpfung gibt, d. h., dass wertvolle Ressourcen geteilt werden und somit ein Wettbewerbsvorteil gegenüber den Markteindringlingen entsteht. Dies wären etwa journalistische Beiträge für Online und Print, Imaging-Kompetenz oder das Anfertigen von Prints für digitale oder analoge Fotos usw. Jene, die den bestehenden Markt untergraben, haben in der Regel keine Kompetenzen im etablierten Markt. Und nicht zuletzt ist es eine wichtige Erkenntnis, dass das Alte und das Neue zeitlich betrachtet nicht sequentiell vonstattengehen kann, sondern parallel. Das Alte generiert ja, wie zuvor ausgeführt, trotz Performanzeinbruch noch Einnahmen und kann (und muss) so das Neue querfinanzieren.

Dass dieses Wissen noch immer nicht in der Industrie, geschweige denn im Tourismus angekommen ist, belegen aktuelle Berichte. Zuerst wird die seit langem erkennbare Bedrohung aus den USA (Tesla) und China (BYD) bei den deutschen Autobauern verschlafen, um dann überhastet die Transformation vom Alten auf das Neue zu meistern. Gerade erst am 4. März 2024 hat Mercedes ihre noch im Juli 2021 verlautbarte Strategie für eine vollelektrische Zukunft umgeworfen und ist wieder zum Verbrenner zurückgekehrt (Freitag & Hucko, 2024; Zwick, 2024). Die kostenintensive Entwicklung der E-Mobilität bei schwachem Absatz machen die Alte Cashcow »Verbrenner« notwendig. BMW handelt ebenso (Kacher, 2024).

Auch im Tourismus sind die oben beschriebenen (falschen) Verhaltensmuster deutlich erkennbar. Wie der Economist (2024) erst kürzlich berichtete, waren es just die Schweizer Hotel- und Gastronomiebesitzer, die sich als einziges Konsortium – neben der einzigen politischen SVP-Fraktion – gegen das Schweizer Referendum für eine klimaneutrale Schweiz in 2050 gestellt haben. Argumentiert wurde die Ablehnung mit höheren Energiekosten für die Skilifte und Beschneiungsanlagen, was angesichts der allerorts bereits wahrnehmbaren Klimaveränderung, insbesondere in den Alpen, nur als ein Festhalten am Alten zu erklären ist. Man versucht offenbar, mit allen Mitteln schnee- und skifahrerlosen Berglandschaften entgegenzuwirken, dabei nicht erkennend, dass der Tourismus schon längst einem stetigen Wandel hin zu einem substanziell veränderten Verantwortungsgefühl für die Umwelt unterliegt – aber dieses hier darzulegen, würde den Rahmen des Beitrags sprengen. Damit bleibt den beharrlich dem Alten nachgehenden Tourismusregionen nur die (vergebliche) Hoffnung, dass vielleicht morgen, dass die Touristen vielleicht morgen wieder kommen.

Link zur Tagung

https://youtu.be/unhbRnhCndQ

Literatur

Abernathy, W.J., & Utterback, J.M. 1978. Patterns of Industrial Innovation. Technology Review, 80(7): 40–47.

Anthony, S.D., Gilbert, C.G., & Johnson, M.W. 2017. Dual transformation: How to reposition today's business while creating the future: Harvard Business Review Press.

Auinger, M., Jungmeier, M., & Hilgarter, K. 2024. Heiligenblut am Großglockner: Tourismus neu denken. Dölsach: Fachhochschule Kärnten.

Beer, B. 2021. Semmering: Der Balkon von Wien in der Nostalgie-Falle, Kurier. Wien.

Benner, M.J. 2010. Securities analysts and incumbent response to radical technological change: Evidence from digital photography and internet telephony. Organization Science, 21(1): 42–62.

Birkinshaw, J., Zimmermann, A., & Raisch, S. 2016. How Do Firms Adapt to Discontinuous Change?: Bridging the Dynamic Capabilities and Ambidexterity Perspectives. California Management Review, 58(3).

Cerny, K. 2024. Zu Besuch in Bad Gastein, Drama-Queen der Alpen, Der Standard.

Christensen, C. 1997. The innovator's dilemma: when new technologies cause great firms to fail (2000 ed.): Harvard Business Press.

Christensen, C.M., & Bower, J.L. 1996. Customer power, strategic investment, and the failure of leading firms. Strategic management journal, 17(3): 197–218.

Christensen, C.M., McDonald, R., Altman, E.J., & Palmer, J.E. 2018. Disruptive innovation: An intellectual history and directions for future research. Journal of management studies, 55(7): 1043–1078.

Christensen, C.M., & Rosenbloom, R.S. 1995. Explaining the attacker's advantage: Technological paradigms, organizational dynamics, and the value network. Research Policy, 24(2): 233–257.

Dosi, G. 1982. Technological paradigms and technological trajectories: a suggested interpretation of the determinants and directions of technical change. Research policy, 11(3): 147–162.
Dunsch, J. 2018. Nixdorf Computer: Die gefallene Computermacht Deutschland, Vol. 2024: Frankfurter Allgemeine Zeitung.
Dutton, J. E., & Jackson, S. E. 1987. Categorizing strategic issues: Links to organizational action. Academy of Management Review, 12(1): 76–90.
Elaine, J. 1985. Kodak Facing Big Challenges in Bid to Change – Slowing of Photo Business Forces Firm to Look Elsewhere, Wall Street Journal: 1. New York, N. Y.
Faulkner, T. 2013. Personal Interview (Follow-Up). In M. Shamiyeh (Ed.). Boston, MA.
finanzen.net. 2023. SAP-Aktie im Blick: Die Geschichte von SAP – Deutschlands erfolgreichstem Software-Export, Vol. 2024: finanzen.net.
Freitag, M., & Hucko, M. 2024. Zurück auf Los – Mercedes steuert wieder in die Verbrenner-Welt, Manager-Magazin, Vol. 4.
Gilbert, C. G. 2005. Unbundling the structure of inertia: Resource versus routine rigidity. Academy of Management Journal, 48(5): 741–763.
Gilbert, C. G. 2006. Change in the presence of residual fit: Can competing frames coexist? Organization Science, 17(1): 150–167.
Gilbert, R. J., & Newbery, D. M. 1982. Preemptive patenting and the persistence of monopoly. The American Economic Review: 514–526.
Heinz-Nixdorf-Museum-Forum. 2024. Heinz Nixdorf, Vol. 2024.
Henderson, R. M., & Clark, K. B. 1990. Architectural Innovation – the Reconfiguration of Existing Product Technologies and the Failure of Established Firms. Administrative Science Quarterly, 35(1): 9–30.
Johnson, G. 1988. Rethinking Incrementalism. Strategic Management Journal, 9(1): 75–91.
Kacher, G. 2024. Bye-bye, Batterieantrieb, Süddeutsche Zeitung.
Kahneman, D., & Tversky, A. 1984. Choices, values, and frames. American psychologist, 39(4): 341.
Kos, W. 2021. Der Semmering: Eine exzentrische Landschaft. Salzburg – Wien: Residenz.
Kurianowicz, T. 2016. Auferstanden trotz Ruinen, Neue Züricher Zeitung.
March, J. G. 1991. Exploration and Exploitation in Organizational Learning. Organization Science, 2(1): 71–87.
Markus, G. 2018. Semmering: Glanz und Elend des Zauberbergs der Wiener, Kurier.
McNish, J., & Silcoff, S. 2015. Losing the signal: The untold story behind the extraordinary rise and spectacular fall of blackberry. New York: Flatiron Books.
Mengeler, T. 2024. Nach den Fähren. Göttingen: Wallstein.
Miller, R. 2022. BlackBerry phones once ruled the world, then the world changed, Vol. 2024: TechCrunch.
Nelson, R. R., & Winter, G. S. 1982. An Evolutionary Theory of Economic Change (Reprint ed.). Cambridge: Belknap Press of Harvard University Press.
Noda, T., & Bower, J. L. 1996. Strategy making as iterated processes of resource allocation. Strategic Management Journal, 17(S1): 159–192.
Olson, P. 2015. BlackBerry's Famous Last Words At 2007 iPhone Launch: 'We'll Be Fine', Vol. 2024: Forbes.
O. V. 2024. Floods, droughts and melting glaciers, Economist: 17–18: Economist.
Pfeffer, J., & Salancik, G. R. 1978. The external control of organizations: A resource dependence approach. NY: Harper and Row Publishers.
Schein, E. H. 1988. Organizational culture and leadership (3 ed.). San Francisco: Jossey-Bass.
Schivelbusch, W. 1977. Die Geschichte der Eisenbahnreise. Zur Industrialisierung von Raum und Zeit im 19. Jahrhundert. München – Wien.
Sebestyen, M. 2024. Großglockner-Bergbahnen sollen für einen Euro verkauft werden, Kleine Zeitung.
Shamiyeh, M. (Ed.). 2010. Creating Desired Futures: How Design Innovates Business. Basel: Birkhaeuser.
Shamiyeh, M. 2014a. Discontinuous Change and Organizational Response: Exploring the Moderating Effects of Resources and Capabilities–the Case of Kodak. University of St. Gallen.

Shamiyeh, M. (Ed.). 2014b. Driving Desired Futures: Turning Design Thinking into Real Innovation. Basel: Birkhaueser.

Shamiyeh, M. 2016. Designing from the Future. In W. Brenner, & F. Uebernickel (Eds.), Design Thinking for Innovation: Research and Practice: 193–219: Springer.

Siggelkow, N. 2001. Change in the presence of fit: The rise, the fall, and the renaissance of Liz Claiborne. Academy of Management Journal, 44(4): 838–857.

Statistik-Austria. 2024a. Bevölkerung seit 1869; Übernachtungen seit 2001, Vol. 2024.

Statistik-Austria. 2024b. Heiligenblut am Großglockner, Übernachtungen seit 2001, Vol. 2024.

Staw, B. M., Sandelands, L. E., & Dutton, J. E. 1981. Threat rigidity effects in organizational behavior: A multilevel analysis. Administrative science quarterly: 501–524.

Teece, D. J., Pisano, G., & Shuen, A. 1997. Dynamic capabilities and strategic management. Strategic management journal, 18(7): 509–533.

Tourismusbüro-Semmering. 2009. Semmering – eine große Geschichte, Vol. 2024: Tourismusbüro Semmering.

Tripsas, M., & Gavetti, G. 2000. Capabilities, Cognition, and Inertia: Evidence from Digital Imaging. Strategic Management Journal, 21(10/11): 1147–1161.

Tushman, M. L., & Anderson, P. 1986. Technological discontinuities and organizational environments. Administrative science quarterly: 439–465.

Tushman, M. L., & O'Reilly, C. A. 1996. The ambidextrous organizations: Managing evolutionary and revolutionary change. California management review, 38(4): 8–30.

Utterback, J. M. 1994. Mastering the Dynamics of Innovation: How Companies Can Seize Opportunities in the Face of Technological ChangeHarvard Business School Press. Boston, MA.

Wagner, J., & Beckmann, I. 2022. Semmering: Aufbruch in die Zukunft. Wien: Böhlau.

Zongrone, N. A. 2013. Personal Interview. In M. Shamiyeh (Ed.). Rochester, NY.

Zwick, D. 2024. Mercedes' Rückkehr zum Verbrenner, Die Welt.

7   Tourismus hat Zukunft – ohne Tourismus!

7.1 Tourismus – Gedanken zum Begriff und zu den Agierenden

Georg Steiner

»Tourismus ohne Touristen«, so schrieb ich im Tourismuskonzept 2021[60] von Linz Tourismus. Dabei habe ich darauf abgestellt, dass auch vor Corona bereits zahlreiche Symptome erkennbar waren, die zur Überlastung in der Reisebranche beigetragen haben. Zu viele Touristen sind unterwegs zu den immer gleichen, bekannten Punkten. Der Mensch wird zum Touristen, wenn er den Ort, den er besucht, nur als Kulisse betrachtet. Wenn er reist, um abzuhaken, was man halt so auf der Welt gesehen haben muss. Touristen, so habe ich geschrieben, das sind unbedarfte Fremde, die sich kulturell wie sozial unangemessen verhalten und dabei in Massen auftreten, die ein Programm absolvieren und auf einer fixen Route durch die Stadt geschleust werden.

»Gierig nach dem Neuen und nicht nur satt werden vom Alten.«

Apropos Programm: Immer noch geht man davon aus, dass ein Programm schon per se ein Erlebnis ist. Aber der Tourismus ist zu sehr geprägt vom Aufzählen, vom Abhaken und weniger vom Erzählen. Aus der Experience Economy, die Pine und Gilmore[61] mit ihrem bahnbrechenden Buch 1999 erstmals thematisiert haben, wissen wir, wie die Stufe vom Aufzählen zum Erzählen und schließlich zum Erlebnis funktioniert. Der Tourismus mit unseren Programmen bleibt häufig im »Aufzählen«, in überorganisierten, standardisierten Abläufen verhaftet, wo Überraschendes, Unvorhergesehenes, Spontanes nicht ins System passt. Auf die Frage, was man denn

---

60 Linz verändert, Tourismuskonzept 2021 https://issuu.com/linz.austria/docs/tourismuskonzept_linz_2021, zuletzt geöffnet am 13.2.2023.
61 B. Joseph Pine II, James G. Gilmore, The Experience Economy, Harvard Business Review Press, 1999.

hier so machen kann, werden an Hotelrezeptionen, aber in der Regel auch in Touristeninformationen die üblichen »places to be« wie Museen, Schifffahrt, Seilbahn, Kirchen und Klöster, Gastronomie dargestellt. Die Warum-Frage bleibt auf der Strecke. »Why come to…« – darum geht es. Narrative sind gefragt. Was macht diesen Ort, diesen Attraktionspunkt aus, in welchem Kontext steht er, welche Botschaft und Geschichte hat er und wie kann man das erleben.

Food für Thought – Denkanstöße

Häufig werden Erlebnisse, die einen berühren, überraschen, begeistern, die man zuhause oder oft das ganze Leben lang noch erzählt, durch Begegnungen ausgelöst. Der Faktor Mensch bekommt einen neuen Stellenwert angesichts der um sich greifenden Digitalisierung, wo Chatbots, Siris und Alexas vermeintlich alles wissen. Aber das Persönliche, das Emotionale, das Gastgebende – dafür braucht es Menschen. Natürlich können auch multisensuelle Interventionen – ob kulinarisch, musikalisch, olfaktorisch usw. dabei auch einen wichtigen Beitrag leisten. Dieter Müller-Elmau vom bekannten G7-Schloss-Hotel in Elmau hat in einem Interview auf die Frage, was Hospitality für ihn bedeutet geantwortet: »Hospitality ist die Grundlage unserer Zivilisation … Gastfreundschaft verpflichtet uns, unser Bestes zu geben – nicht nur Essen, sondern auch Kultur … Selbst die Ärmsten geben Ihnen das Beste, was sie haben. Das ist etwas zutiefst Menschliches … Ich schätze jedes Hotel, wo ich hinkomme, und bewundere diejenigen, die von Geburt an geborene Hoteliers sind für ihre Gastfreundschaft, für ihre Herzlichkeit und für ihre Kunst der Verfeinerung des Elementaren. Ich vermisse in anderen Hotels »Food für Thought« und gute Musik. Ich kann nicht ertragen, wenn ein Klavier nicht gestimmt ist und im offenen Kamin kein Feuer brennt … Gastfreundschaft begann beim Feuer, um das sich die Menschen immer schon versammelt haben. Wo ein Feuer brennt, gibt es etwas zu essen, da ist Wärme, da ist Friede und Austausch.«[62] Nun verstehe ich auch die Inszenierung der »Motel One«-Hotels, die mich mit ihrem Feuer, das aus jedem Bildschirm lodert, immer schon fasziniert haben.

Vom Aufzählen zum Erzählen zum Erlebnis, so lautet die Stufenbewegung, die für Reisen maßgebender werden sollte. Und die höchste Form von Erlebnis, so Pine und Gilmore, wäre dann »Transformation« – wenn die Experience was mit einem macht, wenn man verändert – mit neuem Blick und Einblick – einen Ort, eine Destination verlässt.

Aber dazu braucht es einen anderen Zugang in der Ausbildung jener Menschen, die hier gestaltend und agierend tätig werden sollen. Hier ist nicht mehr so sehr der Marketingprofi gefragt, der die Menschen als Zielgruppen betrachtet, aufgeteilt in Sinus-Milieus und Märkte. Gesucht sind Menschen mit Bildung, mit breitem Wissen. Es geht darum, Orte wertvoller und menschlicher zu machen und sie nicht touristischem Technokratentum zu opfern. Orte, Destinationen wollen in Wert

---

[62] Interview Dietmar Müller-Elmau in vbw magazin 01-2024, »Hospitality ist die Grundlage unserer Zivilisation«.

gesetzt werden und nicht einfach beworben werden. Die »In-Wert-Setzer« sind gefragt in einem Tourismus, der zukunftsfähig sein soll. Bei vielen Vorstellungsgesprächen habe ich die Bewerberinnen und Bewerber gefragt, warum sie in den Tourismus gehen wollen. Häufig war die Antwort, weil sie mit Menschen zu tun haben wollen. Aber die Wirklichkeit sieht dann oft anders aus. Viele wollen sich eher nicht als Mensch einbringen, sondern werden dann zu Technokraten, zu Controllern und Optimierern. Wenn die Begegnung mit Menschen eine zentrale Rolle spielen soll, dann braucht man in erster Linie Zeit, Empathie. Dann spielt persönliche Begeisterung, Glaubwürdigkeit eine wesentliche Rolle im Auftreten, in der täglichen Arbeit. Gastgeber sein heißt, Resonanz zu erzeugen. Dazu braucht es Zeit und interessante Menschen, die aus einem breiten Interessenskanon heraus Gespräche führen und Gäste faszinieren können.

Dazu bedarf es vieler Disziplinen – ob Geschichte, Kunst und Kultur, Musik, Philosophie, Theologie, Psychologie, Theaterwissenschaften – um die Wichtigsten zu nennen.

»Begegnen ist das neue Besichtigen.«

Transformation im Tourismus heißt für mich deshalb in erster Linie auch Transformation der Ausbildung für den Tourismus. Destinationen sind gewachsene Orte, in denen Menschen leben, die eine kulturelle Prägung haben, in denen sich aber auch Mitarbeiter für die verschiedenen Dienstleistungen wohlfühlen sollen. Und Destinationen müssen mehr sein als die Verdichtung von Attraktionspunkten. Gerade die Kirchen, die häufig zu den wesentlichen Bestandteilen von Attraktionspunkten zählen, sind ein gutes Beispiel, da sich auch in der Bespielung dieser Orte neue Herausforderungen ergeben. Ich habe nicht den Eindruck, dass man angesichts dramatisch sinkender Teilnehmerzahlen der sonntäglichen Gottesdienste die Chance sehen würde, Menschen bei Kirchen- und Klösterbesuchen im Urlaub neu für den Glauben zu faszinieren. Neulich besuchte ich eine Ausstellung zum »Mythos Wolf«. Ein Biologe machte die Führung und das war auch deutlich erkennbar. Nun kenne ich zwar die Nahrungskette, die Lebensräume, die Verhaltensformen des Wolfes. Aber dieses Tier ist mehr. Es begegnet uns in Märchen, in Mythen, es ist tief drin in uns. Woher kommt das? Wie gehen wir heutzutage damit um? Da geht es um mehr als das biologische Wissen. Besichtigen, Wissensvermittlung allein ist zu wenig. Orte sollen inspirieren, können größere Zusammenhänge erschließen und dazu beitragen, eine neue Beziehung zum persönlichen Leben, aber auch zur Lebenswelt der Gäste und deren Bedürfnisse zu schaffen.

So entsteht Lebendigkeit. Während in den vergangenen Jahrzehnten die Kategorien »größer, höher, weiter, schneller, dichter...« im Vordergrund standen, sollten Reisen, Besuche an interessanten Orten weit mehr den Anspruch haben, »intensiver, nachhaltiger, emotionaler, menschlicher...« zu werden. Vielleicht steht für all das der Begriff »smart«, der leider zunehmend unter das Rad der Digitalisierungswelle gerät. In der Tat kann man diese Anforderungen durch digitale Tools ganz gut befördern. Aber es geht vor allem darum, Orte so zu organisieren, ja zu inszenieren, dass Authentizität, Originalität und letztlich auch die Frequenzen bzw. die Besuchsdichte so wahrgenommen werden, dass alle Beteiligten das als Bereicherung und nicht als Stress empfinden.

Dann stehen möglicherweise nicht mehr Besuchsfrequenzen und Nächtigungszahlen im Vordergrund, sondern qualitative Betrachtungen; wofür neue Wohlfühl-KPIs zu entwickeln sind.

Transformation im Tourismus: Dafür wurde nun an der Katholischen Universität Eichstätt-Ingolstadt eine eigene Fakultät unter Leitung von Prof. Dr. Harald Pechlaner geschaffen. Ein notwendiger holistischer Ansatz, der versucht, Tourismus aus der Marketingecke herauszuholen und neue Verknüpfungen zu Kunst und Kultur sowie Geisteswissenschaften, aber auch zu Technik und Naturwissenschaften für die Weiterentwicklung dieses Bereiches zu nutzen. An der FH Wien startet gerade ein neuer Studiengang, der sich »Urban Tourism & Visitor Economy Management« nennt. Die Inhaberin der Stiftungsprofessur zu nachhaltiger Stadt- und Tourismusentwicklung, Prof. Dr. Cornelia Dlabaja ist Soziologin und promovierte Kulturwissenschaftlerin, die aus dem Bereich Stadt- und Planungssoziologie, urbane Transformation und Ungleichheitsforschung kommt. Destinationen weiten sich, sie werden zunehmend ganzheitlicher betrachtet. Im Fokus steht zunehmend, wie und welche Menschen eine Stadt weit über den bisher gekannten touristischen Kern hinaus prägen. Aber ebenso müssen die Touristiker ihre Rolle als Gastgeber und als zentrale Regisseure eines Aufenthaltserlebnisses in einer Stadt oder Destination neu entdecken und ausfüllen.

Die »Warum-Frage« ist nicht nur seitens der Gäste zu stellen. »Why come to...« – diese Frage wird immer öfter auch seitens der Bewohner gestellt. Warum, wozu Tourismus? Was haben wir davon? Die Argumentation über Wertschöpfung und Arbeitsplätze greift mittlerweile zu kurz. Vielerorts ist man nicht mehr bereit, für Geld alles zu opfern bzw. alles zuzulassen.

»Die Menschen sind die Stadt und nicht die Häuser.« (Perikles, 5. Jh. v. Chr.)

Es ist auch nicht alles vermarktbar. Und der klassische Tourismus-Marketingprofi wird sicher immer öfter fragen lassen müssen, was für einen dauerhaften Wert er schafft. Da wird aus dem Zauberlehrling schnell derjenige, dem man seinen Erfolg zum Vorwurf macht. Von Paul Watzlawick stammt das Zitat »Wer als Werkzeug nur einen Hammer hat, sieht in jedem Problem einen Nagel.« Tourismus hat zu lange auf jener Basis funktioniert, dass der Erfolg in vermeintlich vielen Gästen alles gerechtfertigt hat. Belastungen wurden negiert. Es ging ausschließlich um größer, höher weiter. Im Sinne einer Nachfrageorientierung wurde den Gästen, den Touristen alles untergeordnet.

Nun ist die Angebotsorientierung angesagt. Wer sind wir, was wollen wir und auf dieser Basis freuen wir uns, wenn Gäste kommen? Dazu gehört auch viel Mut zur Authentizität einer Stadt.[63] Ein ganzheitlicher Blick, der Stärken und Schwächen in das Erlebnis und in die Kommunikation einbindet. Ein Paradigmenwechsel, der nicht mehr innerhalb der Marketingdisziplin zu lösen ist. Hier sind wir tief drin in der Stadtplanung, in der Kultur, in der Soziologie und in vielen anderen Disziplinen, deren Zusammenspiel und Wirkungsweisen ein Touristiker des 21. Jahrhunderts kennen und damit umgehen können muss.

Es wird über den Begriff Tourist und Tourismus nachzudenken sein. Es geht um Gäste, um Reisende, um Besucher. Aber auch um ein tieferes Eintauchen in die besuchten Orte, um damit auch den Respekt, das persönliche Verhalten und die Wertschätzung gegenüber historischen, kirchlichen, landschaftlichen Highlights anders wahrzunehmen. Und vielleicht finden wir dabei auch einen Weg, die Faszination für die Mitarbeiter und für diese Tätigkeitsfelder in dieser Dienstleistungsbranche neu zu entdecken und damit eine neue Faszination für Tätigkeitsbereiche zu entwickeln, die Menschen begeistern.

Kann der Tourismus zum Gamechanger werden? Ähnlich wie in den Nullerjahren das Konzept der »Creative City« von Richard Florida viele Entwicklungen inspiriert und vorangetrieben hat, so könnten vielleicht die 20er Jahre dazu führen, dass Transformation nicht nur im Tourismus, sondern durch Tourismus zu einer neuen ganzheitlichen Lebensqualität in Städten und Destinationen führt. In seinem Blog »Future Spirit« schreibt Zukunftsforscher Andreas Reiter im Rahmen einer Betrachtung »Wie das Neue in die Welt kommt«, dass es gerade die postindustriellen Standorte waren, die sich über kreative Szenen häuten und neu für die Zukunft erfinden.[64] »Häuten« ist vielleicht ein sehr sinniger Begriff, wenn es um die Transformation des Tourismus in vielen Orten geht. Die Eckpunkte sind gesetzt und nun wird sich zeigen, ob die Absolventen unserer Ausbildungseinrichtungen diese Gamechanger werden oder ob sich wie in den vergangenen Jahrzehnten die Faszination des Geldes und des Gigantischen fortsetzt – von eigens aufgeschütteten Inseln in den Golfstaaten über Billigflieger bis zum Kreuzfahrt-Gigantismus und überbordender Hotelinfrastruktur entlang der spanischen Küste bis zur totalen Erschließung aller Möglichkeiten des Skitourismus.

Link zur Tagung

https://youtu.be/XXfqOz94H0U

---

63 Siehe Kampagne »Linz ist Linz« https://www.bing.com/videos/riverview/relatedvideo?q=linz+ist+linz+video&mid=0B29B92C86A8E79DB18F0B29B92C86A8E79DB18F&FORM=VIRE – zuletzt geöffnet am 25.2.2024.
64 Andreas Reiter, Keynote in Lübeck-Travemünde unter www.blog-ztb-zukunft.com/2019/09/21/stadt-kultur-wie-das-neue-in-die-welt-kommt/ – zuletzt geöffnet am 29.2.2024.

7.2 Transformation Leadership ist Female Leadership: Dieses Mal aber wirklich!

Madlen Schwing

7.2.1	Einleitung: Transformation im Tourismus	274
7.2.2	Leadership, Transformation Leadership und Female Leadership	275
7.2.3	Status quo: Frauen und weibliche Führungskräfte im Tourismus	276
7.2.4	Chancen durch Female Leadership für die zukünftige Entwicklung im Tourismus	278
7.2.5	Fazit	279

»Tourism has a pivotal role to play in achieving the objectives at the heart of the 2030 Agenda for Sustainable Development, in particular the commitments to gender equality and the empowerment of women of Sustainable Development Goal 5.« (UNWTO o.J., Absatz 1)

7.2.1 Einleitung: Transformation im Tourismus

Der Tourismus ist unbestreitbar eine der treibenden Kräfte der Weltwirtschaft. Vor der COVID-19-Pandemie hat die World Tourism Organization (UNWTO) für 2019 global 1,5 Milliarden Übernachtungsgäste gemeldet (Dionysopoulou und Aivaliotou 2021; UNWTO 2020). Mittlerweile hat der internationale Tourismus im ersten Quartal des Jahres 2024 mit geschätzten 285 Millionen Touristen etwa 97 Prozent des Vor-Corona-Niveaus erreicht und sich somit zahlenmäßig fast vollständig von der Pandemie erholt (UNWTO 2024). Dies darf jedoch nicht darüber hinwegtäuschen, dass Tourismus einem Wandel unterliegt (Heuwinkel 2021).

Bereits 2019 haben sich in der Tourismusbranche mit den Insolvenzen des als Pionier der Pauschalreise geltenden Reiseveranstalters Thomas Cook sowie verschiedener Low-Cost-Airlines signifikante Umbrüche zugetragen (UNWTO 2020).

Besonders durch die COVID-19-Pandemie mit ihrem verursachten Zusammenbruch internationaler Reiseströme auf annähernd 100 Prozent im Frühjahr 2020 (UNWTO 2021) ist eine Vielzahl touristischer Unternehmen – primär etablierte Reiseveranstalter mit traditionellen Geschäftsmodellen – zusätzlich massiv unter Druck geraten und fühlt sich teilweise bis heute in der Existenz bedroht (Handelsblatt 2022). Und so musste auch kürzlich der Reiseveranstalter FTI Insolvenz anmelden (FTI Group 2024). Demzufolge ist die Tourismusbranche Triebfeder des Umbruchs und durchläuft zusätzlich selbst einen kontinuierlichen und rapiden Wandel (Zukunftsinstitut o.J.).

Transformation im Tourismus findet in verschiedenen, insbesondere in den drei Bereichen Klima und Nachhaltigkeit, Digitalisierung sowie Betriebsfähigkeit und Wirtschaftlichkeit statt. All die Herausforderungen in diesen drei Bereichen führen einerseits zu Transformationsdruck bei touristischen Organisationen und Destinationen sowie andererseits zu Nachfragedruck. Im Detail zählen zu den Veränderungen beispielsweise ein Wertewandel mit einer verstärkten Achtsamkeit und Sensibilität bei der Auswahl von sowie der Anforderung an Destinationen, die gestiegene Relevanz von regionalen Reisezielen, Flugscham und Kreislaufwirtschaft. Außerdem sind technologische Voraussetzungen und Zukunftstechnologien für eine erhöhte Transparenz unerlässlich, ebenso wie neue Strategien und Lösungen in touristischen Organisationen, wofür Change-Management-Kompetenz und Resilienz benötigt wird. Gleichzeitig stehen Unternehmen vor der Herausforderung des Arbeits- und Fachkräftemangels bei parallelen zusätzlichen Anforderungen an die Umsetzung von New Work. Erhöhte Energie- und Produktionskosten sind ferner herausfordernd sowie die Inflation, die Reisen verteuert und der Reiselust entgegensteht (Quack und Rogl 2023).

Für eine erfolgreiche Transformation im Tourismus sind Änderungen auf Angebots- und Nachfrageseite notwendig. Trotz der erforderlichen Transformation im Tourismus wird ihr Erfolg als unwahrscheinlich eingeschätzt, denn es besteht die Annahme, dass nach einer gewissen Zeit zum Ausgangspunkt zurückgekehrt wird (Brouder 2020). Der vorliegende Beitrag nimmt die Angebotsseite in den Blick mit den Frauen, die in touristischen Unternehmen arbeiten und vor allem führen, den »Female Leaders«.

7.2.2 Leadership, Transformation Leadership und Female Leadership

Für einen erfolgreichen Wandel in Unternehmen ist Leadership (Au 2016; Bresciani et al. 2021), das sich vom klassischen Management unterscheidet (Bârgău 2015; Kotter 1990; Ngambi 2011; Northouse 2021; Pechlaner und Hammann 2007), gefordert. Denn Leadership ist Transformation (Rost 1991). Somit kann »Transformation Leadership« als Leadership während des Transformationsprozesses verstanden werden. Die Forschung zu Leadership hat sich viele Jahrzehnte auf Männer konzentriert, mit Leadership werden primär Männer assoziiert (Eagly und Heilman

2016). Dennoch wird inzwischen Female Leadership als wichtiges Forschungsfeld verstanden (van Wart 2015), mit einer hohen Anzahl an Publikationen (Google Scholar 2024). Es gibt viele unterschiedliche Definitionen und Richtungen von Leadership (Bass und Bass 2008; Lippold 2019; Northouse 2021), wodurch die Komplexität dieses Phänomens verdeutlicht wird (Benmira und Agboola 2021). Im Zusammenhang mit Female Leadership erweisen sich vor allem die moderneren Ansätze als geeignet. Hier seien beispielsweise Transformational Leadership (Bass und Bass 2008; Eagly und Carli 2007; Eagly und Johannesen-Schmidt 2001; Gretzel und Bowser 2013) und Shared Leadership (Mendez und Busenbark 2015) genannt. Transformational Leadership ist dadurch charakterisiert, dass Motivation, Inspiration und individuelle Berücksichtigung durch die Führungskraft, die als »Role Model« dient, Veränderungen bei den Mitarbeitenden bewirken (Avolio 2011; Northouse 2021; Powell und Graves 2003). Shared Leadership zeichnet sich dadurch aus, dass Führungsverantwortung nicht von einer Person ausgeht, sondern auf mehrere Individuen verteilt ist (Fitzsimons et al. 2011; Houghton et al. 2003; Pearce und Conger 2003), es gibt sowohl formelle als auch informelle Führungskräfte (Yukl und Gardner 2020). Gemäß der Literatur führen Frauen partizipativer und demokratischer (Northouse 2021). Eine Definition zu Female Leadership existiert bislang nicht (Gabriele 2020), das Konzept wird kontrovers diskutiert (Goetzke 2021). Als Idealfall wird ein genderneutrales Führungsverständnis, das alle gleichermaßen einbezieht, erachtet (Burel 2020; Sandberg 2013).

Frauen werden kommunale Eigenschaften zugeschrieben, von Führungskräften wird allerdings ein agentischer Führungsstil erwartet (Eagly und Karau 2002). Zu den kommunalen Eigenschaften zählen Mitgefühl, Hilfsbereitschaft, Fürsorge und Freundlichkeit. Unter agentisch wird Selbstbewusstsein, Dominanz, Ehrgeiz, Aggressivität und Durchsetzungsfähigkeit verstanden (Carli und Eagly 2011; Snow Andrade 2023). Diese geschlechterspezifischen Eigenschaften führen womöglich zu einem unterschiedlichen Führungsstil von Frauen und Männern (Eagly und Johnson 1990). Darüber hinaus verfügen Frauen laut Literatur über spezifische Kompetenzen (Blayney und Blotnicky 2010). Zu diesen Kompetenzen mit überdurchschnittlichen Werten im Vergleich zu Männern zählen beispielsweise, dass sie die Initiative ergreifen, resilient sind, sich persönlich weiterentwickeln, andere motivieren und inspirieren sowie eine hohe Kommunikationsfähigkeit und Problemlösungskompetenz aufweisen (Zenger und Folkman 2019).

7.2.3 Status quo: Frauen und weibliche Führungskräfte im Tourismus

Tourismus, einstig dem Adel vorbehalten, basiert auf Ungleichheiten, insbesondere in Bezug auf Gender. Frauen im Tourismus erfahren permanent Nachteile im Vergleich zu Männern und befinden sich in einer unterlegenen Position (Heuwinkel 2021), worauf bislang noch zu wenig Aufmerksamkeit gerichtet wurde (Sodani und Arora 2024). So ist trotz einer wahrgenommenen Gleichberechtigung der

Geschlechter in touristischen Organisationen Ungleichheit vorherrschend (Carvalho et al. 2018), »gender inequality seems to be the rule of the travel industry« (Dionysopoulou und Aivaliotou 2021, S. 258). Obwohl weltweit mit einem Anteil von 54 Prozent über die Hälfte aller Beschäftigten in der Tourismusbranche von Frauen repräsentiert wird (UNWTO 2019) und ein Bewusstsein für die erhebliche Leistung durch Frauen im Tourismus geschaffen wurde (Remington und Kitterlin-Lynch 2018), sind deutlich mehr Männer in Führungspositionen (Carvalho et al. 2018). Dabei wäre es logisch, eine gleiche Anzahl von weiblichen und männlichen Führungskräften in der Tourismusbranche zu haben (Russen et al. 2021). Je höher Frauen die Karriereleiter erklimmen, desto weniger Chancen sind für sie vorhanden (Aptamind Partners und World Tourism Forum Lucerne 2021; Dionysopoulou und Aivaliotou 2021). Der Studie von Aptamind Partners und World Tourism Forum Lucerne (2021) zufolge sind im mittleren Management noch 40 Prozent Frauen vertreten, wohingegen auf Geschäftsführungsebene lediglich 19 Prozent Frauen zu finden sind und weibliche CEOs in touristischen Unternehmen einen Anteil von nur 5 Prozent ausmachen. Weibliche Führungskräfte sind folglich im Tourismus weltweit unterproportional repräsentiert (Carvalho et al. 2018; Freund und Hernandez-Maskivker 2021; Gretzel und Bowser 2013). Diese Tatsache wurde mit dem Bildungsniveau gerechtfertigt, allerdings verfügen Frauen mittlerweile über eine bessere Ausbildung als Männer (Costa et al. 2017).

Frauen in der Tourismusbranche fühlen sich stets mit hemmenden Einflussfaktoren konfrontiert (Carvalho et al. 2018; Dionysopoulou und Aivaliotou 2021). Nicht nur auf dem Weg in die Führungsebenen durch das sogenannte Glass-Ceiling-Phänomen (Carvalho et al. 2018; Stavrinoudis et al. 2021), womit die ausbleibende Beförderung von Frauen in Führungspositionen durch ein unsichtbares Hindernis gemeint ist (Carli und Eagly 2001; Chamorro-Premuzic 2013; Eagly und Carli 2007; Mooney 2020), sondern selbst noch in Top-Managementpositionen wird im weiblichen Geschlecht eine Barriere wahrgenommen (Carvalho et al. 2018; Stavrinoudis et al. 2021). Zu den weiteren hemmenden Einflussfaktoren im Tourismus zählen das Fehlen von Vorbildern (Gretzel und Bowser 2013), Geschlechterstereotype, familiäre Verpflichtungen (Freund und Hernandez-Maskivker 2021), Bedenken hinsichtlich der Work-Life-Balance, fehlende systematische Unterstützung im Unternehmen, z. B. durch Mentoring, und Diskriminierung (Remington und Kitterlin-Lynch 2018). Insbesondere Diskriminierung und Geschlechterstereotype (Sodani und Arora 2024; Stavrinoudis et al. 2021) haben zur Folge, dass in der Tourismusbranche Frauen häufig schlecht bezahlte berufliche Tätigkeiten in der Gastronomie, in der Küche und als Reinigungskraft (Sodani und Arora 2024) mit geringen Karrieremöglichkeiten ausüben (Wotha et al. 2017).

Verschiedene Lösungsstrategien zur Förderung der Gleichstellung von Frauen und Männern in touristischen Organisationen werden in der Literatur diskutiert. Dazu zählen Flexibilität (Remington und Kitterlin-Lynch 2018), weibliche Vorbilder, förderliche organisationale Strukturen und Unterstützung von Frauen in Unternehmen (Russen et al. 2021). Letztlich ist das berufliche Weiterkommen von Frauen auch abhängig vom vorherrschenden Führungsstil am Arbeitsplatz (Remington und Kitterlin-Lynch 2018). Um die Geschlechterungleichheiten in touristischen Unternehmen beseitigen zu können, wird weiblichen Führungskräften eine bedeutende Rolle zuteil (Gretzel und Bowser 2013). »Female Leaders as Change Agents« (Gretzel und Bowser 2013, S. 5) sind erforderlich.

7.2.4 Chancen durch Female Leadership für die zukünftige Entwicklung im Tourismus

Viele Vorteile wurden in Studien durch geschlechtergemischte Führungsteams bzw. durch Frauen in Führungspositionen im Allgemeinen nachgewiesen, wozu ein umfangreicheres Wissen und vielfältigere Kompetenzen zählen, was sich für Unternehmen letztlich in einer besseren Leistung hinsichtlich Finanzen und Wachstum (Russen et al. 2021) und einer höheren Qualität (Sodani und Arora 2024) niederschlägt. Eine Förderung von Diversität und ein ansteigender Anteil von Female Leadership resultieren in einem höheren Grad an Innovation und Profitabilität (Burel 2020; Christiansen et al. 2016; Franken et al. 2022; McKinsey & Company 2023). Außerdem führt dies zu produktiveren (Burel 2020) und zufriedeneren Mitarbeitenden (Russen et al. 2021) sowie, aufgrund der höheren touristischen Erlebnisqualität (Sodani und Arora 2024), in der Folge auch zu loyaleren Kundinnen und Kunden. Weibliche CEOs können weibliche Arbeitskräfte wegen ihrer ausgeprägten kommunikativen Fähigkeiten erfolgreicher führen (Russen et al. 2021). Ferner ist weiblichen Führungskräften das Wohlbefinden ihrer Mitarbeitenden ein Anliegen (Bulmer et al. 2021), und sie verhalten sich wohlwollender (Adams und Funk 2012). Ein positiver Einfluss durch Diversität auf Vorstandsebene besteht überdies auf die Corporate Social Responsibility (CSR) (Boulouta 2013; Gipson et al. 2017). Korrektes moralisches und ethisches Verhalten im Beruf ist für Frauen wichtiger als für Männer, weshalb Betrugsfälle auf Führungsebene mit steigendem Anteil weiblicher Führungskräfte zurückgehen (BCG 2020; Eagly und Carli 2007).

Ein positiver Zusammenhang zum einen von größerer Diversität und einer erfolgreicheren digitalen Transformation (Gfrerer et al. 2021) und zum anderen zwischen einem höheren Frauenanteil in Führungsrollen und der Umsetzung von Nachhaltigkeitsinitiativen konnte außerdem nachgewiesen werden (Cicchiello et al. 2021). Tendenziell wird Frauen in der Literatur ein höheres Umweltbewusstsein und ein stärkeres Verantwortungsbewusstsein als Männern zugesprochen, weshalb in Unternehmen mit einer diversen Führungsebene auch eine größere Effektivität in Bezug auf die Umsetzung umweltfreundlicher Strategien besteht (Figueroa-Domecq et al. 2020). Während Frauen verstärkt im Bereich der Nachhaltigkeit in Führungspositionen sind (Shinbrot et al. 2019), besteht eine Unterrepräsentanz von weiblichen Führungskräften im Kontext der Digitalisierung (BMWK 2022; Kohaut und Möller 2022). Eine Kombination aus Digitalisierung und Sustainability, auch Digitainability genannt (Gupta et al. 2020; Lichtenthaler 2021; Shashi 2022), und eine stärkere Repräsentanz sowie Fokussierung beider Bereiche zugleich durch Female

Leaders könnte womöglich zu einem positiven Wandel im Tourismus beitragen. Denn mit beiden Megatrends gehen Transformationsprozesse einher, jedoch wird deren Wechselwirkungen bislang noch zu selten Aufmerksamkeit geschenkt (Del Río Castro et al. 2021; George et al. 2021; Lichtenthaler 2021). Die Bedeutung von Frauen in Führungspositionen verdeutlicht ferner das folgende Zitat:

> »Women leaders and women's organizations have demonstrated their skills, knowledge and networks to effectively lead in COVID-19 response and recovery efforts. Today there is more acceptance than ever before that women bring different experiences, perspectives and skills to the table, and make irreplaceable contributions to decisions, policies and laws that work better for all.« (UN Women 2020)

Vor dem Hintergrund der diskutierten Vorteile für Unternehmen durch Frauen in Führungspositionen gilt es, das große Potenzial, das von Frauen und diverseren Führungsteams ausgeht (BCG 2020; Burel 2020; Christiansen et al. 2016; Voigt et al. 2021), für touristische Organisationen zu nutzen.

7.2.5 Fazit

Krisen, mit denen Tourismus regelmäßig konfrontiert ist (Gretzel et al. 2020), bieten immer auch Chancen (Barykin et al. 2021). Die Chance, eine bedeutsame Förderung von weiblichen Führungskräften in touristischen Organisationen zu erreichen, ist aktuell gegeben und notwendiger denn je. Denn die positiven Effekte von einem höheren Frauenanteil in Führungspositionen wurden hinreichend dargestellt.

Wie gezeigt wurde, sind Frauen in der Tourismusbranche – sowohl in Unternehmen mit nachhaltigen als auch traditionellen Geschäftsmodellen – mit einem überdurchschnittlich hohen Anteil beschäftigt. Ihre Fürsorge und Gastfreundschaft, die sie in die touristischen Berufe einbringen, sind unverzichtbar, jedoch werden weiblich konnotierte Tätigkeiten im Tourismus in vielen Fällen mit niedrigem Status assoziiert (Wotha et al. 2017). Wie das Zitat der UNWTO ganz zu Beginn des Beitrags verdeutlicht, kommt dem Tourismus eine bedeutende Rolle bei der Gleichstellung der Geschlechter und zur Erreichung des Sustainable Development Goal 5 zu (UNWTO o. J.). Somit würden insbesondere Frauen und weibliche Führungskräfte von der Umsetzung der Nachhaltigkeitsziele profitieren, denn Nachhaltigkeit bedeutet Geschlechtergerechtigkeit. Folglich wird für die Tourismusbranche das Prinzip der Nachhaltigkeit immer wichtiger, d. h. es besteht eine Abhängigkeit von einem ökologisch wie auch sozial intakten Umfeld (Wotha et al. 2017).

Für ein verstärktes Female Leadership in der Tourismusbranche sind mit der Unterstützung durch Männer Strukturen zu schaffen. Eine kritische Masse von weiblichen Führungskräften (Carvalho et al. 2018) auf den Top-Führungsebenen ist notwendig (Gretzel und Bowser 2013), um diesen männlich dominierten Kreislauf im Tourismus zu durchbrechen (Carvalho et al. 2018). Das Momentum zum Erreichen dieser kritischen Masse ist aktuell durch die Transformationsprozesse im Tourismus vorhanden. Diese Chance gilt es für Frauen im Tourismus zu nutzen – dieses Mal aber wirklich!

Literatur

Adams, Renée B.; Funk, Patricia (2012): Beyond the glass ceiling: Does gender matter? In: Management Science 58 (2), S. 219–235. DOI: 10.1287/mnsc.1110.1452.

Aptamind Partners; World Tourism Forum Lucerne (2021): A movement in need of leadership. The case for Travel & Tourism to move the needle on Gender Diversity and course correct with agility. Online verfügbar unter https://www.wtflucerne.org/topic-diversity, zuletzt geprüft am 28.07.2021.

Au, Corinna von (2016): Paradigmenwechsel in der Führung: Traditionelle Führungsansätze, Wandel und Leadership heute. In: Corinna von Au (Hg.): Wirksame und nachhaltige Führungsansätze. Wiesbaden: Springer Fachmedien Wiesbaden, S. 1–42.

Avolio, Bruce J. (2011): Full range leadership development. 2. ed. Los Angeles: SAGE Publ.

Bârgău, Marian-Aurelian (2015): Leadership versus management. In: Romanian Economic and Business Review 10 (2), S. 181–188.

Barykin, Sergey Evgenievich; La Poza, Elena de; Khalid, Bilal; Kapustina, Irina Vasilievna; Kalinina, Olga Vladimirovna; Iqbal, Kanwar Muhammad Javed (2021): Tourism Industry: Digital transformation. In: Sergey Evgenievich Barykin (Hg.): Handbook of research on future opportunities for technology management education, S. 414–434.

Bass, Bernard M.; Bass, Ruth (2008): The Bass handbook of leadership. Theory, research, and managerial applications. Fourth edition. New York, NY: Free Press.

BCG (2020): Auf die Mischung kommt es an – warum deutsche Vorstände mehr Vielfalt brauchen. Online verfügbar unter https://web-assets.bcg.com/ab/55/0b9391b0419cab5898878465977f/bcg-diversity-round-table-pressedeck.pdf, zuletzt geprüft am 12.04.2024.

Benmira, Sihame; Agboola, Moyosolu (2021): Evolution of leadership theory. In: leader 5, 3–5. DOI: 10.1136/leader-2020-000296.

Blayney, Candace; Blotnicky, Karen (2010): The Impact of Gender on Career Paths and Management Capability in the Hotel Industry in Canada. In: Journal of Human Resources in Hospitality & Tourism 9 (3), S. 233–255. DOI: 10.1080/15332845.2010.487014.

BMWK (2022): Digitalisierung der Wirtschaft in Deutschland. Digitalisierungsindex 2021. Hg. v. Bundesministerium für Wirtschaft und Klimaschutz (BMWK). Online verfügbar unter https://www.de.digital/DIGITAL/Redaktion/DE/Digitalisierungsindex/Publikationen/publikation-download-Langfassung-digitalisierungsindex-2021.pdf?__blob=publicationFile&v=4, zuletzt geprüft am 19.08.2022.

Boulouta, Ioanna (2013): Hidden connections: The link between board gender diversity and corporate social performance. In: J Bus Ethics 113 (2), S. 185–197. DOI: 10.1007/s10551-012-1293-7.

Bresciani, Stefano; Ferraris, Alberto; Romano, Marco; Santoro, Gabriele (2021): Digital leadership. In: Stefano Bresciani, Alberto Ferraris, Marco Romano und Gabriele Santoro (Hg.): Digital transformation management for agile organizations: A compass to sail the digital world: Emerald Publishing Limited, S. 97–115.

Brouder, Patrick (2020): Reset redux: possible evolutionary pathways towards the transformation of tourism in a COVID-19 world. In: Tourism Geographies 22 (3), S. 484–490. DOI: 10.1080/14616688.2020.1760928.

Bulmer, Elena; Riera, Magalí; Rodríguez, Raquel (2021): The importance of sustainable leadership amongst female managers in the Spanish logistics industry: A cultural, ethical and legal perspective. In: Sustainability 13 (12), S. 6841. DOI: 10.3390/su13126841.

Burel, Simone (2020): Quick Guide Female Leadership. Frauen in Führungspositionen in der Arbeitswelt 4.0. Berlin, Heidelberg: Springer Berlin Heidelberg.

Carli, Linda L.; Eagly, Alice H. (2001): Gender, hierarchy, and leadership: An introduction. In: Journal of Social Issues 57 (4), S. 629–636.

Carli, Linda L.; Eagly, Alice H. (2011): Gender and leadership. In: Alan Bryman, David Collinson, Keith Grint, Brad Jackson und Mary Uhl-Bien (Hg.): The Sage handbook of leadership. Los Angeles, London, New Delhi, Singapore, Washington DC: Sage, S. 103–117.

Carvalho, Inês; Costa, Carlos; Lykke, Nina; Torres, Anália; Wahl, Anna (2018): Women at the top of tourism organizations: Views from the glass roof. In: Journal of Human Resources in Hospitality & Tourism 17 (4), S. 397–422. DOI: 10.1080/15332845.2018.1449551.

Chamorro-Premuzic, Tomas (2013): Why do so many incompetent men become leaders? In: Harvard Business Review. Online verfügbar unter https://hbr.org/2013/08/why-do-so-many-incompetent-men, zuletzt geprüft am 03.06.2024.

Christiansen, Lone; Lin, Huidan; Pereira, Joana; Topalova, Petia B.; Turk-Ariss, Rima (2016): Gender diversity in senior positions and firm performance: Evidence from Europe. In: SSRN Journal. DOI: 10.2139/ssrn.2759759.

Cicchiello, Antonella Francesca; Fellegara, Anna Maria; Kazemikhasragh, Amirreza; Monferrà, Stefano (2021): Gender diversity on corporate boards: How Asian and African women contribute on sustainability reporting activity. In: GM 36 (7), S. 801–820. DOI: 10.1108/GM-05-2020-0147.

Costa, Carlos; Bakas, Fiona Eva; Breda, Zélia; Durão, Marília (2017): ›Emotional‹ female managers: How gendered roles influence tourism management discourse. In: Journal of Hospitality and Tourism Management 33, S. 149–156. DOI: 10.1016/j.jhtm.2017.09.011.

Del Río Castro, Gema; González Fernández, María Camino; Uruburu Colsa, Ángel (2021): Unleashing the convergence amid digitalization and sustainability towards pursuing the Sustainable Development Goals (SDGs): A holistic review. In: Journal of Cleaner Production 280, S. 122204. DOI: 10.1016/j.jclepro.2020.122204.

Dionysopoulou, Panagiota; Aivaliotou, Eftychia Christina (2021): Female Entrepreneurship in the Tourism Sector. The Case of Greece. Chapter 15. In: Marco Valeri und Vicky Katsoni (Hg.): Gender and tourism: Challenges and entrepreneurial opportunities: Emerald Publishing Limited.

Eagly, Alice H.; Carli, Linda L. (2007): Through the labyrinth. The truth about how women become leaders. Boston, Mass: Harvard Business School Press (Leadership for the common good).

Eagly, Alice H.; Heilman, Madeline E. (2016): Gender and leadership: Introduction to the special issue. In: The Leadership Quarterly 27 (3), S. 349–353. DOI: 10.1016/j.leaqua.2016.04.002.

Eagly, Alice H.; Johannesen-Schmidt, Mary C. (2001): The leadership styles of women and men. In: Journal of Social Issues 57 (4), S. 781–797.

Eagly, Alice H.; Johnson, Blair T. (1990): Gender and leadership styles: A meta-analysis. In: Psychological bulletin 108 (2), S. 233–256. DOI: 10.1037/0033-2909.108.2.233.

Eagly, Alice H.; Karau, Steven J. (2002): Role congruity theory of prejudice toward female leaders. In: Psychological Review 109 (3), S. 573–598. DOI: 10.1037//0033-295X.109.3.573.

Figueroa-Domecq, Cristina; Kimbu, Albert; Jong, Anna de; Williams, Allan M. (2020): Sustainability through the tourism entrepreneurship journey: a gender perspective. In: Journal of Sustainable Tourism, S. 1–24. DOI: 10.1080/09669582.2020.1831001.

Fitzsimons, Declan; James, Kim Turnbull; Denyer, David (2011): Alternative approaches for studying shared and distributed leadership. In: International Journal of Management Reviews 13 (3), S. 313–328. DOI: 10.1111/j.1468-2370.2011.00312.x.

Franken, Swetlana; Prädikow, Lotte; Ihl, Regina (2022): Je vielfältiger, desto digitaler. In: Control Manag Rev 66 (1), S. 40–43. DOI: 10.1007/s12176-021-0436-z.

Freund, Daniela; Hernandez-Maskivker, Gilda (2021): Women managers in tourism: Associations for building a sustainable world. In: Tourism Management Perspectives 38, S. 100820. DOI: 10.1016/j.tmp.2021.100820.

FTI Group (2024): Vorläufiges Insolvenzverfahren FTI Touristik GmbH: Alle FTI-Reisen ab 06. Juli 2024 werden abgesagt. Online verfügbar unter https://www.fti-group.com/de/presse/pressemitteilungen/detail/news/alle-fti-reisen-ab-06-juli-2024-werden-abgesagt, zuletzt geprüft am 17.06.2024.

Gabriele, Anita (2020): Female leadership: A systematic literature review of academic debates in the last decades.

George, Gerard; Merrill, Ryan K.; Schillebeeckx, Simon J. D. (2021): Digital sustainability and entrepreneurship: How digital innovations are helping tackle climate change and sustainable development. In: Entrepreneurship Theory and Practice 45 (5), S. 999–1027. DOI: 10.1177/1042258719899425.

Gfrerer, Anne E.; Rademacher, Lars; Dobler, Stefan (2021): Digital needs diversity: Innovation and digital leadership from a female managers' perspective. In: Daniel R. A. Schallmo und Joseph Tidd (Hg.): Digitalization. Approaches, case studies, and tools for strategy, transformation and implementation. Cham: Springer International Publishing, S. 335–349.

Gipson, Asha N.; Pfaff, Danielle L.; Mendelsohn, David B.; Catenacci, Lauren T.; Burke, W. Warner (2017): Women and leadership: Selection, development, leadership style, and performance. In: The Journal of Applied Behavioral Science 53 (1), S. 32–65. DOI: 10.1177/0021886316687247.

Goetzke, Louka (2021): Female Leadership: Braucht Führung ein Geschlecht? Hg. v. Neue Narrative. Online verfügbar unter https://www.neuenarrative.de/magazin/female-leadership-braucht-fuehrung-ein-geschlecht/#fn-1, zuletzt geprüft am 11.04.2023.

Google Scholar (2024): Google Scholar. Online verfügbar unter https://scholar.google.de/, zuletzt geprüft am 18.03.2024.

Gretzel, Ulrike; Bowser, Gillian (2013): Real stories about real women: communicating role models for female tourism students. In: Journal of Teaching in Travel & Tourism 13 (2), S. 170–183. DOI: 10.1080/15313220.2013.786466.

Gretzel, Ulrike; Fuchs, Matthias; Baggio, Rodolfo; Hoepken, Wolfram; Law, Rob; Neidhardt, Julia et al. (2020): e-Tourism beyond COVID-19: a call for transformative research. In: Inf Technol Tourism 22 (2), S. 187–203. DOI: 10.1007/s40558-020-00181-3.

Gupta, Shivam; Motlagh, Mahsa; Rhyner, Jakob (2020): The digitalization sustainability matrix: A participatory research tool for investigating digitainability. In: Sustainability 12 (21), S. 9283. DOI: 10.3390/su12219283.

Handelsblatt (2022): Reisebüros und Veranstalter in Angst: Corona bedroht die Existenz tausender Unternehmen. Online verfügbar unter https://www.handelsblatt.com/unternehmen/industrie/ifo-studie-reisebueros-und-veranstalter-in-angst-corona-bedroht-die-existenz-tausender-unternehmen/27960536.html, zuletzt geprüft am 17.06.2024.

Heuwinkel, Kerstin (2021): Frauen im Tourismus. Tourismus kompakt. 1. Auflage. München: UVK Verlag.

Houghton, Jeffery D.; Neck, Christopher P.; Manz, Charles C. (2003): Self-leadership and superleadership. In: Craig L. Pearce und Jay A. Conger (Hg.): Shared leadership. Reframing the hows and whys of leadership. Thousand Oaks, London, New Delhi: Sage, S. 123–140.

Kohaut, Susanne; Möller, Iris (2022): Führungspositionen in Betrieben und Verwaltungen: Der Weg nach ganz oben bleibt Frauen oft versperrt. IAB-Kurzbericht 1/2022. Hg. v. Institut für Arbeitsmarkt- und Berufsforschung (IAB) der Bundesagentur für Arbeit. Online verfügbar unter https://doku.iab.de/, zuletzt geprüft am 22.12.2022.

Kotter, John P. (1990): Force for change. How leadership differs from management. Riverside: Free Press.

Lichtenthaler, Ulrich (2021): Digitainability: The combined effects of the megatrends digitalization and sustainability. In: jim 9 (2), S. 64–80. DOI: 10.24840/2183-0606_009.002_0006.

Lippold, Dirk (2019): Führungskultur im Wandel. Klassische und moderne Führungsansätze im Zeitalter der Digitalisierung. Wiesbaden, Heidelberg: Springer Gabler (Essentials).

McKinsey & Company (2023): Diversity matters even more: The case for holistic impact. Online verfügbar unter https://www.mckinsey.com/featured-insights/diversity-and-inclusion/diversity-matters-even-more-the-case-for-holistic-impact#/, zuletzt geprüft am 03.04.2024.

Mendez, Maria J.; Busenbark, John R. (2015): Shared leadership and gender: all members are equal … but some more than others. In: Leadership & Organization Development Journal 36 (1), S. 17–34. DOI: 10.1108/LODJ-11-2012-0147.

Mooney, Shelagh K. (2020): Gender research in hospitality and tourism management: time to change the guard. In: IJCHM 32 (5), S. 1861–1879. DOI: 10.1108/IJCHM-09-2019-0780.

Ngambi, Hellicy (2011): RARE leadership: An alternative leadership approach for Africa. In: International Journal of African Renaissance Studies – Multi-, Inter- and Transdisciplinarity 6 (1), S. 6–23. DOI: 10.1080/18186874.2011.592387.

Northouse, Peter Guy (2021): Leadership. Theory and practice. Ninth edition. Los Angeles, London, New Delhi, Singapore, Washington, DC, Melbourne: Sage.

Pearce, Craig L.; Conger, Jay A. (2003): All those years ago: The historical underpinnings ofshared leadership. In: Craig L. Pearce und Jay A. Conger (Hg.): Shared leadership. Reframing the hows and whys of leadership. Thousand Oaks, London, New Delhi: Sage, S. 1–18.

Pechlaner, Harald; Hammann, Eva-Maria (2007): Management, Entrepreneurship & Leadership. Versuch einer Abgrenzung bei Beherbergungsbetrieben. In: Margit Raich, Harald Pechlaner und Hans H. Hinterhuber (Hg.): Entrepreneurial Leadership. Profilierung in Theorie und Praxis. 1. Aufl. Wiesbaden: Deutscher Universitäts-Verlag (Gabler Edition Wissenschaft), S. 97–116.

Powell, Gary N.; Graves, Laura M. (2003): Women and men in management. 3. ed. Thousand Oaks: SAGE Publ.

Quack, Heinz-Dieter; Rogl, Dirk (2023): Trendreport Tourismus 2023. Fakten, Prognosen und Herausforderungen für eine Branche im Wandel. Hg. v. Kompetenzzentrum Tourismus des Bundes.

Remington, Joan; Kitterlin-Lynch, Miranda (2018): Still pounding on the glass ceiling: A study of female leaders in hospitality, travel, and tourism management. In: Journal of Human Resources in Hospitality & Tourism 17 (1), S. 22–37. DOI: 10.1080/15332845.2017.1328259.

Rost, Joseph C. (1991): Leadership for the twenty-first century. New York, NY: Praeger.

Russen, Michelle; Dawson, Mary; Madera, Juan M. (2021): Gender diversity in hospitality and tourism top management teams: A systematic review of the last 10 years. In: International Journal of Hospitality Management 95, S. 102942. DOI: 10.1016/j.ijhm.2021.102942.

Sandberg, Sheryl (2013): Lean in. Women, work, and the will to lead. Unter Mitarbeit von Nell Scovell. First edition. New York: Alfred A. Knopf.

Shashi, Manish (2022): Sustainable digitalization by leveraging digitainability matrix in supply chain. In: IJITEE 11 (11), S. 16–20. DOI: 10.35940/ijitee.K9297.10111122.

Snow Andrade, Maureen (2023): Personality and leadership: how gender impacts perceptions of effectiveness. In: SHR 22 (1), S. 2–6. DOI: 10.1108/SHR-09-2022-0052.

Sodani, Priya; Arora, Shruti (2024): Transforming women's role for the opportunity in tourism. In: Anukrati Sharma und Shruti Arora (Hg.): Strategic tourism planning for communities: Emerald Publishing Limited, S. 211–220.

Stavrinoudis, Theodoros; Maroudas, Leonidas; Doumi, Maria; Kyriakaki, Anna; Vlassi, Eleni (2021): Corporate Climate and Glass Ceiling in the Hospitality Industry: The Women's Point of View. In: Marco Valeri und Vicky Katsoni (Hg.): Gender and Tourism: Emerald Publishing Limited, S. 183–203.

UN Women (2020): International women's day 2021 theme. »Women in leadership: Achieving an equal future in a COVID-19 world«. Online verfügbar unter https://www.unwomen.org/en/news/stories/2020/11/announcer-international-womens-day-2021, zuletzt geprüft am 30.12.2021.

UNWTO (o. J.): Women's empowerment and tourism. Hg. v. World Tourism Organization (UNWTO). Online verfügbar unter https://www.unwto.org/gender-and-tourism, zuletzt geprüft am 14.06.2024.

UNWTO (2019): Global report on women in tourism. Second edition: World Tourism Organization (UNWTO).

UNWTO (2020): World tourism barometer N°18 January 2020. Hg. v. World Tourism Organization (UNWTO). Online verfügbar unter https://www.unwto.org/world-tourism-barometer-n18-january-2020, zuletzt geprüft am 09.01.2022.

UNWTO (2021): International tourism and COVID-19. Hg. v. World Tourism Organization (UNWTO). Online verfügbar unter https://www.unwto.org/tourism-data/international-tourism-and-covid-19, zuletzt geprüft am 15.06.2024.

UNWTO (2024): UN Tourism Barometer. Hg. v. World Tourism Organization (UNWTO). Online verfügbar unter https://www.unwto.org/un-tourism-world-tourism-barometer-data, zuletzt geprüft am 14.06.2024.

van Wart, Montgomery (2015): Dynamics of leadership in public service. Theory and practice. Second edition. London, New York: Routledge.
Voigt, Nicole; van der Vegte, Marcus; Welpe, Isabell M. (2021): BCG Gender Diversity Index 2021. Key Insights. Hg. v. Boston Consulting Group. Online verfügbar unter https://web-assets.bcg.com/7b/8b/850022a9438b974c7d92162d4420/bcg-gender-diversity-index-2021-key-insights.pdf, zuletzt geprüft am 05.10.2023.
Wotha, Brigitte; Beyer, Dörte; Menking, Kendra (2017): Gender in sustainable tourism – how women and men take part in the transformation to a more sustainable tourism in German tourism industry. In: Revista Turismo & Desenvolvimento (27/28), S. 185–187.
Yukl, Gary; Gardner, William L. (2020): Leadership in organizations. Ninth edition, global edition. Harlow, England: Pearson Education.
Zenger, Jack; Folkman, Joseph (2019): Research: Women score higher than men in most leadership skills. In: Harvard Business Review 92 (10), S. 86–93. Online verfügbar unter https://hbr.org/2019/06/research-women-score-higher-than-men-in-most-leadership-skills, zuletzt geprüft am 05.10.2023.
Zukunftsinstitut (o. J.): Dossier: Tourismus. Online verfügbar unter https://www.zukunftsinstitut.de/dossier/dossier-tourismus/, zuletzt geprüft am 28.03.2022.

7.3 Zukunftsgestaltung fährt mit Vorstellungskraft – Wozu jedoch dienen Frankensteins Früchte?

Andreas Metzner-Szigeth

7.3.1	Prolog.	285
7.3.2	Bilder, Vorstellungen und Fantasie.	286
7.3.3	Zukünfte erkunden, entwerfen und in Gang setzen.	286
7.3.4	Wirklichkeiten erfahren und gestalten	288
7.3.5	Zur Wirkmächtigkeit und Verwirklichungsdynamik utopischer Entwürfe.	289
7.3.6	Herausforderungen meistern braucht Akteursressourcen.	292
7.3.7	Modernes Schöpfertum – anders betrachtet.	293
7.3.8	Fragen, die wir uns stellen sollten.	294
7.3.9	Das Fremde als Spiegel des Eigenen.	296
7.3.10	Apropos Frankensteins Früchte.	296
7.3.11	Epilog.	297

7.3.1 Prolog

Die Ingolstädter bewegen sich gerne voran, und zwar – wie heutzutage fast überall – mit dem Automobil. Man fährt mit Benzin oder Diesel und neuerdings auch elektrisch oder sogar hydrogen. Aber wie ist es dazu gekommen? Vor 150 Jahren waren Fahrzeuge, Antriebe und diese Mobilität gar nicht und vor 120 Jahren kaum vorstellbar. All das, was unser Dasein heute prägt, musste ersonnen und entwickelt, ausprobiert und umgesetzt werden (Möser et al. 2022). Wie dies gelingen konnte, erklärt meine These »Zukunftsgestaltung fährt mit Vorstellungskraft«. Ohne Vorstellungskraft keine Zukunftsgestaltung – das gilt heute und in Zukunft, galt aber auch früher. Häufig wird diese Tatsache allerdings vergessen. Vernachlässigt wird sie besonders gern, wenn damit in der Vergangenheit viel erreicht wurde und es in der Gegenwart so scheint, als ob es genug sei, alles richtig zu machen.

7.3.2 Bilder, Vorstellungen und Fantasie

Kürzlich habe ich ein Buch veröffentlicht über das »Interplay of Images, Imaginaries and Imagination in Science Communication« (Metzner-Szigeth 2022a). Darin wird dargelegt, wie sich das Wechselspiel von Bildern, Vorstellungen und Fantasie entfaltet und welche Funktionen es erfüllt, in der Wissenskommunikation, für Erfindungen und Entdeckungen sowie für die Einleitung von Transformationen.

Funktionen eines Wechselspiels

Das Wechselspiel von Bildern, Vorstellungen und Fantasie entfaltet sich in diversen Formen und distinkten Bereichen natürlich unterschiedlich, in der wissenschaftlichen und populärwissenschaftlichen Kommunikation, in öffentlichen Diskursen über die Gestaltung der Zukunft, in literarischen und medialen Werken, in der Wirtschafts- und Unternehmenskommunikation, oder auch in Diskursen über Leadership und Entrepreneurship. Die Funktionen dieses Wechselspiels sind dabei keineswegs nur *mediativ* – also (schon bekannte) Bedeutungen und Sachverhalte vermittelnd –, sondern *epistemisch* – sprich das Erkennen noch nicht entdeckter Phänomene und neuer Zusammenhänge fördernd – und *poietisch* – also kreative Anwendungs- und Entscheidungs-Prozesse leitend (Metzner-Szigeth 2022b). Anknüpfend an diese drei Funktionen konzentrieren wir uns nun auf den Nexus von Vorstellungskraft und Zukunftsgestaltung.

7.3.3 Zukünfte erkunden, entwerfen und in Gang setzen

Eine gängige und instruktive Darstellung unserer Möglichkeiten zur Darstellung von Entwicklungen ist der »Future Cone« (Voros 2017). Er unterscheidet konzentrisch ineinander geschachtelte Räume möglicher (possible), wahrscheinlicher (probable) und erwünschter (preferable) Entwicklungen.[65] Die Entwicklungen werden entlang einer Zeitachse von Vergangenheit, Gegenwart und Zukunft angeordnet, und der Konus öffnet sich nach vorne hin, deutet also einen größeren Gestaltungsraum an.

---

65 Oftmals wird der letzte Punkt allerdings nur »negativ« angegangen. Angesprochen werden dann nur unerwünschte (preventable) Entwicklungen. Das Potential des Ansatzes bleibt dann weitgehend unausgeschöpft.

Wer unterscheidet mögliche, wahrscheinliche und erwünschte Zukünfte?

Implizit wird dabei angenommen, dass das, was möglich ist, und das, was wahrscheinlich ist, eine bestimmte Größe sei – also eigentlich bereits feststeht, determiniert durch kausale Gesetzmäßigkeiten und zusehends festgelegt durch vorangegangene Ereignisse. Und wenn es jemand gibt, der uns kompetent Auskunft geben kann, was geht und wie es kommen könnte, dann sind das Expert*innen. Im Wesentlichen bleibt damit nur das »Erwünschte« übrig, wenn es um Gestaltungsziele und Auswahlentscheidungen geht. Sie sind die Domäne politischer und unternehmerischer Entscheidungen, von lebhaften Auseinandersetzungen und partizipativen Verfahren. In den beiden anderen Bereichen herrscht hingegen der nüchterne Ton von Fachleuten vor.

Handlungsleitende Motive in ungewissen Szenarien

In Verbindung mit sehr wahrscheinlichen Entwicklungen fällt es nun leichter, diese Präferenzen zu verwirklichen, als in Verbindung mit weniger wahrscheinlichen – oder nur möglichen – Entwicklungen. Ein Beispiel dafür ist der demographische Wandel und digitale Assistenzsysteme oder sogar Pflegeroboter, die im Mittelpunkt vieler Förderprogramme stehen. Die Crux dabei ist, dass – im Gegensatz zu diesen Annahmen – alle drei Größen ihre Wirklichkeit im Ergebnis interaktiver soziokultureller Konstruktionsprozesse ausbilden. Das gilt jedenfalls für die Wirklichkeit, die wir wahrnehmen und als für uns handlungsleitend anerkennen (Berger & Luckmann 1980; Steets 2022). Die Sphäre des Gestaltbaren greift daher über das Erwünschte hinaus und betrifft auch das Wahrscheinliche und sogar das Mögliche.

Für das eben angesprochenen Beispiel heißt das: Der demographische Wandel (Blüher & Kuhlmey 2016) könnte sich (was das Thema Wahrscheinlichkeit angeht) ganz anders darstellen, als mit Hilfe der Szenariotechnik (Weimert & Römer 2021) projiziert, etwa in Folge von Epidemien, kriegerischen Auseinandersetzungen oder allgemein gesprochen: von »disruptivem sozialen Wandel« (Dingwall et al. 2013; Schmid 2015), ausgelöst durch unvorhersehbare oder hinsichtlich der Möglichkeit und der Konsequenzen ihres Eintretens weitgehend ignorierte »wilde Ereignisse« (Steinmüller 2022). Und auch die alternde Gesellschaft könnte sich (mit Blick auf das Thema Möglichkeit) ganz anders charakterisieren als allgemein erwartet: viel gesünder und weniger hilfsbedürftig, etwa in Folge einer Public-Health-Offensive mit massiven präventivmedizinischen Maßnahmen, einem kompletten Wechsel hin zum Paradigma der »Salutogenese«, einer um sich greifenden Revolution von Körperbewusstheit und Psychohygiene oder auch einer konsequenten Umsetzung des »One Health«-Gedankens (Zschachlitz et al. 2023).

Aber auch das Erwünschte, digitale Assistenzsysteme und die Übernahme von Pflegeleistungen durch Roboter, könnte sehr viel weniger attraktiv sein, als heute angenommen wird, etwa in Folge von Privacy-Issues und Phishing-Attacken, Zwischenfällen mit KI-gesteuerten Systemen oder umgekehrt einer kräftigen Aufwertung der Wertschätzung menschlicher Zuwendung.

7.3.4 Wirklichkeiten erfahren und gestalten

Der spanische Philosoph José Ortega y Gasset hat einmal gesagt »die Wirklichkeit übersteigt jedes Konzept, das versucht sie einzufassen« (Ortega y Gasset 2004–2010, Bd. III, S. 867; Übersetzung AMS). Das ist eine wichtige Einsicht! Sie gilt umso mehr, als wir keineswegs nur Beobachter der Wirklichkeit sind, sondern sie handelnd erschaffen. Als Akteure müssen wir die gesellschaftlichen, ökologischen und technischen Bedingungen unseres Lebens ständig in Gang halten, neu bilden oder (theoretisch ausgedrückt) »reproduzieren«. Dabei wird oft versucht, sie so zu erhalten, wie sie sind und sie nur an neue Umstände anzupassen – wenn wir sie nicht lieber verändern und weiter entwickeln wollen.

Agenzien des Wandels

Spätestens hier kommt nun die Vorstellungskraft ins Spiel – und zwar ganz gewaltig! Sie ist eine evolutionsbiologisch und sozialpsychologisch agierende »driving force« (Hüther 2004; Mitchell 2013; Suddendorf & Dong 2013; Metzner-Szigeth 2022b). Ihre Wirksamkeit entfaltet sich in individuellen Gehirnen, aber zugleich interaktiv, in sozialen Diskursen, welche unsere Praxis als zusammenlebende und arbeitende Menschen antreiben und formieren. Diese Praktiken und Diskurse sind das Substrat und die Quelle – sowohl des Bestehenden als auch des sich Entwickelnden. Das Zusammenspiel von »Images«, »Imaginaries« und »Imagination« sowie die Dynamik der Bestimmung der Inhalte des Möglichen, Wahrscheinlichen und Erwünschten sind Momente dieser permanenten Reproduktion und Überprüfung, Erhaltung oder Erneuerung, Beibehaltung oder Revision. Die in Darstellung 7-1 dargestellte Szene aus »Der kleine Prinz« ist also in einem doppelten Sinne prototypisch: für die bewegende Kraft eines Menschheitstraums und für die Kraft des Beharrenden, die es zu überwinden gilt.

Dar. 7-1: Illustration aus »Le Petit Prince« (1943, Kapitel IX) von Antoine de Saint-Exupéry (Quelle: public-domain-Ausgabe des Project Gutenberg, http://gutenberg.net.au/ebooks03/0300771h.html (Abgerufen am 27.11.2024))

7.3.5 Zur Wirkmächtigkeit und Verwirklichungsdynamik utopischer Entwürfe

Dazu eine Grundsatz-These: Unabhängig von der Rahmung, in der sie auftreten – ob nun in populärwissenschaftlichen Diskursen über Wissenschaft und Technik oder in Gestalt von literarischen Werken und medialen Schöpfungen –, besitzen (und haben besessen; und werden besitzen) utopische Entwürfe von Technik-Zukünften einen maßgeblichen Einfluss auf das gegenwärtige (und vergangene; und zukünftige) wissenschaftlich-technische – und industriepolitische – Geschehen (Metzner-Szigeth 2018). Sie sind dazu geeignet, rationale sowie emotionale Wertungen zu formieren, Forschungstrends zu beflügeln oder auszubremsen, die öffentliche Akzeptanz innovativer Technologien voranzutreiben oder einzufrieren und last not least ihre finanzielle Förderung durch öffentliche Programme und private Investitionen zu beeinflussen. Nebenbei bemerkt: Die gerade erwähnten »Zukünfte« stehen absichtlich im Plural. Dem entspricht das gegenwärtige Selbstverständnis (des Mainstreams) der Zukunftsforschung. Sie zielt auf mögliche, wahrscheinliche und wünschbare Zukunftsentwicklungen und die mit ihnen verbundenen Bedingungen und Gestaltungsoptionen in Vergangenheit und Gegenwart (Kreibich 2006, S. 3). Gegenstand der »futures studies« ist damit nicht die Zukunft, sondern die Zukünfte, die in der gegenwärtigen Gesellschaft als Möglichkeiten gedacht, formuliert und diskutiert werden (Grunwald 2009). Dies steht im Kontrast zur älteren Zukunftsforschung, die als »futurology« (Flechtheim 1972) firmierte und davon überzeugt war, dass es möglich sei, die Zukunft vorauszusehen, mit allen der Wissenschaft zur Verfügung stehenden Mitteln.

5.1   Visionen – geistiger Defekt oder schöpferische Kompetenz?

Zukunftsentwürfe – gleich welcher Art – korrespondieren immer mit der Dynamik der Imagination. Diese Dynamik entfaltet sich in einem Spektrum an Phänomenen, die von der Individual- und Sozialpsychologie behandelt werden, aber auch Thema mikro- und makrosoziologischer Ansätze sind, vor allem in Verbindung mit den interdisziplinären Arbeitsfeldern der Wissenschafts-, Technik- und Gesellschaftsstudien und der Innovationsforschung. Allerdings wird die Vorstellungskraft häufig zum Opfer eines Missverständnisses. »Wer Visionen hat, sollte zum Arzt gehen«, sagte unserer Altbundeskanzler Helmut Schmidt – kurze Zeit vor dem Überschreiten des Scheitelpunktes seiner Macht (di Lorenzo 2010) und der unvorhergesehen (von ihm selbst und vielen anderen offenbar für nicht möglich gehaltenen) rapiden Ablösung des bis dato erfolgreichen Konstrukts »Modell Deutschland« (Rödder 2006) durch die »Wende« seines Nachfolgers Helmut Kohl (Hoeres 2013). Nebenbei bemerkt: Auch die »ökosoziale Transformation« ist ein programmatisches Konstrukt dieser Art (Brand 2018). Welches Schicksal es erleidet, hängt so gesehen davon ab, ob es glaubwürdig fortgeschrieben werden kann oder nicht. Und in Demokratien heißt das: glaubwürdig in den Augen einer ausreichend großen Teilmenge der Bevölkerung (Böhm 2022).

5.2   Was wiegt mehr, das Wirkliche oder das Nicht-Wirkliche?

Zurück zur Vorstellungskraft: Das Missverständnis rührt daher, dass ihr Gegenstand das Nicht-Wirkliche ist. Dessen Bedeutung ist keineswegs zu vernachlässigen. Im Gegenteil, die Beschäftigung mit dem Nicht-Wirklichen – und die Kultur-Techniken, um es darzustellen – waren in der Menschheitsgeschichte ebenso wichtig, wie die Beschäftigung mit dem Wirklichen (Hundt 2022). Umso schwerer wiegt das Missverständnis, die Vorstellungskraft als Quelle von »Hirngespinsten« oder »Illusionen« abzutun und sie als infantil oder eskapistisch zu verstehen, so als ob es sich bei ihr nicht um eine wichtige Kompetenz handeln würde, sondern um den Ausdruck regressiver Zustände oder sogar psychischer Störungen.

5.3 Eine mehr als gewöhnliche Ressource

Paradoxerweise gibt es in modernen Gesellschaften aber auch eine starke Tendenz, die Vorstellungskraft als ein Attribut des kreativen Individuums zu würdigen. Vorstellungskraft, positiv verstanden, ist »die Fähigkeit, die es dem außergewöhnlichen Menschen erlaubt, über die Grenzen der einschränkenden Realität hinaus zu sehen und Dinge zu schaffen oder zu tun, die aus dem Gewöhnlichen herausfallen«, wie Sheila Jasanoff (2015, S. 5 f., Übersetzung AMS) - eine Koryphäe der Science & Technology-Studies - sagt.

5.4 Das Unmögliche möglich machen

Das Unmögliche möglich zu machen, ist in der Tat eine anspruchsvolle Aufgabe, denn die Trägheit des »Status quo« muss in unserem eigenen Bewusstsein, im Umgang mit unseren Mitmenschen und in der Realität, in der wir leben, überwunden werden. Dazu muss die Grenze zwischen dem Bereich des Möglichen und dem Bereich des Unmöglichen durch Vorstellungskraft neu konfiguriert werden. Die meisten sozialen Bewegungen und politischen Revolutionen begannen laut Zittoun et al. (2021, S. 4) mit einer unmöglichen Idee, die dann als die Imagination geteilt wurde und ihre Plausibilität zunahm dazu führte, das Unmögliche möglich zu machen und manchmal sogar in die Realität umzusetzen (wie z. B. die Vision des Frauenwahlrechts oder des demokratischen Wohlfahrtsstaates). Verschieben kann sich die Grenze zwischen dem, was für unmöglich gehalten wird, und dem, was als möglich anerkannt wird, wenn eine kritische Masse an »Imaginaries« (also von für wahr, richtig und gut gehaltenen Vorstellungen über Sein und Sollen) überschritten wird. Neue Möglichkeiten werden erschlossen, wenn genügend Akteure davon überzeugt sind, dass sie realisierbar sind, und damit wird eine der Voraussetzungen dafür erfüllt, den bestehenden Zustand auch wirklich zu verändern.

5.5 Zur Kraft geteilter Visionen

Aber kommen wir zurück zu dem eben vorgestellten Zitat von Sheila Jasanoff, um diese Überlegung abzuschließen. Im Anschluss daran führt sie aus: »Wir feiern zu Recht den Seher, den Visionär, den transformativen politischen Denker. Aber Vorstellungskraft funktioniert auch auf einer intersubjektiven Ebene, indem sie die Mitglieder einer sozialen Gemeinschaft in gemeinsamen Wahrnehmungen von Zukünften vereint, die realisiert werden sollten oder nicht« (Jasanoff 2015, S. 5 f., Übersetzung AMS). Soziale Visionen, etwa das unbedingte Grundeinkommen für alle, technische Visionen, wie die unbegrenzte Verfügbarkeit billiger Energie, oder medizinische Visionen, sprich die extreme Verlängerung des menschlichen Lebens ... alle Visionen sind dazu in der Lage, etwas zu mobilisieren: Sie können die Motivation von Akteuren beflügeln, die Bereitstellung finanzieller Ressourcen stimulieren, eine Veränderung rechtlicher Rahmenbedingungen in Gang setzen und anderes mehr.

7.3.6 Herausforderungen meistern braucht Akteursressourcen

»Weltweit verfügbare drahtlose Mobilkommunikation« – diese heutige Realität war in den 60er Jahren eine Vision, allerdings mit einer kraftvollen poietischen (also seine Verwirklichung vorantreibenden) Komponente, beispielhaft verkörpert in einem Gadget, dem »Communicator«, aus der TV-Serie »Star Trek« (Discovery Channel 2005). Was möglich ist, und mehr noch, was wahrscheinlich ist, gilt so gesehen immer nur bis auf Weiteres. In Verbindung damit lassen sich das Profil und die Performance der Typen von Akteuren näher bestimmen, die wir brauchen, um wirklich etwas zu verändern. Nicht zuletzt gilt dies auch für das Projekt Transformationsdesign, jedenfalls dann, wenn wir damit mehr wollen, als im kollektiven Miteinander auf der Stelle zu treten. Die erste Herausforderung heißt »vertrauensvoll nach vorne schauen und Wege in die Zukunft bahnen«. Dazu ein Zitat des Gründers von Apple: »You can't connect the dots looking forward; you can only connect them looking backwards. So you have to trust that the dots will somehow connect in your future« (Jobs 2005). Die zweite Herausforderung läuft darauf hinaus, »den Horizont des Möglichen (zu) verschieben, durch kreative Gestaltung«. Dazu ein anderes Zitat, auch von Steve Jobs: »It's easy to jump on the bandwagon and follow along with what everyone else is doing. But true leaders are the ones coming up with out-of-the-box ideas that set a new standard for ›business as usual‹« (zit. nach Williams 2022). Zugegeben, Entrepreneurship und Leadership sind nicht dasselbe – aber diesen Herausforderungen müssen sie sich gleichermaßen stellen.

Oft genug läuft es aber anders. »Wer zu spät kommt, den bestraft das Leben« – die oft Michail Gorbatschow zugeschriebenen Worte von 1989 gelten heute mehr denn je, auch jenseits der Politik in wirtschaftlicher Hinsicht. Der finnische Konzern Nokia etwa hat noch Anfang der 2000er Jahre großartige Mobiltelefone hergestellt – dann aber den Smartphoneboom verpasst. Früher überaus erfolgreiche Katalog-Versandhäuser, wie zum Beispiel Quelle, haben den Einstieg in den Online-Handel verschlafen. Gerade der eigene Erfolg kann also den Blick darauf verstellen, dass es notwendig ist, weitere Veränderungen einzuleiten, um auch in Zukunft erfolgreich zu bleiben. Unternehmen mit guten Produkten, die heute hervorragend aufgestellt oder so groß sind, dass ihnen vermeintlich nichts passieren kann, können morgen auf die Liste des Scheiterns geraten. Wer hätte 2010 gedacht, dass ein Newcomer wie Tesla einmal die Automobilkonzerne vor sich hertreiben würde? Und wer glaubt heute daran, dass dieser Vorreiter der Elektromobilität vielleicht schon im nächsten Jahrzehnt von anderen Unternehmen überflügelt oder übernommen wird?

Die dritte Herausforderung lautet daher »Inspiration tut Not, selbst wenn alles gut läuft«. Im Zweifelsfall würde es dafür reichen, die Verwirklichung echter Visionen mit der Fortschreibung des Bestehenden zu verbinden. Das kann etwa mit Hilfe einer »ambidextrous management strategy« (O'Reilly & Tushman 2004) gelingen, die dafür sorgt, profitable Produktionslinien so lange weiterzuführen, bis sie von neuen abgelöst werden.⁶⁶ Dazu ein Zitat, diesmal nicht von einem Praktiker, sondern von einem Theoretiker: »Companies today hug the philosophy of management. They have forgotten what leadership is. [...] A leader is essential to inspire an organization to go beyond what they thought possible and to believe it is possible« (Bârgău 2015).

7.3.7 Modernes Schöpfertum – anders betrachtet

Im Titel dieses Essays steht ein Gedankenstrich. Ihm folgend bietet es sich an, nun einen Perspektivenwechsel vorzunehmen. Wenden wir uns also von der Erörterung der These »Zukunftsgestaltung fährt mit Vorstellungskraft« ab und der Frage zu, »Wozu jedoch, dienen Frankensteins Früchte?«. Ingolstadt ist bekannt dafür, ein Ort zu sein, an dem »coole« Automobile hergestellt werden, die in alle Welt verkauft werden. Dass es auch ein Ort ist, an dem ein weltberühmtes Monster geschaffen wurde, ist weniger bekannt.

Disruptive Innovationen: faszinierend und bedrohlich

Ingolstadt ist der Geburtsort der Kreatur, die wir als Frankenstein kennen. Das verdanken wir Mary Shelley, die in ihrem 1818 erschienenen Roman »Frankenstein oder Der moderne Prometheus« diese Figur erfand und für den Anfang ihrer Story folgendes Setting auserwählt hat: Victor Frankenstein lässt sie aus Genf kommend zum Medizinstudium nach Ingolstadt reisen, wo er seine Experimente beginnt und der fixen Idee anheimfällt, künstliches Leben erschaffen zu wollen. Und hier gelingt es ihm schließlich auch: Er erweckt sein – mit chirurgischer Präzision – aus Teilen verschiedener menschlicher und tierischer Leichen zusammengesetztes, namenlos bleibendes Monster mit Hilfe eines Blitzschlages zum Leben (Wikipedia 2023).

Seinerzeit war das Experimentieren mit Elektrizität für die meisten Menschen »Science Fiction« – und da haben wir sie schon, die Verbindung zwischen Frankensteins Monster und dem Diskurs über Zukunftsperspektiven, Erfindergeist und Gestaltung von Veränderungen. Diese Verbindung gibt es einerseits, weil Fiktion und Wirklichkeit dynamisch miteinander verwobene Teile einer Bewegung sind, die in die Zukunft führt. Dynamisch betrachtet ist es eben nicht so, dass beide entgegengesetzte und getrennte Einheiten des menschlichen Daseins sind – Ideen

---

66 Mit einer »beidhändigen Strategie« wäre auch die Automobilindustrie besser gefahren, als die Lebensdauer des Verbrenners mit Tricks zu verlängern. Der »Skandal« um manipulierte Abgaswerte mag in der medialen Öffentlichkeit zwar ausgestanden sein. Strukturell bleibt die »versäumte« Innovation allerdings folgewirksam.

Dar. 7-2: Screenshot aus dem Film »Frankenstein«, USA 1931, Regie: James Whale, einer in Youtube veröffentlichten, von der Scuola D'Arte Cinematografica Genova restaurierten und colorierten Version entnommen (Quelle: https://www.youtube.com/watch?v=YJpmQtJ4ZeA (Abgerufen am 27.11.2024))

hier und Materie dort. Andererseits gibt es diese Verbindung, weil disruptive Innovationen beides zugleich sind: faszinierend und bedrohlich, nützlich und schädlich. Ambivalenterweise werden sie daher zwar gern als notwendig anerkannt, aber am liebsten möchten wir sie ohne Kontrollverlust.

7.3.8 Fragen, die wir uns stellen sollten

So gesehen lohnt es sich mit Blick auf Frankensteins Monster & Co. ein paar Fragen zu stellen, vor allem »Warum fürchten wir sie?« und »Wofür brauchen wir sie?«, aber auch »Kann es gelingen, eine harmonische Zukunft zu schaffen, ganz ohne Monster?«.

Warum fürchten wir Frankensteins Monster & Co.?

Nun, weil sie anders sind – egal ob Monster, Roboter, Cyborgs oder Klone – und uns trotzdem gleichen. Und weil sie sich unserer Kontrolle entziehen, genauso wie die Veränderungen, die wir uns wünschen, ohne ihre Kontingenzen zu beherrschen.

Und weil wir uns gern als Agenten des Wandels sehen, aber ahnen, dass der Wandel, der immer mit Ambivalenzen einhergeht, uns zu seinen Gegenständen (oder sogar Opfern) zu machen droht. Und weil wir ganz vehement »change« fordern, um die negativen Begleiterscheinungen unserer derzeitigen Lebensweise loszuwerden, aber eigentlich alles Wesentliche auch ganz gern so bleiben soll, wie es ist, also die Annehmlichkeiten und Sicherheiten, an die wir uns gewöhnt haben. Die Figuren sind daher ideale Projektionsflächen für die Ambivalenz unserer Befürchtungen und Hoffnungen. Sie spiegeln unsere kognitiv-emotionale Dissonanz wider, zwischen positiv und negativ formulierten Zukunftserwartungen, Fortschritt und Niedergang, Heilung oder Desaster, oder einfach: zwischen kognitiven und emotionalen Formen der Verarbeitung von Unsicherheit.

Wofür brauchen wir Frankensteins Monster & Co.?

Im Verhältnis zu Frankensteins Monster & Co. werden allerdings auch Fragen nach der menschlichen Identität ansprechbar – und zwar nicht nur in einem überzeitlichen Sinne, die »conditio humana« schlechthin betreffend –, sondern in Verbindung mit wissenschaftlich-technischen, industriellen und gesellschaftlichen Veränderungen unserer Arbeits-, Wirtschafts- und Lebensweise, die neue Fragen aufwerfen und andere Aspekte unserer Natur beleuchten. Der Roboter z. B. ist, literarisch gesehen, als der »andere« Mensch zu verstehen. Und diesem »anderen« Menschen fehlt entweder etwas, oder er hat etwas zu viel. Je nach Zielsetzung kann er nun entweder als der eigentlich »gute«, wenn nicht »bessere« Mensch dargestellt werden, weil ihm die finsteren Neigungen des Homo sapiens »fehlen« und er stattdessen durch ein »Mehr« an Vernunft geleitet operiert. Oder er kann umgekehrt als bösartige und erbarmungslose Killermaschine dargestellt werden, die »ohne« menschliche Skrupel oder (mangels »fehlender« Spiegelneurone) ohne jedes Mitgefühl agierend nur das vollzieht, was ihrem »kalten« Elektronengehirn eingegeben wurde (vgl. den »Terminator«, verkörpert von Arnold Schwarzenegger, bzw. den gleichnamigen Science-Fiction-Film des Regisseurs und Drehbuchautors James Cameron aus dem Jahr 1984). Begreift man den Roboter als Spiegel unseres eigenen Menschseins, lässt sich unschwer nachvollziehen, warum die humanoide Form dieser Figur so populär ist: Anhand des von Menschen geschaffenen Wesens, des künstlichen Geschöpfes, lässt sich eine Unterscheidung vornehmen, mit deren Hilfe dargelegt werden kann, was an ihm, dem Roboter (oder auch dem »hybriden« Cyborg), »menschlich« ist und was »maschinell«. Und umgekehrt gesehen charakterisiert der gleiche Vorgang des Unterscheidens das, was den Menschen zur Maschine macht und das, was als sein ureigenstes Wesen »übrigbleibt«. Vice versa formuliert verdeutlicht die Unterscheidung also wie »maschinenartig« Menschen sein können und wie »menschenähnlich« Maschinen.

Kann es gelingen, eine harmonische Zukunft zu schaffen, ganz ohne Monster?

Die nüchterne Antwort auf diese Frage ist: Eine bessere Zukunft zu gestalten ist sicher möglich – aber nicht ohne Monster! Sie sind ein unverzichtbarer Bestandteil jeder Zukunft. Ohne sie würde dem gesellschaftlichen Diskurs etwas fehlen. Frankensteins Monster & Co. bieten erstens die Chance, Ängste und Befürchtungen zu artikulieren, ohne komplett von der »halbierten Vernunft« absorbiert zu werden, die nichts anderes tut, als zweckrationale Kalküle von Kosten und Nutzen oder Chancen und Risiken vorzunehmen.[67] Zweitens bieten sie die Chance, unser Dasein als Menschen in der Welt immer wieder neu (sinnvoll) zu bestimmen, nicht gemessen am Menschen schlechthin, sondern im Verhältnis zu seinen ideellen und materiellen Schöpfungen, also im Verhältnis zu Maschinen, Monstern, Robotern, Cyborgs und Klonen.

7.3.9 Das Fremde als Spiegel des Eigenen

Was ist das Menschliche? Wie wollen wir leben? Und wie nicht? Das gilt es herauszufinden und zu gestalten. Das Fremde dient uns hierbei als Spiegel des Eigenen. Lassen wir hierzu ein Exemplar aus der Riege von Frankensteins Monster & Co. selbst zu Wort kommen (ganz so wie gegen Ende des Romans von Mary Shelly). Frage an ChatGPT: »Sind KIs Monster, vor denen wir uns fürchten sollten?« Antwort von ChatGPT: »KIs sind nicht von Natur aus Ungeheuer, aber sie haben das Potenzial, mächtige Werkzeuge zu sein, mit denen man verantwortungsvoll umgehen muss. [...] Die Angst vor KI rührt oft von der Sorge her, dass sie autonom handeln, Entscheidungen treffen und möglicherweise die menschliche Intelligenz übertreffen könnte. Es ist jedoch wichtig zu wissen, dass das Verhalten und die Fähigkeiten einer KI von ihrem Design, ihren Trainingsdaten und den Absichten ihrer Schöpfer bestimmt werden.«[68] Da haben wir es: KIs sind dem Maße Monster, wie wir selbst, als seine Schöpfer, Monster sind. Um dem zu begegnen, was uns das Fürchten lehrt, kommt es ergo darauf an, unser Selbst zu erkennen, um unser eigenes Monstersein im Zaum zu halten.

7.3.10 Apropos Frankensteins Früchte

Die Welt ist wie ein Kaugummi: Alles ist mit allem verbunden, Geistiges ebenso wie Materielles, aber auch beides miteinander. Aber was verbindet uns mit Frankenst-

---

67 In Verbindung damit ist ein Bias zu konstatieren, zwischen Eu-topien, die eher im Technikermöglichkeitsdiskurs von Fachleuten eine Rolle spielen, und Dys-topien, die eher in den Produkten der Kulturindustrie vermarktet werden.
68 Dialogue with ChatGBT retrieved from https://openai.com/ on 14.09.2023; then translated from English to German with DeepL https://www.deepl.com/.

eins Früchten? Der Ausdruck stammt von Nora Bateson, der Tochter des bekannten Kulturanthropologen und Systemforschers Gregory Bateson. Eines ihrer Videos trägt den Titel »Frankenstein Apples – Short circuiting ecological learning at our peril« (Bateson 2022). Es bietet inspirierende Gedanken zum Paradigmenwechsel vom »make more, better, greater & faster approach« zu einer organisch-systemischen Fortschrittsidee von der Nutzung der lebendigen, »kommunikativen« Beziehungen, in die wir eingebettet sind. Eine Metapher für dieses »Netzwerk des Lebens« (Capra & Luigi 2014) ist z. B. die Streuobstwiese, in der viele Lebewesen »zusammenleben« und »miteinander kommunizieren« – auch mit uns. Was ich daraus ziehe, ist: Zukunftsgestaltung muss systemischer werden, muss integrative Lösungen ausarbeiten, etwa mit Hilfe des Cradle-2-Cradle-Ansatzes (Braungart & McDonough 2009). Vorstellungskraft brauchen wir dafür mehr denn je, aber anders orientiert.

7.3.11 Epilog

Bekanntlich gibt es vier Elemente, die den Lauf der Welt bestimmen: Feuer, Erde, Wasser und Luft. Das fünfte Element, die »Quinta Essentia«, wird gebraucht, um unser Schicksal selbst in die Hand zu nehmen. In diesem Sinne lautet die Quintessenz meines Essays: Ob wir dazu in der Lage sind, unser Leben als Menschen nach unseren Wünschen erfolgreich zu gestalten, hängt davon ab, in welchem Maße wir es schaffen, unserer Vorstellungskraft freien Lauf zu lassen und sie produktiv für die Gestaltung unserer Zukunft zu nutzen, aber auch inwieweit es uns gelingt, von Frankensteins Monster & Co. zu lernen.

Link zur Tagung

https://youtu.be/PVG7fryFY4Y

Literatur

Bârgau, Marian-Aurelian (2015): Leadership Versus Management, Romanian Economic and Business Review, vol. 10, no. 2, pp. 197–204.

Bateson, Nora (2022): Frankenstein Apples – Short circuiting ecological learning at our peril, video, https://vimeo.com/721735255 (Abgerufen am 30.11.2024).

Bell, Wendell (2002): Making People Responsible – The Possible, the Probable, and the Preferable, in: Dator, James A. (Ed.): Advancing Futures – Futures Studies in Higher Education, Westport/CT, Praeger, pp. 33–52.

Berger, Peter L.; Luckmann, Thomas (1980): Die gesellschaftliche Konstruktion der Wirklichkeit, Frankfurt/Main, S. Fischer.

Blüher, Stefan; Kuhlmey, Adelheid (2016): Demographischer Wandel, Altern und Gesundheit, in: Richter, Matthias, Hurrelmann, Klaus (Ed.): Soziologie von Gesundheit und Krankheit, Wiesbaden, Springer VS, pp. 313–324.

Böhm, Martin (2022). Konzeptuelle Metaphern als Instrumente des Framing. in: Ibid.: Bundestagswahl 2021 – Die metaphorischen Konzepte der Kandidatin und der Kandidaten, Wiesbaden, Springer VS (BestMasters), pp. 71–78, https://doi.org/10.1007/978-3-658-40224-2_6 (Abgerufen am 30.11.2024).

Brand, Karl-Werner (2018): Disruptive Transformationen. Gesellschaftliche Umbrüche und sozial-ökologische Transformationsdynamiken kapitalistischer Industriegesellschaften – ein zyklisch-struktureller Erklärungsansatz, Berliner Journal für Soziologie, vol. 28, pp. 479–509.

Braungart, Michael; McDonough, William (2009): Cradle to Cradle – Re-Making the Way We Make Things, London, Vintage.

Capra, Fritjof; Luisi, Pier Luigi (2014): The Systems View of Life – A Unifying Vision, Cambridge, Cambridge University Press.

Di Lorenzo, Giovanni (2010): Fragen an Helmut Schmidt (Interview), ZEITmagazin, 04.03.2010, https://www.zeit.de/2010/10/Fragen-an-Helmut-Schmidt (Abgerufen am 30.11.2024).

Dingwall, Robert; Hoffman, Lily M.; Staniland, Karen (Ed.) (2013): Pandemics and Emerging Infectious Diseases: The Sociological Agenda, Hoboken, Wiley & Sons.

Discovery Channel (2005): How William Shatner Changed The World (documentary, 90 min., directed by Julian Jones), USA.

Hoeres, Peter (2013): Von der »Tendenzwende« zur »geistig-moralischen Wende«. Konstruktion und Kritik konservativer Signaturen in den 1970er und 1980er Jahren, Vierteljahrshefte für Zeitgeschichte, vol. 61, no. 1, pp. 93–119, https://doi.org/10.1524/vfzg.2013.0004.

Hundt, Thomas (2022): Unrealistification – Virtual Reality as a Cultural Technology, in: Metzner-Szigeth, Andreas (Ed.): On the Interplay of Images, Imaginaries and Imagination in Science Communication, Florence, Casa Editrice Leo S. Olschki, pp. 137–147.

Hüther, Gerald (2004): Die Macht der inneren Bilder – Wie Visionen das Gehirn, den Menschen und die Welt verändern, Göttingen, Vandenhoeck & Ruprecht.

Jasanoff, Sheila, (2015): Future Imperfect: Science, Technology, and the Imaginations of Modernity, in Jasanoff, Sheila; Kim, Sang-Hyun (Ed.): Dreamscapes of Modernity – Sociotechnical Imaginaries and the Fabrication of Power, Chicago, University of Chicago Press, pp. 1–33. https://doi.org/10.7208/chicago/9780226276663.003.0001 (Abgerufen am 30.11.2024).

Jobs, Steve (2005): Commencement address delivered by Steve Jobs, CEO of Apple Computer and of Pixar Animation Studios, on June 12, 2005, https://news.stanford.edu/2005/06/12/youve-got-find-love-jobs-says/ (Abgerufen am 30.11.2024).

Lindström, Bengt; Eriksson, Monica (2010): The Hitchhiker's guide to salutogenesis. Salutogenic pathways to health promotion. Helsinki, Folkhälsan Research Centre.

Metzner-Szigeth, A. (2018): Technikzukünfte in Eu- und Dystopien, in: Böhn, Andreas; Metzner-Szigeth, Andreas (Ed.): Wissenschaftskommunikation, Utopien und Technikzukünfte, Karlsruhe, KIT Scientific Publishers, pp. 17–52, https://www.researchgate.net/publication/333602909_Technikzukunfte_in_Eu-und_Dystopien (Abgerufen am 30.11.2024).

Metzner-Szigeth, A. (Ed.) (2022a): On the Interplay of Images, Imaginaries and Imagination in Science Communication, Florence, Casa Editrice Leo S. Olschki.

Metzner-Szigeth, A. (2022b): Exploring the Interplay of Images, Imaginaries and Imagination in Science Communication – Basic Considerations, in: Metzner-Szigeth, Andreas (Ed.): On the Interplay of Images, Imaginaries and Imagination in Science Communication, Florence, Casa Editrice Leo S. Olschki, pp. 33–47.

Mitchell, R. W. (2013): The Comparative Study of Imagination, in: Taylor, Marjorie (Ed.): The Oxford Handbook of the Development of Imagination, Oxford, Oxford University Press, pp. 468–486, https://doi.org/10.1093/oxfordhb/9780195395761.013.0030 (Abgerufen am 30.11.2024).

Möser, Kurt; Meyer, Torsten; Popplow, Marcus (2022): Über Mobilität – Historisches zu Techniken, Kulturen und Utopien der Fortbewegung, Münster, Waxmann.

O'Reilly, Charles A.; Tushman, Michael L. (2004): The Ambidextrous Organization, Harvard Business Review, April, https://hbr.org/2004/04/the-ambidextrous-organization (Abgerufen am 30.11.2024).

Ortega y Gasset, José (2004–2010): Obras completa (in 10 vols.), Madrid, Taurus-Fundación.

Rödder, Andreas (2006): Das »Modell Deutschland« zwischen Erfolgsgeschichte und Verfallsdiagnose, Vierteljahrshefte für Zeitgeschichte, vol. 54, no. 3, pp. 345–363, https://doi.org/10.1524/vfzg.2006.54.3.345 (Abgerufen am 30.11.2024).

Schmid, Michael (2015): Disruptiver sozialer Wandel und das Problem der Resilienz, in: Endress, Martin; Maurer, Andrea (Ed.): Resilienz im Sozialen: theoretische und empirische Analysen, Wiesbaden, Springer VS, pp. 57–85.

Shelley, Mary (2017): Frankenstein oder der Moderne Prometheus – Die Urfassung 1818 – Roman. Aus dem Englischen übersetzt und in neuer Überarbeitung hrsg. von Alexander Pechmann, mit einem Nachwort von Georg Klein, München, Manesse.

Steets, Silke (2022). Die Wirklichkeit gesellschaftlicher Konstruktionen --Wissenssoziologie im Anschluss an Peter L. Berger und Thomas Luckmann, in: Delitz, Heike; Müller, Julian; Seyfert, Robert (Ed.): Handbuch Theorien der Soziologie, Wiesbaden, Springer VS, pp 1–27, https://doi.org/10.1007/978-3-658-31744-7_23-1 (Abgerufen am 30.11.2024).

Steinmüller, Karlheinz (2022): Wilde Zukünfte – Zur Emotionalität beim Umgang mit Wild Cards, in: Schäfer, Katharina; Steinmüller, Karlheinz; Zweck, Axel (Ed.): Gefühlte Zukunft – Emotionen als methodische Herausforderung für die Zukunftsforschung, Wiesbaden, Springer Fachmedien, pp. 289–305.

Suddendorf, Thomas; Dong, Andy (2013): On the Evolution of Imagination and Design, Oxford, Oxford University Press.

Voros, Joseph (2017): The Futures Cone, Use and History, retrieved from: https://thevoroscope.com/2017/02/24/the-futures-cone-use-and-history/ (Abgerufen am 30.11.2024).

Weimert, B., Römer, S. (2021): Bestandsaufnahme der Szenariomethodik – Ansätze einer kritischen Analyse, Zeitschrift für Zukunftsforschung, 1, https://www.zeitschrift-zukunftsforschung.de/archive/ausgaben/2021/1/5366 (Abgerufen am 30.11.2024).

Wikipedia (2023a): Eintrag »Frankenstein (Roman)«, https://de.wikipedia.org/wiki/Frankenstein_(Roman) (Abgerufen am 30.11.2024).

Williams, Denise (2022): What Venture Capitalist Should Consider When Turning to NFTs, Forbes Business Council, June 3, https://www.forbes.com/sites/forbesbusinesscouncil/2022/06/03/what-venture-capitalist-should-consider-when-turning-to-nfts/?sh=58a78ab4549a (Abgerufen am 30.11.2024).

Zschachlitz, Tomke; Kümpfel, Romy; Niemann, Hildegard; Straff, Wolfgang (2023): Die Bedeutung der Konzepte One Health und Planetary Health für die Umweltmedizin im 21. Jahrhundert, Bundesgesundheitsblatt, vol. 66, pp. 669–676, https://doi.org/10.1007/s00103-023-03711-6 (Abgerufen am 30.11.2024).

© Tiberio Sorvillo

7.4 Digitales Masterprogramm »Transformation und nachhaltige Lebensraumentwicklung – Tourismus neu gestalten«: Die Pioniere des Wandels

Natalie Hofstetter, Harald Pechlaner

Katholische Universität Eichstätt-Ingolstadt

Dar. 7-3: Logo der Katholischen Universität Eichstätt-Ingolstadt (www.ku.de)

Die Katholische Universität Eichstätt-Ingolstadt, auch bekannt als KU, liegt im Großraum München. Sie ist eine moderne Universität mit langer Tradition, die ein Ort des guten Lernens, Lehrens und Lebens ist. Mit ihrem Ursprung im 16. Jahrhundert bietet die Universität eine einzigartige akademische Tradition am zentralen Campus in Eichstätt und der Wirtschaftswissenschaftlichen Fakultät in Ingolstadt. Die KU ist für ihre knapp 70 Bachelor- und Masterstudiengänge bekannt. Darüber hinaus zeichnet sich die Universität durch ihre persönliche Atmosphäre aus, die von kleinen Klassen, intensiver Betreuung und einem familiären Gemeinschaftsgefühl geprägt ist. Aus diesem Grund wurde die KU von den Studierenden und Alumni 2024 zum dritten Mal (nach 2021 und 2022) zur beliebtesten Universität Deutschlands im Ranking des Online-Portals StudyCheck gekürt.

School of Transformation and Sustainability

Die School of Transformation and Sustainability (STS) an der KU wurde im Herbst 2023 gegründet. Sie widmet sich den bedeutenden Herausforderungen unserer Zeit. Mit einer innovativen Struktur zielt die STS darauf ab, die aktuellen politischen, sozialen und ökologischen Veränderungen zu analysieren und zu unterstützen. Durch kreatives Denken und die enge Zusammenarbeit mit Experten und Praxispartnern verfolgt die STS das Ziel, die Forschung kontinuierlich zu erweitern und damit eine nachhaltige Entwicklung voranzutreiben. Dabei werden fundierte fachliche Kompetenz mit einem starken Engagement für das Gemeinwohl verbunden.

Mit der Neugründung der Fakultät wurden nicht nur die organisatorischen Elemente überarbeitet, sondern auch die Studienprogramme grundlegend überholt. Im Herbst 2023 wurde beispielsweise das digitale Masterprogramm »Transformation und nachhaltige Lebensraumentwicklung – Tourismus neu gestalten« erfolgreich eingeführt. Dieser innovative Studiengang wurde speziell entwickelt, um Studierenden ein vertieftes Verständnis für die komplexen Herausforderungen der Gegenwart zu vermitteln und sie auf eine aktive Rolle in der Transformation und Nachhaltigkeit vorzubereiten.

Digitales Masterprogramm »Transformation und nachhaltige Lebensraumentwicklung – Tourismus neu gestalten«

Dar. 7-4: Infografik des Masterstudiengangs

Das digitale Masterprogramm ist ein universitäres Angebot, das die interdisziplinären Zugänge des Tourismus in den Mittelpunkt stellen will, indem eine projekt- und methodenorientierte Ausbildung angeboten wird. Die Zielsetzung besteht darin, vor dem Hintergrund der fundamentalen Änderungen in Wirtschaft, Politik, Gesellschaft, Ökologie und Technologie die bedeutende Rolle des Tourismus für die vielschichtigen Transformationsprozesse zu verstehen, zu deuten und anzuwenden. Dabei wird ein besonderer Wert auf die Analyse und Förderung von Transformationsprozessen in Bezug auf Umwelt und Gesellschaft gelegt. Die Studierenden erwerben ein tiefgreifendes Verständnis für Wandelprozesse in Gesellschaft, Wirtschaft und Politik sowie die komplexen Wechselwirkungen zwischen Tourismus, Umwelt und Gesellschaft. Zentral ist die Entwicklung von Fähigkeiten, transformative Lösungen zu gestalten. Das heißt, dass die Studierenden nicht nur konkrete Projekte planen, sondern sie mit den Betroffenen umsetzen und damit in die Gestaltung einsteigen und aktive Verantwortung übernehmen.

Partner des Masterprogrammes

Dar. 7-5: Logos der Partner des Masterprogramms

Das Masterprogramm wird in Kooperation mit der Technischen Hochschule Deggendorf, der Hochschule Kempten und der Hochschule München angeboten, was den Studierenden eine breite Palette an Ressourcen und Fachwissen aus verschiedenen akademischen und regionalen Kontexten bietet. Diese Zusammenarbeit ermöglicht es den Studierenden, von den unterschiedlichen Schwerpunkten und Stärken der beteiligten Partner zu profitieren und ein umfassendes Verständnis für die Herausforderungen und Chancen im Bereich der Transformation und Nachhaltigkeit zu entwickeln.

Aufbau des Masterprogrammes

Der viersemestrige Master verfolgt ein Online-Format, wobei geblockte Anteile ausgewählter Module pro Semester in Präsenz durchgeführt werden. Zu Beginn des Studiums konzentriert sich das Curriculum auf die Grundlagen von Transformation und Nachhaltigkeit. Zudem bieten praxisnahe Lehrmethoden, einschließlich

Fallstudien und Projekte mit realen Partnern, direkt zu Beginn den Studierenden eine Hands-on-Erfahrung. Im weiteren Verlauf wird die Anwendungsorientierung des Studiengangs deutlich. Die Studierenden wählen zwei aus drei Wahlpflichtbereichen: Erstens Gesellschaft und Tourismus, zweitens Nachhaltigkeit und Tourismus oder drittens Digitalisierung und Tourismus. Im vierten Semester schließen die Studierenden ihr Studium mit der Masterarbeit ab (▶ Dar. 7-6).

Karrieremöglichkeiten

Der Master konzentriert sich auf Studierende, die aus einer Kombination von wirtschaftswissenschaftlichen, touristischen, soziologischen, humangeographischen oder politikwissenschaftlichen Bereichen einen wissenschaftlichen Studienabschluss (M. Sc.) erwerben möchten. Basierend auf dieser innovativen Fächerkombination bieten sich mit diesem Abschluss sowohl national als auch international exzellente Arbeitsmarktchancen. Weiterhin wird das berufliche Profil durch Praxisprojekte und das Berufspraktikum gestärkt.

Letztendlich bietet der Master dank des interdisziplinären Charakters hervorragende Arbeitsmarktchancen für ein breites Betätigungsfeld in sich transformierenden Bereichen und Industrien; z. B. Destinationsmanagement, Consulting, Entwicklungszusammenarbeit, Nachhaltigkeitsmanagement, Regional- bzw. Strukturpolitik in der öffentlichen Verwaltung bzw. von Verbänden oder in jedem Bereich der Privatwirtschaft sowie der öffentlichen Verwaltung mit Bedarf nach Transformationskompetenzen.

Meinungen der Studierenden

»Der Master ist grundsätzlich digital mit einigen Präsenzphasen alle vier bis sechs Wochen. Der digitale Aspekt meines Masters macht es mir möglich, mein Studium flexibel zu gestalten und die richtige Balance zwischen Arbeit, Lernen und Familie zu finden.«

»Transformation und Nachhaltigkeit bewegen die Welt, die Welt sucht nachhaltige Lösungen. Ich will meinen Beitrag dazu leisten: Wir lernen transformatives Denken, um die Fragen der schnelllebigen Welt beantworten zu können.«

»Das einzigartige Konzept wird uns hoffentlich als Studierende hervorheben. Das Spannende ist, dass wir insgesamt an vier verschiedenen Hochschulen eingeschrieben sind. Wir als Studierende haben aktiv die Möglichkeit, diesen Master mitzugestalten. Unser Feedback wird sehr geschätzt und dementsprechend fühlt es sich an, als wären wir alle auf einer Augenhöhe.«

7 Tourismus hat Zukunft – ohne Tourismus!

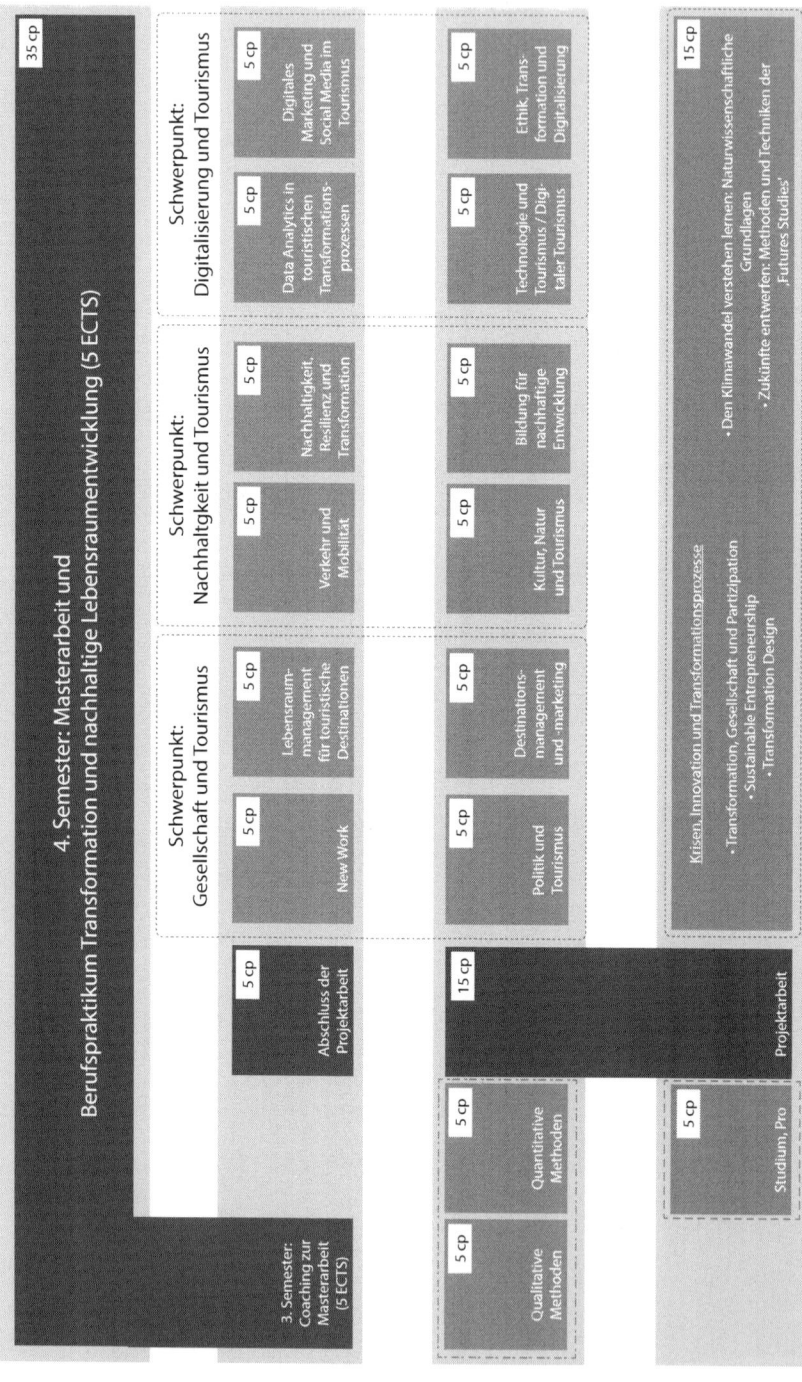

Dar. 7-6: Studienaufbau für das Masterprogramm

7.4 Digitales Masterprogramm

Dar. 7-7: Studierende und Dozierende des Masterprogramms

© Katrin Wycik

7.5 Tourismus zwischen Krisenfestigkeit und Zukunftsfähigkeit: Transformative Resilienz als Schlüssel zur Neuausrichtung in Zeiten des Wandels

Elina Störmann

7.5.1 Zum Verständnis transformativer Resilienz 307
7.5.2 Stakeholder und ihre Verantwortung auf dem Weg zu einer resilienten Entwicklung.. 309
7.5.3 Fazit 311

Tourismus ist eine Branche, die ihren Bedeutungsgewinn durch Jahrzehnte des Wachstums unter Beweis stellen konnte. Nun befindet sich der Tourismus aktuell in einer Sensibilisierungsphase und stößt an systemische Grenzen, die zu neuen Strategien und Antworten auffordern (Rastegar et al. 2023). Denn Herausforderungen im Tourismus sind vielfältig: Klimaziele, politische Konflikte, demographische Veränderungen, Fachkräftemangel und viele mehr. Vor dem Hintergrund unterschiedlicher Krisen (z. B. Inflationskrise, Naturkatastrophen, Ressourcenkrise) mit all ihren bekannten, aber auch noch nicht absehbaren wirtschaftlichen wie gesellschaftlichen Konsequenzen wird offenkundig, dass sich neue, herausfordernde gesellschaftspolitische Rahmenbedingungen – sowohl für die regionale als auch für die internationale Tourismusbranche – manifestieren (Fathi 2022). All jene Krisen führen zu veränderten Rahmenbedingungen in Wirtschaft, Politik, Wissenschaft und Gesellschaft und sind ein Transformationstreiber für die Tourismusbranche (Zacher und Gavriljuk 2021). Davon ausgehend steigt die Notwendigkeit neuer Orientierungspunkte für die Tourismusentwicklung. Der Resilienzansatz kann ein solcher Orientierungspunkt sein, um im Tourismus die Weichen für die Zukunft zu stellen, und gleichzeitig als Anlass gesehen werden, neue Entwicklungspfade einzuschlagen sowie eine Neuausrichtung zu wagen (Zacher 2022). Weiter wird ersichtlich, dass die Wettbewerbsfähigkeit von Destinationen in Zukunft auch immer stärker davon abhängig sein wird, inwieweit ein Beitrag zur Nachhaltigkeitstransformation erfolgt (Magnusson et al. 2024). Resilienz beeinflusst die Nachhaltigkeit sowie eine nachhaltige Ökonomie, was wiederum zusammen mit Agilität eine Destinationsentwicklung positiv bestärken kann (Thees et al. 2022). Insbesondere die Perspektive der transformativen Resilienz kann als Ansatz gesehen werden, der die betriebswirtschaftliche Notwendigkeit des touristischen Unternehmertums ernst nimmt und gleichzeitig an der gesellschaftlichen Verantwortung interessiert ist. Eine transformative Tourismusentwicklung beinhaltet eine Verlagerung hin zu verantwortungsvolleren und ethischen Praktiken, die Erhaltung der lokalen Ressourcen und des kulturellen Erbes sowie gemeinschaftliches Engagement (Hoffmann et al. 2023).

Der vorliegende Beitrag umfasst ausgewählte Erkenntnisse aus Projekten, die am Lehrstuhl Tourismus der Katholischen Universität Eichstätt-Ingolstadt zum Thema Resilienz entstanden sind. Eine besondere Bedeutung wird dabei auf den Tourismus im Spannungsfeld von Resilienz und Transformation sowie auf die Verantwortung unterschiedlicher Akteure – Wirtschaft, Politik, Wissenschaft und Gesellschaft – gelegt, um zu beleuchten, wie transformative Resilienz als Schlüssel zur Neuausrichtung in Zeiten des Wandels gesehen werden kann.

7.5.1 Zum Verständnis transformativer Resilienz

Der Resilienzansatz findet bereits seit einigen Jahren Eingang in die Tourismusforschung und das erscheint nicht verwunderlich, denn der Tourismus ist ein komplexes System mit unterschiedlichen System- und Maßstabsebenen und verschiedenen Ansatzpunkten in Wissenschaft und Praxis (Traskevich und Fontanari 2021). Gerade aufgrund seiner Mobilität und dem sozialen Austausch ist Tourismus eine Branche, die stark von Unsicherheiten betroffen ist. Aktuelle Zeiten regen daher im Besonderen dazu an, Transformation (sie lässt sich kaum beeinflussen) und Innovation (sie lässt sich sehr wohl beeinflussen) anzutreiben und voranzubringen (Sakurai und Chughtai 2020; Störmann und Pechlaner 2022). Die Praxis zeigt, dass einige Destinationen Frühwarner sind und den Resilienzansatz dementsprechend nutzen, um sich bereits frühzeitig mit Zukunftsfragen auseinanderzusetzen. Gemeinsame Anstrengungen, adaptive Strategien und innovative Ansätze gewährleisten die Funktionsfähigkeit und Nachhaltigkeit von Destinationen (Hoffmann et al. 2023; Innerhofer et al. 2018).

Ein Blick auf die theoretische Verortung des Resilienzbegriffs zeigt, dass sich der Terminus in den vergangenen Jahren zu einem disziplin- und branchenübergreifenden Ansatz entwickelt hat und zwischen Konstanz (bounce-back) und Wandel (bounce-forward) unterscheidet (Cowell 2013; Manyena et al. 2011). In seiner ursprünglichen Bedeutung umfasste der Resilienzbegriff die Intention, nach einem Schockereignis wieder in das ursprüngliche Gleichgewicht zurückzukehren. Aus dieser ingenieurswissenschaftlichen Tradition (sog. Engineering Resilience) heraus wurde somit das Ziel des Gleichgewichts und der Stabilität verfolgt, um Systemleistungen und -strukturen zu erhalten bzw. wiederherzustellen (»recovery«) (Holling

1996; Pimm 1984). Resilienz aus der ökologischen and evolutionären Perspektive hingegen erweitern das Resilienzverständnis, indem der Fokus auf den Kurswechsel (bounce-forward) sowie die kontinuierliche Weiterentwicklung des Systems und die Entfaltung neuer Entwicklungswege gelegt wird (Bristow und Healy 2020). Adaptive und transformative Kapazitäten rücken stärker in den Blickwinkel der Diskussion und umfassen kontinuierliche Lern- und Anpassungsprozesse an die sich verändernden Rahmenbedingungen (Störmann und Pechlaner 2022). Es geht dabei zum einen um das Anpassen und Transformieren und sich in diesem Sinne auch verändern wollen und können (Folke et al. 2010; Pendall et al. 2010). Und zum anderen um die Zukunftsfähigkeit, um das Antizipieren und darum veränderungsfähig zu sein (Fröhlich und Hassink 2018; Simmie und Martin 2010). Um aktiv zur Bewältigung der großen Krisen beizutragen, ist im Idealfall eine Kombination der unterschiedlichen Charakteristiken vonnöten (Thees et al. 2022). Aus kurzfristiger Perspektive ist dies die Fähigkeit der Stabilisierung und Robustheit. Langfristig jedoch kann der Tourismus einen Beitrag zu einer zukunftsorientierten und nachhaltigen Lebensführung leisten und zu einem »Agent of Change« im Rahmen der Wandelprozesse werden (Greenwood 1976; Hoffmann et al. 2023), insbesondere dann, wenn er den Ansatz der transformativen Resilienz verfolgt (Hall et al. 2018).

Denn transformative Resilienz geht über die bloße Bewältigung der Krisen hinaus. Sie umfasst proaktive Maßnahmen, die an den Ursachen und systemischen Schwachstellen ansetzen und auf einen positiven Wandel sowie die langfristige Nachhaltigkeit abzielen (Shen et al. 2023). In der Theorie wird transformative Resilienz als die Fähigkeit von Individuen, einer Gemeinschaft, Organisationen oder Systemen bezeichnet, nicht nur Schocks und Störungen zu überstehen bzw. sich davon zu erholen, sondern als Folge auf diese Herausforderungen auch einen positiven Wandel und eine Transformation zu vollziehen (Jones et al. 2022). Eine transformative Anpassung erfolgt als Reaktion auf die zunehmende Komplexität sowie globale Dynamiken (Asadzadeh et al. 2023) und verfügt über die Fähigkeit, die Gesellschaft und sich selbst bewusst und absichtlich zu verändern (Ziervogel et al. 2016). Transformative Resilienz regt dazu an, den Umbruch als Chance für positive Veränderungen und Innovationen wahrzunehmen (Shen et al. 2023; Trippl et al. 2023) und ggf. auch Rückschläge proaktiv als Katalysator für persönliches und kollektives Wachstum zu nutzen (Meerow und Stults 2016). So geht transformative Resilienz über die bloße Anpassung und das »Überleben« hinaus, um eine nachhaltigere und gerechtere Zukunft zu erzielen (Jones et al. 2022), und konzentriert sich auf die Schaffung einer »neuen Normalität«, die besser in der Lage ist, zukünftige Ereignisse zu antizipieren und auf diese zu reagieren, um tiefgreifende Veränderungen zu erfahren (Maurischa et al. 2023; Wilson et al. 2013). Weiter ist transformative Resilienz im Resilienzdenken (»Resilience Thinking«) verankert und konzentriert sich auf das Verständnis der Dynamik des Wandels in sozialökologischen Systemen (Sellberg et al. 2018). Das bedeutet, den Wandel zu leben und ihn zu gestalten, um das menschliche Wohlergehen und eine nachhaltige Entwicklung inmitten turbulenter Veränderungen zu verbessern (Folke et al. 2010). Übergreifend geht es darum, bestehende Prozesse, Praktiken, Verhaltensweisen und Strategien zu verbessern, um eine Neuausrichtung zu ermöglichen (Asadzadeh et al. 2023; Iao-Jörgensen 2023; Pelling 2010). Hierfür ist es notwendig, die Ursachen von Risiken und Anfälligkeiten anzugehen, bestehende Strukturen in Frage zu stellen, neue Denk- und Handlungsoptionen zu fördern und folglich einen fundamentalen Wandel in der Resilienzplanung und -praxis zu ermöglichen (Ziervogel et al. 2016). Um dies zu erreichen, verlagert sich der Schwerpunkt von der bloßen Identifizierung von Resilienzelementen auf das Verständnis der eigentlichen Prozesse, die Resilienz von Grund auf erst ermöglichen (Jones et al. 2022). Darüber hinaus liegt der Schwerpunkt auf radikalen oder systemischen Veränderungen bestehender institutioneller Vereinbarungen, Prioritäten oder Normen. Und somit geht es um das bewusste Bemühen, transformative Lösungen herbeizuführen, anstelle den Status quo beizubehalten (Iao-Jörgensen 2023; O'Brien 2012).

Transformative Resilienz betont proaktive Innovationen von Governance-Prozessen und Planungsmechanismen, um die Nachhaltigkeit voranzutreiben bzw. einen Wechsel in eine grundlegend neue Richtung zu erleichtern (Asadzadeh et al. 2023). Das Bewusstsein für einen grundlegenden Wandel wird insbesondere durch Narrative als Treiber für Innovation und neue Perspektiven vorangetrieben (Bush und Doyon 2019).

Neben dem funktionalen Aspekt umfasst transformative Resilienz soziale Gesichtspunkte. Transformative Veränderungen erfordern kollektive Visionen, Zusammenarbeit bei der Wissensproduktion sowie transparente und transdisziplinäre Ansätze zur Bewältigung zukünftiger Risiken und Stressoren. Das Gefühl der Eigenverantwortung aller Beteiligten wird durch diese Zusammenarbeit gefördert und führt folglich zu nachhaltigeren und verantwortungsvolleren Tourismuspraktiken (Asadzadeh et al. 2023; Meerow und Stults 2016).

7.5.2 Stakeholder und ihre Verantwortung auf dem Weg zu einer resilienten Entwicklung

Der Tourismus ist nicht resilient per se. Es sind die persönlichen Kompetenzen und Fähigkeiten der Menschen, der touristischen Betriebe, aber auch der Gemeinschaft, die für die Sicherstellung einer resilienten Entwicklung ausschlaggebend sind (Thees et al. 2022; Zacher und Gavriljuk 2021). Unterschiedliche Akteure spielen eine Rolle im Umgang mit Fragen der Resilienz, denn kein einzelner Akteur verfügt über alle erforderlichen Ressourcen und Kompetenzen, um Herausforderungen und Krisen allein zu bewältigen (Strambach 2004). Daher geht Resilienz nur durch das Miteinander und die Anstrengung unterschiedlicher Stakeholder: von der Politik und Wirtschaft, hin zur Wissenschaft und Gesellschaft (▶ Dar. 7-8). In diesem Gefüge leistet jeder einen Beitrag fürs Netzwerk und trägt somit zum gemeinsamen Aufbau einer resilienten Entwicklung bei (Störmann und Pechlaner 2022).

Resilienz setzt eine Kultur der Zusammenarbeit voraus. Dies erfordert ein Denken in Netzwerken und die Auseinandersetzung mit der Frage, wie Netzwerkarbeit Vertrauen aufbauen kann (Störmann und Lill 2022). Transformation in diesem

Zusammenhang bedeutet nicht nur allein die Wertschätzung von bestehenden Kooperationsbeziehungen, sondern steht ebenfalls für Kooperationen, die verändert und erweitert werden können (Störmann und Pechlaner 2022). Dabei geht es darum, gemeinsam Verantwortung zu tragen. Folglich kann dies durch ein intelligentes Zusammenspiel von Akteuren, die alle wissen, dass sie eine Verantwortung im Netzwerk tragen, erreicht werden (Hoffmann et al. 2023).

Dies macht eine zukunftsorientierte, mutige **Politik** erforderlich, die klare Signale und Impulse gibt. Zielsetzungen, Offenheit, aber letztlich auch die tatsächliche Umsetzung ist ausschlaggebend, um Vertrauen zu schaffen und den Aufbau von Resilienz auch auf weiteren Systemebenen zu erreichen (Störmann und Pechlaner 2022).

Auf **betrieblicher Ebene** sind dies innovative und mutige Unternehmerinnen und Unternehmer, die im Sinne transformativer Resilienz agieren. Sie zeichnen sich zudem durch ein hohes Maß an Veränderungsbereitschaft aus und können als Treiber gesehen werden, wenn es um neue Lösungen und einen Paradigmenwechsel geht (Zacher und Gavriljuk 2021). Eine Innovationskultur, die Nachhaltigkeit des Lebensraums in den Blickwinkel nimmt und so Innovation und Zukünfte ermöglicht (Della Corte et al. 2021; Innerhofer et al. 2018).

Eine kompetente **wissenschaftliche Begleitung** unterstützt diesen Innovationsprozess. Dabei ist die Wissenschaft vor allem für die Aufklärung zuständig und nimmt eine beratende Funktion ein. Durch »Moderation« steht sie für einen erfolgreichen Transfer für die Aufklärung der anderen Stakeholder (Störmann und Lill 2022; Störmann und Pechlaner 2022).

Letztlich ist ein ernsthafter Multi-Stakeholder-Dialog notwendig, der mit einer professionellen Formatentwicklung für **bürgerschaftliche Partizipationsprozesse** einhergeht (Störmann und Zacher 2021). Es geht dabei um ein gemeinsames Verständnis von resilienter und nachhaltiger Entwicklung. Und jenes Grundverständnis berücksichtigt die Entwicklung einer Gesellschaft im Sinne der Community Resilience (Zacher 2022). Seitens Gesellschaft sind für eine resiliente Entwicklung insbesondere Akzeptanz und der Wille zur Veränderung ausschlaggebend. Grundsätzlich wird empfohlen, eine Balance zwischen Bottom-up- und Top-down-Ansätzen zu finden. Ideen, die von Seiten der Einwohner entwickelt werden, ohne dass sie zunächst von politisch-administrativen Kontrollen geleitet werden (Butler et al. 2015). Rahmenbedingungen und Regulationen fügen sich letztlich sinnvoll in ein Gesamtgefüge.

Zusammenfassend braucht es im Sinne der transformativen Resilienz eine Aufbruchstimmung und eine verantwortungsbewusste, veränderungsbereite Politik, Wirtschaft und Gesellschaft, wenn es darum geht, aktiv zur Bewältigung der großen Krisen beizutragen. Von Bedeutung ist der Aufbau von Kapazitäten, die es ermöglichen, künftige Ereignisse zu antizipieren, indem eine »neue Normalität« geschaffen wird (Folke et al. 2010; Maurischa et al. 2023). Dies unterstreicht die Relevanz angesichts der Ungewissheit nach höheren Zielen, neuen Visionen und mehr Robustheit zu streben.

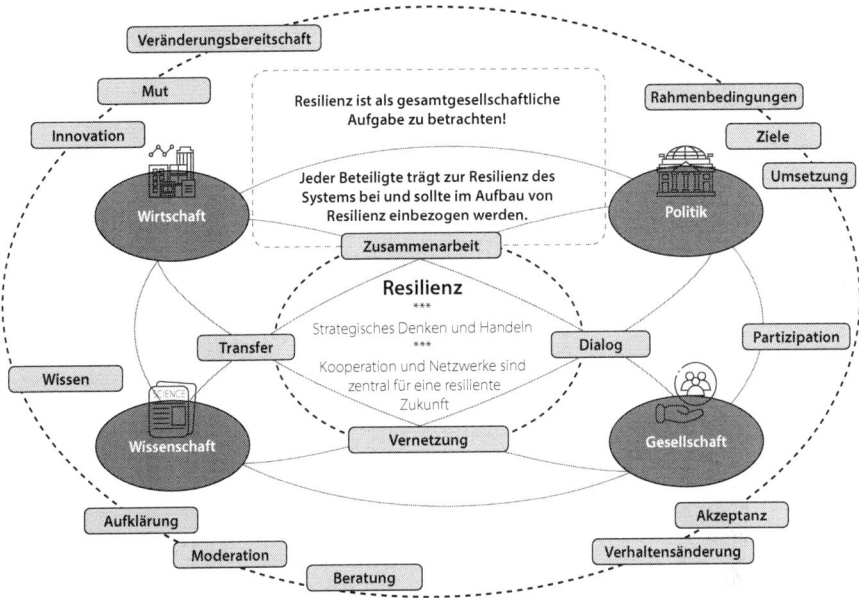

Dar. 7-8: Verantwortung unterschiedlicher Stakeholder

7.5.3 Fazit

Der strategische Aufbau von Resilienz hängt zum einen von den systemischen Rahmenbedingungen ab und zum anderen von der engen Zusammenarbeit unterschiedlicher Stakeholder, um eine ganzheitliche und koordinierte Herangehensweise an Krisenbewältigung sicherzustellen (Störmann und Pechlaner 2022). Resilienzbildung kann Brücken schlagen, wenn diverse Akteure involviert sind: von der Politik über die Wirtschaft und Wissenschaft bis hin zur Einbeziehung der Einheimischen (Zacher und Gavriljuk 2021). Im Einklang mit der lokalen Bevölkerung können Potenziale sowohl für den Destinationsraum als auch für den Lebensraum noch besser identifiziert und gestaltet werden (Pechlaner 2019).

Wichtig ist ein aktives Change-Management im Aufbau von Resilienz (Hoffmann et al. 2023). Zwar sollte Resilienz auch weiterhin in Bezug auf Strukturerhalt zu verstehen sein, indem beispielsweise die grundlegende organisationale und regionale Funktionsfähigkeit auch in einem Umfeld geringer ökonomischer Aktivität gewährleistet wird. Es geht jedoch auch darum, eine Zukunftsfähigkeitsdiskussion zu führen (Thees et al. 2022). Denn Resilienz bedeutet nicht nur Krisenfestigkeit und Robustheit. Transformative Resilienz geht über das Absichern der Krisen hinaus und so ist es auch wichtig, Narrative von Zukünften in den Blick zu nehmen (Schneider 2022) und zu verstehen, wie Tourismussysteme auf regionaler und globaler Ebene davon profitieren können. Letztlich geht Resilienz nur durch das Miteinander, und Miteinander ist Zukunftsfähigkeit. So werden einige Destinationen bestehende oder nicht vorhersehbare Krisen als zukunftsweisende Chance nutzen. Andere dagegen betrachten Resilienz als Abbringen von ihrem bisherigen Entwicklungspfad (Innerhofer et al. 2018). Resilienz kann folglich dort entwickelt werden, wo der Wille zur Anpassung und Transformation sowie die strategische Zusammenarbeit umgesetzt werden (Pechlaner et al. 2022).

Literatur

Asadzadeh, A., Fekete, A., Khazai, B., Moghadas, M., Zebardast, E., Basirat, M. & Kötter, T. (2023). Capacitating urban governance and planning systems to drive transformative resilience. *Sustainable Cities and Society 96*, 104637.

Bristow, G. & Healy, A. (Hrsg.). (2020). *Handbook on Regional Economic Resilience.* Cheltenham: Edward Elgar.

Bush, J. & Doyon, A. (2019). Building urban resilience with nature-based solutions: How can urban planning contribute? *Cities (London, England) 95*, 102483.

Butler, J.R.A., Wise, R.M., Skewes, T.D., Bohensky, E.L., Peterson, N., Suadnya, W., Yanuartati, Y., Handayani, T., Habibi, P., Puspadi, K., Bou, N., Vaghelo, D. & Rochester, W. (2015). Integrating Top-Down and Bottom-Up Adaptation Planning to Build Adaptive Capacity: A Structured Learning Approach. *Coastal Management 43* (4), 346-364.

Cowell, M.M. (2013). Bounce back or move on: Regional resilience and economic development planning. *Cities 30*, 212-222.

Della Corte, V., Del Gaudio, G., Sepe, F. & Luongo, S. (2021). Destination Resilience and Innovation for Advanced Sustainable Tourism Management: A Bibliometric Analysis. *Sustainability 13* (22), 12632.

Fathi, K. (2022). Gesellschaftliche Multiresilienz im Kontext von Krisenbündeln und Bündelkrisen in der DACH-Region. In H. Pechlaner, D. Zacher & E. Störmann (Hrsg.), *Resilienz als Strategie in Region, Destination und Unternehmen* (Entrepreneurial Management und Standortentwicklung, S. 33-69). Wiesbaden: Springer Fachmedien Wiesbaden.

Folke, C., Carpenter, S.R., Walker, B., Scheffer, M., Chapin, T. & Rockström, J. (2010). Resilience Thinking: Integrating Resilience, Adaptability and Transformability. *Ecology and Society 15* (4).

Fröhlich, K. & Hassink, R. (2018). Regional resilience: a stretched concept? *European Planning Studies 26* (9), 1763-1778.

Greenwood, D.J. (1976). Tourism as an agent of change. *Annals of Tourism Research 3* (3), 128-142.

Hall, C.M., Prayag, G. & D'Amore, A. (2018). *Tourism and resilience. Individual, organisational and destination perspectives* (Tourism Essentials, Bd. 5). Bristol: Channel View Publications.

Hoffmann, S., Deppisch, T., Fontanari, M. & Traskevich, A. (2023). Creating cooperative value for destination resilience. *Tourism Management Perspectives 48*, 101160.

Holling, C.S. (1996). Engineering Resilience versus Ecological Resilience. In P. Schulze (Hrsg.), *Engineering Within Ecological Constraints* (S. 31-43). Washington, D.C.: National Academies Press.

Iao-Jörgensen, J. (2023). Antecedents to bounce forward: A case study tracing the resilience of inter-organisational projects in the face of disruptions. *International Journal of Project Management 41* (2), 102440.

Innerhofer, E., Fontanari, M. & Pechlaner, H. (2018). *Destination Resilience. Challenges and Opportunities for Destination Management and Governance.* New York: Routledge.

Jones, S., Krzywoszynska, A. & Maye, D. (2022). Resilience and transformation: Lessons from the UK local food sector in the COVID-19 pandemic. *The Geographical Journal 188* (2), 209-222.

Magnusson, T., Karabag, S.F., Wigger, K. & Andersson, G. (2024). Sustainability transitions in tourism: on the transformation of a fragmented sector. *Tourism Geographies 26* (2), 157-172.

Manyena, B., O'Brien, G., O'Keefe, P. & Rose, J. (2011). Disaster resilience: a bounce back or bounce forward ability? *Local Environment: The International Journal of Justice and Sustainability 16* (5), 417–424.

Maurischa, S. D., Fahmi, F. Z. & Suroso, D. S. A. (2023). Transformative resilience: Transformation, resilience and capacity of coastal communities in facing disasters in two Indonesian villages. *International Journal of Disaster Risk Reduction 88*, 103615.

Meerow, S. & Stults, M. (2016). Comparing Conceptualizations of Urban Climate Resilience in Theory and Practice. *Sustainability 8* (7), 701.

O'Brien, K. (2012). Global environmental change II. *Progress in Human Geography 36* (5), 667–676.

Pechlaner, H. (Hrsg.). (2019). *Destination und Lebensraum. Perspektiven touristischer Entwicklung.* Wiesbaden: Springer Gabler.

Pechlaner, H., Zacher, D. & Störmann, E. (Hrsg.). (2022). *Resilienz als Strategie in Region, Destination und Unternehmen* (Entrepreneurial Management und Standortentwicklung). Wiesbaden: Springer Fachmedien Wiesbaden.

Pelling, M. (2010). *Adaptation to Climate Change:* Routledge.

Pendall, R., Foster, K. A. & Cowell, M. (2010). Resilience and regions: building understanding of the metaphor. *Cambridge Journal of Regions, Economy and Society 3* (1), 71–84.

Pimm, S. L. (1984). The complexity and stability of ecosystems. *Nature 307* (5949), 321–326.

Rastegar, R., Higgins-Desbiolles, F. & Ruhanen, L. (2023). Tourism, global crises and justice: rethinking, redefining and reorienting tourism futures. *Journal of Sustainable Tourism 31* (12), 2613–2627.

Sakurai, M. & Chughtai, H. (2020). Resilience against crises: COVID-19 and lessons from natural disasters. *European Journal of Information Systems 29* (5), 585–594.

Schneider, M. (2022). Jenseits von palliativen Strategien. Zum Zusammenhang von Krisenbewältigung, Transformation und Resilienz. In H. Pechlaner, D. Zacher & E. Störmann (Hrsg.), *Resilienz als Strategie in Region, Destination und Unternehmen* (Entrepreneurial Management und Standortentwicklung, S. 3–31). Wiesbaden: Springer Fachmedien Wiesbaden.

Sellberg, M. M., Ryan, P., Borgström, S. T., Norström, A. V. & Peterson, G. D. (2018). From resilience thinking to Resilience Planning: Lessons from practice. *Journal of environmental management 217*, 906–918.

Shen, Y., Cheng, Y. & Yu, J. (2023). From recovery resilience to transformative resilience: How digital platforms reshape public service provision during and post COVID-19. *Public Management Review 25* (4), 710–733.

Simmie, J. & Martin, R. (2010). The economic resilience of regions: towards an evolutionary approach. *Cambridge Journal of Regions, Economy and Society 3* (1), 27–43.

Störmann, E. & Lill, E.-M. (2022). Resilience in Regional Development: Culture and Creativity as a Driving Force to Strengthening Resilience? In H. Pechlaner, N. Olbrich, J. Philipp & H. Thees (Hrsg.), *Towards an ecosystem of hospitality. Location:City:Destination* (S. 87–95). Llanelli, Wales: Graffeg Limited.

Störmann, E. & Pechlaner, H. (2022). Der Einfluss von regionalen Netzwerken und Innovationssystemen auf die Resilienz von Regionen. In H. Pechlaner, D. Zacher & E. Störmann (Hrsg.), *Resilienz als Strategie in Region, Destination und Unternehmen* (Entrepreneurial Management und Standortentwicklung, S. 183–213). Wiesbaden: Springer Fachmedien Wiesbaden.

Störmann, E. & Zacher, D. (2021). Promoting citizens' dialogue capability as a tool for regional resilience. In M. Valeri, A. Scuttari & H. Pechlaner (Hrsg.), *Resilienza e sostenibilità: dinamiche globali e Risposte locali* (S. 47–62). Torino: G. Giappichelli Editore.

Strambach, S. (2004). Wissensökonomie, organisatorischer Wandel und wissensbasierte Regionalentwicklung: Herausforderungen für die Wirtschaftsgeographie. *Zeitschrift für Wirtschaftsgeographie 48* (1), 1–18.

Thees, H., Störmann, E. & Pechlaner, H. (2022). Business Modeling for Resilient Destination Development: A Multi-Method Approach for the Case of Destination Franconia, Germany. *Tourism Planning & Development*, 1–24.

Traskevich, A. & Fontanari, M. (2021). Tourism Potentials in Post-COVID19: The Concept of Destination Resilience for Advanced Sustainable Management in Tourism. *Tourism Planning & Development*, 1–25.

Trippl, M., Fastenrath, S. & Isaksen, A. (2023). Rethinking regional economic resilience: Preconditions and processes shaping transformative resilience. *European Urban and Regional Studies*, 096977642311723.

Wilson, S., Pearson, L.J., Kashima, Y., Lusher, D. & Pearson, C. (2013). Separating Adaptive Maintenance (Resilience) and Transformative Capacity of Social-Ecological Systems. *Ecology and Society 18* (1).

Zacher, D. (2022). *Community Resilience als Strategie zur Entwicklung von touristischen Destinationen*. Dissertation.

Zacher, D. & Gavriljuk, E. (2021). Developing Resilience Understanding as a Tool for Regional and Tourism Development in Bavaria. In R. Wink (Hrsg.), *Economic Resilience in Regions and Organisations* (S. 195–219). Wiesbaden: Springer.

Ziervogel, G., Cowen, A. & Ziniades, J. (2016). Moving from Adaptive to Transformative Capacity: Building Foundations for Inclusive, Thriving, and Regenerative Urban Settlements. *Sustainability 8* (9), 955.

7.6 Tourismus und Erzählen – Zu einigen Begriffen der Erzählforschung

Dennis Gräf

7.6.1	Einstiegsbeispiel: Der »Prinz von Linz« von Linz Tourismus (2023)	316
7.6.2	Geschichte/Handlung – Erzählung – Narration	320
7.6.3	Narrativ und Meta-Narrativ	322

Der Tourismus befindet sich in einer Zeit des Umbruchs. Klimawandel- und Nachhaltigkeitsdiskurse stehen in einem komplexen Zusammenhang mit ökonomischen Diskursen und solchen sowohl des Schutzes als auch der Nutzung touristischer Räume. Im Kontext dieser Gemengelage eines sich transformierenden Tourismus kommunizieren einerseits die globalen Strateg(i)en, andererseits die lokalen Destinationen diese Transformation, und signifikanterweise nutzen beide Seiten das Erzählen als Werkzeug zur Vermittlung einer Transformation des Tourismus als Wert an sich.[69] Während die lokalen Destinationen konkret auf sich selbst bezogen werben, kommuniziert die globale Strategie eher ein abstraktes Programm, das sich auf die oben genannten Diskurse bezieht. Dies macht insofern einen Unterschied, als damit ein je unterschiedlicher Status des Vermittelten einhergeht. Die konkrete Werbung für eine Destination kann in Form einer konkreten, abgeschlossenen Einzelerzählung erscheinen (beispielsweise eines Werbespots), die sich mit Instrumenten der Erzählforschung modellieren und rekonstruieren lässt. Die Vermittlung der globalen Tourismus-Strategie erfolgt eher im Rahmen eines übergeordneten Sinn- und Deutungszusammenhangs, der sich mit dem Begriff des Narra-

---

[69] Für die Seite der globalen Strateg(i)en siehe beispielsweise die Homepage der UNWTO, insbesondere die Seite https://www.unep.org/news-and-stories/story/eight-ways-overcome-waste-pollution-crisis (Abgerufen am 3.12.2024). Für die Seite der lokalen Destinationen siehe das Fallbeispiel in Kapitel 7.6.1 dieses Beitrags.

tivs fassen lässt. Auch hier wird eine Geschichte erzählt, bei der aber die Rezipienten gleichzeitig sowohl die Autoren als auch die handelnden Figuren sind und es sich mithin nicht um eine abgeschlossene Erzählung handelt.

Wie lassen sich diese unterschiedlichen Ebenen definitorisch und terminologisch fassen? Die Begriffe der Erzählforschung können im Tourismus-Bereich verständlicherweise nicht vorausgesetzt werden, sodass es lohnend sein mag, hier einige zentrale Begriffe zu klären und in ihrer Anwendung vorzuführen. Grundsätzlich bewegt sich der Beitrag damit im Feld der »Narratologie«, also der Lehre vom Erzählen. Alle narratologischen Begriffe verstehen sich als analytische Beschreibungsdimensionen narrativer Texte und sind in diesem Sinne von einem Begriff abzugrenzen, der eben keinen analytischen Zugang, sondern einen Produktionszugang meint: das häufig in der Werbung eingesetzte »Storytelling«. Storytelling ist ein Marketing-Instrument, das sich auf Erzählstrukturen bezieht und von den Philologien bislang nicht als Gegenstand der Narratologie reflektiert worden ist.[70]

Ich beschränke mich auf die Begriffslinie »Geschichte/Handlung – Narration – Narrativ« und möchte die Verwendungskontexte und Leistungen dieser Begriffe, die auf unterschiedlichen Ebenen liegen, erläutern. Um den Kontext dieser Begriffe und der ihnen zugrundeliegenden Funktionen erklären zu können, ist die antike Rhetorik als wirkungsbezogene Sprechweise (»persuadere«) relevant. Um das gesamte Instrumentarium in seiner Funktionsweise adäquat vorführen zu können, beginnt der Beitrag mit einem Fallbeispiel aus der Tourismus-Werbung. Ohne das Wissen der konkreten Funktionsweisen einer Einzelerzählung lässt sich auch ein schlussendlich doch nebulöser Begriff wie der des Narrativs nicht verstehen.

7.6.1 Einstiegsbeispiel: Der »Prinz von Linz« von Linz Tourismus (2023)

Als Einstiegsbeispiel dient der Werbespot »Prinz von Linz« von »Linz Tourismus«[71] aus dem Jahr 2023. Der Spot erzählt die Geschichte eines jungen Mannes mit dem Namen »Otto Normalverbraucher« (00:10), der als Tourist Linz besucht. Nachdem er zunächst aufgrund seiner prekären Situation und geleitet von der weiblichen Off-Stimme einen Luxusurlaub imaginiert, wird ihm anschließend – ebenfalls geleitet von der Off-Stimme – Linz mit seinen touristischen Attraktionen vorgeführt, die er, parallel zu den Ausführungen aus dem Off, bereits erlebt. Am Ende

---

70 Die umfangreiche Literatur zum Storytelling hat entsprechend den Charakter von (an Unternehmensführung orientierter) Ratgeberliteratur: Adamczyk (2019), Blanchette et al. (2010), Fordon (2018), Frenzel et al. (2006), Frei/Früh (2014), Friedmann (2018), Fuchs (2017), Grytzmann 82018), Hilzensauer (2014), Kleine Wieskamp (2016), Lutschewitz (2020) sowie Thier (2010).

71 An dieser Stelle geht ein herzlicher Dank an das Team von Linz Tourismus, das mir unkompliziert den Abdruck der Screenhots genehmigt hat.

des Spots wird er zum titelgebenden Prinzen von Linz gekrönt und feiert mit vielen Gästen eine House-Party. Der Spot besteht somit aus vier Segmenten: 1. prekärer (Arbeits-)Alltag von Otto Normalverbraucher (00:00–00:25), 2. Ottos Imagination eines Superreichen-Urlaubs (00:25–00:37), 3. touristische Attraktionen der Stadt Linz (00:38–01:58) sowie 4. die ›Krönung‹ Ottos zum Prinzen von Linz mit anschließender House-Party (01:58–02:30).

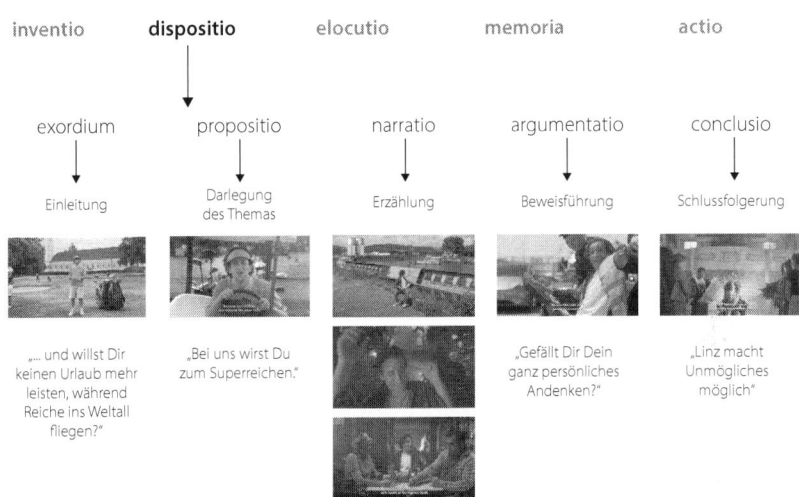

Dar. 7-9: rhetorische Struktur des »Prinz von Linz«-Spots

Mithilfe der antiken Rhetorik lässt sich der Spot noch einmal anders segmentieren, und zwar nach dem klassischen Aufbau einer rhetorischen Rede. Die *dispositio* regelt die Anordnung der einzelnen Elemente einer Rede bzw. eines Textes (vgl. Göttert 2009:40): *exordium* ist die Einleitung, *propositio* die Darlegung des Themas, *narratio* die für das Thema geeignete und dieses Thema veranschaulichende Erzählung, *argumentatio* die Beweisführung und *conclusio* bzw. *peroratio* der Schluss (vgl. Kirchner 2019:548). Angewendet auf das Beispiel »Prinz von Linz« sieht das folgendermaßen aus (▶ Dar. 7-9): Das *exordium* verortet Otto Normalverbraucher, der als Caddy in einem Golfclub arbeitet, in einer Schicht, die sich Urlaube nicht mehr leisten kann, »während Reiche ins Weltall fliegen« (00:18). Die *propositio* erscheint hier als These in Bezug auf Linz als attraktive Tourismusdestination (»Denn bei uns wirst du zum Superreichen«, 00:23), wobei sich der Reichtum hier über die Bildebene zunächst noch als tatsächlich monetärer Reichtum verstehen lässt im Sinne eines ›Urlaub machen wie die Superreichen‹ mit Champagner und Kaviar; sprachlich wird ein solcher Luxus-Tourist zu einer »ritch bitch« (00:32). Die *narratio* führt nun vor, dass der Begriff des ›Superreichen‹ nunmehr metaphorisch gebraucht wird, indem Otto superreich an touristischen Erfahrungen in Linz werden kann:

1. Er besucht den botanischen Garten und halluziniert nach dem Konsum einer Pflanze.
2. Er besucht die Linzer Gastronomie.
3. Er erkundet die Stahlstadt und bekommt in diesem Zuge ein Brandzeichen auf der Brust, auf dem wiederum »ritch bitch« (01:22) zu lesen ist.
4. Er nimmt an einer Demonstration von Klimaaktivisten teil.
5. Er besucht einen Sportverein.
6. Er macht eine Bootsfahrt auf der Donau, wobei er auf dem Schiffsbug steht und »Ich bin der Prinz von Linz« (01:52) ruft.

Im Rahmen der *argumentatio* bekennt Otto, dass ihm sein Andenken an Linz – ein Stück Asphalt von einer Linzer Straße, das von der gemeinsamen Demonstration mit den Klimaaktivisten noch an seiner Hand klebt – gefällt und somit das Versprechen des ›Superreichtums‹ emphatisch eingelöst ist. In der *conclusio* wird schließlich festgestellt, dass Linz Unmögliches möglich macht, mithin auch (dem prekär beschäftigten) Otto Normalverbraucher ein Urlaub mit dem Attribut des ›Superreichen‹ möglich ist.

Interpretatorisch lassen sich nun folgende Aussagen machen, die sich vor allem aus dem dritten Segment (siehe oben) des Spots ergeben, in dem das spezifische Verständnis der Stadt Linz als touristische Destination explizit wird: Erstens hat die Stadt Linz als Destination, so die implizite Argumentation des Spots, keine Besonderheiten mit touristischem Attraktionswert, sodass die vorhandene Normalität der Großstadt als Attraktionswert gelabelt wird. Zweitens macht die Erfahrung von Alltag und Normalität in Linz die Reisenden zu metaphorischen Superreichen und zu metaphorischem Adel, sodass sowohl die Reisenden als auch die Stadt nobilitiert werden. Drittens ist die Referenz zu James Camerons Film »Titanic« (USA 1997) funktionalisiert: Der Satz »Ich bin der König der Welt« wird semantisch zum Prinzen von Linz ranggemindert und damit konnotiert, dass man als Tourist in Linz nicht untergeht wie Jack Dawson mit der Titanic, weil man sich mit Bescheidenem (wie Linz, einer ›normalen‹ Stadt äquivalent zu einem ›normalen‹ Passagierschiff) zufrieden gibt und nicht Großes (wie beispielsweise Wien als ›besondere‹ Stadt äquivalent zum seinerzeit größten Passagierschiff der Welt) braucht, um touristisch glücklich zu sein. Viertens wird die Kombination von Vergangenheit (Relevanz des Adels) mit Aspekten der Gegenwart (Klimaaktivisten) verbunden und konturiert dadurch einen integrativen Raum von Tradition, Kontinuität und Fortschritt gleichermaßen.

Die einzelnen Erlebnisse Ottos stehen in diesem Zusammenhang nicht lediglich für sich als singuläre touristische Erlebnisse, sondern verweisen – gerade weil sie zwar als touristische Attraktionen gelabelt werden, aber im Sinne der klassischen touristischen Erwartungshaltung gar keine solchen sind – über sich hinaus auf vom Spot zugeschriebene grundlegende Merkmale der Stadt Linz. Auch hier kommt die Rhetorik als Beschreibungsdimension zum Einsatz, diesmal allerdings in ihrer Funktion als *ornatus*, als Redeschmuck (vgl. Kalverkämper 2019). Darunter fallen u. a. die ›Tropen‹, bei denen stets ein Akt der Substitution vorliegt, indem etwas eigentlich Gemeintes absent ist und durch etwas Gegebenes, das nicht eigentlich gemeint ist, ersetzt wird (vgl. Krah 2015:94-117).[72] Die einzelnen touristischen Attraktionen der *narratio* (siehe oben) lassen sich nun entsprechend aufschlüsseln: Metaphorisch sind erstens der Besuch des botanischen Gartens (Konsum einer halluzinogen wirkenden Pflanze und Äußerungen der Off-Stimme als Horizont- und Bewusstseinserweiterung, die allerdings nicht an den Konsum der Pflanze gebunden bleibt, sondern im Sinne einer Metapher den Aufenthalt in Linz als emphatische Berauschung installiert, die eine latente Transformation der psychischen Disposition (Bewusstseinserweiterung) mit sich bringt; zweitens das Stahl-Brandzeichen auf der Brust Ottos (Stahlindustrie als konstitutiver Bestandteil des (Linzer) Menschen) sowie drittens der Sportverein (Linz ist in Bewegung, vor Begeisterung bleibt Otto die Luft) weg. Synekdochisch sind erstens das Restaurant (Cevapcici als Teil übergeordneter kultureller Vielfalt) sowie zweitens die Klimaaktivisten (»Letzte Generation« als Teil übergeordneter Zukunftsfähigkeit). Signifikanterweise kann gerade der letzte Teil der *narratio*, die Bootsfahrt auf der Donau, als nichttropisch verstanden werden: Die Donau steht dann einfach als Donau im Sinne eines integrativen Bestandteils der Stadt Linz. Damit bekräftigt der Spot geradezu die Strategie des Labelns der Normalität der Stadt als touristische Attraktion, weil Otto sich genau hier selbst als Prinz von Linz bezeichnet, dem einzigen Ort des Spots, der kein Tropus ist.

Insgesamt adressiert der Spot damit eher eine jüngere Generation – man könnte hier, ausgerichtet am ungefähren Alter des Protagonisten Otto, wohl von der Generation Y sprechen. Der emphatische Konsum halluzinogener Drogen, die Klimaaktivisten sowie die durchaus im Hintergrund präsente Kaprizierung und Fokussierung auf das erlebende Subjekt des jüngeren Erwachsenen im Sinne eines Hedonismus – selbst der Linzer Bürgermeister ist Teil der Krönungsfeierlichkeiten Ottos – sprechen für ein eher jüngeres Zielpublikum. Indem der Prinzenstatus des Touristen lediglich wiederum ein metaphorischer und somit rhetorisch behaupteter ist – der zwar konkret im Rahmen der Krönung vorgeführt wird, sich aber nicht infrastrukturell oder auch sonst irgendwie faktisch in der Stadt Linz niederschlägt –, wird er in die Person des Touristen hineinverlagert, was schlussendlich nichts anderes bedeutet, als dass sich das junge Zielpublikum bei einem Linz-Besuch nobilitiert fühlen darf, ohne dass die Stadt etwas dafür tun würde und auch müsste. Indem eine Krönung – nebenbei sei bemerkt, dass Prinzen nicht gekrönt werden, sondern in der Regel als solche geboren werden – ein Initiationsritus ist, nach dem die gekrönte Person einen anderen Status als zuvor hat, entledigt sich Linz auch fortan jeder ›Mitwirkungspflicht‹ am touristischen Erlebnis, wenn Otto synekdochisch für alle Touristen steht: Wer sich als Tourist in Linz aufhält, darf sich als ›Prinz von Linz‹ verstehen und dem eigenen Hedonismus frönen. Dass die Touristen dabei nicht zwangsläufig ernst genommen werden, zeigt im Übrigen eine

---

72 Da bei Tropen sprachlich stets der Umweg über eine Äußerung gewählt wird, die nicht eigentlich gemeint ist, spricht man von der sog. Uneigentlichkeit. Siehe dazu Krah (2015: 94-96).

männliche Stimme aus dem Off, die Otto während seiner Bootsfahrt zuruft: »Hoid die Goschn, Depperter« (01:56). Touristen dürfen demnach Prinzen sein, sollen dabei aber auch nicht großartig stören.

Der Vollständigkeit halber und auch im Zusammenhang mit den vorherigen Ausführungen ist noch auf die sog. referenzielle Bedeutungskomponente des Spots hinzuweisen, die darin besteht, dass sich ein mediales Produkt auf andere Produkte bezieht (vgl. Gräf et al. 2017:229–238): Der »Prinz von Linz« bezieht sich auf das Vorgängervideo von Linz Tourismus, das den Titel »Planet Linz« trägt und hinsichtlich Länge und Ästhetik eher ein Kurzfilm als ein Werbespot ist.[73] Wenn auch dort die Relevanz von Tradition (über die Linzer Torte) deutlicher in den Vordergrund gerückt wird, so sind doch beide Spots äquivalent hinsichtlich ihrer zentralen Paradigmenbildung, dass für Linz in Bezug auf den Tourismus kein Transformationsbedarf gesehen wird; die Stadt ist gut, so wie sie ist, für Einwohner wie für Touristen gleichermaßen.

7.6.2 Geschichte/Handlung – Erzählung – Narration

Auf der Grundlage des Einstiegsbeispiels stellt sich die Frage, mit welchen narratologischen Beschreibungsdimensionen sich der Spot nun modellieren lässt. Im Rahmen des eingangs formulierten Fokus auf der Narratologie sind zunächst zwei Typen von Texten[74] zu unterscheiden: Sujetlose Texte präsentieren lediglich eine Weltordnung, in der keinerlei Transformation vorliegt und das Weltmodell unverändert bleibt. Ein sujethafter Text hingegen präsentiert mindestens eine fundamentale Transformation, sodass innerhalb der Ordnung der dargestellten Welt ein Ereignis eintritt, das zu einem temporären Zustand der Unordnung führt, der wiederum, und dies lässt sich als das Prinzip der ›Handlung‹ verstehen, aufgelöst werden muss. Das bedeutet, dass eine narrative Struktur nur genau dann vorliegt bzw. die Grundstruktur des Erzählens dann erfüllt ist, wenn der Text eine Abfolge von Ausgangszustand, Transformation und Endzustand aufweist. Zu Beginn steht dabei ein Zustand der Ordnung, der durch ein Ereignis gestört wird, und es ist dann das Bestreben narrativer Texte, die Ordnungsstörung zu tilgen und wieder einen Zustand der Ordnung herzustellen, der sich in der Regel vom Ausgangszustand unterscheidet. Dieses Prinzip von Handlung und Problemlösung nennt sich ›Erzählung‹ oder ›Erzählstruktur‹ bzw. ›narrative Struktur‹. Die Handlung bzw. der synonyme Begriff der ›Geschichte‹ ist in diesem Zusammenhang die logisch-chronologische Reihenfolge der erzählten Vorgänge und Handlungen, die im Rahmen der Präsentation aber nicht zwangsläufig in der logisch-chronologischen Reihenfolge wiedergegeben werden muss.

---

73 Im »Prinz von Linz« heißt es: »Ohne ins Weltall zu fliegen, kannst du jetzt einen Planeten besuchen und dich endlich wie eine ritch bitch fühlen« (00:29).

74 Den Begriff Text verstehe ich im semiotischen (und damit medienübergreifenden) Sinn als jegliche Form der intendierten, kommunikativen Äußerung; siehe dazu Titzmann (2003: 3030–3034). Darunter fallen dann auch Filme, Werbespots etc.

Die Modellierung narrativer Strukturen nach Jurij M. Lotman,[75] die auf der Grundlage eines metaphorischen Raumbegriffs das Modell sogenannter semantischer Räume etabliert, die Ausdruck semantisch-ideologischer Teilsysteme der dargestellten Welt sind, bietet einen adäquaten Zugang zur narrativen Ebene eines Textes. Die sujetlose Grundordnung führt in die spezifischen Regularitäten der dargestellten Welt ein. Lotman (und in Folge Karl N. Renner[76]) geht es dabei vor allem um die Sichtbarmachung ideologischer Entscheidungsfindungsprozesse: Indem erstens die semantischen Räume von einer ›Grenze‹ getrennt sind und zweitens die Figuren in diesem System prinzipiell raumgebunden sind, stellt die sujethafte Ebene des Textes die Überschreitung der Grenze drittens als eine ideologisch aufgeladene Handlung dar, die Konsequenzen für Figur und/oder Weltordnung hat. Hinter diesem Modell steht sicherlich die Beobachtung einer Reduzierung von Komplexität zum Zweck vereinfachter kognitiver Informationsverarbeitung durch die Verräumlichung abstrakter Sachverhalte, die Texte betreiben. Texte können die Semantiken an topografische Räume des Textes anlagern, sie können ihre Semantiken aber auch abstrakt, losgelöst von jeglicher Topografie transportieren. Renners Erweiterung des Lotmanschen Modells, die er ›Konsistenzprinzip‹ nennt, weil narrative Texte stets versuchen, konsistente Zustände im Sinne von Zuständen der Ordnung herzustellen, operiert mit drei Möglichkeiten der Grenzüberschreitung, die Lotman selbst als ›Ereignis‹ bezeichnet. Die Figuren haben erstens die Möglichkeit, eine Grenzüberschreitung im eigentlichen Sinn zu leisten; das bedeutet, dass sie die Grenze überschreiten, sich dabei aber in ihrem Merkmalset keine Veränderung ergibt. Figuren können zweitens die Grenze überschreiten, dabei ihr konstitutives Merkmal verlieren und die Merkmale des Gegenraumes annehmen, was dann den weiteren Handlungsverlauf generiert. Schließlich gibt es drittens die Möglichkeit eines Metaereignisses: Nach der Überschreitung der Grenze verliert diese ihren Stellenwert und löst sich auf, das System der Räume ordnet sich neu. Analog dazu existieren drei Möglichkeiten der Ereignistilgung. Die Figur kann erstens in ihren Ausgangsraum zurückkehren, sie kann zweitens im Gegenraum aufgehen und es kann zu einer dritten Metatilgung kommen.

Das Erzählen erlangt nach seiner primären Funktion als ästhetisch-semantische Bedeutungsvermittlung einer spezifischen Geschichte eine sekundäre Funktion als Signifikant seiner Kultur: Erzählen ist somit auch insofern ein semiotischer Akt, als Erzählen auf kulturspezifische Werteordnungen und die Möglichkeit, diese zu erlangen, verweist. Der Vorgang des Erzählens ist nicht nur als Weiterführung einer Handlung, als zeitlich organisiertes Fortschreiten von einem Zustand zu einem weiteren zu verstehen, er ist immer auch Vermittler von Werten. Werte sind in diesem Sinn als Ordnungssätze zu verstehen, die ein Text als erstrebenswert oder abzulehnend setzen kann. Die Wertevermittlung ist dabei direkt an die spezifische Narration gekoppelt: Indem Narration als Weg von einem Ausgangszustand über eine Transformation hin zu einem Endzustand verstanden wird, wird

---

75 Siehe dazu ausführlich Lotman (1993).
76 Siehe dazu Renner (2004).

über die Narration der Prozess einer Werteherausbildung transportiert. Was zu Beginn der Narration als Wert installiert wird, kann an ihrem Ende zu einem gegenteiligen Wert transformiert worden sein. Dabei sind es gerade die konkreten Stationen einer Figur oder einer Gruppe, die sie im narrativen Sinne durchläuft, die Auskunft über die Art und Weise bzw. die Prämisse(n) der Veränderung geben. Der Vorgang des Erzählens ist demnach als argumentative Strategie zu verstehen, die die Werteherausbildung und -vermittlung plausibilisiert.

Unser Beispielspot aus Linz bietet nun folgende narrative Struktur: Zu Beginn des Spots weist Otto ein spezifisches Merkmalsset auf (prekär beschäftigt mit Hilfsarbeit, kann sich keinen Urlaub leisten), das sich durch den Besuch in Linz zu transformieren beginnt, die preisgünstigen touristischen Attraktionen der Stadt Linz – mithin das alltägliche Leben dort – erweitern seinen Horizont sowie sein Bewusstsein. Schließlich wird er zum ›Prinzen von Linz‹ gekrönt, sodass sich mit dem Prinzendasein auch sein Merkmalsset nachhaltig transformiert: vom (realen) Underdog zum (metaphorischen) Prinzen. Dabei ist gerade auch der Weg von der Ausgangsordnung hin zur neuen Ordnung signifikant: Otto muss eben nicht Unmengen von Geld verdienen, um als Prinz zu firmieren, er muss lediglich die Stadt Linz in ihrer Normalität als Attraktion bzw. hochwertige Touristendestination erkennen. Der Weg zum Prinzen ist demnach ein leichter Weg, der prinzipiell jedem Menschen jenseits ökonomischer Zwänge offensteht. Signifikanterweise endet der Spot für Otto in Linz, er geht im Rahmen der Narration nicht wieder in seinen Ausgangsraum zurück. Touristen, sonst wären sie keine solchen, begeben sich wieder an ihren Heimatort zurück: Das bedeutet, dass Linz nicht nur als touristischer Durchgangsort semantisiert ist, sondern – metaphorisch – als Ziel(raum).

Die narrative Struktur ist somit konstitutiv an der Werteherausbildung dieses Spots beteiligt, indem die Stadt Linz als Raum der Authentizität fungiert, der in seinem So-Sein bereits einen ranghohen Wert darstellt. Signifikanterweise fungiert die Erzählung, die die Transformation des Helden vorführt, als Mittel zur Stabilisierung des Raumes: Nicht die Stadt Linz muss sich im Rahmen der Erzählung verändern (z. B. touristenfreundlicher werden), sondern der Held muss eine Grenze überschreiten, die in seinem eigenen Inneren liegt. Indem der Spot wesentlich auf Tropen und damit auf Uneigentlichkeit aufbaut – also Dinge bildlich zeigt, die nur im übertragenen Sinn gemeint sind –, suggeriert er die Authentizität der Stadt Linz, die aber eine in der Person des Touristen zu verortende Einstellung ist. Die narrative Struktur hat hier demnach eine spezifische Funktion: Sie transformiert das touristische Subjekt, nicht den touristischen Raum.

7.6.3 Narrativ und Meta-Narrativ

Auf der Grundlage der in Kapitel 7.6.2 vorgestellten Terminologie stellt sich nun die Frage nach dem Status des Begriffs ›Narrativ‹, der – das sei noch einmal betont –, obwohl er maximal eng mit dem Begriff der Narration verwandt ist, kein narratologischer, sondern eher ein ›wissenssoziologisch deutbarer Begriff‹ ist. Das hängt mit dem Verwendungskontext des Begriffs zusammen, der nicht auf der Ebene der Einzelgeschichte, sondern auf der Ebene einer übergeordneten Geschichte liegt. Diese übergeordnete Geschichte – und dies ist auch ein erstes Differenzkriterium der beiden Ebenen – ist auch keine fiktionale, sondern eine auf die außermediale Wirklichkeit bezogene. Aleida Assmann führt in diesem Zusammenhang Folgendes aus.

> Beide Begriffe beziehen sich auf (eine) Geschichte. Eine Erzählung tut dies, indem sie die Geschichte so ausbreitet, dass sie einen Anfang setzt, einen Verlauf ausbreitet und von einem Ende her verstanden werden kann. Erzählungen sind kollektive oder individuelle Schöpfungen, die individuell rezipiert werden und in beliebiger Zahl nebeneinander existieren. Ein Narrativ dagegen richtet sich an eine Gruppe, deren Geschichte es aus einer bestimmten Perspektive präsentiert. In dieser Geschichte sind die Mitglieder der Gruppe verankert, sie identifizieren sich mit ihr, sie ist Teil ihrer Identität. Unter den aktuellen Bedingungen einer bestimmten Gegenwart wählt das Narrativ für die Gruppe oder Institution diese besondere Vergangenheit aus und projiziert entsprechende Ansprüche und Erwartungen in die Zukunft, die der Gruppe Orientierung und Sinn verleihen. Das Narrativ gibt denen, die es stützen, einen Richtungssinn in der Zeit, indem es eine bestimmte Vergangenheit mit einer motivierenden Zukunft verknüpft. Darin besteht sein Ziel und Zweck. [...] Das Narrativ bietet etwas anderes als Neugier auf das Ende einer Geschichte, es bietet Orientierung in ungewissen Zeiten und eine Zukunftsvision in einer Krise. Die wichtigste Unterscheidung zwischen Erzählung und Narrativ ist deshalb die zwischen einer abgeschlossenen und einer offenen Geschichte. (Assmann 2023:94–95; Herv. i. O.)

Das zweite Differenzkriterium liegt mit Assmann in der Geschlossenheit der fiktionalen Narration sowie der Offenheit des nichtfiktionalen Narrativs. Allerdings ist hier insofern eine Einschränkung zu machen, als sich die hinsichtlich der temporalen Achse auf die Zukunft ausgerichtete Offenheit des Narrativs ihrerseits auf einen noch nicht realisierten Zustand bezieht. Genau darin zeigt sich, dass Assmanns Begriffsverwendung unpräzise ist und den Knackpunkt bezüglich des Unterschieds der Begriffe Narration und Narrativ hervortreten lässt: Ein Narrativ muss noch nicht zwangsläufig eine Transformation aufweisen, diese wird eben lediglich konstatiert, und genau das ist das Konstitutive am Narrativ. Insofern präsentiert ein Narrativ eben keine Geschichte, sondern die Aussicht auf eine Geschichte.

Aus Assmanns Text lässt sich ein drittes Differenzkriterium ableiten: Der narrative Text ist zur (einmaligen oder mehrmaligen) Rezeption bestimmt, wobei sich die Rezeption sukzessive verändern kann, die Erzählung an sich aber statisch bleibt. Das Narrativ wird kontinuierlich von den ›Rezipienten‹, die gleichzeitig die ›Autoren‹ sind, fortgeschrieben. Autoren und Rezipienten sind somit identisch.[77]

---

77 Insofern ist der Satz Assmanns, »Ein Narrativ dagegen richtet sich an eine Gruppe, deren Geschichte es aus einer bestimmten Perspektive präsentiert«, in zweifacher Hinsicht unpräzise. Erstens gibt es beim Narrativ eben nicht zwangsläufig eine übergeordnete Erzählinstanz, da die Gruppe selbst als Erzählinstanz fungieren kann. Zweitens ist die Perspektive kein Differenzkriterium zur Erzählung, weil Erzählungen zwangsläufig aus einer spezifischen Erzählperspektive erzählt werden, was mit dem Begriff der Fokalisierung beschrieben wird. Siehe dazu ausführlich Martínez/Scheffel (2002: 63–67) sowie Gräf et al. (2015: 309–327).

Das heißt auch, dass sich das Narrativ zumindest in Nuancen verändern kann, wenngleich auch hier der stabilisierende Kern statisch ist.

Neben dem Begriff des Narrativs bringen Petra Grimm und Michael Müller den auf Jean-François Lyotard zurückgehenden Begriff des ›Meta-Narrativs‹ ins Spiel, den sie folgendermaßen definieren:

> »Meta-Narrative sind also Abstraktionen, die auf einer übergeordneten Ebene der konkreten (medialen) Kommunikate liegen. [...] Meta-Narrative können innerhalb einer Kultur ausformuliert vorliegen [...] oder aber nur implizit einen Diskurs strukturieren, ohne dass er schon ausformuliert wäre; dies ist vor allem der Fall bei neuen, entstehenden Meta-Narrativen, die sich als strukturierende Ordnungen von bestimmten Diskursen herausstellen.« (Müller/Grimm 2016:99). Meta-Narrative sind also narrative Denkmodelle, mit denen eine Kultur einen Diskurs oder ein Thema strukturiert, um so Erklärungsmuster für bestimmte vergangene Entwicklungen (»warum ist es so geworden«) oder für erwartbare zukünftige Entwicklungen (»so wird es weitergehen«) zu bekommen (Müller/Grimm 2016:115).

Mit dem Meta-Narrativ sind demnach grundlegende, sich auf einem hohen Abstraktionsgrad bewegende Ordnungen mit hoher Abschlussfähigkeit – um hier den Begriff der ›Erzählungen‹ zu vermeiden – gemeint, wie beispielsweise der Marxismus. Die Begriffe Narrativ und Meta-Narrativ insinuieren nun ihre Hierarchisierung: Das Meta-Narrativ liegt oberhalb des Narrativs und muss einen entsprechend höheren Abstraktionsgrad besitzen. Zur Strukturierung und Hierarchisierung der Diskurslandschaft mag eine solche terminologische Differenzierung sinnvoll sein, was sich aber beide Begriffe teilen, ist ihre prinzipielle Ausrichtung auf eine Art Leitbild, was auf der narratologischen Ebene dem Endzustand der Erzählung entsprechen würde. Schlussendlich lässt sich der Begriff des Narrativs als Ersetzung des (in diesem Verständnis unpolitisch konnotierten) Begriffs der ›Ideologie‹ im Sinne einer (anzustrebenden) (Werte-)Ordnung verstehen. Hinsichtlich dieses Aspektes sind fiktionale Erzählungen und Narrative tatsächlich äquivalent, weil Erzählen stets ein linearer Vorgang der Werte- und/oder Ideologievermittlung von einem Ausgangszustand zu einem Endzustand (Erzählung) bzw. zu einem Entwicklungshorizont (Narrativ) ist.

Besonders Meta-Narrative sind, weil sie maximal offen und abstrakt sind, von hoher Attraktivität – besonders, wenn sie durch Erzählungen plausibilisiert werden. Insofern stehen Meta-Narrative und fiktionale Einzelerzählungen wie beispielsweise der »Prinz von Linz«, der die spezifischen (postmodernen) Werte der Authentizität und des Hedonismus verkauft, in einer engen Verbindung. Diese Einzelerzählung wiederum partizipiert an einem Narrativ der Transformation des Tourismus hin zu mehr Nachhaltigkeit, weil hier der Erlebniswert in die Person verlagert wird und keine Transformation der touristischen Infrastruktur erforderlich wird, mithin das Ziel und der Wert der Nachhaltigkeit als argumentativer Kristallisationspunkt des Spots erscheinen. Einzelerzählung und Narrativ sind in diesem konkreten Fall wechselseitig aufeinander bezogen und konstruieren eine kohärente Ordnung. Sicher ließe sich auch dieses Narrativ in ein mögliches Meta-Narrativ integrieren. In unserem Fall wäre eventuell der ›global change‹ ein solches Meta-Narrativ, das als Dach für mannigfaltige globale Transformationen auf den unterschiedlichsten Akteurs- und Handlungseben fungiert. Derlei Zusammenhänge lassen sich sicherlich steuern – auf die UNWTO wurde bereits verwiesen, es sei zur Modellierung solcher Strukturen aber auch der Neo-Institutionalismus[78] erwähnt –, sie lassen sich aber zunächst vor allem wissenschaftlich als Wissensordnungen rekonstruieren.

Link zur Tagung

https://youtu.be/LR_SP1x09EE

Literatur

Adamczyk, Gregor. Storytelling – Mit Geschichten überzeugen. Freiburg ³2019.
Assmann, Aleida. Was ist ein Narrativ? Zur anhaltenden Konjunktur eines unscharfen Begriffs. In: Merkur 889 (2023), S. 88–96.
Blanchette, Stephen/Budtz, Christian/Fog, Klaus/Munch, Philip. Storytelling. Branding in Practice. Heidelberg ²2010.
Fordon, Anja. Die Storytelling-Methode. Schritt für Schritt zu einer überzeugenden, authentischen und nachhaltigen Marketing-Kommunikation. Wiesbaden 2018.
Frenzel, Karolina/Müller, Michael/Sottong, Hermann. Storytelling. Das Harun al-Raschid-Prinzip. Die Kraft des Erzählens fürs Unternehmen nutzen. München 2006.
Frey, Felix/Früh, Werner. Narration und Storytelling. Theorie und empirische Befunde. Köln 2014.
Friedmann, Joachim. Storytelling. Einführung in Theorie und Praxis narrativer Gestaltung. München 2018.
Fuchs, Werner T. Crashkurs Storytelling. Grundlagen und Umsetzungen. Freiburg/München/Stuttgart 2017.
Göttert, Karl-Heinz. Einführung in die Rhetorik. Paderborn ⁴2009.
Gräf, Dennis/Großmann, Stephanie/Klimczak, Peter/Krah, Hans/Wagner, Marietheres. Filmsemiotik. Eine Einführung in die Analyse audiovisueller Formate. Marburg ²2017.
Gräf, Dennis. Mediensemiotik in der Lehrer*innenbildung. In: Dick, Miriam et al. (Hg.). Spuren – Netze – Horizonte. Potenziale der Semiotik in der Lehrer*innenbildung. Schriften zur Kultur- und Mediensemiotik 07/2019, S. 51–97.
Gräf, Dennis. Wertevermittlung in Online-Storytelling-Werbespots der Firma Edeka. In: Rottgeri, André/Koch, Günter (Hg.). Populäre Artikulationen – Artikulationen des Populären. Schriften zur Kultur- und Mediensemiotik 11/2023, S. 27–59.
Grytzmann, Oliver. Storytelling mit der 3-Akt-Struktur. Wie Sie mit der 3-Akt-Struktur authentische Geschichten erzählen und Kunden sowie Mitarbeiter binden – der Leitfaden. Wiesbaden 2018.
Hasse, Raimund/Krüger, Anne K. (Hg.). Neo-Institutionalismus. Kritik und Weiterentwicklung eines sozialwissenschaftlichen Forschungsprogramms. Bielefeld 2020.

---

78 Siehe dazu den Sammelband von Hasse/Krüger (2020).

Hilzensauer, Andrea. »Storytelling – Mit Geschichten Marken führen«. In: Silvia Ettl-Huber (Hg.). Storytelling in der Organisationskommunikation. Theoretische und empirische Befunde. Wiesbaden 2014, S. 87–101.

Kalverkämper, Hartwig. Quintilian: Redner und Lehrer. In: Erler, Michael/Tornau, Christian (Hg.). Handbuch Antike Rhetorik. Berlin/Boston 2019. S. 435–469.

Kirchner, Roderich. Regeln für die Produktion einer Rede. In: Erler, Michael/Tornau, Christian (Hg.). Handbuch Antike Rhetorik. Berlin/Boston 2019. S. 539–555.

Kleine Wieskamp, Pia. Storytelling: Digital – multimedial – social. Formen und Praxis für PR, Marketing, Game und Social Media. München 2016.

Krah, Hans. Einführung in die Literaturwissenschaft/Textanalyse. Kiel ²2015.

Linz Tourismus. https://www.linztourismus.at/freizeit/linz-entdecken/linz-inspiriert/planet-linz (Abgerufen am 28.3.2024).

Linz Tourismus. https://www.linztourismus.at/freizeit/linz-entdecken/linz-inspiriert/prinz-von-linz (Abgerufen am 28.3.2024).

Lotman, Jurij M. Die Struktur literarischer Texte. München 1993.

Lutschewitz, Claudia. Storytelling und Leadership. Inspirieren und motivieren durch Geschichten. Wiesbaden 2020.

Martínez, Matías/Scheffel, Michael. Einführung in die Erzähltheorie. München ³2002.

Müller, Michael/Grimm, Petra. Narrative Medienforschung. Konstanz/München 2016.

Renner, Karl Nikolaus. Grenze und Ereignis. Weiterführende Überlegungen zum Ereigniskonzept von J. M. Lotman. In: Frank, Gustav/Lukas, Wolfgang (Hg.). Norm – Grenze – Abweichung. Kultursemiotische Studien zu Literatur, Medien und Wirtschaft. Passau 2004. S. 357–381.

Thier, Karin. Storytelling. Eine Methode für das Change-, Marken-, Qualitäts- und Wissensmanagement. Berlin/Heidelberg/New York ²2010.

Titzmann, Michael. Semiotische Aspekte der Literaturwissenschaft: Literatursemiotik. In: Posner, Roland/Robering, Klaus/Sebeok, Thomas (Hg.). Semiotik. Ein Handbuch zu den zeichentheoretischen Grundlagen von Natur und Kultur. 3. Teilband. Berlin/New York 2003. S. 3028–3104.

UN Environment Program. https://www.unep.org/news-and-stories/story/eight-ways-overcome-waste-pollution-crisis (Abgerufen am 38.3.2024).

7.7 Tourismus? Ein Auslaufmodell!

Jens Huwald

Lassen Sie mich zu Beginn bewusst etwas provokativ sein, aber auch klar sagen: Ich liebe unsere Branche. Sogar so sehr, dass es Zeit wird, mal im Sinne der Sache lauter zu werden. War Tourismus gestern? Dieses gelernte Konstrukt zwischen denen, die schon da sind, sich Einheimische nennen, und denen, die mal vorbeischauen – die Fremden, Zugereisten, Urlauber und wenn es ganz gut läuft Gäste –, ist das noch zukunftsfähig? Und mit dieser Frage nach der Zukunftsfähigkeit geht unmittelbar ein Umdenken in einer der wichtigsten Wertschöpfungsketten in Europa einher und ja: Dieses Umdenken hat in Teilen schon stattgefunden. Eigentlich besteht unser gesamter Lebensraum aus dem, was traditionell unter Tourismus oder Touristik zusammengefasst wird. Allerdings gehen viele – Ausnahmen auch hier – kluge Menschen und Definitionen immer noch beispielhaft davon aus, dass mit Tourismus »die Gesamtheit aller Angebote und Unternehmungen, die mit (organisiertem) Reisen zum Kennenlernen fremder Orte und Länder sowie zur Erholung im Zusammenhang stehen«, gemeint ist (www.dwds.de/wb/Tourismus). Die Quelle mag beliebig und austauschbar sein.

Es macht aber deutlich, warum die Effizienz gerade öffentlicher Tourismusarbeit immer stärker in eine gesellschaftspolitische Debatte rutscht. Zu den nicht mehr zeitgemäßen Strukturen, ausgelöst durch politisches Hoheitsdenken, komme ich später. Tourismus war gestern. Wer nicht versteht, dass heute das Organisieren von Lebensgemeinschaften im Vordergrund steht, wer nicht sieht, dass es unmittelbare Abhängigkeiten für Wohlstand zwischen »denen« und »uns« gibt, der wird scheitern. Scheitern im Verständnis bei der Ansprache der Gäste, scheitern bei der Akzeptanz bei den Einheimischen und scheitern bei den Argumenten für Neuerungen auf politischer Seite beziehungsweise bei der gerechtfertigten Forderung nach mehr Mitteln. Akzeptanz füreinander und in allen Spannungsfeldern aller Handelnden ist das Mittel der Wahl. Doch das muss verstanden sein. Findige Destinationsmanagerinnen und -manager und tourismusaffine Politikerinnen und Politiker haben schon beachtliche Kampagnen für mehr Tourismusakzeptanz auf den Weg gebracht. Aber auch hier basiert der Gedanke in einem Unterschied zwischen »denen« und »uns«.

Einschub: Keine Branche ist letztendlich Ursache für so zahlreiche Wertschöpfungsketten wie der Tourismus. Handwerk, Gastgewerbe, Logistik, Automotiv, Forschung, IT und etliches mehr fußt auf oder gipfelt in der touristischen Herkunft.

Das, was heute unter Tourismus verstanden wird, ist Lebensplanung – ökonomisch, ökologisch und soziologisch. Wenn wir also weiterhin mit dem seit Anfang des 19. Jahrhunderts in diesem Kontext gebrauchten Wort arbeiten, bleiben wir in der Vergangenheit. Ganze Wirtschafts- und Gesellschaftsepochen sind seither passé. Und das obwohl wirtschaftliche Entwicklung an sich ohne das Reisen nie stattgefunden hätte. Also ist – kühn formuliert – der Tourismus der Booster für jegliche Entwicklung und Wohlstand. Warum wertschätzen wir ihn dann gerade in Deutschland nicht ausreichend? Wie viele Autos würden BMW, Audi, Mercedes, VW weniger verkaufen, wenn der Mensch das Fahrzeug nicht für seine Freizeitgestaltung nutzen würde? Für den Besuch von Angeboten und Produkten, die von Touristikern geschaffen wurden? Sollte dann diese Tourismus- oder Freizeitbranche nicht besser gepflegt werden? Müßig zu versuchen, den Einzelhandel in die Pflicht zu nehmen, groß das Gejammere, wenn der Tourist in den Läden ausbleibt oder gar nur online shoppt...

Das Leben am Tegernsee – rein exemplarisch – gilt vielen als hoch erstrebenswert. Herrlich die Vielfalt der Gastronomie, der sportlichen Angebote sowie der schönen Parkanlagen; und der ÖPNV sowie auch die medizinische Versorgung sind zufriedenstellend. Ein Graus, sich vorzustellen, was wäre, wenn es keinen lästigen Gast mehr gäbe. Fast ein Bonmot, dass jeder Einheimische natürlich irgendwann die Seiten wechselt und zum Reisenden, zum Gast, zum Störenfried mutiert.

Deutschland muss nicht weit schauen, um zu sehen, wie andere Länder mit dem Tourismus umgehen, welche Wertschätzung der Branche und den handelnden Personen entgegengebracht wird – und ja, dann wären vielleicht auch die Querulanten wieder glücklicher, die sich daran stören, dass sie an den Küsten am polnischen Akzent nicht vorbeikommen und in den Bergen am tschechischen. Ohne Wertschätzung für eine Branche, will auch keiner mehr »Herr Ober« sein. Eine Binsenweisheit.

Das Resultat ist klar und auch im Wunsch altbekannt: Mittel müssen gebündelt, föderative und politische Ansprüche auf destinatorische Pseudo-Marken überwunden und die Mitarbeitenden in jeder Ebene des Tourismus stetig fort- und weitergebildet werden. Denn keine Branche braucht am Ende so multioptional fähiges Personal wie den künftigen »Manager für Lebensgestaltung«. Eine Schnittstelle für wirtschaftlichen Erfolg, sozialen Zusammenhalt, kulturellen Austausch, Naturschutz und die berühmte Balance zwischen den Lebenswelten. Lebensgestaltung ist Chefsache. Und darum ist es beispielsweise auch eine Schande, dass Politik gerne den alten Tourismus oder besser die neue Abteilung für Lebensgestaltung zwischen den ministeriellen Resorts hin und her schiebt, wie es das Parteikalkül gerade erfordert. Das ist der Bedeutung unwürdig. Tourismus ist die Keimzelle für vieles, vor allem in Zeiten, in denen Menschen neu über den Sinn des Lebens und ihre Bereitschaft für Leistung nachdenken. Die digitale Welt mit Workation und Fernoffice tut ihr Übriges dazu. Deswegen wäre es ein erster Schritt die Organisation der neuen Lebensgestaltung in Staatskanzleien und dem Kanzleramt zu verorten. Zuarbeitende Spiegelreferate und Fachabteilungen wird es in jedem Ministerium geben. Schnittstellen zu Wirtschaft, Kultur, Umwelt, Gesundheit, Digitalem und sogar der Außenpolitik liegen auf der Hand. Und allein das belegt, warum in diesem Land der bisherige Tourismus völlig unterschätzt wird.

Link zur Tagung

https://youtu.be/YjDDi901IdQ

7.8 Der Tourismus ist aus den Fugen geraten – Bürgerschaftliches Engagement beschleunigt die Transformation. Skizzen eines Tagebuchs zu Protesten auf Teneriffa

Harald Pechlaner, Jakob Hillebrand, Johanna Petermann, Florian Sauer, Martin Faethe, Katrin Stürzer, Antonio Garzón Beckmann, Lisa-Marie Schulz, Sophia Tettinger

7.8.1	Status quo: Transformation und nachhaltige Lebensraumentwicklung.	330
7.8.2	Konfrontation mit der Realität: Austausch und Interviews.	336
7.8.3	Eigene Beobachtungen: Besichtigung von Hotelbauprojekten	342
7.8.4	Die Protestbewegung	346
7.8.5	Nachdenken und Weiterdenken: Reflexionen nach den Protesten	350
7.8.6	Dialog und Divergenz: Weiterer Austausch mit Akteuren des Tourismus	355
7.8.7	Eigene Einschätzung und Ausblick	357

7.8.1 Status quo: Transformation und nachhaltige Lebensraumentwicklung

»Transformation und nachhaltige Lebensraumentwicklung – Tourismus neu gestalten« – dies ist der Name eines Masterprogrammes der Katholischen Universität Eichstätt-Ingolstadt in Kooperation mit den bayerischen Hochschulen Deggendorf, München und Kempten. Die Idee des Projektes fußt auf der Überlegung, dass massive Veränderungen in Wirtschaft, Gesellschaft und Politik, aber auch in Kirche oder Wissenschaft Eigendynamiken und Verdichtungen von kaum gestaltbaren Entwicklungen zur Folge haben, von denen auch das Phänomen Tourismus entsprechend betroffen ist. Tourismus verändert sich, auch wenn die quantitativen Wachstumszahlen den Eindruck vermitteln, als wenn es lediglich mehr vom Gleichen gäbe.

Transformation mag der Schlüsselbegriff sein, um vielschichtige Veränderungen stärker in den Wahrnehmungsfokus zu rücken, wenngleich unterschiedliche Perzeptionen und Reaktionen von und auf Veränderung die Komplexität der Begrifflichkeit erahnen lassen. Sind Transformationen demzufolge gestaltbar oder müssen wir uns damit begnügen, diese im besten der Fälle zu erkennen und deuten zu können? Können Prozesse der Veränderung ausgelöst und vorangetrieben werden, und wenn ja, kann man die wünschbaren Richtungen entsprechend beeinflussen oder gar bestimmen? Oder sind es (Eigen-)Dynamiken, die – sich der Steuerung entziehend – Entwicklung ermöglichen, wenngleich in Richtungen und mit Ausformungen, die demzufolge auch nicht zu antizipieren sind? Es ist die Rede von einem Paradoxon, weil einerseits sozialökologische Krisen eine Transformation notwendig erscheinen lassen, diese Transformationen sich aber nicht in bestimmte Richtungen steuern lassen (Schneider, M., 2022, S. 54). Bleibt es ein gesellschaftlicher Traum oder gar eine Utopie, einen Gestaltungsanspruch im Zusammenhang mit dynamischen, weil sich überlappenden Transformationen als Grundmotivation von Veränderung und Entwicklung, ja sogar Verbesserung anzunehmen, oder sollte die Diskussion um Transformation eher davon geleitet sein, dass Gesellschaftssysteme kaum oder keinen Einfluss auf Veränderungsdynamiken haben? Die Frage ist, ob sich beim Bewusstwerden von Wandelprozessen auch Richtungen erkennen lassen, ob die Deutung dieser Entwicklungen möglich ist und Erkenntnisse bezüglich weiterer Ausformungen und Entwicklungen zulässt.

Evolution oder Revolution? Oder Evolution und Revolution? Noch einmal: Sind Transformationen ungesteuerte Veränderungen oder Folge von Handlungen? Vielleicht kann und muss die Frage gar nicht eindeutig beantwortet werden. Evolution wird mit systemtheoretischen Zugängen in Verbindung gebracht, was darauf hinausläuft, dass die gesamtgesellschaftlichen Veränderungen nicht durch menschliches Handeln beeinflussbar sind, während Revolution eher mit Brüchen und durchaus disruptiven Entwicklungen einhergeht, ihren Ausgangspunkt jedoch im gesellschaftlichen Erkennen von gesellschaftlich nicht mehr akzeptierbaren Zuständen hat (Schneider, M., 2022). Ein Gestaltungsanspruch findet seinen Ursprung demzufolge in einer Form von revolutionären Entwicklungen, die jenseits der erkennbaren und jedenfalls negativ wahrgenommenen Ausgangssituation Energien für einen Blick auf eine wünschbare Zukunft freisetzt, vielfach angestachelt von sich aus Krisen ergebenden Notwendigkeiten. Ein revolutionäres Verständnis von Transformation ist nicht frei von Werten oder Ideologien, weil die Entscheidung über die Wege des Aufbruchs mit Fragen von Gestaltung und (zukünftiger) Ordnung einhergeht, weil beispielsweise bei Fragen des »guten Lebens« und anzustrebender nachhaltiger Lebensstile als Ergebnis von Wandelprozessen stets Gerechtigkeitsfragen einhergehen.

Ein Symptom großer gesellschaftlicher Veränderungen sind die Ausformungen im Stimmungsbild gegenüber Tourismus. Menschen reisen seit »Menschengedenken«, aber es sind die postindustriellen Gesellschaften, die parallel zum ressourcenintensiven Wachstum im Rahmen eines (liberalen) kapitalistischen Modells die Intention des Reisens von Erholung hin zu einer Ausdrucksform hedonistischen Wohlfühlens entwickelt haben. Eine Gesellschaft auf Reisen zeigt zugleich die Reise der Gesellschaft (Pechlaner, H. und Volgger, M., 2017) als Begleiterscheinung von Demokratisierung der Gesellschaft. Mit dem Unterschied, dass die Entwicklung des Tourismus daher auch eine massentouristische war sowie ist und demzufolge zu Ergebnissen führt, welche in der gesellschaftlichen Reflexion als kritisch oder gar unhaltbar eingeschätzt werden. Es ist ein Paradoxon gesellschaftlichen Daseins, dass man sich im weltbürgerlichen Sinne als mobile Gesellschaft von Reisenden versteht, aber immer weniger Tourist sein möchte und sich an den Begleiterscheinungen des Reisens anderer zunehmend stört. Es ist ein Zwiespalt, in den ganze Gesellschaften geraten, weil sie einerseits Handlungsnotwendigkeiten aufgrund sich zuspitzender ökologischer Risiken erkennen und andererseits an ihren Lebensstilen samt gewohnter Verbrauchs- und Konsumgewohnheiten festhalten, auch weil vielfach die Narrative für neue Wege hin zu einer klimaverträglichen und nachhaltigen Gesellschafts- und Wirtschaftsordnung fehlen oder schlecht kommuniziert werden. Es ist aber auch erkennbar, dass neue Formen des Reisens und der Reisemotivationen eine Suche nach Sinn, Beziehung, Achtsamkeit oder Erfüllung erkennen lassen, was wiederum ein Hinweis darauf ist, dass Gesellschaften in einer Phase des Unbehagens auf der Suche nach Neuem sind, auf der Suche nach Orientierung die dazu nötigen Reflexionen und Resonanzen ausgelöst werden und dadurch Bestehendes in Frage stellen und Neues zunehmend fordern – und verzögert in eigenes Handeln transponieren.

Overtourism ist weniger ein nach wissenschaftlichen Gütekriterien entwickelter und definierter Begriff, sondern eher ein medialer Schlachtruf rund um das »Genervtsein« von Ansammlungen fremder Menschen an Orten und Räumen – optisch und physisch. Der Frust darüber entzündet sich bei Menschen, die in diesen Orten und Räumen leben, aber auch bei den Touristen, denn Touristen sind immer die anderen. Overcrowding oder doch Overtourism? (Pechlaner, H., Innerhofer, E. und Erschbamer, G., 2020). Geht es um den Dichtestress, den Menschen an bestimmten Orten verspüren, weil sich zu viele Menschen bzw. Touristen zur selben Zeit am selben Ort befinden, oder geht es um sicht- und erkennbare negative Ausdrucksformen von Massentourismus? Oder beides? Während die Debatte um Overtourism in einer ersten Phase stärker mit Fragen der Begrenzung (»The challenge of managing the limits«) zu tun hatte, entwickelt sich die Diskussion aktuell stärker hin zu einer gesamtheitlichen Frage nach den Notwendigkeiten und Erfordernissen gesellschaftlicher bzw. sozialökologischer Transformation hin zu nachhaltigen Lebensstilen als Grundlage für einen neuen Tourismus (Pechlaner, H., Innerhofer, E., und Philipp, J., 2024). War es in einer ersten Phase eher die Frage, wie man die Entwicklungen eines überbordenden Tourismus (quantitativ) einschränken kann, geht es zunehmend um die Frage, wie es gelingen kann, dass Gesellschaft sich als Ganzes aufgrund von sich verändernden Rahmenbedingungen (qualitativ) ändert, woraus sich zwangsläufig auch ein neuer Tourismus ableiten ließe (Pechlaner, H. und Schwing, M., 2024). Aber es ging in dieser Debatte doch immer um die Idee des Umsteuerns, der revolutionäre Gedanke war in dieser Diskussion von Anfang an da, hat sich weiterentwickelt und gewissermaßen emanzipiert.

Und seit geraumer Zeit gehen Menschen im Namen des Tourismus auf die Straße, um zu protestieren. Wer hätte sich das gedacht? Die stets auf die schönen Seiten des Lebens konzentrierte Tourismuswirtschaft, selbst aufgrund mangelnder Systemfähigkeit ein vulnerables Gebilde von lose zusammenhängenden Branchen und Industrien, ist urplötzlich Gegenstand einer gesellschaftlichen Debatte und Ausgangspunkt für soziale Konflikte, die sich z. B. in Protesten äußern. Protestieren die Menschen gegen Tourismus oder für einen anderen Tourismus? Da waren sich die Kommentatoren der Proteste bisher uneinig: einmal sind es die Einheimischen, die unter dem Ansturm von Touristen ihren Lebensraum in Gefahr sehen, einmal sind es die Touristen, die von Einheimischen in ihrer Suche nach Erlebnissen eingeschränkt werden. Protestieren die Akteure des Tourismus oder Gesellschaften, die außerhalb des Tourismus stehen? Lauter Fragen, die zu beantworten wichtig sind, um das Phänomen des Overtourism besser zu verstehen und in den gesamtgesellschaftlichen Diskurs einbetten zu können. Ohne Zweifel erleben wir derzeit eine Übertragung des Gravitationszentrums der sozialen Frage auf das Territoriale, die sozialen Konflikte werden gewissermaßen räumlicher, Geographien werden zu Räumen der gesellschaftlichen Auseinandersetzung in Bezug auf Zukunftsfragen. Aber welche Rolle spielt dabei Tourismus? Die meisten bisher vorliegenden wissenschaftlich ausgerichteten empirischen Untersuchungen betrachten vorwiegend die Akteure des Tourismus oder die Gesellschaft als Ganzes und untersuchen beispielsweise die Sorgen der Bevölkerung im Zusammenhang mit Tourismus (z. B. Umweltzerstörung oder Mobilität) und/oder die Akzeptanz von Tourismus in Gesellschaften (siehe z. B. Seeler, S. und Eisenstein, B., 2024). Die seit ca. 2017 erkennbaren Proteste bzw. tourismuskritischen sozialen Bewegungen zuerst in europäischen Metropolen gehen interpretativ einher mit sinkender Tourismusakzeptanz (Herntrei, M. und Jánová, V., 2024). Akzeptanz hat dabei mit der Frage zu tun, inwiefern öffentlicher Raum zwischen einheimischer Bevölkerung und Gästen geteilt wird und die einheimische Bevölkerung einen Mehrwert darin sieht, von anderen Menschen besucht zu werden. Kurzum: In welcher Form kann die Bevölkerung am touristischen Wachstum beteiligt werden und welche Form von touristischem Wachstum ist vielversprechend? Welche sind die hauptsächlichen Gründe für die Unzufriedenheit von breiten Gesellschaftskreisen, die auch dem Tourismus zugeschrieben werden können? Anders gesagt: Ist der Tourismus für überfüllte Verkehrsrouten verantwortlich oder ist die Bevölkerung daran auch maßgeblich beteiligt? Ist der Tourismus verantwortlich für den fehlenden Wohnraum in Destinationen, oder gibt es auch andere Gründe dafür? Es stellt sich die Frage, ob der Tourismus aufgrund seiner systemischen Vulnerabilität, die dazu führt, dass es kaum ein einheitliches Auftreten der gesamten Wertschöpfungskette gibt, aber auch aufgrund des Umstandes, dass Besucher und Gäste – übrigens ähnlich wie bei Migration (Pechlaner, H., Nordhorn, Ch. und Marcher, A.,

2018) – immer auch ein vulnerables Glied der Gesellschaft sind, zur Projektionsfläche für eine generelle gesellschaftliche Unzufriedenheit wird. Ist der Tourismus womöglich nur der Ausgangspunkt für soziale Unzufriedenheit, während die eigentlichen Gründe dieser Unzufriedenheit tiefer liegen?

Nachdem bisher keine Studien zum Milieu der »Tourismus-Proteste« vorliegen und auch keine Motivstudien der Protestierenden selbst, hat sich im Rahmen des eingangs genannten Masterstudiengangs die Idee herauskristallisiert, die Protestbewegung selbst zum Gegenstand der Analyse zu machen.

Bekannt geworden sind die Proteste vor allem in Spanien in Metropolen wie Barcelona, aber auch in Städten wie Palma de Mallorca und zuletzt auch auf den Kanarischen Inseln, vorwiegend auf Gran Canaria und Teneriffa. Hotelprojekte und fehlender Wohnraum sind dabei die häufigsten Gründe für die Proteste. Schlagzeilen wie »Salvar el Puertito de Adeje‹ convoca una nueva manifestación contra el proyecto turístico Cuna del Alma« (canariasahora, 29. Juli 2024) oder »Ya hay fecha para las nuevas movilizaciones contra el turismo masivo en Canarias: se avecina un ›otoño caliente‹«[79] zeugen von durchaus aufgewühlten Stimmungen im Zusammenhang mit Massentourismus unter besonderer Berücksichtigung von neuen oder geplanten Hotelprojekten, häufig im Zusammenhang mit Vorwürfen der Missachtung der Raumordnungsregeln oder Korruption. Paradoxerweise sind weniger die neuen Hotelprojekte an den quantitativen Zuwächsen schuld: »There were no spectacular new construction projects of hotel complexes on Mallorca. Thus, over the decades, the infrastructure had been able to adapt well to the »legal« guest numbers. However, it was not prepared for a doubling of the number of guests accomodated on the island due to the phenomenon of vacation rentals, which had established itself during the same period through the ongoing development of various booking platforms« (Müller, H., 2024, S. 43). Erwähnenswert sind jedenfalls die Reaktionen der Reiseveranstalter in den Quellmärkten. Hervorzuheben ist dabei die Stellungnahme des CEO der TUI, der ankündigt, die Proteste ernst zu nehmen: »Sebastian Ebel (TUI) advierte que hay que tomarse ›en serio‹ las manifestaciones contra el turismo masivo«[80], und bietet an, Wohnungen für die Mitarbeitenden zu bauen.[81] Interessant auch die Stellungnahmen des Deutschen Reiseverbandes (DRV) und ihres Präsidenten Norbert Fiebig zu »Overtourism« am 22. Juli 2024: »Kritisch wird es insbesondere dann, wenn es keinen oder nicht mehr ausreichend bezahlbaren Wohnraum gibt. Hier sind insbesondere die Destinationen gefordert, entsprechend gegenzusteuern und zum Beispiel die Umwandlung

---

79 https://cadenaser.com/canarias/2024/09/23/ya-hay-fecha-para-las-nuevas-movilizaciones-contra-el-turismo-masivo-en-canarias-se-avecina-un-otono-caliente-radio-club-tenerife/ (Abgerufen am 3.12.2024).

80 https://www.tourinews.es/resumen-de-prensa/notas-de-prensa-empresas-turismo/tui-ebel-baleares-manifestaciones-contra-turismo-masivo-tomarse-en-serio_4482776_102.html (Abgerufen am 3.12.2024).

81 https://www.tourinews.es/resumen-de-prensa/notas-de-prensa-empresas-turismo/mallorca-tui-escasez-vivienda-construir-complejos-bloques-residencial_4481178_102.html (Abgerufen am 3.12.2024).

von Wohnraum in Ferienwohnungen und Kurzzeitvermietungen entsprechend zu regulieren«[82]. Weiter am 25. September 2024: »DRV und BTW initiieren Roundtable und bringen erstmals relevante Stakeholder zusammen« und »Der Roundtable will die Diskussion versachlichen und gemeinsam mit den Destinationen zur Lösung der Herausforderungen beitragen«. Dabei wird auch gesagt wird: »Overtourism ist eine punktuelle Herausforderung«[83].

Das Exkursionsprojekt des Masterstudienganges fokussierte als Reiseziel die Kanarischen Inseln mit Teneriffa. Grundlage dafür waren die bereits erfolgten Studien im Rahmen eines umfassenderen, mehrjährigen Studienprojektes des Lehrstuhl Tourismus der Katholischen Universität Eichstätt-Ingolstadt auf den Kanarischen Inseln (Pechlaner, H., Eckert, Ch., Garzón Beckmann, A., Herbold, V. und Sülberg, W., 2023). Hintergrund waren aber auch die ersten großen Proteste am 20. April 2024 auf den Kanaren, es kündigten sich weitere Proteste im Jahresverlauf an.

Methodischer Ausgangspunkt war die Überlegung, dass im Zusammenhang mit dem Overtourism-Phänomen und den Protesten kaum der Kontakt mit den Protestierenden gesucht wird. Eine transdisziplinär ausgerichtete Wissenschaft mit einem neuen Verständnis von Dialog mit Gesellschaft fordert demnach eine Erweiterung des Stakeholder-Ansatzes. Die Studierenden des Masterstudienganges sind obendrein mit der Idee angetreten, stärker eine gestaltende Rolle einzunehmen: »Dialogorientierung einzufordern und Dialogfähigkeit praktisch unter Beweis stellen, sind allerdings zweierlei Dinge. Ernsthafte Dialoge zwischen inner- und außerwissenschaftlichen Akteuren können nur auf der Basis eines neuen Selbstbildes und eines alternativen Wissenschaftsverständnisses erfolgreich sein« (Selke, S., 2020, S. 81). Diese Art von öffentlicher Soziologie »ist kein bereits fix und fertig definiertes Modell, sondern die experimentelle Suche nach neuen Erkenntnisformen im offenen Labor Gesellschaft« (Selke, S., 2020, S. 23). Der Besuch der Kanarischen Inseln im Zuge der Proteste kann nicht unbedingt als Form der öffentlichen Soziologie bezeichnet werden, wiewohl allein schon das Wissen (der lokalen Stakeholder) um die Präsenz einer Studiengruppe mit Interesse an einem Dialog mit den Protestierenden dazu führt, dass transformatives Wissen und im Besonderen Handlungswissen durch die Diskussion mit und die Fragestellungen gegenüber den Initiatoren der Proteste entsteht, womit ein Mehrwert für deren Arbeit geschaffen wird – wie uns auch bestätigt wurde –, ganz abgesehen von den Erkenntnissen für die Studiengruppe selbst.

Die Exkursion fand zwischen dem 16. und 21. Oktober 2024 statt. Sieben Studierende des Masterstudiengangs haben an der Exkursion gemeinsam mit Prof. Dr. Harald Pechlaner teilgenommen. Die Vorbereitung der Exkursion erfolgte zusammen mit Antonio Garzón Beckmann, wohnhaft auf Gran Canaria. Er unterstützte

---

82 https://www.drv.de/anzeigen/txnews/overtourism-wichtig-ist-die-richtige-balance.html (Abgerufen am 3.12.2024).
83 https://www.drv.de/anzeigen/txnews/overtourism-gemeinsam-mit-einem-breiten-kreis-aus-dem-tourismus-loesungen-entwickeln.html (Abgerufen am 3.12.2024).

die Exkursionsgruppe bei der Festlegung von Interviewterminen und informierte über die aktuellen Entwicklungen der Protestbewegungen. Insgesamt fanden sieben Interviews statt (mit einer Vertreterin der Tourismusgemeinde Arona de Tenerife im Süden der Insel am 17. Oktober, einem Vertreter der Hotelvereinigung Ashotel ebenso am 17. Oktober, dem Regierungsmitglied sowie dem stellvertretenden Regierungsmitglied verantwortlich für Tourismus in der Regionalregierung der Kanarischen Inseln in Las Palmas de Gran Canaria am 18. Oktober, zwei Vertretern der Initiatoren der Protestbewegung ebenso am 18. Oktober und dem Tourismusdirektor der Kanarischen Inseln am 21. Oktober) sowie ein Pressegespräch am 18. Oktober in Las Palmas.[84] Am 19. Oktober besichtigte die Gruppe ein Hotelbauprojekt in der Nähe des Flughafens Tenerife Sur, welches bereits Gegenstand der Proteste war, und am 20. Oktober war die Gruppe bei den Protesten in Las Americas im Süden von Teneriffa anwesend.

7.8.2 Konfrontation mit der Realität: Austausch und Interviews

Die Exkursion bestand aus mehreren Begegnungen und Interviews mit Akteuren des Tourismus sowie der Protestbewegung. Die »student study« hatte explorativen Charakter mit dem wesentlichen Ziel, die Protestbewegung, die vor allem mit dem Tourismus in Verbindung gebracht wird, besser zu verstehen. Es ging auch darum, der Frage nachzugehen, ob und inwiefern sich die Wahrnehmung und das Verständnis des Phänomens »Overtourism« ändert. Die vorliegenden ersten Ergebnisse aus den Gesprächen und Interviews sollen Grundlage sein für weitere Forschungen.

17. Oktober 2024: Austausch mit Dácil Maria León Reverón, Tourismusdirektorin der Gemeinde Arona (Ayuntamiento de Arona)

Im Austausch mit der Tourismusdirektorin von Arona, Frau Dácil María León Reverón, erhielt die Studiengruppe einen ersten wichtigen Einblick zum Einfluss des Tourismus auf die lokale Gemeinschaft und die Umwelt in Arona. Den positiven Auswirkungen auf Hotellerie, Gastronomie und weitere Bereichen des lokalen Gewerbes steht demnach vor allem der mangelnde bezahlbare Wohnraum für Einheimische und Beschäftigte des Tourismussektors gegenüber (Hernández-Martin, R. et al., 2023). Der zunehmende Trend der touristischen Vermietung lokaler Wohnungsbestände und damit verbundene Mietsteigerungen scheinen hierbei eine zentrale Rolle zu spielen und verschärfen die Spannungen zwischen Einheimischen und Touristen (Hernández-Martin, R. et al., 2023). Gleichzeitig deutete sich im Gespräch aber auch an, dass der soziale Wohnungsbau auf Teneriffa seit längerer

---

[84] https://www.canarias7.es/economia/turismo/turismo-trae-desigualdad-posible-reducirla-20241020231749-nt.html) (Abgerufen am 3.12.2024).

Zeit vernachlässigt wurde, wodurch das Problem auch seitens der Regierung verschärft wurde.

Neben dem Wohnungsmarkt scheint auch die lokale Infrastruktur der Insel bereits am Limit zu sein. Dies manifestiert sich in täglichen Verkehrsstaus und weiteren Mobilitätsproblemen (Chijeb, N., 2022). Demnach kann die Infrastruktur der Region mit dem schnellen Wachstum des Tourismus nicht Schritt halten, was eine umfangreiche Überarbeitung der städtebaulichen Planung erfordert. Auf der Suche nach Lösungen der angesprochenen Herausforderungen wird die lokale Gemeinschaft laut Frau León Reverón bisher in Entscheidungsfindungsprozesse bezüglich der Tourismusentwicklung und Raumplanung nur unzureichend einbezogen, was die Notwendigkeit einer inklusiveren Planungsmethodik unterstreicht.

Ihrer Meinung nach bedarf es insgesamt einer nachhaltigen Entwicklungsstrategie, welche Themen wie den sozialen Wohnungsbau in den Fokus rückt und die Belastung lokaler Ressourcen reduziert. Das Motto könnte dabei in vielerlei Hinsicht »Qualität vor Quantität« heißen, beispielsweise die Renovierung von bestehenden Hotelanlagen vor dem Bau neuer Hotelkomplexe. Dies impliziert auch einen Paradigmenwechsel in der Herangehensweise an Tourismusentwicklung, von einer primär wirtschaftlichen Betrachtungsweise hin zu einem Modell, das ökologische Nachhaltigkeit, soziale Gerechtigkeit und ökonomische Lebensfähigkeit gleichermaßen berücksichtigt, sowie alle Stakeholder in die strategische Planung und Umsetzung einbezieht. Hierzu gehören politische und wirtschaftliche Organisationen, aber auch die lokale Bevölkerung. Die Umsetzung könnte mit Hilfe eines »Runden Tisches« unterstützt werden, der als Ort der Zusammenkunft, des Austauschs und der Annäherung fungiert.

17. Oktober 2024: Austausch mit Juan Pablo González Cruz, Geschäftsführer des Hotel-Interessensverbandes Ashotel, Santa Cruz

Das Gespräch mit Juan Pablo González Cruz, dem Geschäftsführer von Ashotel, eröffnete Einblicke in die Sichtweise der Hotelbranche auf den Kanaren in Hinblick auf die aktuellen Diskussionen zum Tourismus. Seine Ausführungen verdeutlichen auch die Komplexität der Herausforderungen und ihre Ursachen.

Das bisher verfolgte Tourismusmodell selbst ist in seinen Augen nur bedingt schuld an der aktuellen Situation. Als Interessensvertretung der Hotellerie verweist er – ähnlich wie Frau León Reverón – auf die Bedeutung des bereits verfolgten Grundsatzes »Qualität vor Quantität«. Hierzu werden bereits seit Jahren Maßnahmen zur Erhöhung der Qualität der Hotels bzw. Dienstleistungen ohne gleichzeitige Erhöhung der Bettenzahl umgesetzt. Eine Gleichsetzung von Tourismus und Hotellerie sieht er als Fehler, da trotz der großen Beschäftigtenzahl und dem großen Anteil der wirtschaftlichen Wertschöpfung noch viele weitere Akteure die Branche ausmachen. Neben dem seit Jahren vorherrschenden unkontrollierten Bevölkerungswachstum auf Teneriffa – vor allem durch Zuwanderung aus dem Ausland – und dem mangelnden Ausbau der hierfür benötigten Infrastrukturen auf der Insel, sieht er die Ursachen dabei vor allem in der rasant steigenden Anzahl an vermieteten Ferienwohnungen über Portale wie Booking oder Airbnb. Neben Touristen nutzen diese Wohnungen auch immer öfter digitale Nomaden als Workspace. Einerseits bedeutet dies steigende Mieten und sinkende Verfügbarkeiten an freiem Wohnraum, andererseits bringt dies innerhalb der Wohnquartiere auch zwischenmenschliche Spannungen zwischen Einheimischen und Gästen mit sich (z. B. Lärmbelästigungen durch Touristen). Es kommt zu einer Vermischung der ehemals nichttouristischen und touristisch geprägten (Lebens-)Räume, speziell im Norden der Insel (González Cruz, J. P., 2024)[85].

Als Verband stehe man hierzu in einem aktiven Austausch mit Aktivisten und weiteren Stakeholdern. Die Organisation hebt hervor, dass eine Kooperation mit diversen Verbänden und Akteuren, einschließlich der FECAM (Federación Canaria de Municipios), essentiell ist, um Wohnungsproblematiken anzugehen und innovative Projekte zu unterstützen, die einen positiven Wandel einleiten können. Auch im Bereich Nachhaltigkeit engagiert man sich als Verband bereits. Ashotel strebt die Förderung lokaler Erzeuger an und setzt sich für die Umsetzung von Projekten im Rahmen der sogenannten Comunidades Turísticas Circulares ein, um einen nachhaltigeren Tourismus voranzutreiben. Diese Initiativen reflektieren das Bestreben, einen Ansatz der Kreislaufwirtschaft zu verfolgen und dabei umweltschonende wie gesellschaftlich verantwortungsvolle Handlungsstrategien zu implementieren.[86]

Seitens Ashotel werden auch einige mögliche Lösungsansätze aufgeführt. Zunächst wird die Notwendigkeit eines stärkeren Monitorings der Zuwanderung mit Kontrollmöglichkeiten betont, um das begrenzte Raumangebot zu schonen. Dabei könnte die Zuwanderung aus Drittländern stärker reguliert werden, ohne dabei diskriminierende Absichten zu verfolgen. Zur Lösung der Wohnungsproblematik werden sowohl öffentliche als auch private Maßnahmen vorgeschlagen. Dazu gehören die Freigabe von Bauland für sozialen Wohnungsbau und Anreize für die Vermietung von leerstehenden Wohnungen. Auch eine Reform des Wohnungsgesetzes soll den Schutz der Eigentümer verbessern und den Kauf von Immobilien durch EU-Bürger soweit möglich beschränken. Wichtige Infrastrukturprojekte, die seit längerer Zeit verschleppt werden, sollen konsequent umgesetzt werden, um die Verkehrslage zu entspannen und die Versorgung sicherzustellen. Im Bereich der Mobilität wird die Förderung des öffentlichen und geteilten Verkehrs angestrebt, da die derzeit kostenfreie Nutzung des öffentlichen Nahverkehrs die Kapazitäten teilweise überlastet. Zum Schutz der Natur wird ein Kontrollsystem für die Zugangsmöglichkeiten zu Naturschutzgebieten angeregt, ähnlich wie in Nordamerika, wo durch Gebühren hochwertige Services und eine Beschränkung der Besucherzahl ermöglicht werden. Auch eine Ökosteuer wird in Betracht gezogen, um touristische öffentliche Räume zu pflegen und zu sanieren. Ein weiteres Kernthema

---

85 https://blog.ashotel.es/2024/04/08/a-proposito-del-modelo-turistico-i/ (Abgerufen am 3.12.2024).
86 https://turismocircular.com/ (Abgerufen am 3.12.2024).

ist die Begrenzung der Touristenzahlen. Die Region kann langfristig nicht unbegrenzt viele Touristen aufnehmen, weshalb das touristische Angebot durch Regulierungen gezielt gesteuert und so das Angebot an attraktivem, wertschöpfendem Tourismus erhöht werden sollte (González Cruz, J. P., 2024)[87].

Der Hotellerie-Verband Ashotel sieht demnach vielfältige Ursachen und Lösungsansätze für die im öffentlichen Diskurs stehenden Probleme im touristischen Kontext. Vor allem stehen dabei konkurrierende Marktteilnehmer und politische Entscheider im Fokus der Verantwortung. Die Mitglieder des eigenen Verbandes und das grundsätzliche Tourismusmodell der letzten Jahrzehnte spielen demnach keine oder nur eine untergeordnete Rolle. Man habe ja bereits verschiedene eigene Maßnahmen z. B. im Bereich Nachhaltigkeit umgesetzt. Eine selbstkritische Auseinandersetzung mit Vorwürfen rund um Themen wie umstrittene Hotelprojekte und damit einhergehende Umweltfragen blieb in unserem Gespräch aus.

18. Oktober 2024: Austausch mit Jessica León, Mitglied (consejera de Turismo) und José Manuel Sanabria, stellvertretendes Mitglied (viceconsejero de Turismo) der Kanarischen Regionalregierung, verantwortlich für Tourismus, Las Palmas de Gran Canaria

Das Gespräch drehte sich um die gesetzlichen Rahmenbedingungen auf den Kanarischen Inseln. Seitdem die neue kanarische Regierung im Mai 2023 gewählt wurde, wird an einer neuen Regelung für Ferienwohnungen gearbeitet, welche das gescheiterte Dekret von 2015 (bis jetzt die einzige diesbezügliche Regelung der Kanaren) ersetzen soll. Ende 2023, also schon vor den ersten Protesten im April 2024, wurde das Vorprojekt dieser Regelung der Öffentlichkeit vorgestellt (Anteproyecto de Ley de Ordenación Sostenible del Uso Turístico de Viviendas), diesmal in Form eines Gesetzes.

Es geht vordergründig darum, die Standards zu erhöhen, die Aktivität in den touristischen Zonen zu begrenzen und eine große Anzahl der Ferienwohnungen aus dem touristischen Markt auf den langfristigen Wohnmarkt umzuleiten, angesichts der überproportionalen Dimension, die das Phänomen auf den Kanaren angenommen hat – besonders auf Teneriffa (▶ Dar. 7-20). Ein spezielles Problem sind die Mischformen von Hotel- und Ferienwohnungen, die »Para-Hotels« (ein ganzes Gebäude, welches komplett mittels Ferienwohnungen vermarktet wird). Hierbei gibt es eine gesetzliche Grauzone, die bereinigt werden soll, denn dieser Mischform wird die Möglichkeit zur touristischen Qualifikation gegeben, sofern alle gesetzlichen Standards der Hotellerie erfüllt werden.

Es ist die Rede von einem »urbanistischen Chaos«, welches durch neue Gesetzesinitiativen bereinigt werden muss. Das nächste große legislative Projekt, an dem

---

87 https://blog.ashotel.es/2024/04/10/a-proposito-del-modelo-turistico-y-iii/ (Abgerufen am 3.12.2024).

schon gearbeitet wird, ist die Aktualisierung des Tourismusgesetzes von 1995, welches seitdem punktuelle Ergänzungen bekommen hat, die sich letztlich in einem »Dschungel« von Gesetzen widerspiegeln und neu geordnet sowie aktualisiert werden müssen.

18. Oktober 2024: Interviews mit Aktivisten in Santa Cruz (Alfonso) sowie in Puerto de la Cruz (Claudia):

Die kontaktierten Aktivisten wollten von der Studiengruppe im Vorfeld eine schriftliche Information zum Studienprojekt und die wichtigsten Interviewfragen bekommen (»Metodología y objetivos del estudio turístico de la Universidad de Eichstätt-Ingolstadt en Tenerife«).
Folgende Fragen wurden vorbereitet:

1. Welche sind die grundsätzlichen Motive für die Proteste?
2. Verändern sich die Motivationen im Laufe der Zeit (Unterschiedlichkeiten zwischen dem 20. April, dem ersten Höhepunkt der Proteste, und dem Herbst 2024)?
3. Wer konkret protestiert? Aus welchem Milieu kommen die Protestierenden?
4. Gibt es konkrete Erwartungen und Ergebnisse aus den Protesten? Welche sind dies? Welche sind die konkreten Forderungen?
5. In welcher Form sind die Protestierenden/Aktivisten organisiert?
6. Gibt es eine intellektuelle Grundlage für die Proteste?
7. Wird die Protestbewegung stärker? Woran lässt sich dies erkennen?
8. Gibt es unterschiedliche Ausrichtungen/Ziele innerhalb der verschiedenen Gruppierungen, die an den Protesten teilnehmen bzw. diese organisieren?
9. Wer solidarisiert sich mit den Protestierenden (Touristen, Bürger, andere zivilgesellschaftliche Bewegungen, Hoteliers, andere politische Gruppierungen)?
10. Radikalisieren sich die Gruppen bzw. werden die Proteste radikaler?
11. Gibt es konkrete Vorstellungen zur Vision/zur Zukunft des Tourismus auf den Inseln?
12. Sieht man die Verantwortung für die Umsetzung eines nachhaltigen Tourismus konkret bei einer spezifischen Interessensgruppe?
13. Möchte man von der Politik und/oder der Tourismuswirtschaft für Gespräche eingeladen werden?
14. Haben die Proteste mit Zielsetzungen zu tun, die jenseits der Anliegen zum Tourismus liegen?
15. Wird mit Fakten argumentiert?
16. Welche Rolle spielt die mediale Arbeit? Wie schafft man Aufmerksamkeit?

Im Interview mit dem Aktivisten Alfonso von der Organisation »Salvar La Tejita« werden die Hauptkritikpunkte und Forderungen bezüglich der negativen Auswirkungen des Tourismus auf die natürlichen und kulturellen Ressourcen der Kanarischen Inseln deutlich artikuliert. Alfonsos Motivation stammt aus seiner tiefen Verbundenheit mit den Kanarischen Inseln und der Sorge um den Erhalt ihrer einzigartigen Landschaften und Ökosysteme. Die Hauptkritik richtet sich gegen das bestehende Tourismusmodell, das vorrangig auf Masse statt Klasse setzt und damit enorme soziale wie ökologische Lasten verursacht. Durch die Forderung nach einem touristischen Moratorium (kein weiterer Ausbau von Bettenkapazitäten) soll das weitere Wachstum von Hotelkapazitäten und Unterkünften begrenzt werden, um illegalen Bauprojekten entgegenzuwirken und die Natur zu schützen.

Ein zentraler Kritikpunkt ist die finanzielle Belastung der lokalen Bevölkerung, die für die vom Tourismus beanspruchte Infrastruktur aufkommen muss, während ein Großteil der Einnahmen durch den Tourismus ins Ausland fließt und lokale Arbeitende teilweise unter prekären Bedingungen beschäftigt sind. Die Umweltbelastung durch den Tourismus, darunter die Notwendigkeit zusätzlicher Energie- und Wassergewinnung, verstärkt die Dringlichkeit einer nachhaltigen Umgestaltung des Tourismussektors. Alfonso skizziert eine Vision für die Kanaren, die eine Reduktion des touristischen Volumens und eine stärkere Fokussierung auf nachhaltige, qualitativ hochwertige Angebote umfasst, welche die Umwelt weniger belasten und die Gesellschaft schützen.

Die Bewegung, die sich aus verschiedenen Gruppen zusammensetzt – von Umweltorganisationen über kulturelle Vereine bis hin zu den im Tourismus Beschäftigten –, demonstriert die breite Basis und die vielfältigen sozialen Perspektiven, die den negativen Auswirkungen des Tourismus entgegenstehen. Die Proteste zielen darauf ab, Politiker zum Handeln zu bewegen und ein Bewusstsein sowohl bei der Bevölkerung als auch bei den Touristen für die Konsequenzen des ungezügelten Tourismuswachstums zu schaffen. Gleichzeitig wird ein Dialog mit den politischen und wirtschaftlichen Entscheidungsträgern angestrebt, obwohl Korruption und private Interessen diese Bemühungen erschweren. Hier wird deutlich, dass ein fundamentaler Wandel nur durch den Aufbau sozialen Drucks erreicht werden kann. Dies spiegelt globale Bewegungen wider, die ähnliche Problematiken adressieren und deren Erfolgsgeschichten zeigen, dass nachhaltige Veränderungen möglich sind, wenn verschiedene Interessengruppen ihre Kräfte bündeln und gemeinsam für den Schutz sowie die Bewahrung der natürlichen und kulturellen Ressourcen einstehen.

Claudias Interview ergänzt die Perspektive der Aktivistenbewegung mit einem Fokus auf die kulturellen und wirtschaftlichen Motivationen gegen den Massentourismus auf den Kanarischen Inseln. Sie betont die tiefe Verbundenheit der lokalen Bevölkerung mit deren Identität und Lebensraum, die durch den übermäßigen Tourismus bedroht seien. Die Unterstützung von Künstlern und Akademikern trage dazu bei, die Bedeutung der Inseln für die Menschen hervorzuheben und ein starkes Narrativ für den Widerstand zu schaffen.

Claudia spricht über die stetige Konstante der Verbundenheit mit dem einzigartigen und isolierten Charakter der Region, die durch negative wirtschaftliche und soziale Entwicklungen verstärkt werde. Die hohe Arbeitslosenquote und die ungleiche Verteilung der Tourismuseinnahmen führten zu einer Dynamik der Proteste, die sich verstärkt für eine gerechtere Nutzung der Ressourcen und einen respektvollen Umgang mit dem Lebensraum einsetzten.

Die Bewegung plädiert für eine Begrenzung des Massentourismus, eine Regulierung des Marktes für Ferienwohnungen und den Schutz natürlicher Ressourcen. In den Dialogen zwischen verschiedenen Gruppen innerhalb der Bewegung zeigen sich unterschiedliche Auffassungen über die Vorgehensweise, was die Vielfalt der Perspektiven unterstreicht, aber auch die gemeinsame Vision für den Erhalt der Kanarischen Inseln. Die Aktivistenbewegung steht vor Herausforderungen wie interner Spaltung, Kommunikationsproblemen mit politischen Entscheidungsträgern und der Gefahr einer Radikalisierung. Trotz dieser Schwierigkeiten bleibt die Bewegung dank ihrer Fähigkeit zur Mobilisierung und ihrer Anpassungsfähigkeit dynamisch und relevant. Claudia betont die Wichtigkeit von offenen Dialogen, der Schaffung von Informationsplattformen und der Nutzung von Medien, um die Bewegung zu unterstützen.

Zusammenfassend lässt sich sagen, dass die Aktivistenbewegungen eine tiefgreifende Kritik am aktuellen Tourismusmodell der Kanarischen Inseln üben und für eine neue, nachhaltigere Ausrichtung plädieren. Sie streben nach einer Gesellschaft, die ihre natürlichen und kulturellen Ressourcen schützt und eine gerechtere Verteilung der Tourismuseinnahmen fordert. Obwohl die Bewegung mit internen und externen Herausforderungen konfrontiert ist, zeigt sich eine anhaltende Energie und der Wunsch nach einem konstruktiven Dialog mit der Politik, um die Lebensqualität auf den Inseln zu verbessern.

7.8.3 Eigene Beobachtungen: Besichtigung von Hotelbauprojekten

19. Oktober 2024

Einige im Bau befindliche Hotelprojekte auf Teneriffa, bei welchen ein Baustopp gefordert wird, sind sichtbare Zeichen für die unkontrollierte Bautätigkeit auf der Insel (▶ Dar. 7-10). Diese unvollendeten Bauten, die z. T. ohne nachhaltige Planung entstanden sind, belasten in der Wahrnehmung der Protestierenden die teils geschützte Landschaft, führen zu einer Verschwendung von Ressourcen und stören das ästhetische sowie kulturelle Landschaftsbild.

7.8 Der Tourismus ist aus den Fugen geraten

Dar. 7-10: Beispiel einer Hotelbaustelle auf Teneriffa

Der Widerstand in Form von Graffitis in der Nähe der Hotelbaustellen (▶ Dar. 7-11), auf denen radikale Slogans wie »Tourists go home!« zu sehen sind (▶ Dar. 7-12), zeigen den zunehmenden Protest der Bevölkerung gegen den Massentourismus und die damit verbundenen Umweltprobleme und sozialen Spannungen.

Diese Bauprojekte beeinträchtigen nicht nur die natürlichen Ressourcen und die Biodiversität, sondern tragen auch zur Flächenversiegelung bei und schaffen Strukturen, die sowohl aus ökologischer als auch aus wirtschaftlicher Sicht problematisch sind. Zudem erhöhen sie den sozialen Druck auf die lokale Bevölkerung, da steigende Lebenshaltungskosten und überlastete Infrastrukturen die Lebensqualität der Einheimischen beeinträchtigen.

Dar. 7-11: Graffiti in der Nähe einer Hotelbaustelle

Die sogenannte »Kritische Karte der Kanarischen Inseln« (▶ Dar. 7-13)[88], die ebenfalls von Aktivisten aufgegriffen wird, zeigt eine Vielzahl an Projekten, die laut der Aktivistengruppe nicht im Einklang mit den Interessen der Bevölkerung stehen, wie beispielsweise Makroprojekte zum Hotelbau, umstrittene Gebiete oder Golfanlagen.

---

88 https://www.google.com/maps/d/u/2/viewer?mid=10rSENx6Pp9gth1ZfqYv2JV9Y2nI-Z4IY&ll=28.29622273398074%2C-16.56331703237073&z=9 (Abgerufen am 3.12.2024).

7.8 Der Tourismus ist aus den Fugen geraten

Dar. 7-12: Graffiti »Tourist go home«

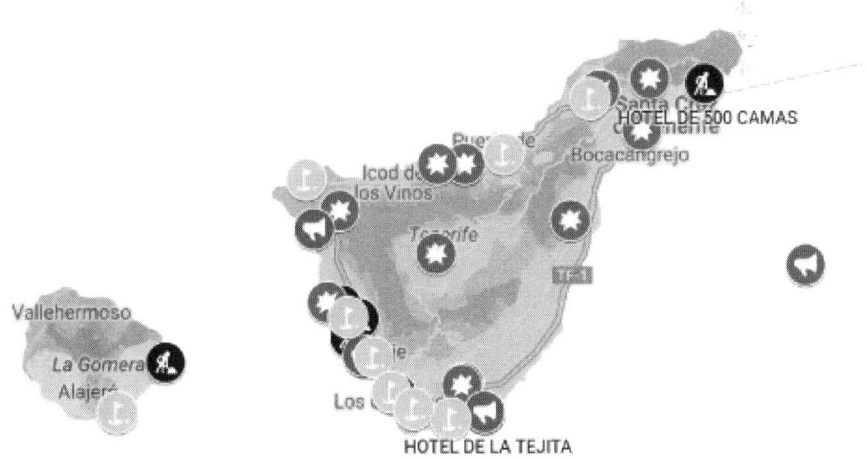

Dar. 7-13: Kritische Karte der Kanarischen Inseln (Quelle: Google, 2024)

7.8.4 Die Protestbewegung

20. Oktober 2024: Die Stimme(n) der Proteste: Forderungen und Visionen

Die Protestbewegung auf den Kanarischen Inseln vereint eine Vielzahl von Forderungen und Visionen, die sich kritisch gegenüber dem derzeitigen Tourismusmodell und dessen negativen Auswirkungen auf Umwelt, Gesellschaft und Wirtschaft äußern. Die aus der Protestdokumentation und den Medienberichten extrahierten Zitate veranschaulichen nicht nur die Tiefe des Widerstandes, sondern auch die breite Palette der angesprochenen Themen.

Ökologische Gruppen bringen ihre Sorge um die Beibehaltung der Biodiversität zum Ausdruck und betonen die Notwendigkeit eines verantwortungsvollen Umgangs mit dem Land (▶ Dar. 7-14): »La Biodiversidad de Canarias tambien tiene un limite.« und »All of us should be protecting our own land from ecocide.« Diese Aussagen unterstreichen das starke Bewusstsein für ökologische Nachhaltigkeit als fundamentalen Bestandteil der Identität der Kanarischen Inseln.

Dar. 7-14: Forderungen in Bezug auf ökologische Nachhaltigkeit

Eine andere wichtige Botschaft, die sich auf die Interaktion zwischen Touristen und Einheimischen bezieht, lautet »Come as guests, leave as allies.« und »Visiting or Destroying? Your choice matters.«, was die Rolle der Besucher in der Verantwortung für Erhaltung und Respekt gegenüber der lokalen Umwelt und Kultur hervorhebt (▶ Dar. 7-15).

Dar. 7-15: Forderungen gegenüber Touristen

Wirtschaftliche und soziale Themen werden ebenfalls direkt adressiert (▶ Dar. 7-16): »We live, we die for tourism.« und »Macrotourism destroys canary islands.« zeigen die wahrgenommene Bedrohung durch den übermäßigen Tourismus und die negativen Folgen für das lokale Leben. Die Forderungen nach einer gerechteren Verteilung der Tourismuseinnahmen spiegeln sich in den Worten »Enough water for 23 golf courses but not enough to grow our food.« und der scharfen Kritik an der Wohnraumproblematik: »Your Airbnb used to be my home.« wider.

Dar. 7-16: Wirtschaftliche und soziale Forderungen

Auch die Suche nach Alternativen wird deutlich, wenn gefordert wird: »Otro modelo de turismo es posible necesario en canarias«, womit der grundlegende Wunsch nach einem Wandel des Tourismusmodells betont wird (▶ Dar. 7-17). Gleichwohl wird die Notwendigkeit eines respektvollen Zusammenlebens durch Aussagen wie »Tourists go home, migrants welcome« unterstrichen. Dies ist zugleich eine Provokation, die auch auf eine tiefere Auseinandersetzung mit globalen Bewegungen der Solidarität und Inklusivität hindeutet und vermutlich die aktuellen Migrationsbewegungen, die auch über die Kanarischen Inseln verlaufen, anspricht.

Die Forderungen und Botschaften der Proteste auf den Kanarischen Inseln weisen auf ein komplexes Geflecht von Herausforderungen hin, die durch den derzeitigen Tourismus und dessen Management entstehen. Die kritischen Stimmen fordern einen umfassenden Ansatz, der ökologische Nachhaltigkeit, wirtschaftliche Gerechtigkeit und sozialen Zusammenhalt gleichermaßen berücksichtigt, um ein neues Gleichgewicht herzustellen, das sowohl der lokalen Bevölkerung als auch der Umwelt zugutekommt. Die Proteste mahnen eindrucksvoll, dass die Zeit für einen nachhaltigen Tourismus, der Ressourcen schont und die lokale Gemeinschaft unterstützt, nicht nur möglich, sondern notwendig ist (Nota de prensa, 2024).

7.8 Der Tourismus ist aus den Fugen geraten

Dar. 7-17: Forderungen nach einem Wandel des Tourismusmodells

Die umfangreiche Argumentation der Protestbewegung greift vielfältige Themen auf, die von ökologischen, sozialen bis hin zu wirtschaftlichen Aspekten reichen, welche durch den aktuellen Tourismussektor und dessen Auswirkungen auf die Kanarischen Inseln beeinflusst werden. Dieser Argumentationsstrang dient als Grundlage, um die Forderungen der Bewegung mit harten Daten, Fakten und Studien zu untermauern. Zentrales Thema ist die Sorge um die »planetarischen Grenzen« und die spezifischen Verstöße gegen die Umweltvorschriften. Es wird darauf hingewiesen, dass die Gesellschaft bereits sechs der neun Grenzen überschritten hat, die das Leben auf Erden ermöglichen, wobei der Missbrauch und die Veränderung des Bodens hervorgehoben werden. Auf den Kanarischen Inseln werden diese Themen sichtbar in der fortwährenden Zerstörung von Land und Küstenlinie für Bauprojekte, die den natürlichen Lebensraum nachhaltig schädigen (Richardson, K., 2023). Ein weiterer Hauptpunkt ist das Recht auf Wohnen. Bei einem hohen Anteil leerer Wohnungen auf den Inseln bei einem gleichzeitig hohen Anteil von Menschen auf Wohnungssuche verdeutlicht die Bewegung die Dringlichkeit, dieses Problem anzugehen. Der Tourismus trägt zur Verschärfung bei, da eine wachsende Anzahl von Wohnungen in Ferienunterkünfte umgewandelt wird, was den Druck auf den Wohnungsmarkt weiter erhöht (Fernández, S., 2023). Die

Armut und das Risiko der Ausgrenzung stehen in direktem Zusammenhang mit der wirtschaftlichen Struktur, die stark vom Tourismus abhängt. Trotz der hohen Touristenzahlen und Einnahmen aus diesem Sektor leben etwa 38 Prozent der Inselbevölkerung in Armut oder sind von sozialer Ausgrenzung bedroht. Dies steht im Kontrast zur Wahrnehmung der Inseln als prosperierende Touristenziele (Europa Press, 2022). In Bezug auf die Mobilität und das Bevölkerungswachstum wird die Infrastruktur der Inseln, die bereits jetzt an ihre Grenzen stößt, durch das stetige Wachstum der Bevölkerung und des Tourismus weiter belastet. Dies hat direkte Auswirkungen auf die Lebensqualität der Einwohner und das ökologische Gleichgewicht (Montero, M. A., 2023). Das Thema Wasserwirtschaft und Wasserstress, in dem hervorgehoben wird, dass Touristen pro Tag sechs Mal mehr Wasser verbrauchen als Einheimische, beleuchtet die unverhältnismäßige Nutzung lebenswichtiger Ressourcen. Zugleich wird die Problematik der Abwässer aufgegriffen, bei dem ein Teil der Abwassereinleitungen ins Meer nicht genehmigt ist, was umwelt- und gesundheitsschädigende Folgen hat (Gomez, M., 2019). Letztlich wird der Klimawandel als übergreifende Herausforderung benannt, wobei die spezifischen Bedingungen der Kanarischen Inseln hervorgehoben werden, die sie besonders anfällig für dessen Auswirkungen machen. Hierbei werden Flächennutzung, nicht nachhaltige Tourismuspraktiken und Überfischung als Hauptfaktoren genannt, welche die negativen Effekte des Klimawandels intensivieren (Ferrera, T., 2024).

Die Protestbewegung unterstreicht die Dringlichkeit eines Umdenkens und Handelns, um ein nachhaltigeres und gerechteres Modell für die Zukunft der Kanarischen Inseln zu entwickeln. Es scheint, als wäre der Tourismus die Projektionsfläche für die Proteste, die unterschiedliche Themen und Motivationen zeigen. Am Ende steht die Frage nach der Zukunft des Tourismus auf den Kanaren für die Frage nach der Zukunft der Kanaren insgesamt. Dabei kann nur teilweise auf Daten und Fakten hingewiesen werden.

7.8.5 Nachdenken und Weiterdenken: Reflexionen nach den Protesten

20. Oktober 2024: Interview mit Antonio Garzón Beckmann, Hotelberatung NutriHotel (Zoom-Gespräch)

Die Proteste vom 20. April (20-A) wiederholen sich am 20. Oktober (20-O) unter demselben Slogan »Die Kanarischen Inseln haben ein Limit«, diesmal aber in den Hauptzonen des Tourismus. Die erste Mobilisierung im April brachte – abgesehen davon, dass es ihr gelang, sich über alle Inseln auszubreiten (was an sich schon komplex ist) – eine sehr wichtige Neuerung: Zum ersten Mal in der Geschichte der Kanarischen Inseln dient eine Mobilisierung nicht einem konkreten Zweck, basierend auf einem konkreten sozialökologischen Konflikt, sondern es geht um eine generelle Infragestellung des Wirtschafts-Tourismus-Modells. Ökologische Mobilisierungen gibt es auf den Kanaren schon seit den 60er Jahren, doch niemals zuvor schafften sie es in diesem Ausmaß, ökologische Probleme mit sozialen Angelegenheiten zu verbinden, demokratische Probleme mit einzubinden und das Ganze dergestalt zu politisieren.

Der Slogan »Kanaren haben ein Limit« ist nicht neu, da er bereits 2008 verwendet wurde, allerdings mit einem wichtigen Anhang: »Kanaren haben ein Limit: kein weiteres Bett.« In diesem Fall war das Ziel konkret, nämlich das touristische Wachstum einzudämmen. Durch den heute verkürzten Slogan erhält der Begriff »Limit« jedoch derzeit einen neuen, abstrakteren Kontext, da jeder seine eigene Interpretation vornehmen kann. Für manche mag es die Tragfähigkeit sein, die so verstanden wird, wie jeder sie interpretieren möchte (z. B. die Zahl der jährlichen Touristen), für andere mag es der astronomische Preis der Mieten und die Schwierigkeit der Wohnungssuche sein und für wiederum andere einfach ein Gefühl der infrastrukturellen Sättigung, etwa wenn man jeden Tag auf dem Weg zur oder von der Arbeit im Stau steht. Das heißt, die Demonstrierenden gehen mit ihrer eigenen Interpretation von »Limit« zum Protest. Das erklärt die sehr heterogene Zusammensetzung der Aktivisten, von rein ökologischen Gruppen über einen Hotel-Housekeeping-Verband bis hin zu Verbänden für das Recht auf »gerechten Wohnungszugang«, Linksparteien, usw.

Die heterogene Zusammensetzung und die Radikalisierung des 20-O

Diese Vielfalt an Demonstrierendenprofilen weist bereits auf organisatorische Probleme hin, was eine stabile Mobilisierungsstruktur, eine strategische Vision und eine im Laufe der Zeit stabile organisatorische Fähigkeit betrifft, und eine Konsolidierung nicht einfach macht. Tatsächlich kam es zwischen April und Oktober zu internen Konflikten, etwa hinsichtlich terminologischer Definitionen (Was ist Touristifizierung?) oder Aktionsarten (Hungerstreik?). Ebenso ist die Anzahl der Teilnehmer auf Teneriffa von April bis Oktober von geschätzten 30.000 auf 6.500 gesunken (auf den anderen Kanaren wesentlich weniger, z. B. auf Gran Canaria ca. 1.500 im Oktober).

Tourismusphobie ist ursprünglich nicht Teil der Philosophie dieser Gruppen. Bewegungen dieser Art richteten sich in den vergangenen Jahrzehnten nie gegen die Touristen selbst. Die vereinzelten Aktionen gegen Touristen im Süden Teneriffas am 20. April stießen in den Gruppen auf scharfe interne Kritik. Allerdings gab es am 20. Oktober erneut scharfe Botschaften gegen die Touristen selbst (»Raus aus meinem Haus«) und provokative Aktionen voller Wut (z. B. die Umleitung des Protestes – abseits der geplanten Route – in den Troya-Strand in Playa de las Américas direkt zu den Touristen; ▶ Dar. 7-19), was die Schwierigkeit der Organisatoren erahnen lässt, die Vielfalt der angelockten Profile von Demonstrierenden zu koordinieren. Die Darstellungen 7-18 und 7-19, beide auf Teneriffa, vermitteln einen touristenfeindlichen Eindruck, der sich von den ursprünglichen Forderungen stark abhebt. Das Schild mit dem Wort »Jediondos« in Darstellung 7-19 genau über

7 Tourismus hat Zukunft – ohne Tourismus!

Dar. 7-18: Proteste im Jahr 2023 (Quelle: Chijeb, N., 2023; Garzón Beckmann, A., 2024)

Dar. 7-19: Proteste am 20. Oktober 2024 (20-O) (Quelle: Rabionet, L., 2024)

dem Kopf der Touristen ist eine starke Beleidigung, auch wenn grammatikalisch falsch geschrieben.

Die Forderungen: Dekalog von Ben Magec

Die ökologische Gruppe Ben Magec, in der Rolle als Agglomerator des breiten Spektrums ökologischer Organisationen, hat die Forderungen des Protests in einem Dekalog (10-Punkte-Programm) zusammengefasst (Ecologistas en Acción, 2024): Dort sind zehn grundlegende Problematiken abgebildet, von denen sechs rein ökologischer Natur (Bodenzerstörung, knappe Wasserressourcen, Energiekonsum, Transport-CO_2-Emissionen, Abwässer, Schäden der Ökosysteme) und vier sozialökonomischer Natur sind (Inflation, Armut und prekäre Arbeitsverhältnisse, Wohnungen, touristisches Modell). Jede Problematik wurde mit einer Forderung verbunden (bei zwei von ihnen mit zwei Forderungen). In allen Fällen wurde der Ursprung der Problematik, auf sehr vereinfachender Weise, direkt dem Tourismus zugeschrieben und daraus wurden teilweise sehr generische Forderungen abgeleitet. Insofern können, wenn die Verbindung zwischen identifizierter Problematik, Ursache und Forderung tiefer analysiert wird, logische Argumentationsfehler entdeckt werden. So wurde beispielsweise die Abwasser-Problematik (Dekalogpunkt Nr. 5) mit korrekten Daten der offiziellen Kläranlagen, die gravierende Mängel aufweisen (72 Prozent), richtig identifiziert. Es ist jedoch eindeutig nicht ein Problem der Touristen, sondern ein Problem des Managements der touristischen Infrastrukturen (Kläranlagen), wobei Teneriffa schon mehrmals dafür von der EU sanktioniert wurde (in nichttouristischen Gemeinden). Der Grund dafür wurde jedoch einzig den Touristen zugeschrieben, wobei deutlich ist, dass das Volumen der Abwässer von der Gesamtbevölkerung abhängig ist und hier die Tourismusintensität (Anteil Touristen/Gesamtbevölkerung) betrachtet werden muss, welche auf Teneriffa derzeit 14,9 Prozent beträgt. Die daraus abgeleitete sehr generische Forderung war auf den zentralen Protestschildern mit dem Slogan »Null Abwässer« zu sehen. Die Projektion der vielfältigen gesellschaftlichen und wirtschaftlichen sowie politischen Probleme auf den Tourismus wiederholt sich bei den weiteren Dekalogpunkten.

Inflation der Wohnungspreise als Hauptursache der Proteste

Die vier identifizierten sozialökonomischen Probleme des Dekalogs mit Ben Magec rotieren um ein Thema: der – beinahe unmögliche – Zugang der Bevölkerung zu einer Wohnung zu fairen Miet- oder Kaufpreisen (im Rahmen einer hohen Inflation des Warenkorbs). Das beruht auf einem »teuflischen Cocktail« aus drei Hauptelementen: rapider und unkontrollierter Anstieg der Ferienwohnungen, seit Jahrzehnten fehlender Bau von freien und sozialen Wohnungen und vermittelte Unsicherheit an Mieter durch das spanische Wohnungsgesetz von 2023 (welches nicht zahlende Vermieter stark schützt und somit zur Folge hat, dass viele Wohnungen leer stehen).

Auf der folgenden Darstellung 7-20 ist die Entwicklung der touristischen Betten auf Teneriffa zu sehen, wobei erstmals deutlich wird, dass die traditionellen Betten nicht stark angestiegen sind, wie es die Protestierenden vielfach behaupten, da die Hotelbetten von 2010 bis heute praktisch kaum gestiegen sind (von 86.259 auf 89.230 Hotelbetten), während die Nicht-Hotelbetten (Bungalows, Apartments) in diesem Zeitraum von 51.920 auf 36.220 gesunken sind. In genau diesem Zeitraum kamen die Ferienwohnungen dazu, mit einem Anstieg von Null auf die heutige Bettenanzahl von 102.376 Betten, welche somit derzeit 45 Prozent von der Gesamtkapazität Teneriffas darstellen (die Marktquote ist jedoch geringer, u. a. weil die Ferienwohnungen eine höhere Bettenanzahl pro Einheit als ihre Durchschnittsbelegung aufweisen).

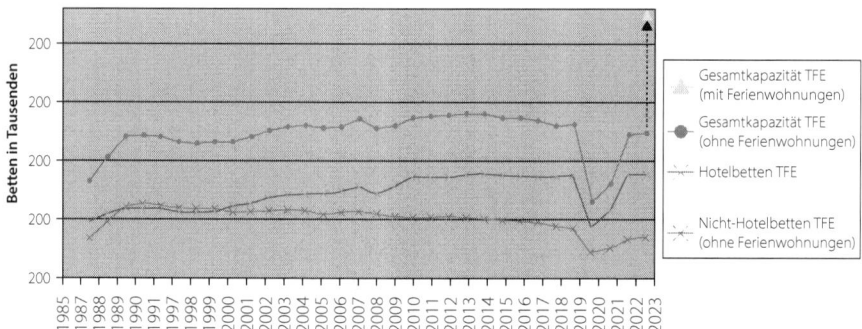

Dar. 7-20: Gesamtbettenkapazitäten auf Teneriffa (Quellen: Hotel- und Nicht-Hotelbetten: Istac – Gobierno de Canarias und Turismo de Islas Canarias; Betten der Ferienwohnungen: Turismo de Islas Canarias, Mai 2024)

Es ist offensichtlich, dass eine solche – nicht geplante – Proportion gesellschaftlich nicht tragbar ist, besonders wenn sie im Rahmen von knapper Verfügbarkeit von Sozialwohnungen und juristischer Unsicherheit der Langfrist-Mieter auftritt. Ebenso offensichtlich ist, dass dieses Problem weniger durch die Touristen verursacht wird, sondern dass es sich eher um ein Management-Problem handelt, das auf langfristigem Nicht-Agieren basiert – und zwar auf allen vier öffentlichen Management-Ebenen:

- Lokale Regierung (Gemeinde) und Insel-Regierung: Fehlendes politisches Handeln und fehlende Management-Entscheidungen hinsichtlich des Baus von freien und Sozialwohnungen, z. B. im Hinblick auf die Klassifizierung von bebaubarem Boden für diese Zwecke.
- Regionale Regierung: Fehlendes politisches Handeln und fehlende Management-Entscheidungen hinsichtlich der Regulierung der Ferienwohnungen, welche in einem Dekret von 2015 unzureichend reguliert wurden und spätestens 2017, als

wichtige Abschnitte des Dekrets vom Obersten Gerichtshof Spaniens für nichtig erklärt wurden, neu geplant hätten werden müssen, was erst in 2024 geschah.
- Nationale Regierung: Verfehlung der sozialen Ziele des nationalen Wohnungsgesetzes, welches in ganz Spanien für Unsicherheit und den Rückzug von Wohnungen aus dem Langfrist-Mietmarkt gesorgt hat.

Schlussfolgerungen von 20-A und 20-O

Aus der Analyse des Dekalogs der Protestierenden kann interpretiert werden, dass dieser in Bezug auf die Identifizierung von Problemen, die Zuordnung von Ursachen und konkrete Vorschläge äußerst ungenau ist und zahlreiche Fehler bei der Interpretation von Kausalitäten (immer auf den Tourismus projiziert) und der Projektion von Anforderungen aufweist, die meistens nicht spezifisch sind (z. B. Forderung nach einem alternativen ökonomischen Modell, ohne es im Detail zu beschreiben).

Trotzdem müssen diese Proteste sehr ernst genommen werden, mindestens aus zwei Gründen: Zum einen ist das Wohnungsproblem mit der gesellschaftlichen Tragfähigkeit (Carrying Capacity) des Tourismus in Verbindung zu bringen, das eindeutig mehr als die 0,3 Prozent protestierende Bevölkerung betrifft, und zum anderen können diese Proteste die Politik zum Agieren und zur Lösung von ökologischen Problemen bewegen (wie z. B. das gravierende Abwasserproblem), insofern diese Themen in den Wahlkämpfen eine Rolle spielen.

Zusammenfassend kann gesagt werden, dass die Proteste zwar vielfach auf die Touristen abzielen, es in Wirklichkeit aber um das Fehlen einer langfristig ausgerichteten Tourismuspolitik bzw. eines Tourismusmanagements geht, und auch um das Fehlen einer klaren Politik in praktisch allen wichtigen lebensweltlichen Angelegenheiten (z. B. Regelung der Ferienwohnungen, Wohnungsbau, Bau von Kläranlagen). Das Unspezifische der Forderungen der Protestierenden und deren offensichtlich mangelndes touristisches Wissen (z. B. Forderung einer Ökotaxe, welche eigentlich eine Tourismussteuer wäre) ist ebenso auf das langfristige Fehlen einer klaren Politik der Regierung zurückzuführen, welche nicht nur in den wichtigsten touristischen Angelegenheiten jahrelang nicht agiert hat, sondern auch niemals ein ehrliches Narrativ für den Tourismus entwickelt hat, um der Bevölkerung die Wichtigkeit des Tourismus für deren Wohlstand zu erläutern.

7.8.6 Dialog und Divergenz: Weiterer Austausch mit Akteuren des Tourismus

21. Oktober 2024: Austausch mit José Juan Lorenzo, Director Gerente, Turismo de Canarias, Santa Cruz

Im Rahmen des Exkursionsprojekts eröffnete sich für die Studiengruppe außerdem die Gelegenheit, an einem Treffen mit der Destination Management Organisation

(DMO) der Kanarischen Inseln in Santa Cruz (Teneriffa) teilzunehmen. Bei diesem Gespräch ging es um aktuelle Entwicklungen, Herausforderungen und Strategien im Tourismus der Region, wobei insbesondere das Thema Massentourismus – ein für die Bevölkerung der Kanaren kritisches Thema – angesprochen wurde.

Massentourismus und soziale Spannungen – eine unterschätzte Problematik?

Während der DMO durchaus bewusst ist, dass der Massentourismus auf den Kanarischen Inseln soziale Spannungen verursacht, scheint das Problem von Seiten der Touristiker (noch) nicht den hohen Stellenwert zu genießen, der aus Sicht der demonstrierenden Bevölkerung wohl wünschenswert wäre. Die zunehmenden Proteste der Bevölkerung – ausgelöst durch steigende Mieten und den zunehmenden Mangel an bezahlbarem Wohnraum – weisen auf die Belastungen hin, die durch die hohe touristische Nachfrage entstehen. Besonders die starke Zunahme an Ferienwohnungen (»Vacational Renting«) wird von den Bewohnern als problematisch wahrgenommen, da private Vermieter zunehmend an Urlauber statt an Einheimische vermieten, um höhere Einnahmen zu erzielen und langfristig bindende Mietverträge zu vermeiden. Die soziale Lage wird gewiss durch den starken Mieterschutz in Spanien verschärft, der es Vermietern erschwert, säumige Mieter zu kündigen, was sie noch stärker dazu motiviert, Wohnraum an Touristen zu vergeben. Insofern wird die Verantwortung für die sozialen Spannungen hauptsächlich den politischen Entscheidungsträgern zugeschrieben.

Der DMO ist die Sachlage durchaus bewusst, wenngleich die Aufgabe der DMO darin besteht, ein positives Image der Kanarischen Inseln zu den wichtigen Märkten zu transportieren. Die »soziale Frage« im Zusammenhang mit Tourismus wird kompetenzmäßig eher von den DMOs der einzelnen Inseln diskutiert. Im Meeting wurden daher vor allem wirtschaftliche Potenziale und Veränderungen in der Besucherstruktur hervorgehoben. Sehr wohl sieht sich die DMO in der Verantwortung, das Thema Nachhaltigkeit mit unterschiedlichen Schwerpunkten zu thematisieren.

So wurde u. a. der rückläufige Besuch deutscher Touristen und die gleichzeitig gestiegene Zahl britischer Touristen thematisiert. Die DMO stellte heraus, dass britische Gäste im Durchschnitt mehr Geld pro Kopf ausgeben als deutsche Touristen, was mit der etwas zurückhaltenden Mentalität deutscher Urlauber begründet wird. Um das Interesse beider Zielgruppen zu fördern, wurden verschiedene Imagevideos vorgestellt, welche die Kanarischen Inseln als ein Naturparadies mit unberührten Landschaften und idyllischen Stränden präsentieren. Diese Videos werden u. a. Fluggesellschaften zur Verfügung gestellt, um mehr Flugverbindungen auf die Kanaren zu sichern. Obwohl die DMO das Problem des Massentourismus anspricht, sieht sie die Hauptherausforderung eher in Management und Politik als in der Anzahl der Touristen. Ihrer Meinung nach vertragen die Kanarischen Inseln eine solch hohe Besucherzahl, wenn der Tourismus gut gesteuert wird. Typisch für die meisten DMOs – nicht nur auf den Kanaren – wird das Vorliegen von Overtourism und Overcrowding tendenziell verneint. Zumindest möchte man in der Außendarstellung eine Verbindung der Destination zu Overtourism möglichst vermeiden. Im Sinne der Nachhaltigkeit setzt die DMO jedoch verstärkt auf Qualitätssteigerung und eine nachhaltigere Ausrichtung. Es werden Instrumente entwickelt, die es den Tourismusbetrieben ermöglichen, ihren CO_2-Fußabdruck zu messen und gezielt Maßnahmen zur Emissionsminderung einzuleiten.

Im Gespräch wurde zudem betont, dass die Gehälter im Tourismus auf Teneriffa zu den höchsten des Tourismussektors in Spanien gehören. Dies soll einerseits die Bedeutung des Tourismus für die Region hervorheben und andererseits zeigen, dass der Sektor bemüht ist, auch die Arbeitsbedingungen der Beschäftigten zu verbessern. Keine Frage, dass die Lebenshaltungskosten auf Teneriffa bzw. den Kanarischen Inseln ebenfalls entsprechend hoch sind.

Eine interessante Initiative der DMO, welche in Kürze auf den Märkten sichtbar sein wird, ist »Welcome T. O. U. R. I. S.T.«, wobei T für »Travel conscientiously«, O für »Observe and admire«, U für »Understand traditions«, R für »Respect nature«, I für »Involve yourself in conservation«, S für »Support local business« und T für »Treasure the land« steht. In der deutschen Sprachvariante heißt es: Wir sind stolz, den Begriff »Tourist« neu zu definieren: T für »Tradition erleben«, O für »Offen für Nachhaltigkeit«, U für »Unterstützung der lokalen Wirtschaft«, R für »Rücksichtsvoll reisen«, I für »Im Einklang mit der Natur«, S für »Sightseeing mit Respekt« und T für »Touren voller Verantwortung«.

Das Treffen zeigte die komplexe Balance, welche die DMO der Kanarischen Inseln zwischen wirtschaftlichem Erfolg und sozialen Herausforderungen zu finden versucht. Während auf der einen Seite Bemühungen in Richtung Nachhaltigkeit und Qualitätssteigerung im Tourismus unternommen werden, bleiben auf der anderen Seite die sozialen Spannungen, die durch den Massentourismus entstehen, ein Bereich, der von der DMO weniger stark adressiert wird. Trotz der Proteste und deutlicher Warnsignale von Seiten der Bevölkerung erscheint die Problematik rund um Massentourismus und Wohnraummangel nach wie vor unterschätzt. Die Frage, ob langfristig die strategische Fokussierung auf Nachhaltigkeit auch die sozialen Spannungen mindern kann, bleibt offen.

7.8.7 Eigene Einschätzung und Ausblick

Um den Tourismus auf Teneriffa bzw. den Kanarischen Inseln zukunftsfähig zu machen und gleichzeitig die Bedürfnisse der Bevölkerung zu schützen, braucht es eine Neuausrichtung der Tourismuspolitik. Diese sollte auf nachhaltigem Tourismus basieren und dabei ökologische, soziale und wirtschaftliche Aspekte gleichermaßen berücksichtigen. Bereits seit Jahren beteiligen sich die Kanarischen Inseln an der Initiative INSTO (International Network of Sustainable Tourism Observatories) der Welttourismusorganisation (UN Tourism) mit der Aufgabe, für die Entwicklung eines nachhaltigen Tourismusmodells zu sensibilisieren und ein konsequentes Monitoring der wirtschaftlichen, ökologischen und gesellschaftlichen Aspekte eines nachhaltigen Tourismus aufzubauen und zu betreiben (Hernández-Martin, R. und León, C.J., 2024). Ein zentraler Wunsch der Aktivisten ist die Einrichtung eines Runden Tisches, an dem Politik, Tourismusbranche und Einheimische regelmäßig und vertrauensvoll miteinander sprechen können. So sollen Lösungen gefunden werden, die sowohl den Tourismus stärken als auch die Lebensqualität der Inselbewohner schützen. Die Beteiligung der Einheimischen ist dabei essenziell. Nur wenn ihre Stimmen gehört werden, kann eine Tourismuspolitik entstehen, die den Bedürfnissen aller gerecht wird und eine echte Balance schafft. Keine Frage, dass dies eine enorme Herausforderung ist, wenn man bedenkt, wie wichtig der Tourismus unter ökonomischen Gesichtspunkten ist, und Alternativen auch aufgrund der geographischen Situation nicht in Sicht sind. Es geht weniger um die Diversifikation jenseits des Tourismus, sondern um die Diversifikation innerhalb des Tourismus mit dem klaren Ziel einer entsprechenden Ausbalancierung hin zu einem Gleichgewicht der Interessen. Es braucht von allen Beteiligten ein größeres, gegenseitiges Verständnis und ein stärkeres Auseinandersetzen mit dem eigenen Beitrag zu den aktuellen Problemen innerhalb des Tourismus auf Teneriffa bzw. den Kanarischen Inseln.

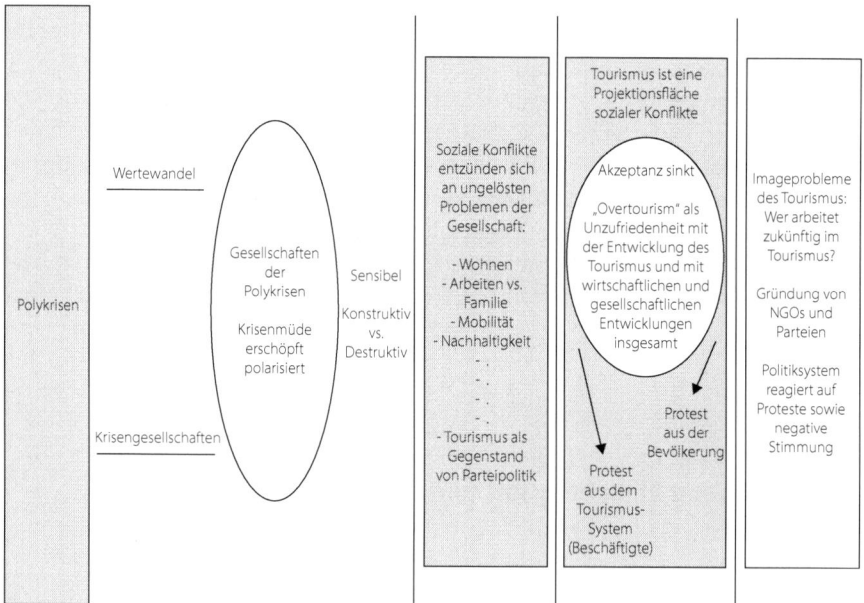

Dar. 7-21: Dynamiken rund um das Phänomen Overtourism

Overtourism ist mitnichten Overcrowding. Overcrowding als Dichtestress aufgrund zu vieler Menschen zu bestimmten Zeiten an bestimmten Orten kann unter Umständen zu Overtourism führen. Overtourism ist zusammenfassend nicht nur das diffuse Unzufriedenheitsgefühl breiter Bevölkerungskreise mit der massentouristischen Entwicklung, sondern es ist in zunehmendem Maße das diffuse Unzufriedenheitsgefühl breiter Bevölkerungskreise mit den wirtschaftlichen, gesellschaftlichen und politischen Strategien und (Nicht-)Entscheidungen, welches sich vorwiegend aufgrund der Vulnerabilität des Tourismussystems auf eben diesen Tourismus projiziert. Damit ist der Tourismus nicht aus der Verantwortung, sondern ganz im Gegenteil muss es dem Tourismussystem proaktiv gelingen, Verantwortung zu übernehmen und konkrete Rollen in dieser gesellschaftlichen und wirtschaftlichen Transformation zu übernehmen.

Die ersten Ergebnisse der Interviews, Begegnungen und Gespräche sowie Beobachtungen ergeben ein diffuses Bild von den Motiven der Proteste. Sie sind tief in der Sorge um die ökologischen Rahmenbedingungen der Kanaren verwurzelt, und entwickeln dann differenzierte Motivationsmuster. Es wird offensichtlich, dass diese Diskussion zu Overtourism eingebettet ist in das »westliche« Tourismusmodell samt kapitalistischen Konsumgewohnheiten, welche solcherart Kritik an der massentouristischen Entwicklung erst ermöglicht und in der Folge für die ungleiche Verteilung des Profits aus dem Tourismus verantwortlich gemacht wird. Mehr noch könnte man von einer eurozentrischen Sicht sprechen, welche mit der Frage einhergeht, wie man (vornehmlich in Europa) mit der zunehmenden Attraktivität der städtischen und ländlichen Destinationen und den damit einhergehenden negativen Begleiterscheinungen der »Überfüllung« umgeht. Die Protestkulturen fußen grundsätzlich auf entwickelten demokratischen Praktiken. Es wird offensichtlich, dass diese Proteste eine politische Reaktion hervorrufen und Maßnahmen auf der Grundlage von Gesetzen und Verordnungen auslösen, auch wenn diese eher den Eindruck einer überhasteten und wenig strategischen Reaktion vermitteln. Das Tourismussystem in Europa und global hat noch keinen klaren Weg gefunden, um mit den Protesten bzw. den sich beträchtlich ändernden gesellschaftlichen, politischen und wirtschaftlichen Rahmenbedingungen professionell umzugehen. Die Analyse und Deutung der Veränderungen und die Lehren daraus sind aber notwendig, um die Zukunftsfähigkeit des Tourismus mit den gesellschaftlichen Entwicklungen zu verknüpfen und proaktive Haltungen im Hinblick auf die notwendigen Veränderungen einzunehmen. Insofern könnte man provokant sagen, dass man Overtourism – welcher stets lokale Lösungen erfordert – als Phänomen nicht verdrängen sollte, sondern dass es darum geht, Overtourism als Chance für die notwendigen Veränderungen zu sehen. Und die Proteste spielen dabei eine wichtige Rolle.

Literatur

Alfaya, J.: Ya hay fecha para las nuevas movilizaciones contra el turismo masivo en Canarias: se avecina un ›otoño caliente‹, 23.9.2024, cadenaser, https://cadenaser.com/canarias/2024/09/23/ya-hay-fecha-para-las-nuevas-movilizaciones-contra-el-turismo-masivo-en-canarias-se-avecina-un-otono-caliente-radio-club-tenerife/ (Abgerufen am 3.12.2024).

canariasahora: ›Salvar el Puertito de Adeje‹ convoca una nueva manifestación contra el proyecto turístico Cuna del Alma, 29.7.2024, https://www.eldiario.es/canariasahora/tene

rife-ahora/salvar-puertito-adeje-convoca-nueva-manifestacion-cuna-alma_1_11557064.html (Abgerufen am 3.12.2024).

Chijeb, N.: Tenerife se acerca a un coche por habitante, 24.1.2022, Diario de Avisos.

Chijeb, N.: ¿Se puede hablar ya de turismofobia en el Sur de Tenerife?, 4.6.2023, Diario de Avisos, https://diariodeavisos.elespanol.com/2023/06/turismofobia-en-tenerife/ (Abgerufen am 3.12.2024).

Comunidades Turísticas Circulares: 2024, https://turismocircular.com/ (Abgerufen am 3.12.2024).

DRV: Overtourism – Wichtig ist die richtige Balance, 22.7.2024, https://www.drv.de/anzeigen/txnews/overtourism-wichtig-ist-die-richtige-balance.html (Abgerufen am 3.12.2024).

DRV: Overtourism: Gemeinsam mit einem breiten Kreis aus dem Tourismus Lösungen entwickeln, 25.9.2024, https://www.drv.de/anzeigen/txnews/overtourism-gemeinsam-mit-einem-breiten-kreis-aus-dem-tourismus-loesungen-entwickeln.html (Abgerufen am 3.12.2024).

Ecologistas en Acción: Decálogo de la insostenibilidad del modelo turístico en Canarias, 29.9.2024, https://www.ecologistasenaccion.org/308594/decalogo-turismo-canarias/ (Abgerufen am 3.12.2024).

Europa Press: Canarias se sitúa como la región con mayor pobreza severa del país, 14.10.2022, El Diario.es https://www.eldiario.es/canariasahora/sociedad/canarias-situa-region-mayor-pobreza-severa-pais_1_9623825.html (Abgerufen am 3.12.2024).

Fernández, S.: La vivienda vacía en Canarias supera en cinco veces el actual déficit de pisos, 21.9.2023, Canarias 7 https://www.canarias7.es/economia/vivienda-vacia-canarias-supera-cinco-veces-actual-20230921230215-nt.html (Abgerufen am 3.12.2024).

Ferrera, T.: Masificación turística, uso del suelo y sobrepesca: las prácticas humanas que acentúan la crisis climática en Canarias, 16.3.2024, Canarias Ahora, https://www.eldiario.es/canariasahora/ciencia_y_medio_ambiente/masificacion-turistica-suelo-sobrepesca-practicas-humanas-acentuan-crisis-climatica-canarias_1_11219289.html (Abgerufen am 3.12.2024).

Garzón Beckmann, A.: Pseudoaversión al turismo, 3.4.2024, https://www.antoniogarzon.com/2024/04/pseudoaversion-al-turismo/ (Abgerufen am 3.12.2024).

Gobierno de Canarias: Hotelbetten auf Teneriffa, Mai 2024, https://www.gobiernodecanarias.org/istac/ (Abgerufen am 3.12.2024).

González Cruz, J.P.: A propósito del modelo turístico (y I), 8.4.2024, https://blog.ashotel.es/2024/04/08/a-proposito-del-modelo-turistico-i/ (Abgerufen am 3.12.2024).

González Cruz, J.P.: A propósito del modelo turístico (y III), 10.4.2024, https://blog.ashotel.es/2024/04/10/a-proposito-del-modelo-turistico-y-iii/ (Abgerufen am 3.12.2024).

Gomez, M.: El consumo responsable del agua, el gran reto del turismo, 2019, El Diario.es, https://branded.eldiario.es/dia-mundial-turismo-2019/ (Abgerufen am 3.12.2024).

Google: Kritische Karte der Kanarischen Inseln, 2024, https://www.google.com/maps/d/u/2/viewer?mid=10rSENx6Pp9gth1ZfqYv2JV9Y2nIZ4IY&ll=28.29622273398074%2C-16.56331703237073&z=9 (Abgerufen am 3.12.2024).

Hernández-Martin, R. et al.: Sostenibilidad del Turismo en Canarias. Informe 2023, Repositorio institucional de la Universidad de La Laguna, 2023, S. 89–91.

Hernández-Martin, R., León, C.J. (Hrsg.): Fundamentos para la Medición de la Sostenibilidad del Turismo – El Observatorio Turístico de Canarias, Mc Graw Hill, 2024

Herntrei, M., Jánová, V.: From Carrying Capacity to Overtourism: The Changing Perspective in the Course of Time, in: Pechlaner, H., Innerhofer, E. und Philipp, J. (Hrsg.): From Overtourism to Sustainability Governance – A New Tourism Era, Routledge, 2024, S. 6–22.

Müller, H.: From Graffiti to Regulations: Addressing Overtourism in Palma de Mallorca, in: Pechlaner, H., Innerhofer, E. und Philipp, J. (Hrsg.): From Overtourism to Sustainability Governance – A New Tourism Era, Routledge, 2024, S. 42–44.

Montero, M.A.: Canarias se sitúa como el séptimo ›país‹ del mundo con más vehículos, 09.04.2023, La Provincia Diario de Las Palmas, https://www.laprovincia.es/economia/2023/04/09/canarias-situa-septimo-pais-mundo-85785736.html (Abgerufen am 3.12.2024).

Nota de prensa: Canarias tiene un límite. 27.09.2024, Tenerife. https://docs.google.com/document/d/1wGZVb-AZg_p6-Wccu8F1OxtGalyRynrD8J_sh_SDlnc/edit?tab=t.0#heading=h.amignqe3c8e1 (Abgerufen am 3.12.2024).

Pang Blanco, J. S.: »El turismo trae desigualdad y hay que hacer todo lo posible por reducirla«, 19.10.2024, Canarias7, https://www.canarias7.es/economia/turismo/turismo-trae-desigualdad-posible-reducirla-20241020231749-nt.html (Abgerufen am 3.12.2024).

Pechlaner, H. und Volgger, M. (Hrsg.): Die Gesellschaft auf Reisen – Eine Reise in die Gesellschaft, Springer VS, 2017.

Pechlaner, H., Nordhorn, Ch., Marcher, A. (Hrsg.): Flucht, Migration und Tourismus – Perspektiven einer »New Hospitality«, LIT, 2018.

Pechlaner, H., Eckert, Ch., Garzón Beckmann, A., Herbold, V. und Sülberg, W. (unter Mitarbeit von Madlen Schwing): Selbstbestimmter Tourismus am Beispiel der Kanarischen Inseln. Abhängigkeiten reduzieren – Zielkonflikte entschärfen – Diversifikation ermöglichen, SpringerGabler, 2023.

Pechlaner, H., Innerhofer, E. und Erschbamer, G. (Hrsg.): Overtourism – Tourism Management and Solutions, Routledge, 2020.

Pechlaner, H., Innerhofer, E. und Philipp, J. (Hrsg.): From Overtourism to Sustainability Governance – A New Tourism Era, Routledge, 2024.

Pechlaner, H., Schwing, M. (2024): Zur Zukunft des Tourismus in Zeiten großer Veränderungen, in: Tourismus Wissen – quarterly: Wissenschaftliches Magazin für touristisches Know-how 36, S. 22–24.

Rabionet, L.: La historia de la ›polémica‹ foto de la manifestación de ›Canarias tiene un límite‹ en Tenerife, 20.10.2024, Diario de Avisos, https://diariodeavisos.elespanol.com/2024/10/historia-polemica-foto-manifestacion-de-canarias-tiene-un-limite-tenerife/ (Abgerufen am 3.12.2024).

Richardson, K. et al. (2023): Earth beyond six of nine planetary boundaries. Science Advances 9(37), DOI:10.1126/sciadv.adh2458.

Schneider, M. (2022): Zwischen Evolution und Revolution. Auf dem Weg zu einem responsiven Verständnis von Transformation, in: Kirschner, M., Stauffer, I., Fritz, A. (Hrsg.): Transformationen in Zeiten religiöser und gesellschaftlicher Umbrüche. Dieselbe Welt und doch alles anders (= Transformation Transdisziplinär 1). Unter Mitarbeit von Nadin Burkhardt und Thomas Pittrof. Baden-Baden, S. 53–68.

Seeler, S., Eisenstein, B. (2024): Residents' Attitudes and Sustainable Destination Development: Introducing the Tourism Acceptance Score, in: Pillmayer, M., Karl, M., Hansen, M. (Hrsg.): Tourism Destination Development. A Geographic Perspective on Destination Management and Tourist Demand, Walter de Gruyter, S. 197–218.

Selke, S. (2020): Einladung zur öffentlichen Soziologie – Eine postdisziplinäre Passion, Springer.

tourinews: TUI se ofrece a construir complejos residenciales en Mallorca ante la escasez de vivienda, 9.4.2024, https://www.tourinews.es/resumen-de-prensa/notas-de-prensa-empresas-turismo/mallorca-tui-escasez-vivienda-construir-complejos-bloques-residencial_4481178_102.html (Abgerufen am 3.12.2024).

tourinews: Sebastian Ebel (TUI) advierte que hay que tomarse »en serio« las manifestaciones contra el turismo masivo, 20.8.2024, https://www.tourinews.es/resumen-de-prensa/notas-de-prensa-empresas-turismo/tui-ebel-baleares-manifestaciones-contra-turismo-masivo-tomarse-en-serio_4482776_102.html (Abgerufen am 3.12.2024).

Turismo de Islas Canarias: Ferienwohnungen und Hotelbetten auf Teneriffa, Mai 2024, https://turismodeislascanarias.com/ (Abgerufen am 3.12.2024).

Die Autorinnen und Autoren des Bandes

Dr. rer. nat. Jürgen Amann ist seit 2020 Geschäftsführer der KölnTourismus GmbH. Der studierte Wirtschaftswissenschaftler und Geograph arbeitete zunächst als Projektmanager und wissenschaftlicher Mitarbeiter an der Katholischen Universität Eichstätt-Ingolstadt am Lehrstuhl für Kulturgeographie, an dem er im Jahr 2006 promovierte. Seit 2007 ist Dr. Amann im Tourismus tätig, von 2013 bis 2018 zunächst als Prokurist und Leiter beim Destinationsmanagement der Ingolstadt Tourismus und Kongress GmbH und von 2018 bis 2020 als Geschäftsführer der Dresden Marketing GmbH. Herr Amann ist verheiratet und hat drei Kinder. Seine Liebe zum Fußball zeigt sich unter anderem in seiner Qualifikation zum Jugend-Fußballtrainer.
E-Mail: Juergen-Amann@koelntourismus.de

Prof. Dr. Monika Bachinger ist Professorin für Tourismus an der Hochschule für Forstwirtschaft Rottenburg und leitet dort den Studiengang »Nachhaltiges Regionalmanagement«. Sie promovierte 2011 an der Wirtschaftswissenschaftlichen Fakultät der Katholischen Universität Eichstätt-Ingolstadt. Während ihrer beruflichen Laufbahn leitete sie die Geschäftsstelle der Initiative Regionalmanagement Region Ingolstadt sowie ein Referat für Wirtschaftsförderung und interkommunale Zusammenarbeit auf Landkreisebene. Ihre aktuellen Forschungsschwerpunkte liegen auf unternehmerischen Ökosystemen, Nachhaltigkeitstransformation, nachhaltigem Unternehmertum, netzwerkbasierten Innovationsprozessen sowie Netzwerk- und Destinationsmanagement.
E-Mail: bachinger@hs-rottenburg.de

Antonio Garzón Beckmann: Geboren in Las Palmas de Gran Canaria. Studium der Betriebswirtschaft (Universität Passau, Deutschland), Diplom in Tourismus (UNED, Spanien) und Master in »Nutrition and Dietetics« (Universität León). Tätig im kanarischen Tourismus und Gastgewerbe sowie im Hotelmanagement und seit 2015 Gründer und Geschäftsführer der Hotelberatung NutriHotel. Autor des Essays »Die touristische Wettbewerbsfähigkeit von Gran Canaria« (2011, Verlag Círculo Rojo) und von mehreren Beiträgen in touristischen Studien. Seit 2010 regelmäßige Mitwirkung in Presse, TV und Radio mit Themen der touristischen Aktualität. SerTurismo Innovation Award 2009 mit dem Projekt »Ernährungsspezialisierung eines Ferienhotels«. Gehört laut Sergestur zu den »150 einflussreichen Personen im Tourismussektor in Spanien« (2020, 2021, 2022 und 2023).
E-Mail: antoniogarzon_b@hotmail.com

Nach internationalen (D/NZ/UK) Studien der Betriebswirtschaftslehre, Soziologie und Geographie ist **Prof. Dr. Julia E. Beelitz** (geb. Peters) seit 2007 in der Tourismuslehre und -forschung tätig. Im Jahr 2015 folgte sie einem Ruf an die Hochschule für angewandte Wissenschaften Kempten. Als Professorin für »Nachhaltigkeit und Internationales Management« beschäftigt sie sich schwerpunktmäßig mit Fragen des nachhaltigen Massentourismus, der Analyse von global relevanten Nischensegmenten und dem Arbeitsbereich der Tourismusphilosophie. Sie ist Mitglied in den wissenschaftlichen Beiräten von Futouris und forum anders reisen e. V. und in der Deutschen Gesellschaft für Tourismuswissenschaft (DGT e. V.) sowie im AK Tourismusforschung in der Deutschen Gesellschaft für Geographie aktiv. Als Mitherausgeberin der Zeitschrift für Tourismuswissenschaften, durch Tätigkeit als Jurymitglied (u. a. EcoTrophea, fairwärts) und über ihr Engagement in kooperativ-digitalen Bildungsangeboten (z. B. Ringvorlesungen, Medienauftritte) setzt sie sich intensiv für den Bildungstransfer zwischen Wissenschaft und Praxis ein.
E-Mail: julia.e.beelitz@hs-kempten.de

Greta Erschbamer ist wissenschaftliche Mitarbeiterin am Center for Advanced Studies von Eurac Research in Bozen (Italien) und Doktorandin am Lehrstuhl für Tourismus / Zentrum für Entrepreneurship an der Katholischen Universität Eichstätt-Ingolstadt in Deutschland, wo sie sich mit der Frage beschäftigt, wie Ansätze aus der Designforschung die Transformationsbemühungen von touristischen Destinationen und Regionen unterstützen. Ihre aktuellen Forschungsschwerpunkte sind Governance, Partizipation und Design in touristischen Destinationen. Sie hat an mehreren Projekten im Bereich des Tourismus und der regionalen Entwicklung in Berggebieten gearbeitet.
E-Mail: greta_er@hotmail.com

Dr. Dirk Glaeßer ist Direktor der Abteilung Nachhaltige Entwicklung des Tourismus bei der Welttourismusorganisation der Vereinten Nationen (UN Tourism). Unter seiner Leitung befasst sich das Programm mit den Herausforderungen und Chancen einer nachhaltigen Tourismusentwicklung, einschließlich Klimawandel, nachhaltigem Konsum und nachhaltiger Produktion, Gesundheitsnotfällen, Biodiversität und Reiseerleichterungen. Er war maßgeblich daran beteiligt, dass die Weltgesundheitsorganisation (WHO) 2015 die Praxis beendete, neue menschliche Infektionskrankheiten nach Orten oder Ländern zu benennen, was langfristige Folgen für die Reise- und Tourismusbranche hatte. Er war Berater in den WHO-Notfallausschüssen für Ebola, Zika und COVID-19. Dr. Glaeßer trat 1997 in UN Tourism ein und hatte verschiedene Positionen inne, darunter die des Leiters der Abteilung für Risiko- und Krisenmanagement und des Leiters der UN Tourism Beratungseinheit für Biodiversität und Tourismus. Dr. Glaeßer ist von Beruf Bankkaufmann und Oberst der Reserve der Deutschen Bundeswehr. Er promovierte an der Universität Lüneburg (Deutschland) und wurde mit dem ITB-Wissenschaftspreis für seine Arbeit über Krisenmanagement ausgezeichnet. Er hat mehrere

Veröffentlichungen verfasst, die vielfach übersetzt wurden. Dr. Glaeßer ist verheiratet und hat zwei Kinder.
E-Mail: dglaesser@unwto.org

Prof. Dr. Dennis Gräf ist Professor für Neuere deutsche Literaturwissenschaft und Medienwissenschaften am Lehrstuhl für Neuere deutsche Literaturwissenschaft der Universität Passau. Studium der Germanistik und Volkskunde an der Universität Passau. Promotion 2010 an der Universität Passau zur Krimireihe Tatort, Habilitation 2019 ebendort zu Film und Literatur der BRD der 1960er Jahre.
E-Mail: dennis.graef@uni-passau.de

Prof. Dr. Valentin Groebner, geboren 1962 in Wien, lehrt seit März 2004 als Professor für Geschichte an der Universität Luzern. Er ist Autor zahlreicher Bücher zu Kulturgeschichte und den Paradoxa der Wiederherstellung von Vergangenheit; unter anderem von »Das Mittelalter hört nicht auf. Über historisches Erzählen« (München 2008), »Retroland. Tourismus, Geschichte und die Sehnsucht nach dem Authentischen« (Frankfurt/Main 2018), »Wer redet von der Reinheit?« (Wien 2019) und zuletzt »Aufheben. Wegwerfen. Vom Umgang mit schönen Dingen« (Konstanz 2023) und »Zeitverschluss. Das Museum als Panikraum« (Berlin 2023)
E-Mail: valentin.groebner@unilu.ch

Erik Händeler ist als Buchautor und Zukunftsforscher vor allem Spezialist für die Kondratiefftheorie der langen Strukturzyklen. Nach Tätigkeit als Stadtredakteur in Ingolstadt studierte er in München Volkswirtschaft und Wirtschaftspolitik. 1997 wurde er freier Wirtschaftsjournalist, um die Konsequenzen der Kondratiefftheorie in die öffentliche Debatte zu bekommen. 2010 zeichnete ihn die russische Akademie der Wissenschaften mit der Bronze-Medaille für wirtschaftswissenschaftliches Arbeiten aus. Er ist vor allem als Speaker unterwegs, neuerdings auch mit 3D-Hologramtechnik auf der Bühne.
E-Mail: haendeler@aol.com

Felix Hiemeyer ist wissenschaftlicher Mitarbeiter an der School of Transformation der Katholischen Universität Eichstätt-Ingolstadt sowie Doktorand am Lehrstuhl Tourismus / Zentrum für Entrepreneurship und forscht zu den Chancen und Herausforderungen von Räumen der Wissensproduktion am Beispiel Coworkation. Felix Hiemeyer sammelte transdisziplinär vielfältige Erfahrungen im Tourismus, etwa in der Hotelimmobilienentwicklung oder im Projektmanagement bei einem großen Reiseveranstalter. In seiner wissenschaftlichen Laufbahn hat Herr Hiemeyer bereits in Nationalparks in Südafrika geforscht, Verbindungen in Forschungsnetzwerken mit einem experimentellen Methodenset untersucht und ein Projekt zu Transformationsdynamiken im Tourismus in urbanen Kontexten operativ verantwortet.
E-Mail: felix.hiemeyer@ku.de

Bastian Hiller ist Gründer und Geschäftsführer der Teejit GmbH. Gemeinsam mit seinem Team entwickelt er innovative Lösungen für Wissens- und Umsetzungsmanagement im deutschsprachigen Tourismus und darüber hinaus. Mit Hintergründen aus Tourismusgeographie und Technologieberatung setzt er stetig neue Akzente in der Branche. Als gemeinwohlbilanzierendes Unternehmen lebt Bastian mit seinem Unternehmen Haltung vor und verbindet Technologie mit Menschlichkeit, Innovation mit Beständigkeit, Nachhaltigkeit mit Fortschritt.
E-Mail: bastian@teejit.de

Frau **Natalie Hofstetter** ist seit Oktober 2023 als Referentin an der School of Transformation and Sustainability der Katholischen Universität Eichstätt-Ingolstadt tätig. Vor ihrer aktuellen Position war Frau Hofstetter als wissenschaftliche Mitarbeiterin am Lehrstuhl Tourismus / Zentrum für Entrepreneurship beschäftigt.
E-Mail: natalie.hofstetter@ku.de

Dr. Wolf von Holzschuher, Jahrgang 1974, hat bei Prof. Pechlaner zum Thema »Management von Ausgründungen« im Bereich der strategischen Unternehmensführung promoviert. Nach seinem Studium hat er im Investmentbanking und im Bereich Structured Finance gearbeitet. Seit 2005 führt Herr von Holzschuher seine eigene Vermögensverwaltung und Beteiligungsgesellschaft mit einem Schwerpunkt auf Immobilien-Projektentwicklungen und Wachstumsunternehmen in den Bereichen Online-Marketing bzw. Social Media, Krypto-Währungen und Digitale Lieferkettentechnologie.
E-Mail: wolf.holzschuher@t-online.de

Jens Huwald: Kommunikation ist alles! Sie bewegt, verbindet, begeistert! Sie ist Leidenschaft, verändert sich ständig und wir uns mit ihr. Ich verstehe mich als Sparringspartner und liebe Strategie. Routine langweilt. Das war und ist schon immer mein Credo – als Journalist, Consultant und Manager. Die Frage nach der Work-Life-Balance erübrigt sich, wenn 24/7 einfach das Leben ist – und es gut ist, wie es ist. Daraus entsteht Motivation, Kreativität, Mut und schließlich Erfolg. Erfolg ist der Schlüssel dafür, sich immer wieder auf neue Projekte einzulassen. Echten Misserfolg gibt es dabei nicht. Alles bringt einen weiter. Es ist wie Monopoly. Mal geht man über Los und zieht 4000 Euro ein, mal setzt man eine Runde aus.
E-Mail: jens.huwald@wilde.de

Dr. Elisa Innerhofer war Senior Researcher am Center for Advanced Studies der Eurac Research in Bozen, Italien. Sie hat an der Universität Innsbruck (Österreich) und der Marquette University in Milwaukee (WI, USA) internationale Wirtschaftswissenschaften und Politikwissenschaft studiert und an der Katholischen Universität Eichstätt-Ingolstadt in Deutschland in Wirtschaftswissenschaften promoviert. Zurzeit arbeitet sie im familieneigenen Großhandelsunternehmen.
E-Mail: elisainnerhofer@hotmail.com

Mag. Monika Klinger leitet seit Mai 2021 die Abteilung für internationale Tourismusangelegenheiten im österreichischen Bundesministerium für Arbeit und Wirtschaft. Sie hat langjährige Erfahrung im Tourismus und in internationaler Tourismuspolitik, ist nationaler Focal Point für die UN-Welttourismusorganisation und Mitglied im OECD-Tourismuskomitee. In ihrer Abteilung liegt zudem die Zuständigkeit für alle Tourismusbelange im Zusammenhang mit der Europäischen Union und Bilateralem. Sie war auch rund drei Jahre bei der Europäischen Kommission tätig (u. a. als nationale Expertin). Vor dem Studium der Handelswissenschaften an der Wirtschaftsuniversität Wien absolvierte sie eine Ausbildung zur Touristikkauffrau.
E-Mail: monika.klinger@bmaw.gv.at

Jan C. Küster ist Director des Founders Fight Clubs und Experte für Eventmanagement und Business Development in Technologiebranchen. Er absolvierte sein Studium in Entrepreneurship und Marketing an der University of Technology, Sydney. Jan ist zudem Mentor und Coach in internationalen Startup-Programmen und veranstaltet sowie kuratiert Startup-Bühnen bei führenden Messen. Er lebt in München.
E-Mail: jk@foundersfight.club

Christian Labonte, Audi-Designstrategie: Vor 25 Jahren begann der ausgebildete Möbelschreiner und Industriedesigner bei Audi Design. Zu Beginn als Designer und später als Designmanager, Führungskraft und Mobilitätsexperte. Parallel engagierte er sich mit einer Professur für Interaction Design in Lippstadt, einer Gastprofessur für strategisches Design in Essen und Dozenturen in St. Gallen, Zürich, München und London. Aktuell mit einem Lehrauftrag für Transformation Design an der KU Eichstätt-Ingolstadt.
E-Mail: christian.labonte@audi.de

PD Dr. Marita Liebermann habilitierte sich 2015 an der KU Eichstätt in Romanischer Philologie. Sie leitete von 2017 bis 2023 das Deutsche Studienzentrum in Venedig und ist gegenwärtig als Mit-Direktorin der Akademie des Bistums Mainz tätig. Schwerpunktmäßig forscht sie über das Lesen aus kultur- und medientheoretischer Sicht, die Semiotik des Tourismus und Konzepte der Interdisziplinarität.
E-Mail: marita.liebermann@bistum-mainz.de

Sven Liebert ist Generalsekretär des Bundesverbandes der Deutschen Tourismuswirtschaft. Vorher leitete Liebert die Berliner Konzernrepräsentanz und damit die nationale Interessenvertretung der METRO AG. Er studierte Betriebs- und Volkswirtschaft sowie Politikwissenschaften in Friedrichshafen am Bodensee sowie in den USA. Gemeinsam mit der Bertelsmann Stiftung ist er Herausgeber des Buches »Update Wirtschaft für Gesellschaft« und setzt ich für die gesellschaftspolitische Rolle von Unternehmen ein.
E-Mail: liebert@btw.de

Prof. Dr. Andreas Metzner-Szigeth ist Professor für Soziologie an der Freien Universität Bozen. Er studierte Sozialwissenschaften, Biologie und Philosophie und promovierte 1991 mit einer Arbeit über sozioökologische Systemtheorie. Im Jahr 2000 habilitierte er sich mit einem Projekt über interdisziplinäre Risikoforschung. Sein besonderes Interesse gilt dem Zusammenspiel von Wissenschaft, Wirtschaft, Politik und Öffentlichkeit.
E-Mail: andreas.metzner-szigeth@unibz.it

Prof. Dr. Dr. h. c. Harald Pechlaner ist Inhaber des Lehrstuhl Tourismus / Zentrum für Entrepreneurship der Katholischen Universität Eichstätt-Ingolstadt. Er ist weiters Head des Center for Advanced Studies von Eurac Research in Bozen. Seine Forschungsschwerpunkte liegen im Bereich der nachhaltigen Destinations-, Standort- und Regionalentwicklung sowie ausgewählten Fragen der Global Governance im Zusammenspiel von Wirtschaft, Technologie, Gesellschaft, Religion und Politik. Er ist seit 2014 Adjunct Research Professor an der School of Management and Marketing der Curtin Business School in Perth (Westaustralien) und war von 2014 bis 2024 Präsident der AIEST (Association Internationale d'Experts Scientifiques du Tourisme), der weltweit ältesten Vereinigung von ExpertInnen der Tourismuswissenschaften, mit Sitz an der Universität St. Gallen. Seit 2024 begleitet Harald Pechlaner als wissenschaftlicher Leiter das Kompetenzzentrum Grüne Transformation des Tourismus, ein Projekt des Bundesministeriums für Wirtschaft und Klimaschutz in Berlin. Er ist Mitglied der Europäischen Akademie der Wissenschaften und Künste, sowie Ehrendoktor (doctor honoris causa) der Matej Bel Universität in Banska Bystrica (SK).
E-Mail: harald.pechlaner@ku.de

Prof. Dr. Christof Pforr ist Professor für Tourismusmanagement an der Fakultät für Wirtschaft und Recht der Curtin University (Westaustralien). Seine Forschung konzentriert sich auf vier miteinander verzahnte Bereiche: Nachhaltigkeit, Tourismuspolitik, Governance und Nischentourismus. Er hat an zahlreichen internationalen Forschungsprojekten mitgewirkt und war Gastprofessor an Universitäten in Europa, Asien, Afrika, Lateinamerika und Australien.
E-Mail: c.pforr@curtin.edu.au

Prof. Dr. Heinz-Dieter Quack: Studium der Angewandten Geographie mit den Nebenfächern Volkswirtschaftslehre und Statistik an der Universität Trier. Wissenschaftlicher Mitarbeiter an den Universitäten Trier und Paderborn. Verschiedene Stationen in der (touristischen) Marktforschung und Unternehmensberatung. Wissenschaftlicher Leiter beim Europäischen Tourismus Institut und PROJECT M. Leiter des Kompetenzzentrums Tourismus des Bundes (2017–2023); seit 05/2023 Vizepräsident für Forschung, Entwicklung und Technologietransfer der Ostfalia HaW; seit 02/2024 Leiter des Kompetenzzentrum Grüne Transformation des Tourismus im Auftrag des BMWK.
E-Mail: h-d.quack@ostfalia.de

Dr. Theres Rohde studierte Medienkultur an der Bauhaus-Universität Weimar und war DFG-Stipendiatin am Graduiertenkolleg »Mediale Historiographien«. Sie fertigte eine Dissertation zu den Bau- und Wohnausstellungen der Moderne wie der Darmstädter Mathildenhöhe oder der Stuttgarter Weißenhofsiedlung an. Nach der wissenschaftlichen Beschäftigung mit historischen Ausstellungen wurde Theres Rohde selbst am Museum für Konkrete Kunst als Kuratorin aktiv. Seit 2021 führt sie das Haus nun als Direktorin in die Zukunft: zum neuen Museum für Konkrete Kunst und Design, welches 2025 eröffnen soll. Zudem ist sie als Autorin, Sprecherin und Netzwerkerin in Sachen Kunst und Design international unterwegs und ist als Dozentin für Designgeschichte an der Technischen Hochschule Ingolstadt tätig.
E-Mail: theres.rohde@ingolstadt.de

David Ruetz, gebürtiger Schweizer, ist als Senior Vice President bei Messe Berlin für einen großen Teil des internationalen Messegeschäftes zuständig, unter anderem als Chairman der Messe Berlin China. Studium in Zürich und Berlin, u. a. Literatur- und Musikwissenschaft, Pädagogik und Politologie. Tätigkeit im Tourismus und in der Eventbranche. Langjähriger Direktor der ITB Berlin mit angeschlossenem, international und interdisziplinär ausgerichtetem ITB Kongress. Herausgeber, Autor und Co-Autor von Publikationen und Studien zu Trends und Entwicklungen in der Reise- und Tourismusindustrie sowie im Feld der Event- und Markenkommunikation. Gastdozent mit regelmäßiger Lehrtätigkeit an Hochschulen in Deutschland und Österreich. Aktuelles Beiratsmandat im Research Institute for Exhibition and Live-Communication (rifel-institut.de).
E-Mail: david.ruetz@messe-berlin.de

Ralph Schiller machte von 1981 bis 1984 seine Ausbildung bei der Thomas Cook AG in Frankfurt am Main. Der gelernte Reiseverkehrskaufmann begann seine Karriere als Büroleiter in der Reisebüro Moll GmbH in Dreieich und wechselte dann als Direktor Flight Department zur Saspo GmbH. 1990 wurde er zum Geschäftsführenden Gesellschafter bei der Reiseland GmbH & Co. KG in Hamburg ernannt und wechselte 2004 in die Geschäftsführung der Otto Freizeit Touristik GmbH. 2008 zog Schiller nach Köln, wo er in der Geschäftsführung der Rewe Touristik GmbH und ein Jahr später zusätzlich bei DerTour in Frankfurt für die Bereiche Marketing und Vertrieb zuständig war. Von 2008 bis 2011 und 2018 bis Juni 2023 war er Mitglied im Vorstand des Deutschen Reiseverbands e. V. (DRV). Im November 2011 trat Ralph Schiller in die Geschäftsführung der FTI GROUP ein und leitete das Unternehmen gemeinsam mit Gründer Dietmar Gunz für knapp zehn Jahre, in denen die Veranstaltergruppe zur Nummer drei in Europa heranwuchs. Zum 1. Januar 2021 übernahm Schiller die operative Geschäftsführung des Reiseveranstalters und ab dem 1. Juni 2021 übernahm er die Position des Group CEOs. Ab Juli 2023 war Ralph Schiller stellvertretender Vorsitzender des Aufsichtsrates.
E-Mail: ralph.schiller@online.de

Dr. Xenia Schmahl ist verantwortlich für das Plug and Play Innovationsprogramm (Schwerpunkt: Versicherungen und Gesundheitswesen) in der EMEA-Region. In dieser Funktion bringt sie etablierte Unternehmen und innovative Startups zusammen, um an Innovationsprojekten zu arbeiten. Im Jahr 2017 initiierte sie das Insurtech-Programm von Plug and Play, nachdem sie ihre Doktorarbeit mit Schwerpunkt auf Unternehmensgründung abgeschlossen und Erfahrungen im Bereich Venture Capital gesammelt hatte. Einer der neuesten Erfolge ihres Teams ist die Transformation des Portfoliostartups »Vesttoo« in ein »Unicorn«. Diese Beteiligung wurde 2022 eingegangen und erreichte in 2023 eine Unternehmensbewertung > 1 Mrd. Euro.
E-Mail: xenia@pnptc.com

Prof. Dr. Martin Schneider, Jahrgang 1971, promovierte im Fach Sozialethik an der Ludwig-Maximilians-Universität München zum Verhältnis von Raum, Mensch und Gerechtigkeit. Seit 2023 ist er an der School of Transformation and Sustainability der KU Eichstätt-Ingolstadt Professor für Moraltheologie und Sozialethik. Er beschäftigt sich in ethischer Perspektive mit den sozialräumlichen Spaltungen der Gesellschaft und mit dem gesellschaftlichen Zusammenhalt angesichts kultureller und religiöser Vielfalt. Ein weiterer Schwerpunkt liegt auf den sozialökologischen Transformationsprozessen der Gegenwart. Seine aktuellen Forschungen kreisen um die Frage, was Individuen, Systeme oder Gesellschaften dazu befähigt, tiefgreifende Umbrüche zu überstehen und sich als anpassungs- und wandlungsfähig zu erweisen. In diesem Kontext hat er eine große Expertise in der kritischen Reflexion des Leitbildes der Resilienz erworben. Seit Dezember 2023 ist Martin Schneider Vorsitzender des wissenschaftlichen Kuratoriums der Bayerischen Akademie Ländlicher Raum.
E-Mail: mschneider@ku.de

Dr. Madlen Schwing ist Lehrbeauftragte am Lehrstuhl Tourismus / Zentrum für Entrepreneurship der Katholischen Universität Eichstätt-Ingolstadt zum Thema »Märkte und Strategien in der nationalen und internationalen Touristik«. Von Juli 2021 bis Juni 2024 war sie dort als wissenschaftliche Mitarbeiterin sowie Doktorandin tätig und promovierte 2024 zum Thema »Female Leadership in Branchen mit hohem Digitalisierungsgrad: Karrierepfade und Kompetenzen weiblicher Führungskräfte sowie Einflussfaktoren zur Steigerung des Frauenanteils in Führungspositionen«. Zuvor hat sie umfangreiche Berufserfahrung im In- und Ausland in diversen Management-Positionen, u. a. bei den Reiseveranstaltern DER Touristik und Thomas Cook, gesammelt.
E-Mail: madlen.schwing@ku.de

Prof. Dr. Michael Shamiyeh is working with organizations to create a new and meaningful future (rather than fixing the problems of the past). He combines the client's unique business experience, analytical rigor, and the output of creative collisions (the clash of multiple perspectives to reframe habitual thinking) to

transform insight into impact. Michael holds a UNESCO Chair for Anticipatory Techniques and Future Design – one of only a few chairs worldwide on this topic –, is partner of the International Board Foundation (IBF) that was initially established at the University of St. Gallen, CH, and was a Visiting Professor at the Department of Mechanical Engineering (CDR) at Stanford University, USA, from 2017 till 2020. Together with both institutions, he founded the Center for Future Design (CFD) – an academic institution for researching and teaching future competence – in Linz. Since 2020, he has also been an Advisory Board Member of voestalpine. He holds degrees from the University of St. Gallen (PhD in Management), Harvard University (post-professional Master's in Architecture), AA London (MA History and Critical Thinking), and the Technical University of Vienna (Dipl-Ing in Architecture & Engineering).
E-Mail: shamiyeh@michaelshamiyeh.com

Dr. Sebastian Speer arbeitet bei einem großen deutschen Transportunternehmen und ist Honorardozent im Bereich Tourismus an der International School of Management (ISM) in Köln. Er promovierte am Lehrstuhl Tourismus/Zentrum für Entrepreneurship der KU Eichstätt-Ingolstadt zur katalytischen Funktion des Entrepreneurships zur Etablierung von Nachhaltigkeit im Tourismus.
E-Mail: speer.sebastian@outlook.com

Prof. Dr. Robert Steiger ist Assoziierter Professor am Institut für Finanzwissenschaft der Universität Innsbruck. Er forscht seit mehr als 15 Jahren zu den Themen der nachhaltigen Tourismus- und Regionalentwicklung und den Folgen des Klimawandels für den Tourismus. Seine aktuellen Forschungsschwerpunkte sind die Auswirkungen des Klimawandels auf den Tourismus, Gästepräferenzen und regionalwirtschaftliche Bedeutung des Tourismus sowie nachhaltige Entwicklung in touristisch geprägten Regionen.
E-Mail: robert.steiger@uibk.ac.at

Prof. Georg Steiner, Jahrgang 1958, war nach seinem Studium der Betriebswirtschaft an der Fachhochschule Regensburg zunächst Geschäftsführer des Fremdenverkehrsvereins Passau. Er war Prokurist der Donauschifffahrt Wurm + Köck sowie Geschäftsführer des Tourismusverbandes Ostbayern. Seit 2007 war er Tourismusdirektor in der oberösterreichischen Landeshauptstadt Linz und hat den Prozess der Kulturhauptstadt Europas maßgeblich mitgestaltet sowie darauf aufbauend mit einer innovativen Tourismusstrategie dazu beigetragen, dass Linz als Symbol für das moderne Österreich sich zwischen Salzburg und Wien eine eigenständige Positionierung aufbauen konnte, die unter dem Slogan »Linz verändert« unkonventionelle Ansätze im Tourismus erfolgreich implementiert und mit der Kampagne »Linz ist Linz« zu weltweiter Aufmerksamkeit, Anerkennung und außergewöhnlichem Erfolg geführt hat. Georg Steiner ist Lehrbeauftragter an der Katholischen Universität Eichstätt-Ingolstadt und an der Universität Passau.
E-Mail: georg.steiner@gmx.net

Elina Störmann ist Doktorandin am Lehrstuhl Tourismus / Zentrum für Entrepreneurship der Katholischen Universität Eichstätt-Ingolstadt. Zuvor war sie dort als wissenschaftliche Mitarbeiterin tätig und forschte insbesondere im Bereich der strategischen Entwicklung von Resilienz und der Kreislaufwirtschaft. Weiter verfügt Elina Störmann über vielfältige theoretische und praktische Kompetenz im Tourismus.
E-Mail: elina.stoermann@outlook.de

Dr. Hannes Thees promovierte in Wirtschaftswissenschaften an der Katholischen Universität Eichstätt-Ingolstadt, wo er am Lehrstuhl Tourismus / Zentrum für Entrepreneurship forschte. Anschließend arbeitete er als Senior Analyst am Kompetenzzentrum Tourismus des Bundes und als Policy Analyst / Economist am Centre for Entrepreneurship, SMEs, Regions and Cities bei der OECD in Paris. Seine Forschungsschwerpunkte sind Klimawandel und Nachhaltigkeit im Tourismus, urbane Transformation, Digitalisierung von KMU und Multi-Level-Governance in einer interdisziplinären Perspektive.
E-Mail: hannes.thees@ku.de

Sabine Thiele, Jahrgang 1960, studierte zuerst Dipl. Pädagogik (Schwerpunkt Freizeit) bevor sie einige Semester BWL (Marketing) anfügte, um in 1988 die Firma Tour de Ruhr zu gründen. 1995 ging sie als Marketingleiterin und stellv. Geschäftsführerin ins touristische Leipzig. Noch in Leipzig bildete sie sich ausführlich im Total Quality Management (DIN ISO 9000, EFQM, ServiceQualität) weiter. Seit 2006 engagiert sie sich als Assessorin für den deutschen Excellence-Preis (LEP). Ausbildungen zum Nachhaltigkeitsmanagement folgten (ISO 26.000, CSRD-Berichterstattung, Gemeinwohlberaterin etc.). In 2005 übernahm Sabine Thiele die Geschäftsführung der durch sie gegründeten, 100-Prozent-städtischen Regensburg Tourismus GmbH (RTG), dort ist sie bis Ende März 2025 tätig. Ihre Haltung: »Nachhaltigkeit ist für mich Teil einer zukunftsorientierten und ganzheitlichen Unternehmensführung – in jeder Branche.«
E-Mail: kontakt@sabinethiele.de

Prof. Dr. Michael Volgger ist Professor an der School of Management and Marketing an der Curtin University in Westaustralien, wo er auch als Discipline Lead für den Bereich ›Tourism, Hospitality and Events‹ fungiert. Seine Forschungsinteressen beziehen sich auf nachhaltige Tourismusentwicklung, verantwortungsvolles Konsumentenverhalten, Tourismus-Atmosphären und Governancefragen in Tourismusdestinationen.
E-Mail: Michael.volgger@curtin.edu.au

Knut Weber studierte Theaterwissenschaft, Germanistik und Philosophie an der FU Berlin. Als Dramaturg war er am Landestheater Tübingen, am Theater Wilhelmshaven sowie am Theaterhaus Stuttgart tätig. Er war Intendant in Reutlingen und am Landestheater Tübingen sowie Schauspieldirektor am Badischen Staats-

theater Karlsruhe. Seit der Spielzeit 2011/2012 hat Knut Weber die Intendanz am Stadttheater Ingolstadt inne. Nach der Spielzeit 2023/24 endet seine Intendanz am Stadttheater Ingolstadt.
E-Mail: krwkrw17@gmail.com

Dr. Thomas Wienhardt forscht als Privatdozent an der Kath.-theol. Fakultät der Universität Wien über Themen der Kirchenentwicklung und ist als Leiter der Abteilung Personal-, Organisations- und Pastoralentwicklung im Bistum Augsburg ebenfalls stark mit Fragen der Organisationsentwicklung und Transformation im Bereich der Kirche beschäftigt. Dazu gehören vielfältige Innovationsprojekte, u. a. im Feld des Spirituellen Tourismus.
E-Mail: thomas.wienhardt@bistum-augsburg.de

Christoph Würflein: Studium in München und Eichstätt: Geographie, Geschichte, Volks- und Betriebswirtschaftslehre, 1996 Abschluss Dipl.-Geogr. (Univ.), Schwerpunkte Wirtschaftsgeographie, Stadt- und Regionalplanung; seit 1997: Leiter Informationszentrum Naturpark Altmühltal (Landkreis Eichstätt) und Geschäftsführer Tourismusverband Naturpark Altmühltal e. V.; seit 2005 zusätzlich Geschäftsführer Naturpark Altmühltal (Südl. Frankenalb) e. V.
E-Mail: C.Wuerflein@naturpark-altmuehltal.de

Dr. Daniel Zacher ist Mitarbeiter im Wissenstransfer-Projekt »Mensch in Bewegung« an der KU Eichstätt-Ingolstadt. Er leitet dort den Aufbau und die Umsetzung eines regionalen Zukunftsbarometers und baut Strukturen zum Wissenstransfer auf. Er hat am Lehrstuhl Tourismus und dem Zentrum für Entrepreneurship zum Thema »Community Resilience als Strategie für die touristische Destinationsentwicklung« promoviert. Seine aktuellen Forschungsinteressen sind im Feld der Regionalentwicklung, der Bürgerpartizipation und der Governance von systemübergreifenden Entwicklungsansätzen.
E-Mail: daniel.zacher@ku.de

Studierende des Masterstudiengangs »Transformation und nachhaltige Lebensraumentwicklung – Tourismus neu gestalten« der Katholischen Universität Eichstätt-Ingolstadt: Martin Faethe, Jakob Hillebrand, Johanna Petermann, Florian Sauer, Lisa-Marie Schulz, Katrin Stürzer, Sophia Tettinger